高职高专项目式实践类系列教材

现代企业运营综合仿真实训教程

主　编　何　弦　余　静

副主编　李林燕　廖　丽　庞孟瑶

唐红梅　陈　莹　杨建华

主　审　何小强　谭亚娟

西安电子科技大学出版社

内 容 简 介

本书根据高职教育特点，立足实践与应用能力培养的原则，力求在实训项目、内容、体系和方法上有所创新，注重教学、训练、实践，旨在实现从以知识体系为中心转变为以能力达标为中心的目标。本书借助西安纳学电子科技责任有限公司推出的现代企业运营综合仿真实训平台，以实训教学和实践开发经验为基础编写而成。

全书共分为10个实训项目，涵盖企业设立及日常生产经营的基本知识与能力训练，采用项目式教学，将仿真训练与实际动手操作相结合，做到步步有任务、节节有训练、处处有考评。全书主要内容包括企业筹建、企业外部服务机构业务操作、总经理岗位职责及业务决策、人力资源部业务决策与操作、采购部业务决策与操作、生产部业务决策与操作、质检及物流仓储部业务操作、销售部业务决策与操作、财务部业务决策与操作以及综合训练。

本书可作为高等职业院校、高等专科院校、成人教育高校、五年一贯制高职院校工商管理、会计、市场营销、物流信息与技术、国际贸易等专业现代企业运营能力课程的教材或参考书，也可作为社会从业人员的技术参考书和培训用书。

图书在版编目(CIP)数据

现代企业运营综合仿真实训教程 / 何弦，余静主编. —西安：西安电子科技大学出版社，2020.7
ISBN 978-7-5606-5661-8

Ⅰ. ① 现…　Ⅱ. ① 何…　② 余…　Ⅲ. ① 企业经营管理—仿真系统—应用软件—高等职业教育—教材　Ⅳ. ① F272.7

中国版本图书馆 CIP 数据核字(2020)第 076503 号

策划编辑　万晶晶
责任编辑　王　妍　万晶晶
出版发行　西安电子科技大学出版社(西安市太白南路 2 号)
电　　话　(029)88242885　88201467　　邮　　编　710071
网　　址　www.xduph.com　　电子邮箱　xdupfxb001@163.com
经　　销　新华书店
印刷单位　陕西天意印务有限责任公司
版　　次　2020 年 7 月第 1 版　2020 年 7 月第 1 次印刷
开　　本　787 毫米×1092 毫米　1/16　印张 19.5
字　　数　459 千字
印　　数　1～2000 册
定　　价　48.00 元
ISBN　978-7-5606-5661-8 / F
XDUP 5963001-1

序

“高职高专项目式实践类系列教材”是在贯彻落实《国家职业教育改革实施方案》(简称《职教20条》)文件精神，推动职业教育大改革、大发展的背景下，结合职业教育“以能力为本位”的指导思想，以服务建设现代化经济体系为目标而组织编写的。在新经济、新业态、新模式、新产业迅猛发展的高要求下，本系列教材以现代学徒制教学为导向，以“1+X”证书结合为抓手，对接企业、行业岗位要求，围绕“素质为先、能力为本”的培养目标构建教材内容体系，实现“以知识体系为中心”到“以能力达标为中心”的转变，开展人才培养的实践教学。

本系列教材编审委员会于2019年6月在重庆召开了教材编写工作会议，确定了此系列教材的名称、大纲体例、主编及参编人员(含企业、行业专家)等主要事项，决定由重庆科创职业学院为组织方，聘请高职院校的资深教授和企业、行业专家组成教材编写组及审核组，确定每本教材的主编及主审，有序推进教材的编写及审核工作，确保教材质量。

本系列教材坚持理论知识够用，技能实战相结合，内容上突出实训教学的特点，采用项目制编写，并注重教学情境设计、教学考核与评价，强化训练目标，具有原创性。经过组织方、编审组、出版方的共同努力，希望本套“高职高专项目式实践类系列教材”能为培养高素质、高技能、高水平的技术应用型人才发挥更大的推动作用。

高职高专项目式实践类系列教材编审委员会

2019年10月

前　言

本书在贯彻落实《国家职业教育改革实施方案》(简称《职教20条》)文件精神，推动职业教育大改革、大发展的背景下，结合职业教育“以能力为本位”的指导思想，旨在实现从以知识体系为中心转变为以能力达标为中心的目标。在分析实践教学发展历程、现代行业与企业发展、学科发展与现代信息技术的基础上，本书面向工业化与信息化融合的大环境，面向现代服务业崛起的大趋势，面向现代企业对人才专业性、复合性和创新性的要求，借助于现代企业运营综合仿真实训平台编写而成。

本书的编写特色如下：

(1) 注重培养学生的职业素养。

本书主要提供对抗演练资料及所涉及的相关专业知识，让学生在仿真的企业运营环境中以某一行业企业的生命周期作为主线，并以模拟的企业经营数据为分析对象，展开宏观、中观、微观经济环境分析，进行多组织对抗、多人协同模拟经营和业务运作。

(2) 注重培养财经商贸类专业学生的综合职业能力。

本书让学生认识并熟悉微型经济社会内部不同组织、不同职业岗位的工作内容和特性，模拟企业的真实经营与运作，实现学科相关知识的有机整合，使学生体验和理解经济管理类各个专业在企业现实运营中的地位和作用，训练学生从事经营管理所需的综合执行能力、综合决策能力和创新创业能力，培养学生的全局意识和综合职业素养，以拓宽学生就业的选择面。

(3) 理论与实践相结合，体现职教特色。

在内容编排上，本书贯彻理论实践一体化的教学思想，将训练贯穿于教学全部，通过训练来培养学生的技能，尤其是仿真现代企业的运营，可以使枯燥的理论学习变得形象生动。

本书由何弦、余静担任主编，李林燕、廖丽、庞孟瑶、唐红梅、陈莹、杨建华担任副主编，何小强、谭亚娟担任主审。其中何弦负责编写实训项目十和全书最终统稿工作；余静负责编写实训项目九和全书统稿工作；李林燕负责编写实训项目一；廖丽负责编写实训项目六；庞孟瑶负责编写实训项目五和实训项目七；唐红梅负责编写实训项目八；陈莹负责编写实训项目二和实训项目四；杨建华（企业总经理）负责编写实训项目三。

本书的参考学时如下：

课程内容	学时	备注
实训项目一　企业筹建	6	虽然每一实训项目分配有对应的课时，但为了仿真企业的运营，建议集中三周进行实训
实训项目二　企业外部服务机构业务操作	2	
实训项目三　总经理岗位职责及业务决策	4	
实训项目四　人力资源部业务决策与操作	4	
实训项目五　采购部业务决策与操作	8	
实训项目六　生产部业务决策与操作	8	
实训项目七　质检及物流仓储部业务操作	4	
实训项目八　销售部业务决策与操作	8	
实训项目九　财务部业务决策与操作	8	
实训项目十　综合训练	8	
总　计	60	

由于编者水平有限，书中难免存在不足之处，恳请广大读者批评指正，以便进一步修订和完善本书。

编　者

2020 年 3 月

目　录

实训项目一　企业筹建

项目分析

党的十九大报告指出，就业是最大的民生。目前，创新创业已成为国家大力提倡的解决大学生就业的有效渠道。如何创业？如何把创新创业的想法变成现实？作为当代的大学生，只有通过一定的仿真实训实践，具体了解一家企业的设立条件和过程，才能把自身具备的创新创业潜能变成现实的生产力。

项目任务

(1) 认知跨专业综合实训。
(2) 创立企业。
(3) 完成企业登记注册。

知识目标

(1) 熟悉组建一家企业的流程。
(2) 熟悉企业登记注册的手续。

能力目标

(1) 能顺利组建企业团队。
(2) 建立企业组织机构，明确各部门岗位职责。
(3) 能与企业外部服务机构打交道，完成企业登记注册。

任务一　认知跨专业综合实训

任务目标

认知跨专业综合实训，明确开展此项实训的目的、意义和作用，熟悉实训平台。

知识链接

一、跨专业综合实训概述

随着经济社会的发展，越来越多的企业在选择人才时开始注重人员的综合素质和实践能力，企业需要既懂理论又有实践基础的人才。“宽理论、厚实践”型人才越来越受到企业追捧，这就从客观上要求高校紧贴区域经济社会发展，发挥自身智力资源优势，走优势与特色发展之路，努力构建创新型人才培养体系，为地方培养高质量的创新型人才，积极为创新型经济建设服务，努力成为创新型经济发展的推动力量和引领力量。

跨专业综合实训通过全方位模拟现代制造业企业的经营及管理，使学生在“多类社会组织中”从事不同职业岗位“工作”，训练在现代商业社会中从事经营管理所需的综合执行能力、综合决策能力和创新创业能力，感悟复杂市场营销环境下的企业经营，学会工作、学会思考，从而培养自身的全局意识和综合职业素养。

二、现代企业运营综合仿真实训平台简介

“现代企业运营综合仿真实训平台”是一款跨专业综合实习平台。该平台采用信息技术手段建立对抗演练环境，学生在仿真的企业运营环境中以某一行业企业的生命周期作为主线，并以模拟的企业经营数据为分析对象，展开宏观、中观、微观经济环境分析，进行多组织对抗、多人协同模拟经营和业务运作；让学生认知并熟悉“微型经济社会”内部不同组织、不同职业岗位的工作内容和特性，完成模拟企业的真实经营与运作，实现学科相关知识的有机整合；使学生体验和理解经济管理类各个专业在企业现实运营中的地位和作用，训练学生从事经营管理所需的综合执行能力、综合决策能力和创新创业能力，培养学生的全局意识和综合职业素养。

现代企业运营综合仿真实训平台包含行政服务区、商务服务区、公共服务区和核心企业区。行政服务区包含工商局、社保局、海关、法院、质量技术监督局、信用评价中心、税务局和公安局等行政服务职能部门；商务服务区包含贸易公司、供应商公司、租赁公司和物流公司等；公共服务区包含认证中心、招投标中心、人才交流中心、商业银行、会计师事务所、律师事务所、证券交易所；核心企业区包含各类企业，其中每个公司设置总经办、行政部、人力资源部、生产部、采购部、物流部、质检部、营销部和财务部九个部门。现代企业运营综合仿真实训平台各模块如图 1-1 至图 1-4 所示。

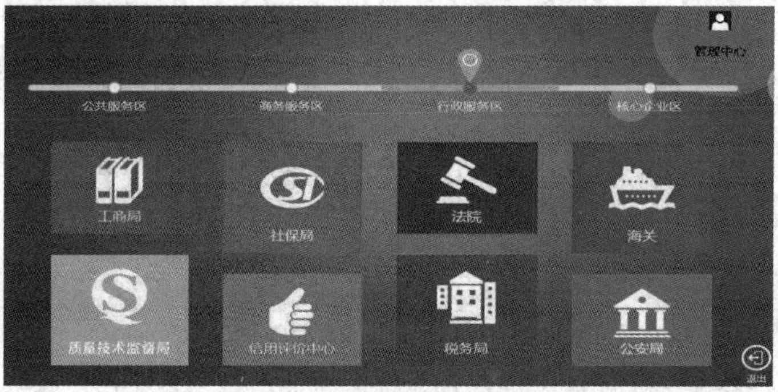

图 1-1　行政服务区

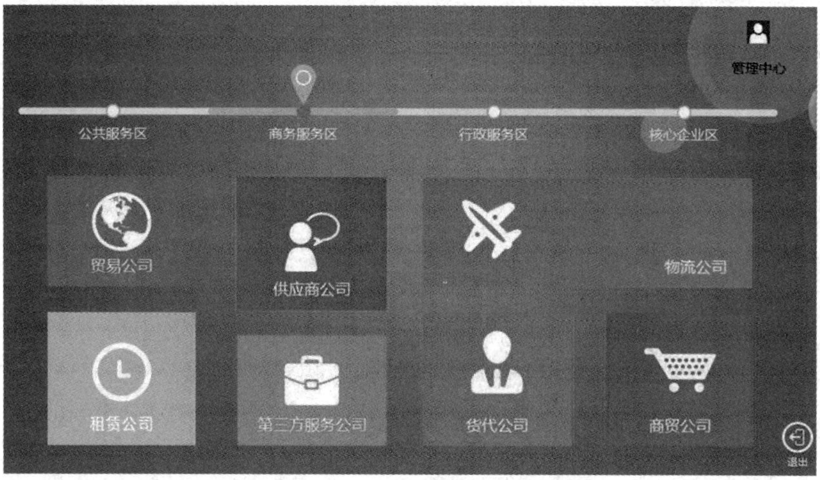

图 1-2　商务服务区

图 1-3　公共服务区

图 1-4　核心企业区

技能训练　登录现代企业运营综合仿真实训平台

一、实训目的

熟悉实训平台的功能模块设置。

二、实训器材

电脑、现代企业运营综合仿真实训平台软件。

三、注意事项

(1) 记住网址。
(2) 记住登录平台的用户名和密码。

四、实训操作

在指导老师的指导下，用预设的用户名和密码在平台软件中进入对应的实训班级及期数。熟悉现代企业运营综合仿真实训平台的功能模块设置。

五、实训考核

指导老师用教师用户检查学生的登录情况。

任务二　创 立 企 业

任务目标

进行职业能力测评，测评学生适合的岗位；举行企业 CEO 竞选演讲，学生对参与竞选的候选人进行在线投票，确定最终 CEO 人选；CEO 明确企业经营性质、经营理念，构架企业组织机构，自主确定企业的人力资源部经理；人力资源部经理设计企业招聘海报，根据企业的经营性质和组织机构设置招聘企业人员；落实各部门人员及职责。

知识链接

创立一家企业前必须要做好充分的市场调查，拟定严谨的项目策划书，评定项目的可行性，不盲目投资。选择好投资方向、确定好投资项目后，搭建一个合适的企业成员班子就显得尤为重要。

一、演讲的艺术

竞选演讲的主体内容应包括以下几方面：

(1) 展示优势。这一部分实际上是要说明为什么要竞选、凭什么竞选的问题。演讲者在介绍自己的情况时，一定要有针对性，即针对竞选的岗位来介绍自己，尽可能地展示自己的长处，如已有的成绩、较高的学历、很强的事业心、深厚的理论功底、丰富的实践经验、优秀的品质、吃苦耐劳的精神等。当然，这些长处并非要面面俱到，而应根据竞选职务的职能情况有所取舍。也就是说，要详细说明与竞选职务有关的工作经历、经验、成绩，而与之关系不大的可少谈或不谈。

(2) 简要介绍自身的不足之处。对自身的弱势，应艺术地表述出来，即将不利变为有利，抑中有扬。对缺点介绍要注意分寸，避免在无形中损害自己在群众和评委心目中的形象。

(3) 表明自己任职后的打算。竞选者本身所具有的良好的基本条件是其竞选成功的前提，但仅有这点还不够，听众更关心的还是竞选者任职后的打算。因此，竞选者在竞选演讲时，一定要用简明扼要的语言亮明自己的观点。要紧紧围绕听众关心的热点、难点问题，提出明确的工作目标和切实可行的措施，这样才能获得听众的信任和支持。

(4) 结尾表明自己的态度。表明自己如果当选将怎样履行职责。

二、设立企业组织机构

设立企业组织机构，如图 1-5 所示。

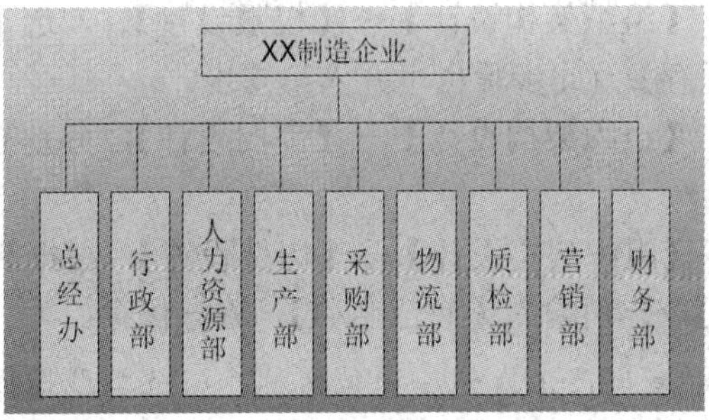

图 1-5　企业组织机构图

技能训练　创立企业

一、实训目的

(1) 锻炼学生的口才，培养良性的竞争意识。

(2) 掌握企业组织机构的设置。

二、实训材料

彩笔、海报纸、机构人员登记表、会议记录、企业部门牌、工作牌。

三、注意事项

(1) 为避免部门牌和工作牌丢失，每个企业派专人(如负责行政的同学)负责每天上班之前到班长处领牌，每天下班前收齐后交班长统一保管。

(2) 小组讨论确定部门、岗位、人员分配时，可做会议记录并拍照。

四、实训操作

(1) 各班根据前面的实训环境介绍，竞选出制造企业的 CEO。

(2) CEO 明确企业经营性质、经营理念，构架企业组织机构，设计企业宣传海报，确定企业的人力资源部经理；人力资源部经理设计企业招聘海报，根据企业的经营性质和组织机构设置招聘企业人员；落实各部门人员及职责，完成机构人员登记表，提交给老师或专门负责管理中心的同学。

(3) 各班负责供应商和商贸公司的同学协商分好组后，到指定区域就座，完成并提交机构人员登记表。

(4) 制造企业 CEO 领取部门牌，小组成员共同在分配的区域内根据实际电脑数量布置好各个部门；领取工作牌，分发之后要求小组成员挂牌上岗；领取过程资料并妥善保管。

(5) 以 CEO 的账号、密码登录软件平台，选择【我的实验】→【进入】，制造企业和商贸公司选择【核心企业区】，分别选择【制造公司实训】和【商贸公司】进入企业平台。供应商在【商务服务区】选择【供应商公司】进入企业平台。

① 【辅助业务】→【组织架构设计】→【权限设置】，勾选【9 个部门】赋予制造企业经理所有的权限，【保存】。(此步骤也可并入第⑤步。)

② 【辅助业务】→【组织架构设计】→【部门设计】，分别输入 9 个【部门名称】，逐一保存。

③ 【辅助业务】→【组织架构设计】→【岗位设置】，根据前面的岗位、人员分配参考表选择好【所属部门】，分别输入【岗位名称】，逐一保存。

注：生产部下必须要有生产工人这一岗位名称，岗位类型选择生产工人，生产工人由系统虚拟机器人操作，不需配备人员。其他岗位不需选择岗位类型。

④ 【辅助业务】→【组织架构设计】→【岗位分配】，对照确定的小组机构人员登记表，选择【岗位】和【岗位类型】，输入对应学生的学号并点击【检测】，在提示学号存在的情况下点击【保存】。

⑤ 【辅助业务】→【组织架构设计】→【权限设置】，选择不同岗位并有针对性地赋予权限，【保存】。

CEO 或人事部经理可在【辅助业务】→【档案管理】→【企业组织结构图】里查看自己企业的组织机构设置结果。

五、实训考核

(1) 对各企业设计的企业海报、招聘海报进行评定选优。

(2) 在平台软件中检查各企业组织机构设置是否合理、员工安排是否合理。

(3) 检查企业是否有会议记录，是否制定了日常管理及考核制度，并评定制度的合理性和有效性。

任务三　完成企业登记注册

任务目标

以线上、线下两种方式完成企业登记注册。

知识链接

根据国家相关法律法规，企业创立初期须到工商、税务等行政管理机构办理注册登记手续。《中华人民共和国公司法》第六条第一款“设立公司，应当依法向公司登记机关申请设立登记。符合本法规定的设立条件的，由公司登记机关分别登记为有限责任公司或者股份有限公司；不符合本法规的设立条件的，不得登记为有限责任公司或者股份有限公司。”《中华人民共和国公司登记管理条例》第二条第一款“有限责任公司和股份有限公司(以下统称公司)设立、变更、终止，应当依照本条例办理公司登记”。第三条“公司经公司登记机关依法登记，领取企业法人营业执照，方取得企业法人资格”。

一、新政速递

1. 认缴制

注册资本实行认缴制后，工商部门只做登记，不要求申请人提供验资报告，但是公司章程还是需要注明股东出资金额以及金额的认缴期限。各股东应在承诺的认缴期限内缴纳完毕，并以认缴的出资额为限承担责任。工商部门会对企业进行抽查，如果认缴期限到期后企业在银行的对公账号上的金额没有达到之前确定的认缴金额，工商部门将会对该企业进行处罚，并列入经营异常名录向社会进行公示。

2. 五证合一

五证合一自 2015 年 7 月 1 日起在部分地区率先施行，自 2016 年 10 月 1 日起在全国施行。五证合一后公司注册便捷了很多，持工商审核通过的《新设企业五证合一登记申请表》到工商局多证合一窗口办理，受理后工商局工作人员会将《工商企业注册登记联办流转申请表》传递至质监、国地税、社保、统计等其他相关部门，由这些部门分别完成后台信息录入，然后工商局打印五证合一的营业执照给申请人。这一过程只需两个工作日左右。

3. 开办改革

2019 年 4 月 1 日，北京市市场监督管理局等六部门发布《关于提高企业开办效率的通告》。该通告显示，申请人通过“e 窗通”平台办理业务，市场监管部门 1 天内予以核准并向企业颁发电子营业执照，其他事项 24 小时内并行办理完成，企业 2～3 天即可具备经营条件。

二、公司名称拟定规则

一般公司名称主要由四部分组成，分别是行政区划、字号、行业(非必填项)和组织形式。常见的公司名称一般有以下三种形式(不同形式之间并没有本质区别，注册时任选其一即可)：

- 地区 + 字号 + 行业 + 组织形式

例如：北京快又好信息技术有限责任公司。

- 字号 + (地区) + 行业 + 组织形式

例如：快又好(北京)信息技术有限责任公司。

- 字号 + 行业 + (地区) + 组织形式

例如：快又好信息技术(北京)有限责任公司。

建议在起名时，先在“国家企业信用信息公示系统”上查询字号是否已经被注册，尽量保证没有重名，这样通过率会高一些。

三、企业注册登记需准备的材料

企业注册登记需准备的材料如表 1-1 所示。

表 1-1 企业注册登记需准备的材料

材料名称	材料形式	材料详细要求	必要性及描述	材料出具单位	备注
《公司登记(备案)申请书》	纸质表格	A4 纸，一式一份	必要	自填	
《指定代表或者共同委托代理人授权委托书》	纸质表格	A4 纸，一式一份	必要	自填	
指定代表或委托代理人的身份证件复印件	复印件	一式一份	必要	自填	
由会议主持人和出席会议的董事签署的股东大会会议记录(募集设立的提交创立大会的会议记录)	原件	A4 纸，用电脑打印，一式一份	非必要	自填	

续表一

材料名称	材料形式	材料详细要求	必要性及描述	材料出具单位	备注
公司章程	原件	A4纸，用电脑打印，一式一份	必要	自填	有限责任公司由全体股东签署；股份有限公司由全体发起人签署或者出席股东大会或创立大会的董事签字
股东或发起人的主体资格证明或者自然人的身份证件复印件	复印件	A4纸，一式一份	必要	自填	(1) 股东为企业的，提交营业执照复印件；(2) 股东为事业法人的，提交事业法人登记证书复印件；(3) 股东为社团法人的，提交社团法人登记证书复印件；(4) 股东为民办非企业单位的，提交民办非企业单位证书复印件；(5) 股东为自然人的，提交身份证件复印件；(6) 股东为工会、职工持股会、城市居民委员会、村民委员会、农民集体经济组织的，提交法律法规规定的主体资格证明
董事、监事和经理的任职文件	原件	A4纸，用电脑打印，一式一份	必要	自填	有限责任公司提交股东会决议、董事会决议，股东会决议由股东签署，董事会决议由公司董事签字；股份有限公司依据《公司法》和公司章程的规定，提交由会议主持人和出席会议的董事签署的股东大会会议记录(募集设立的提交创立大会的会议记录)、董事会决议或其他相关材料；其中股东大会会议记录(创立大会会议记录)可以与第4项合并提交，董事会决议由公司董事签字
法定代表人任职文件	原件	A4纸，用电脑打印，一式一份	必要	自填	有限责任公司提交股东会决议或者董事会决议，股东会决议由股东签署，董事会决议由公司董事签字；股份有限公司依据《公司法》和公司章程的规定，提交董事会决议，董事会决议由公司董事签字
董事、监事、经理及法定代表人的身份证件复印件	复印件	A4纸，一式一份	必要	自填	

续表二

材料名称	材料形式	材料详细要求	必要性及描述	材料出具单位	备注
住所使用证明	原件或复印件	A4纸，一式一份	必要	自填	
《企业名称预先核准通知书》	原件	一式一份	必要	自填	
法律、行政法规和国务院决定规定设立有限责任公司必须报经批准的，提交有关的批准文件或者许可证件复印件(详见《工商登记前置审批事项目录》及其《指导目录》)	原件或复印件	A4纸，一式一份	非必要	自填	
公司申请登记的经营范围中有法律、行政法规和国务院决定规定必须在登记前报经批准的项目，提交有关批准文件或者许可证件的复印件(详见《工商登记前置审批事项目录》及其《指导目录》)	原件或复印件	A4纸，一式一份	非必要	自填	
募集设立的股份有限公司公开发行股票的，应提交国务院证券监督管理机构的核准文件。	原件或复印件	A4纸，一式一份	非必要	自填	
募集设立的股份有限公司提交依法设立的验资机构出具的验资证明；涉及发起人首次出资是非货币财产的，提交已办理财产权转移手续的证明文件	原件	A4纸，一式一份	非必要	自填	

四、企业注册登记的一般流程

一般来说，公司注册的流程包括核准名称→提交材料→领取执照→刻章等事项。

前期准备：在打算注册一家公司之前，可先去相关工商部门咨询，了解注册所需资料，提前准备，以减少注册时间，提高工作效率。

第一步，核准名称。

时间：3～5个工作日。

操作：确定公司类型、名字、注册资本、股东及出资比例后，可以去工商局现场或线上提交核名申请。

结果：核名通过，若失败则需重新核名。

第二步，提交材料。

时间：5～15个工作日。

操作：核名通过后，确认地址信息、高管信息、经营范围，在线提交预申请。在线预审通过之后，按照预约时间去工商局递交申请材料。

结果：收到准予设立登记通知书。

第三步，领取执照。

时间：预约当天。

操作：携带准予设立登记通知书、办理人身份证原件，到工商局领取营业执照正、副本。

第四步，刻章等。

时间：1～2个工作日。

操作：凭营业执照，到公安局指定刻章点办理公司公章、财务章、合同章、法人代表章、发票章。

至此，一个公司注册完成。

注：公司注册是开始创业的第一步，公司想要正式开始经营，还需要办理银行开户、税务报到、申请税控和发票、社保开户。

技能训练　企业登记注册

一、实训目的

(1) 能准确准备好企业注册登记各环节所需资料。

(2) 能与企业外部服务机构打交道，顺利完成企业注册登记。

二、实训材料

企业登记注册时需要的各种表格资料。

三、注意事项

(1) 书写规范。
(2) 合理分工。

四、实训操作

(1) 在系统中模拟企业注册，如图 1-6～图 1-10 所示。

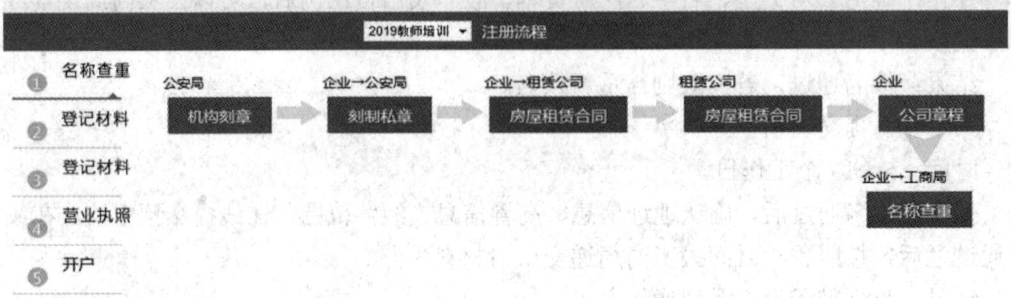

图 1-6　名称查重

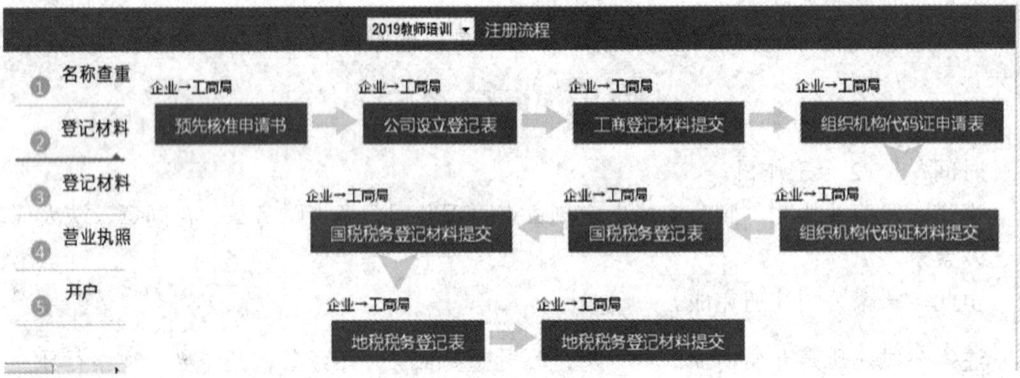

图 1-7　登记材料一

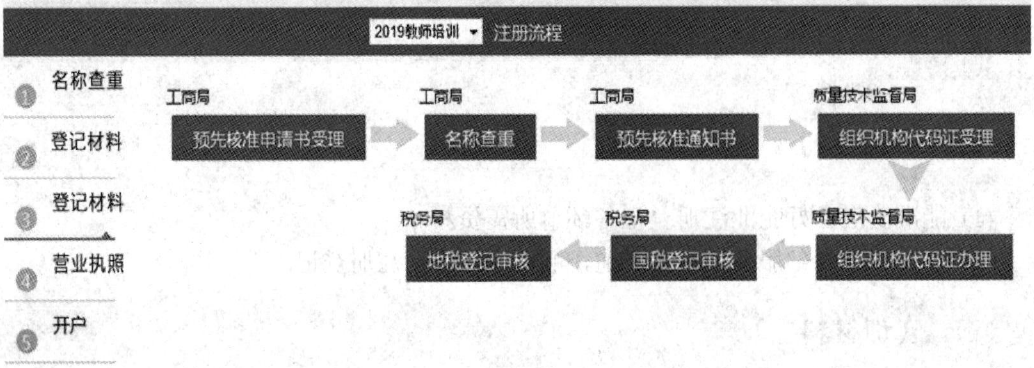

图 1-8　登记材料二

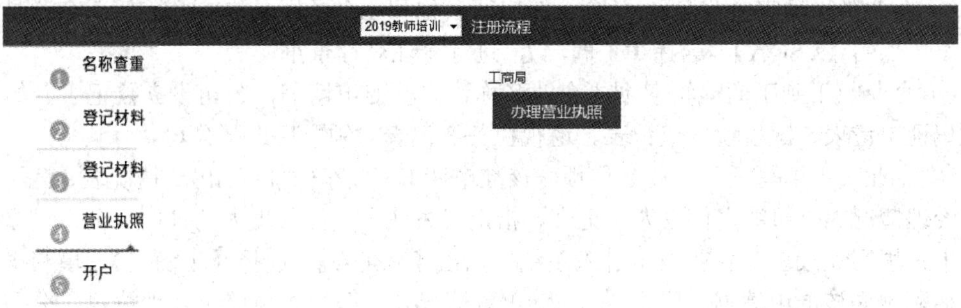

图 1-9　办理营业执照

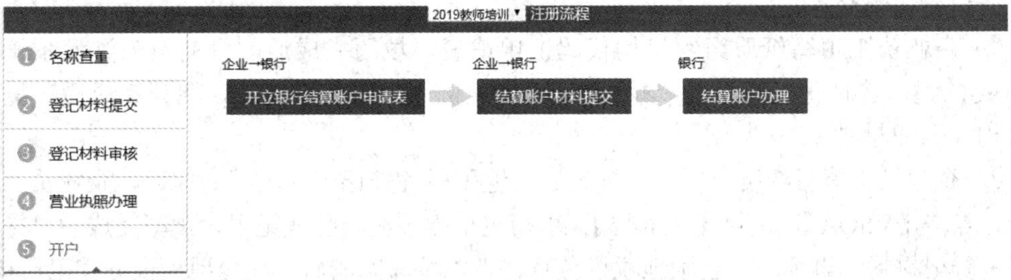

图 1-10　开户

注：若具体流程和新政策有不一样的地方，操作时以系统为准，实际工作以最新政策为准。

(2) 外部服务机构刻章。

公安局进入系统，选择【公安局】，进行外围机构刻章。需要刻制机构印章的外部服务机构包含工商局、税务局、商业银行、租赁公司、质量技术监督局，印章名称为工商局、税务局、商业银行、租赁公司、质量技术监督局。

注：刻制完成后，通知刻好印章的外围机构到公安局领取印章。

(3) 企业刻章。

① 企业员工进入系统，点击【VSOA】，选择【公安局】，进行私章刻制。需要刻制私章的包含行政部经理、财务部经理、经办人、CEO。

② 企业员工到公安局领取私章(行政部经理印章、财务部经理印章、CEO 印章、经办人印章)和公章(企业公章、合同章、发票章、财务章)。

(4) 企业与租赁公司签订租赁合同。

① 企业员工到租赁公司填写纸质房屋租赁合同(一式两份)，并盖企业合同章，租赁公司与前来签订纸质合同的企业共同完成合同签订(一式两份)，并盖租赁公司印章。

② 企业员工保留一份租赁合同后回到公司，进入系统，点击【VSOA】，选择【租赁公司】，签订电子版房屋租赁合同，签订完成后，通知租赁公司进行电子版租赁合同签订。

③ 租赁公司进入系统，选择【租赁公司】，签订电子版房屋租赁合同。

(5) 企业需完成的操作。

① 企业 CEO 和其他员工共同完成纸质公司章程、任命书填写。纸质公司章程及任命书填写完成后，企业员工进入系统，进行公司章程、任命书电子版填写。

② 企业员工确定企业名称(包含一个申请名称和三个备用名称)，确定后，企业员工进入系统，点击【VSOA】，选择【工商局】，进行企业名称查重。

③ 企业员工到工商局领取纸质企业名称预先核准申请书、公司设立登记表、组织机构代码证申请表、国税税务登记表、地税税务登记表，领取后返回公司。

④ 企业员工填写纸质企业名称预先核准申请书、股东(发起人)出资情况表、公司董事监事经理情况、公司法定代表人登记表、指定代表或者委托代理人的证明、公司设立登记申请书，填写完成后，企业员工进入系统，点击【VSOA】，选择【工商局】，填写电子版企业名称预先核准申请书、股东(发起人)出资情况表、公司董事监事经理情况、公司法定代表人登记表、指定代表或者委托代理人的证明、公司设立登记申请书，填写完成后进行工商登记材料提交。

⑤ 企业员工填写纸质组织机构代码证申请表，填写完成后，企业员工进入系统，点击【VSOA】，选择【工商局】，填写电子版组织机构代码证申请表，填写完成后，提交组织机构代码证材料。

⑥ 企业员工填写纸质国税税务登记表和地税税务登记表，填写完成后，企业员工进入系统，点击【VSOA】，选择【工商局】，填写电子版国税税务登记表，填写完成后，提交国税税务登记材料，再填写电子版地税税务登记表，填写完成后，提交地税税务登记材料。

注：如果需要企业电子印章，则需到公安局，让公安局刻制企业电子印章。

公安局进入系统，选择【公安局】，进行刻章(刻制每个企业的印章)，刻章包含企业公章、财务章、发票章、合同章。

(6) 工商局需要完成的操作。

工商局进入系统，选择【工商局】，受理企业名称预先核准申请书。

工商局进入系统，选择【工商局】，进行企业名称查重，查重通过。

工商局进入系统，选择【工商局】，进行电子版企业名称预先核准通知书填写。

(7) 质量技术监督局需要做的操作。质量技术监督局进入系统，选择【质量技术监督局】，进行组织机构代码证受理，并核实电子材料，核实后办理。

(8) 税务局进入系统，选择【税务局】，进行国税登记审核，核实电子材料，核实后办理；再进行地税登记审核，核实电子材料，核实后办理。

(9) 工商局进入系统，选择【工商局】，核实办理营业执照电子材料，核实后办理营业执照；电子版完成后，填写纸质营业执照，填写后发给企业。

(10) 企业员工带着营业执照去银行领取开立单位银行结算账户申请书，银行核实营业执照后发给企业开立单位银行结算账户申请书。企业员工返回公司后进入系统，点击【VSOA】，选择【银行】，填写电子版开立单位银行结算账户申请书，填写后提交结算账户材料，然后带着提交的纸质材料去银行办理结算账户。

(11) 银行进入系统，选择【商业银行】，核实电子材料和纸质材料，核实后办理结算账户，办理完成后填写纸质开户许可证，并发给企业。

五、实训考核

(1) 指导老师在系统平台上检查各企业登记注册是否完成。

(2) 评价各企业提交的企业注册登记总结。

项 目 小 结

(1) 熟悉实训环境，熟悉平台软件。
(2) 创立企业。
(3) 企业登记注册。

思 考 与 练 习

(1) 思考参与实训的意义。
(2) 如何创立一家企业？
(3) 如何完成企业登记注册？

实训项目二　企业外部服务机构业务操作

项目分析

在现代市场经济的发展中，市场是“看不见的手”，而政府的引导被称为“看得见的手”。为了克服“市场失灵”和“政府失灵”，人们普遍寄希望于“两只手”的配合运用，以实现在社会主义市场经济条件下的政府职能的转变。企业作为市场经济的重要组成部分，从设立到完成各项业务经营管理，都需要与企业之外的服务机构打交道。在这一过程中，企业要了解相关政府机构的职能，以及到政府机构办理业务的相关流程，处理好与相关政府机构的关系，企业的经营管理活动方能正常、有序的开展。

项目任务

(1) 与政务机构业务往来。

(2) 与商务机构业务往来。

(3) 与公共服务机构业务往来。

知识目标

(1) 在工商局门户网站完成企业信用信息公开系统资料录入。

(2) 完成企业社保登记、缴纳、变更等程序。

(3) 完成企业税种认定、发票管理、纳税申报等。

能力目标

(1) 能完成VSOA系统中企业基本信息、股东及出资信息、资产状况信息、股权变更信息、对外担保信息、党建等信息的填制。

(2) 能完成税种认定、纳税申报表的编制；能完成社保办理、变更、缴纳的相关手续。

任务一　与政务机构业务往来

任务目标

熟悉企业与工商局、税务局、公安局、社保局、法院、海关、信用评价中心、质量技术监督局(以下简称质监局)等政务机构的业务往来。

知识链接

一、政务环境

政务环境是指影响企业生产经营活动的政务条件，它是制约企业生存和发展的重要因素。与企业经营有关的政府机构主要包括工商局、税务局、公安局、社保局、法院、海关、信用评价中心、质监局等机构。政务环境对企业生存和发展的影响是多方面的，企业在经营过程中务必充分考虑与本企业有关的政务因素，以确保企业的良性、可持续发展。

二、各政府机构职责

在本书及软件平台中，所涉及的各政府机构主要职责如表 2-1 所示。

表 2-1　政府机构岗位职责表

机构名称	主 要 职 责	实训岗位配置
工商局	企业进行公司名称申请及营业执照办理； 企业编写公司年报，工商局工作人员进行各公司年报审核	工商局局长
税务局	企业进行税务登记； 登记审核； 企业设立信息变更业务； 纳税税种认定； 发票的领购业务办理，开票；每年年末进行纳税申报，包含企业所得税、增值税、城建税等税种； 企业纳税进行查询统计及监督	税务局局长
公安局	企业进行备案，并在此刻章	公安局局长
社保局	社保收缴记账； 社保登记及人员管理，可办理各项待遇申请； 对企业的各项登记进行审核； 企业进行社保缴费，社保中心进行社保费用收缴，可打印社保登记证； 社保机构对企业进行的支付申请进行审批及收缴	社保局局长
法　院	案件受理及案件审查，并进行立案审理	法院院长、法务专员
质监局	企业进行组织机构代码证申请及办理； 信息变更换证及年检注销业务	质监局局长

技能训练　政务机构业务操作

一、实训目的

(1) 掌握各个岗位基本职能及工作内容。
(2) 完成企业年报年审工作。
(3) 完成企业纳税登记、纳税申报等。
(4) 完成企业社保办理、缴费工作。

二、实训器材

实训印章、电脑、现代企业运营综合仿真实训平台软件与配套教材。

三、注意事项

(1) 检查本企业提交的资料是否填写正确、完整，对驳回的资料及时进行修改并重新提交。
(2) 及时跟进本企业业务受理进程，不可延误，以免影响企业经营进度。

四、实训操作

企业注册流程完成之后，企业经营过程的实训主要涉及的政务机构有工商局、税务局、社保局。

(一) 工商局

在工商局的全国企业信息公示系统中录入本企业的相关信息。
(1) 以 CEO 的账号、密码登录软件平台，点击【我的实验】→【进入】；制造企业和商贸公司点击【核心企业区】，再分别点击【制造公司实训】和【商贸公司】进入企业平台。供应商在【商务服务区】点击【供应商公司】进入企业平台，点击【VSOA】→【工商局】→【企业年报】，如图 2-1 所示。

图 2-1　企业年报界面

(2) 进入企业年报，输入企业名称，点击【登录】，如图 2-2 所示。

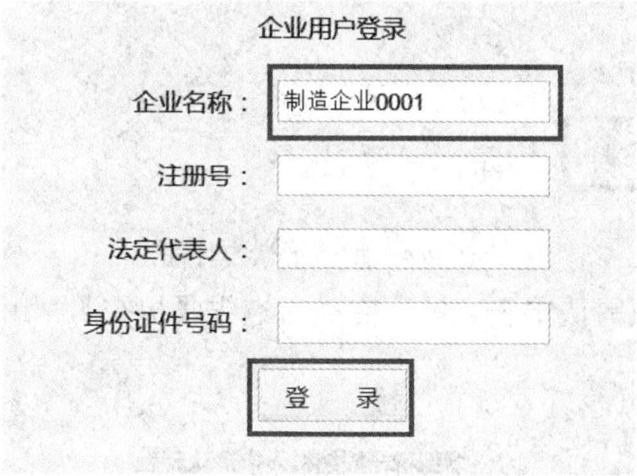

图 2-2　企业用户登录界面

(3) 在企业信用信息公示系统(模拟)中输入企业基本信息、股东及出资信息、资产状况信息、股权变更信息、对外担保信息、党建信息，并保存。所有信息保存完成后，点击基本信息中的【提交】，如图 2-3 所示。

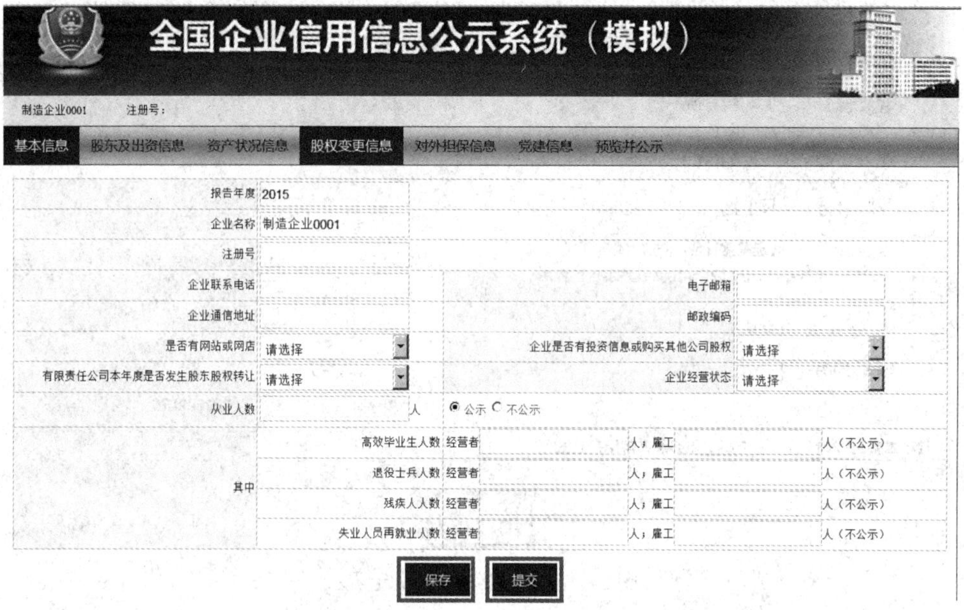

图 2-3　企业信用信息提交界面

注：企业各类信息填写完整之后才能提交成功。

(二) 税务局

1. 税种认定

1) 增值税认定

(1) 以 CEO 的账号、密码登录软件平台，点击【我的实验】→【进入】，制造企业和商贸公司点击【核心企业区】，再分别点击【制造公司实训】和【商贸公司】进入企业平台。供应商在【商务服务区】点击【供应商公司】进入企业平台，点击【VSOA】→【税务局】(下同)，点击【税种认定】→【增值税认定(企业)】，如图 2-4 所示。

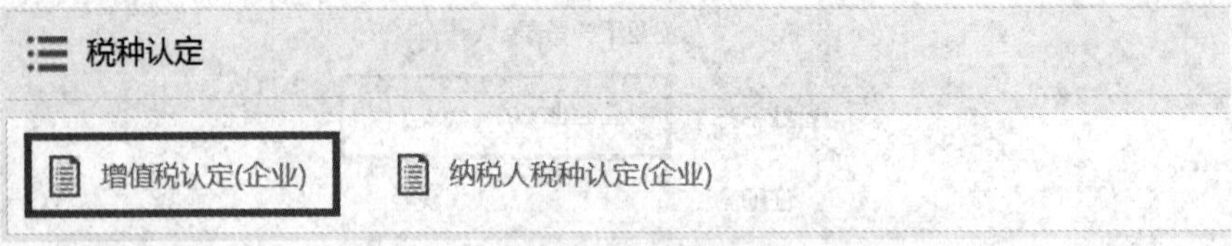

图 2-4　增值税认定界面

(2) 根据企业情况填写认定表，填写完成后点击【提交】，如图 2-5 所示。

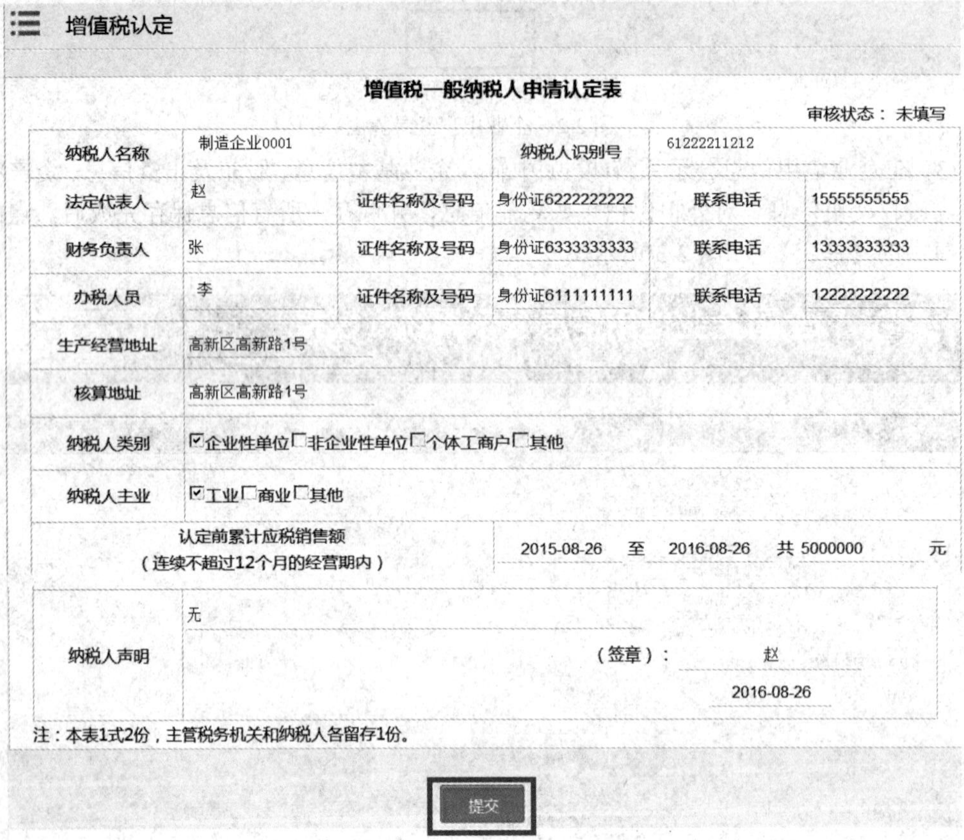

增值税认定

增值税一般纳税人申请认定表

审核状态：未填写

纳税人名称	制造企业0001		纳税人识别号	61222211212	
法定代表人	赵	证件名称及号码	身份证6222222222	联系电话	15555555555
财务负责人	张	证件名称及号码	身份证6333333333	联系电话	13333333333
办税人员	李	证件名称及号码	身份证6111111111	联系电话	12222222222
生产经营地址	高新区高新路1号				
核算地址	高新区高新路1号				
纳税人类别	☑企业性单位☐非企业性单位☐个体工商户☐其他				
纳税人主业	☑工业☐商业☐其他				
认定前累计应税销售额（连续不超过12个月的经营期内）			2015-08-26 至 2016-08-26 共 5000000 元		
纳税人声明	无 （签章）：赵 2016-08-26				

注：本表1式2份，主管税务机关和纳税人各留存1份。

提交

图 2-5　增值税纳税人认定界面

注：纳税人类别选择企业性单位、纳税人主业(制造企业选择工业，其他企业选择商业)。

2) 纳税人税种认定

(1) 进入纳税认定，点击【纳税人税种认定(企业)】，如图 2-6 所示。

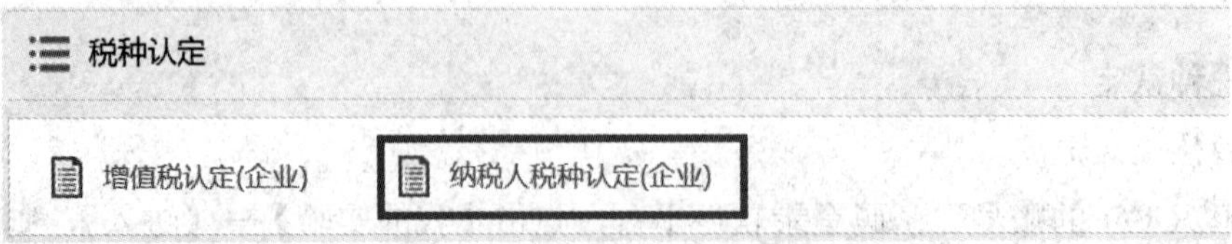

图 2-6　纳税人税种认定界面

(2) 填写认定表，填写完成后点击【提交】，如图 2-7 所示。

纳税人税种认定

纳税人税种认定表

纳税人识别号：1100002185632391　　　　审核状态：未填写

微机编码	1001	纳税人名称	供应商0006
一、营业税：			
应税项目	☐交通运输业 ☐建筑业 ☐金融保险业 ☐邮电通信业 ☐文化体育业 ☐娱乐业 ☐服务业 ☐转让无形资产 ☐销售不动产		
二、企业所得税：			
类别	☑独立核算 ☐非独立核算		
预缴方式	☐每季度按上年度四分之一 ☑每季度按实际所得 ☐每月按实际所得 ☐每季按销售额和预征率预征		
三、资源税			
名称		应税项目	
四、土地增值税			
类别	☐非房地产开发 ☐房地产开发	缴纳方式	☐按月预缴 ☐按次预缴
五、房产税			
类别	☐自用房产 ☐出租房产	缴纳方式	☐按月 ☐按季 ☐按半年
六、车船税			
类别	☐机动船 ☐非机动船 ☐机动车 ☐非机动车		
七、城镇土地使用税			
类别	☐大城市 ☐中等城市 ☐小城市 ☐县城、建制镇、工矿区 ☐农村		
等级	☐一级 ☐二级 ☐三级 ☐四级 ☐五级		
八、城市维护建设税			
类别	☑增值税 ☐消费税 ☐营业税		
性质	☑市区 ☐县城、建制镇 ☐其它		
九、教育费附加			
类别	☑增值税 ☐消费税 ☐营业税		
十、个人所得税			
方式	☑按月计算 ☐按年计算，分月预缴 ☐按次		
类别	☑工资薪金所得 ☐个体工商户生产经营所得 ☐对企事业单位承包承租经营所得 ☐劳务报酬所得 ☐稿酬所得 ☐特许权使用费所得 ☐利息股息红利所得 ☐财产租赁所得 ☐财产转让所得 ☐偶然所得 ☐其它所得		

十一、印花税	
类别	☑购销合同 ☐加工承揽合同 ☐建设工程勘察设计合同 ☐财产租赁合同 ☐建筑安装工程承包合同 ☐货物运输合同 ☐仓储保管合同 ☐借款合同 ☐财产保险合同 ☐技术合同 ☐产权转移书据 ☐营业帐簿 ☐权利许可证照
十二、提防维护费	
类别	☐增值税 ☐消费税 ☐营业税
十三、文化事业建设费	
类别	☐娱乐业 ☐广告业
十四、地方教育发展费	
类别	☐商业批发 ☐运输企业联运 ☐建筑业的转包 ☐金融企业一般贷款 ☐外汇有价证券买卖 ☐其他
十五、旅游开发基金	
类别	☐旅游企业

提交

图 2-7　纳税人税种认定表

注： 2017 年 10 月 30 日，国务院常务会议通过《国务院关于废止〈中华人民共和国营业税暂行条例〉和修改〈中华人民共和国增值税暂行条例〉的决定(草案)》，标志着实施 60 多年的营业税正式退出历史舞台。因此，营业税一栏可不勾选信息。

2. 发票管理

1) 发票领购资格申请

(1) 进入发票管理界面，点击【发票管理】→【发票领购资格申请】，如图 2-8 所示。

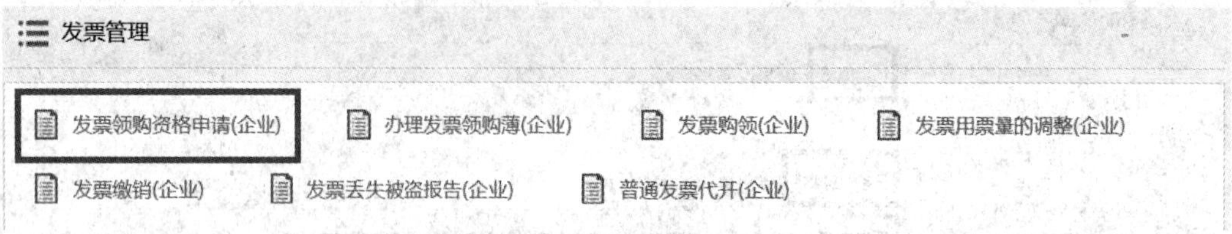

图 2-8　发票管理界面

(2) 发票领购资格申请，点击材料名称(发票印制、购用登记表)后的【查看】。

(3) 填写发票领购资格申请表，格式如图 2-9 所示。

发票领购资格申请

编号：20160826055247　　审核状态：未填写

纳税人名称	供应商0006	法人代表姓名	s13	用票单位公章	发票专用章(印模)
工商登记号	110000210003	经济性质	有限责任公司	盖章	盖章
税务登记号	1100002185632391	上级主管部门	工商局		
经营范围	电脑集成、电子产品				
纳税人地址	北京市海淀区0005	电话号码	15555555555		
许可证	62222222222				
发票购买人姓名	赵	身份证号码	625555555555555555		

图 2-9　发票领购资格申请界面

(4) 填写完成后点击【保存】，再点击【资料提交】中的【提交】，等待税务局审核，税务局审核通过后生效，如图 2-10 所示。

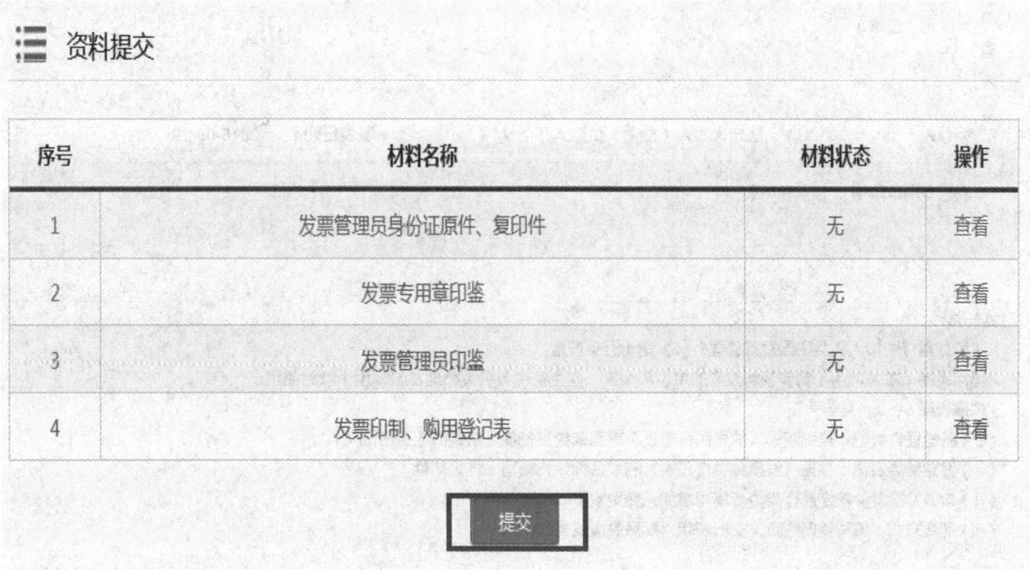

资料提交

序号	材料名称	材料状态	操作
1	发票管理员身份证原件、复印件	无	查看
2	发票专用章印鉴	无	查看
3	发票管理员印鉴	无	查看
4	发票印制、购用登记表	无	查看

图 2-10　资料提交界面

2) 发票领购薄

(1) 企业办理发票领购簿，在【发票管理】中，点击【办理发票领购薄】。

注：发票领购资格申请通过审核后才可办理。

(2) 点击材料名称(发票票种核定申请表)后的【查看】。

(3) 填写发票票种核定申请表，如图 2-11 所示。

(4) 填写完成后点击【保存】，再点击【资料提交】中的【提交】，等待税务局审核，税务局审核通过后生效。

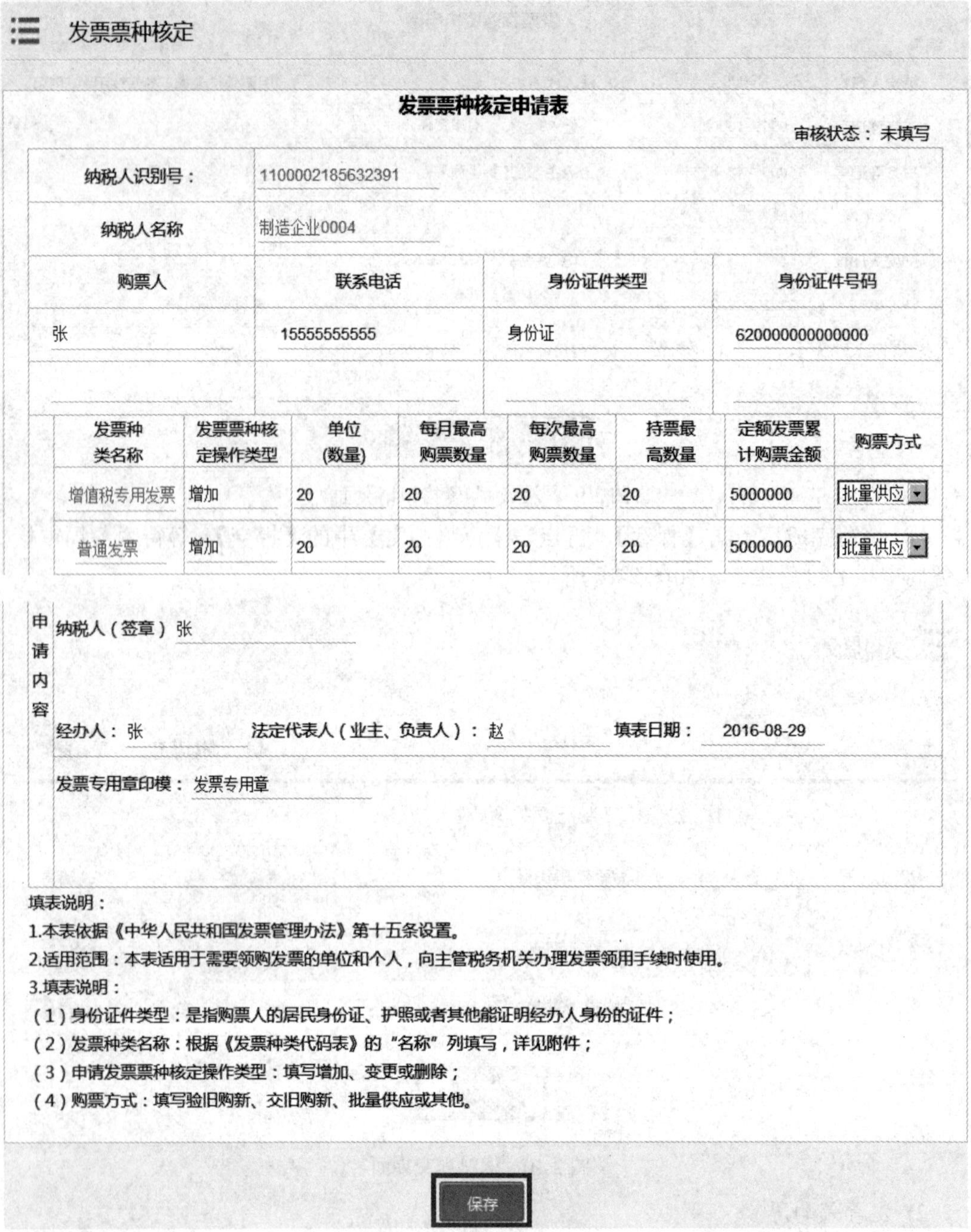

发票票种核定

发票票种核定申请表

审核状态：未填写

纳税人识别号：	1100002185632391		
纳税人名称	制造企业0004		
购票人	联系电话	身份证件类型	身份证件号码
张	15555555555	身份证	620000000000000

发票种类名称	发票票种核定操作类型	单位(数量)	每月最高购票数量	每次最高购票数量	持票最高数量	定额发票累计购票金额	购票方式
增值税专用发票	增加	20	20	20	20	5000000	批量供应
普通发票	增加	20	20	20	20	5000000	批量供应

申请内容

纳税人（签章）张

经办人：张　法定代表人（业主、负责人）：赵　填表日期：2016-08-29

发票专用章印模：发票专用章

填表说明：

1.本表依据《中华人民共和国发票管理办法》第十五条设置。

2.适用范围：本表适用于需要领购发票的单位和个人，向主管税务机关办理发票领用手续时使用。

3.填表说明：

（1）身份证件类型：是指购票人的居民身份证、护照或者其他能证明经办人身份的证件；

（2）发票种类名称：根据《发票种类代码表》的“名称”列填写，详见附件；

（3）申请发票票种核定操作类型：填写增加、变更或删除；

（4）购票方式：填写验旧购新、交旧购新、批量供应或其他。

保存

图 2-11　发票票种核定界面

3) 发票领购

(1) 企业发票领购，在【发票管理】中，点击【发票领购(企业)】。

(2) 企业领购发票，点击【材料名称(发票领购申请表)】后的【查看】。

(3) 输入领用发票数量，点击【保存】，等待税务局审核，税务局审核通过后生效，如图 2-12 所示。

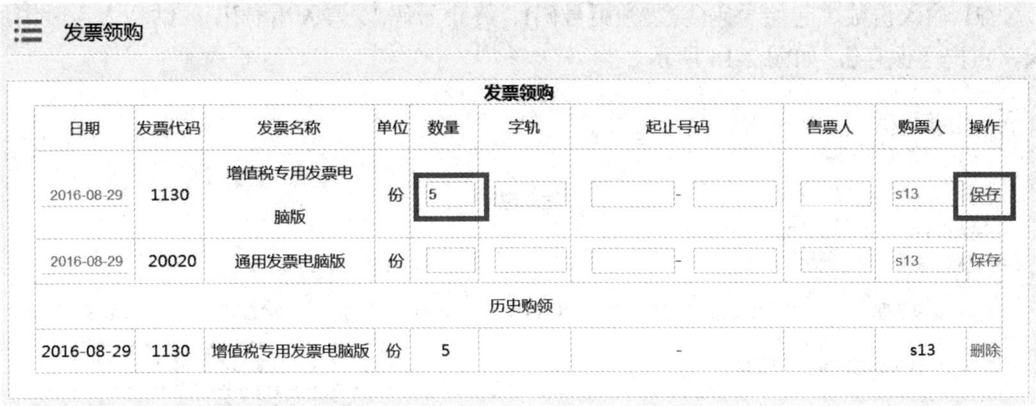

发票领购

日期	发票代码	发票名称	单位	数量	字轨	起止号码	售票人	购票人	操作
2016-08-29	1130	增值税专用发票电脑版	份	5		-		s13	保存
2016-08-29	20020	通用发票电脑版	份			-		s13	保存
历史购领									
2016-08-29	1130	增值税专用发票电脑版	份	5		-		s13	删除

图 2-12　发票领购申请界面

4) 发票用量调整申请

(1) 若发票用量有变化，需要进行调整，在【发票管理】中，点击【发票用票量调整】。

(2) 输入调整数量，点击【保存】，等待税务局审核，税务局审核通过后生效，如图 2-13 所示。

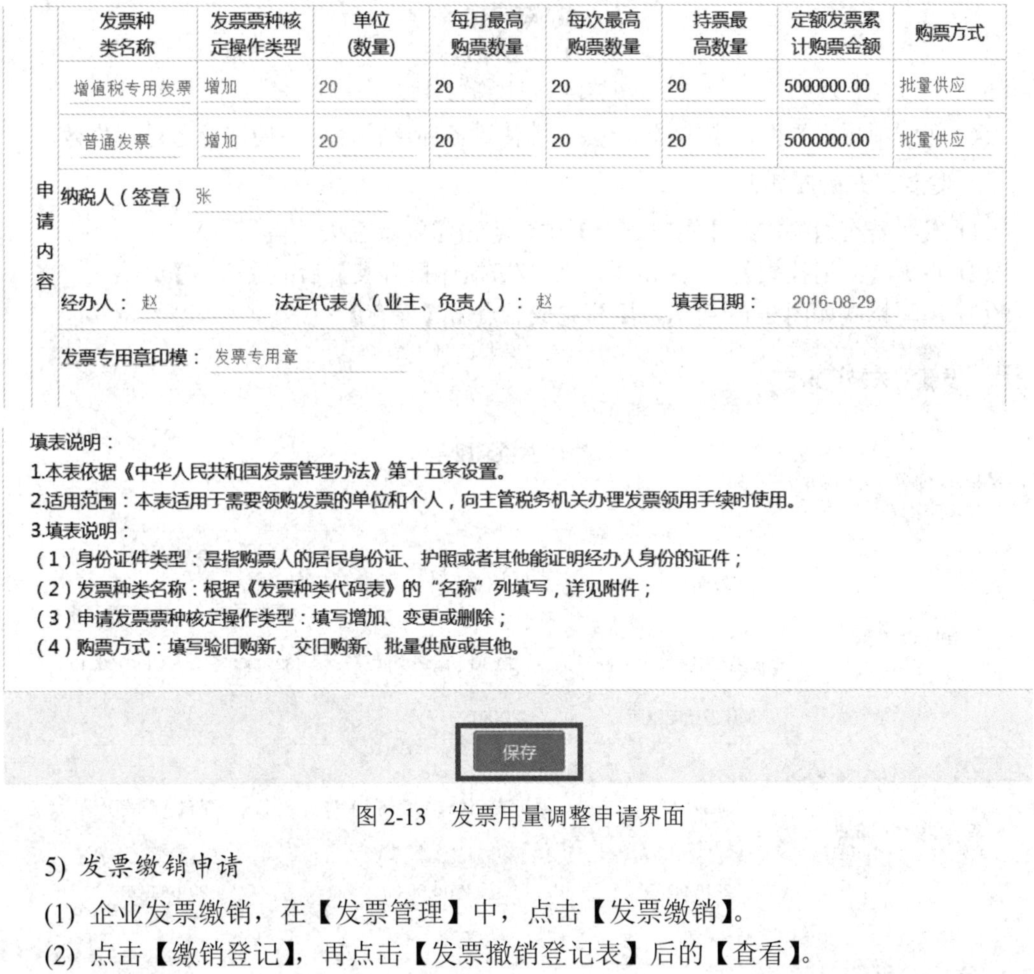

发票种类名称	发票票种核定操作类型	单位(数量)	每月最高购票数量	每次最高购票数量	持票最高数量	定额发票累计购票金额	购票方式
增值税专用发票	增加	20	20	20	20	5000000.00	批量供应
普通发票	增加	20	20	20	20	5000000.00	批量供应

申请内容

纳税人（签章） 张

经办人： 赵　法定代表人（业主、负责人）： 赵　填表日期： 2016-08-29

发票专用章印模： 发票专用章

填表说明：

1.本表依据《中华人民共和国发票管理办法》第十五条设置。

2.适用范围：本表适用于需要领购发票的单位和个人，向主管税务机关办理发票领用手续时使用。

3.填表说明：

（1）身份证件类型：是指购票人的居民身份证、护照或者其他能证明经办人身份的证件；

（2）发票种类名称：根据《发票种类代码表》的“名称”列填写，详见附件；

（3）申请发票票种核定操作类型：填写增加、变更或删除；

（4）购票方式：填写验旧购新、交旧购新、批量供应或其他。

保存

图 2-13　发票用量调整申请界面

5) 发票缴销申请

(1) 企业发票缴销，在【发票管理】中，点击【发票缴销】。

(2) 点击【缴销登记】，再点击【发票撤销登记表】后的【查看】。

(3) 输入份数、起始号码(发票领用号码)、终止号码(发票领用号码)、纳税人、缴销原因，点击【保存】，如图 2-14 所示。

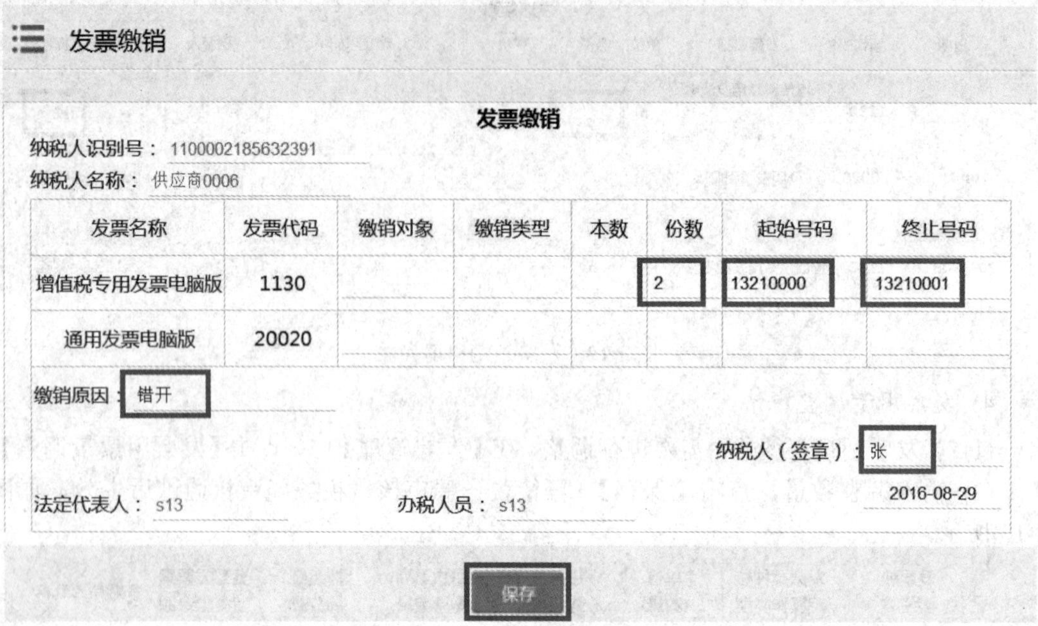
发票缴销

发票缴销

纳税人识别号： 1100002185632391

纳税人名称： 供应商0006

发票名称	发票代码	缴销对象	缴销类型	本数	份数	起始号码	终止号码
增值税专用发票电脑版	1130				2	13210000	13210001
通用发票电脑版	20020						

缴销原因： 错开

纳税人（签章）： 张

2016-08-29

法定代表人： s13　　办税人员： s13

保存

图 2-14　发票缴销界面

(4) 在资料提交界面，点击【提交】，等待税务局审核，税务局审核通过后生效。

6) 发票丢失被盗报告

(1) 发票若有遗失，在【发票管理】中，点击【发票丢失被盗报告】。

(2) 点击【申请挂失】，再点击【发票挂失/损坏报告表】后的【查看】。

(3) 填写格式如图 2-15 所示，填写完成后点击【保存】。

发票丢失被盗报告

发票丢失被盗报告

纳税人识别号： 1100002185632391

纳税人名称： 供应商0006

	发票名称	发票代码	份数	发票号码	
				起始号码	终止号码
挂失损毁发票	增值税专用发票电脑版	1130	2	13210000	13210001
	通用发票电脑版	20020			

挂失损毁情况说明：失火

经办人：	法定代表人(负责人)：	纳税人(签章)
s13	张	张
2016-08-29	2016-08-29	2016-08-29

挂失声明	发票挂失13210000-13210(	
纳税人提供资料	1. 缺失发票照片附件	2. 发票领购附件
	3. 无	4. 无
税务机关意见：		
经办人：	负责人：	税务机关（签章）

保存

图 2-15　发票遗失报告界面

(4) 在资料提交界面，点击【提交】，等待税务局审核，税务局审核通过后生效。

7) 普通发票代开申请

(1) 在【发票管理】中，点击【普通发票代开】。

(2) 点击【申请代开】。

(3) 点击【代开普通发票申请表】后的【查看】。

(4) 填写格式如图 2-16 所示，填写完成后点击【保存】。

普通发票代开

普通发票代开申请表

税务登记证件号码： 1100002185632391

管理代码： 1001

纳税人名称： 供应商0006　　开票类别： 普通发票　　编号： 8888888888

申请人(收款方)	申请人	上海迅捷科技有限公司		
	身份证件号码	622222222222222222		
	地址	高新区高新路2号		
	电话	021-88888888		
付款方全称	详讯科技有限公司			
经营项目	单价	单位	数量	金额(元)
普通电脑	3000	台	1	3000
合计	3000	台	1	3000

保存

图 2-16　普通发票代开申请界面

(5) 在资料提交界面，点击【提交】，等待税务局审核，税务局审核通过后生效。

3. 纳税申报

1) 企业所得税缴税

(1) 在【税务局】，点击【企业所得税】→【纳税申报】→【企业所得税(A 类)】，如图 2-17 所示。

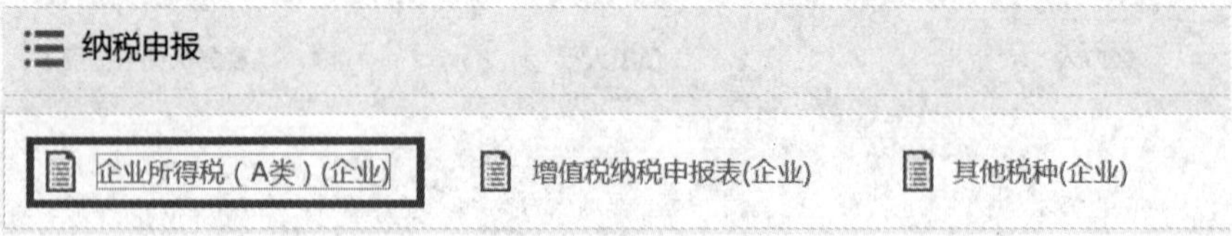

图 2-17　企业所得税纳税申报界面

(2) 选择纳税申报年度，点击【查询】→【申报】。

(3) 根据企业经营情况填写，如图 2-18 所示，点击【提交】，等待税务局审核，审核通过后生效。

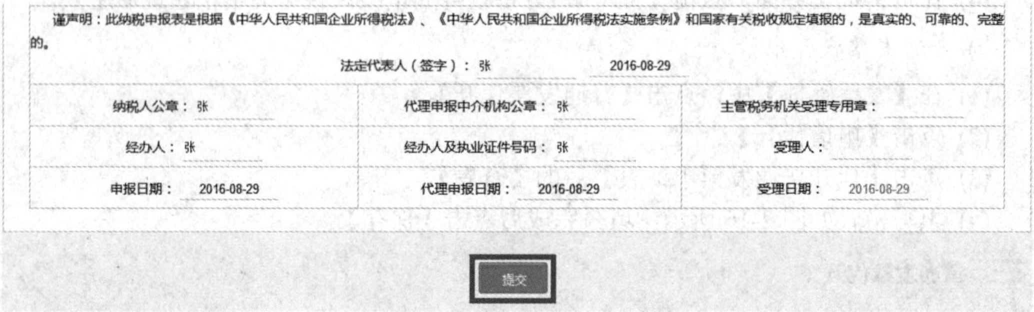

图 2-18　企业所得税申报界面

2) 增值税纳税申报

(1) 在【纳税申报】中，点击【增值税纳税申报】。

(2) 选择纳税申报年度，点击【查询】→【申报】。

(3) 根据企业实际经营情况填写增值税纳税申报表，如图 2-19 所示，点击【提交】，等待税务局审核，审核通过后生效。

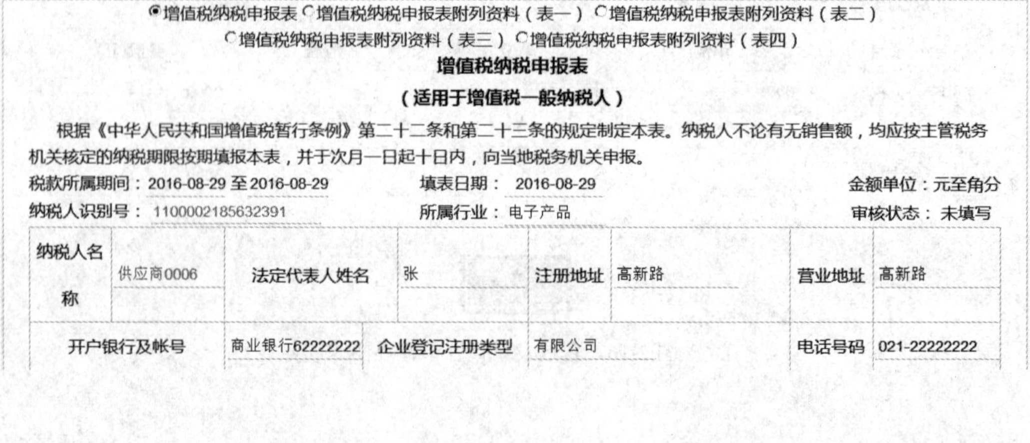

授权声明	如果你已委托代理人申报，请填写下列资料： 为代理一切税务事宜，现授权 无 （地址） 无 为本纳税人的代理申报人，任何与本 申报表有关的往来文件，都可寄予此人。 授权人签字：无	申报人声明	此纳税申报表是根据《中华人民共和国增值税暂行条例》的规定填报的，我相信它是真实的、可靠的、完整的。 声明人签字： 张

以下由税务机关填写：

收到日期：　　　接收人：　　　主管税务机关盖章：

提交

图 2-19　增值税纳税申报界面

注：表一、表二、表三、表四不用填。

3) 其他税种

(1) 除企业所得税和增值税以外的其他税种纳税申报，在【纳税申报】中，点击【其他税种】。

(2) 选择纳税申报年度，点击【查询】→【申报】。

(3) 根据企业实际经营情况填写其他税申报表，格式如图 2-20 所示，点击【提交】，等待税务局审核，审核通过后生效。

其他税种

营业税、城市维护建设税、教育费附加申报表

纳税人识别号：1100002185632391　管理代码：1001　审核状态：未填写

纳税人名称：供应商0006　税款所属期间：2016-08-29 至 2016-08-29　金额单位：元（列至角分）

纳税人或代理人声明：此纳税申报表是根据国家税收法律的规定填报，我确定它是真实的、可靠的、完整的。	如纳税人填报，由纳税人填写以下各栏：				受理机关（签章）
	办税人员（签章） 张	财务负责人（签章） 张	法定代表人（签章） 赵	联系电话 12222222222	
	如委托代理人填报，由代理人填写以下各栏				
	代理人名称 无	经办人（签章） 无	联系电话 无	代理人（公章） 无	

提交

图 2-20　其他税种纳税申报界面

(三) 社保局

1. 社保业务办理

1) 社保登记

(1) 以 CEO 的账号、密码登录软件平台，点击【我的实验】→【进入】，制造企业和

商贸公司点击【核心企业区】，分别点击【制造公司实训】和【商贸公司】进入企业平台。供应商在【商务服务区】点击【供应商公司】进入企业平台，点击【VSOA】→【社保局】→【社保业务办理】，【企业登记】，如图 2-21 所示。

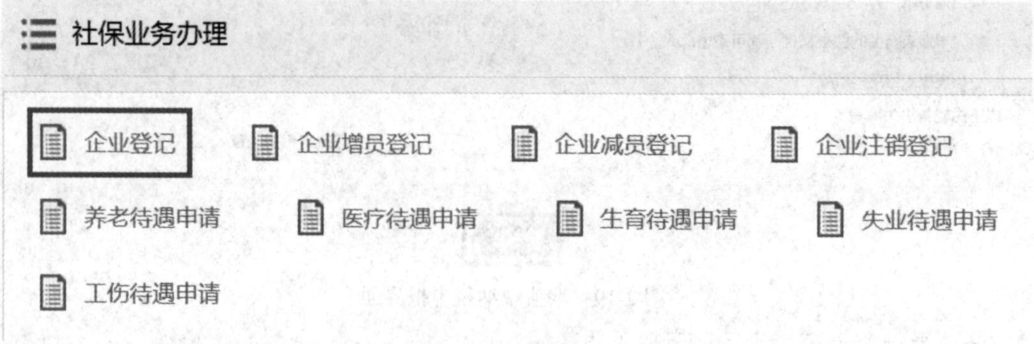

图 2-21　社保业务办理界面

(2) 根据企业情况填写企业登记表，如图 2-22 所示，完成后点击【保存】，等待社保局审核。

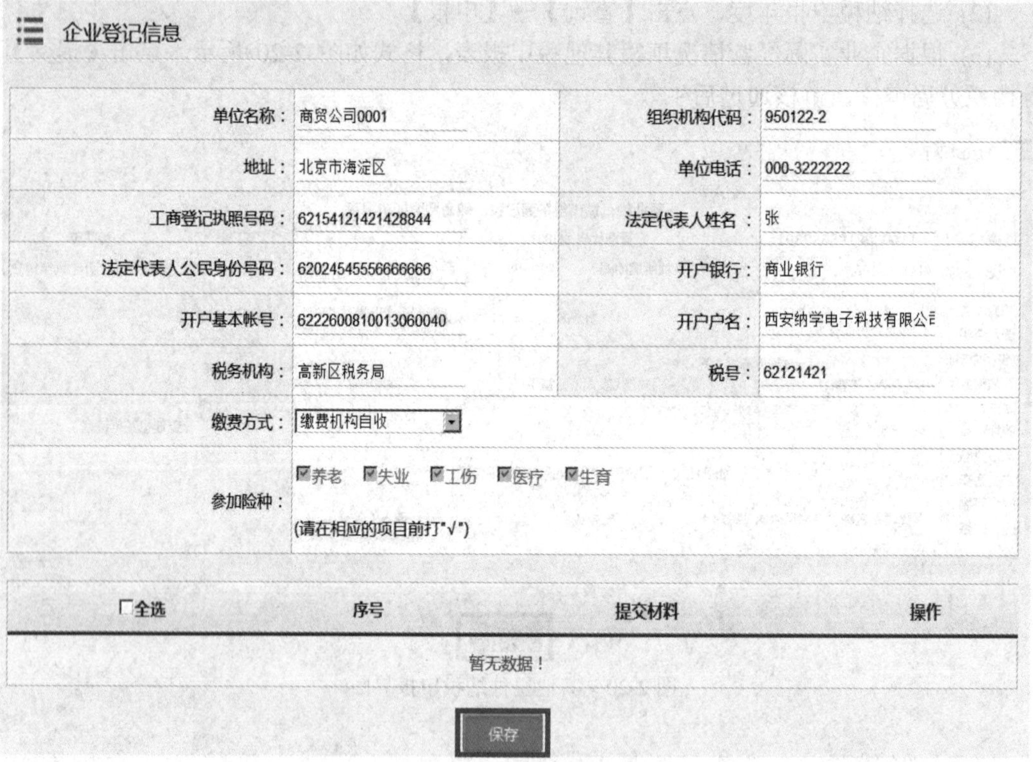

图 2-22　企业登记信息界面

2) 企业增员登记

(1) 企业有增员，在【社保办理】中，点击【企业增员登记】。

(2) 填写增员登记表，输入姓名等相关信息，格式如图 2-23 所示，完成后点击【保存】。

图 2-23　企业增员登记界面

3) 企业减员登记

(1) 在【社保办理】中，点击【企业减员登记】。

(2) 填写减员登记表，选择姓名、减少原因，完成后点击【保存】，等待社保局审核，如图 2-24 所示。

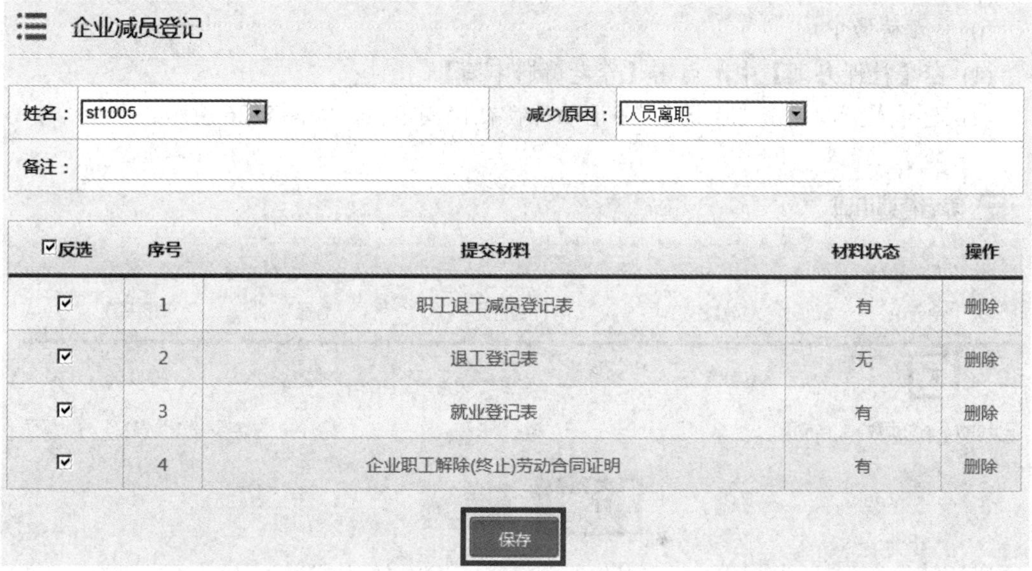

图 2-24　企业减员登记界面

4) 企业注销登记

(1) 在【社保办理】中，点击【企业注销登记】。

(2) 选择注销原因，点击【保存】，等待社保局审核，如图 2-25 所示。

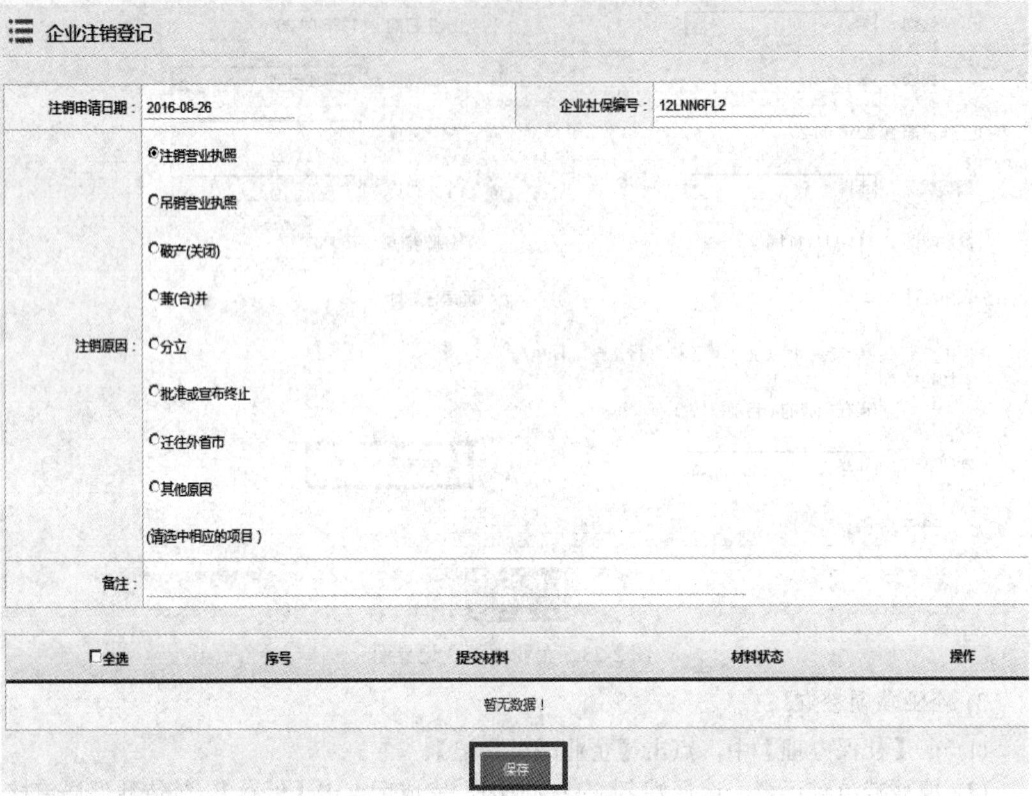

图 2-25　企业注销登记界面

5) 养老待遇申请

(1) 在【社保办理】中，点击【养老待遇申请】。

(2) 选择人员，点击【申请】，申请后等待社保局审核，如图 2-26 所示。

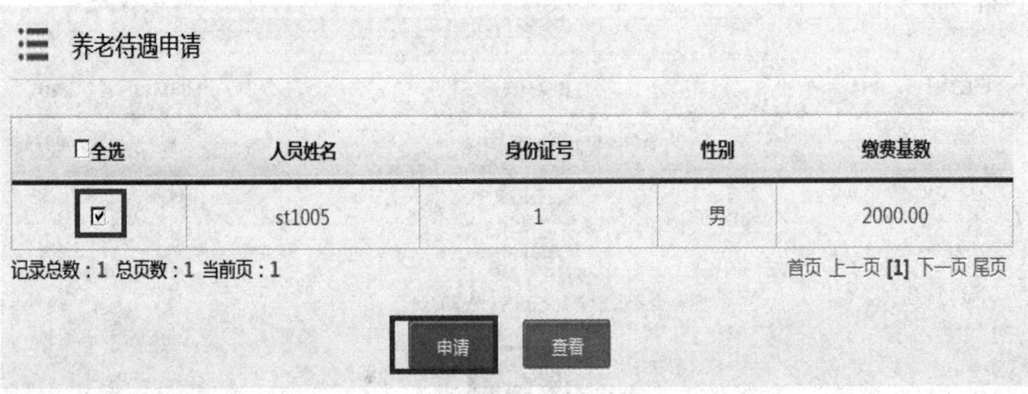

图 2-26　企业养老待遇申请界面

6) 医疗待遇申请

(1) 在【社保办理】中，点击【医疗待遇申请】。

(2) 选择人员，点击【申请】，如图 2-27 所示。

图 2-27　企业医疗待遇申请界面

(3) 填写医疗待遇申请单，如图 2-28 所示，填写完成后点击【保存】。

图 2-28　企业医疗待遇信息界面

7) 生育待遇申请

(1) 在【社保办理】中，点击【生育待遇申请】。

(2) 选择人员，点击【申请】。

(3) 填写生育待遇申请单，格式如图 2-29 所示，填写完成后点击【保存】。

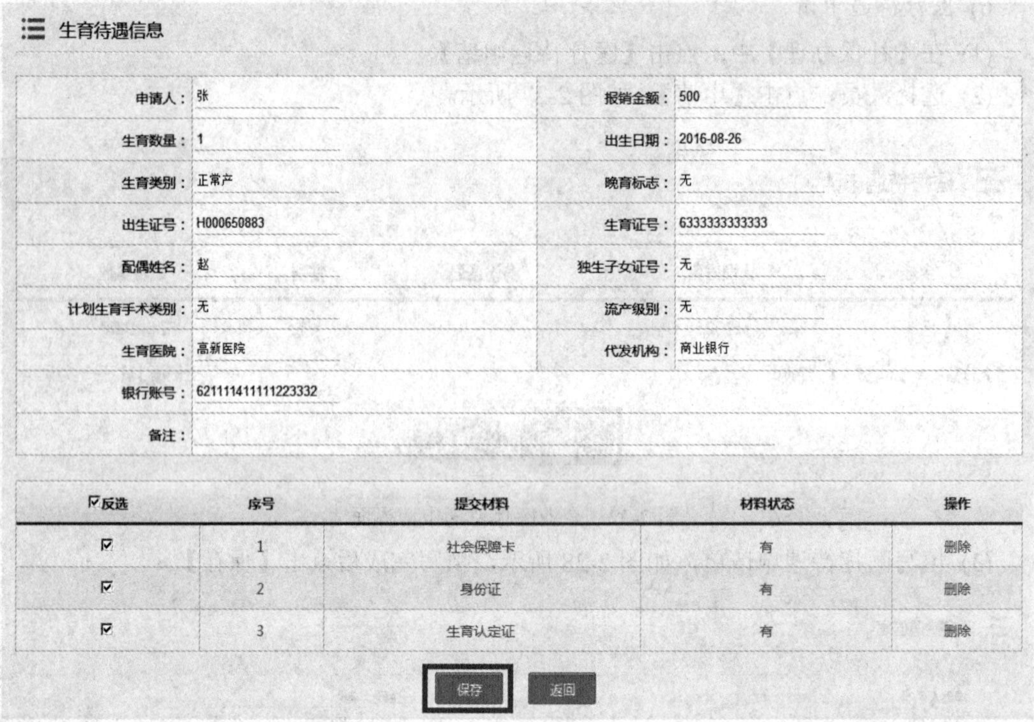

图 2-29　企业生育待遇信息界面

8) 失业待遇申请

(1) 在【社保办理】中，点击【失业待遇申请】。

(2) 选择人员，点击【申请】。

(3) 填写失业待遇申请单，格式如图 2-30 所示，填写完成后点击【保存】。

图 2-30　失业待遇信息界面

9) 工伤待遇申请

(1) 在【社保办理】中，点击【工伤待遇申请】。

(2) 选择人员，点击【申请】。

(3) 填写工伤待遇申请单，格式如图 2-31 所示，填写完成后点击【保存】。

工伤待遇信息

申请人：	张	报销金额：	500
工伤发生时间：	2016-08-26	伤害程度：	轻伤一级
伤害部位：	腿部	工伤类别：	车辆伤害
工伤抚恤证号：	620321	工亡时间：	2016-08-26
事故地点：	高新路	工伤发证日期：	2016-08-26
报告人名称：	赵	报告日期：	2016-08-26
工伤认定单位：	译讯科技有限公司	工伤认定日期：	2016-08-26
鉴定单位：	高新医院	医疗终结日期：	2016-08-26
鉴定编号：	102030	鉴定日期：	2016-08-26
护理依赖登记：	无	工伤伤残登记：	无
伤残等级：	无	领证人姓名：	张
代发机构：	商业银行	银行账号：	6211114111112233332
备注：			

反选	序号	提交材料	材料状态	操作
☑	1	社会保障卡	有	删除
☑	2	身份证	有	删除
☑	3	工伤认定证	有	删除
☑	4	劳动能力鉴定书	有	删除

保存　返回

图 2-31　工伤待遇信息界面

2. 缴费管理

1) 缴费基数申报

(1) 进入【社保局】，点击【缴费管理】→【增加】，如图 2-32 所示。

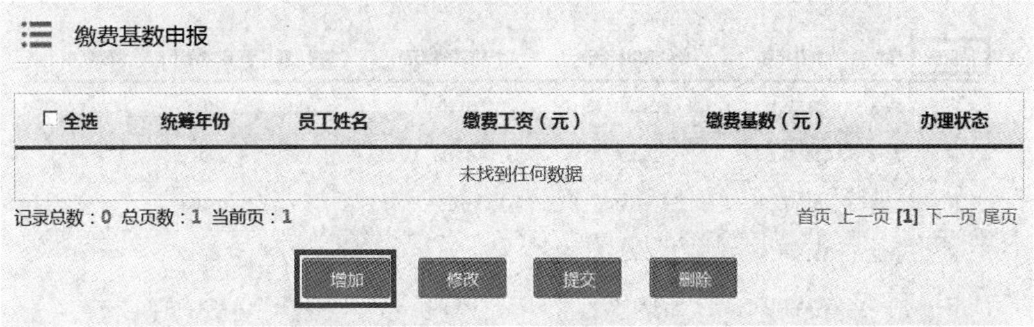

缴费基数申报

全选	统筹年份	员工姓名	缴费工资（元）	缴费基数（元）	办理状态
未找到任何数据					

记录总数：0 总页数：1 当前页：1　首页 上一页 [1] 下一页 尾页

增加　修改　提交　删除

图 2-32　社保缴纳基数申报界面

(2) 选择统筹年份、员工姓名，输入员工缴费工资、缴费基数，点击【保存】，如图 2-33 所示。

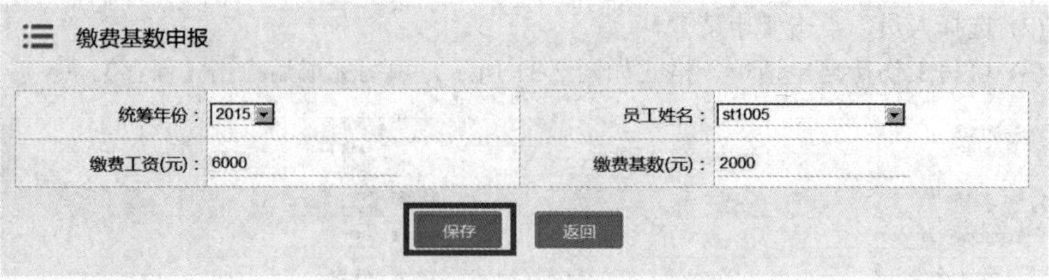

图 2-33　缴税基数填写界面

注： 缴费基数可以通过查询当地社保缴费基数设定。

2) 社保缴费

(1) 企业每个月都可在此进行社保费用缴纳，进入【缴费管理】，点击【社保缴费】。

(2) 选择缴费时间，点击【计算应缴】，如图 2-34 所示。

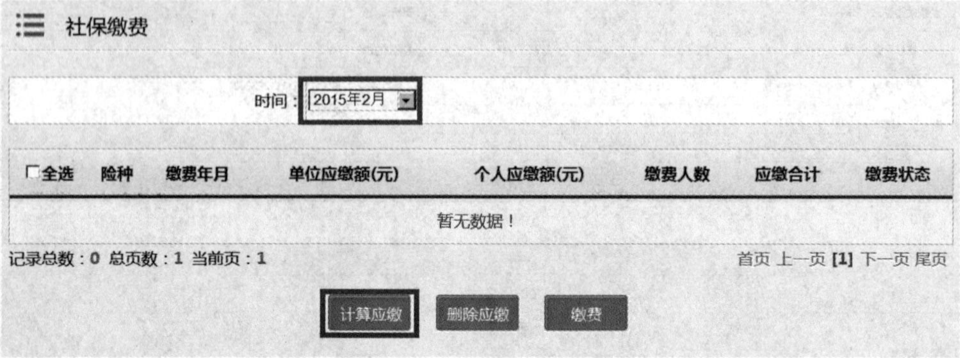

图 2-34　社保缴费计算界面

(3) 计算完成后，点击【缴费】；如缴费金额或人员有误，可全部选择后点击【删除应缴】，重新计算，如图 2-35 所示。

图 2-35　社保缴费界面

五、实训考核

(1) CEO 检查各个公司工商、税务、社保相关工作的完成情况。
(2) 总结政府机构对于公司经营的意义。

任务二 与商务机构业务往来

任务目标

完成与供应商公司、商贸公司的业务往来。

知识链接

一、商务环境

商务环境是指与各个关联公司之间的关系，本实训平台主要涉及的商务公司有学生扮演的供应商公司与商贸公司。无论是对供应商公司、商贸公司，抑或是制造公司而言，都要尽量压缩成本，合理提高价格，以增加利润空间。作为企业的采购人员或者销售人员，要有较强的议价能力，为企业创造更大价值。因此，可选择语言能力较强的学生担任采购部与销售部负责人，建议将人员的议价能力作为业绩考核的组成部分。

二、商务机构的职责

(一) 供应商公司

供应商公司是向各个企业供应各种所需资源的企业，它们的经营状况、供货能力会直接对企业的经营活动产生巨大的影响，如原材料价格变化、短缺等都会影响合作企业的生产和销售，还会影响双方企业利益，从而影响企业与客户的长期合作。因此，供应商公司只能从系统选择供应商供货，同时务必时刻关注自身库存和销售情况，及时补充货源，减少不必要的损失或者商业纠纷。制造公司可以选择系统供应商，也可以选择学生供应商。当选择学生供应商时，要注意与供应商公司保持有效沟通，以便应对供应商公司随时可能出现的问题。

【规则说明】

(1) 添加供应商类型为设施设备的供应商信息时，此供应商为系统自动扮演的设施设备供应商。

(2) 添加供应商类型为原材料的供应商信息时，此供应商可以是系统自动扮演的原材料供应商，也可以是学生扮演的供应商。

(二) 商贸公司

商贸公司即商业零售企业，是指设有商品营业场所、柜台，不自产商品，直接面向最终消费者的企业。商贸公司可以选择学生供应商，也可以选择系统供应商，只能对系统销售产品。如果选择学生供应商，商贸公司应当时刻关注制造公司的生产情况，分析是否能够及时到货，以免影响自身的销售业务。

【规则说明】

(1) 添加供应商类型为设施设备的供应商信息时，供应商性质必须选择系统供应商，系统供应商表示此供应商为系统自动扮演的设施设备供应商。

(2) 添加供应商类型为产品的供应商信息时，可选择供应商性质，系统供应商表示此供应商为系统自动扮演的产品供应商；学生供应商表示此供应商为实训环境中由学生扮演的产品供应商。

技能训练 商务机构业务操作

一、实训目的

(1) 掌握各个商务公司的基本职能以及业务操作流程。
(2) 掌握采购合同、销售合同的签订。
(3) 掌握采购计划、采购订单的编制。

二、实训器材

电脑、采购合同、销售合同、现代企业运营综合仿真实训平台软件与配套教材。

三、注意事项

(1) 每个公司制定一份公司管理制度，每个部门制定一份部门管理制度。
(2) 在选择供应商或商贸公司时，要注意是学生供应商还是系统供应商。
(3) 对于不能及时交货的企业，可以按照合同要求进行索赔。

四、实训操作

参考项目五的实训与项目八的实训。

五、实训考核

(1) CEO 检查各部门采购、销售合同签订情况。
(2) 每笔销售订单都需进行出库发货，未出库发货则每笔扣分。
(3) 供应商公司必须至少销售给学生制造公司三笔订单，商贸公司必须至少采购学生制造公司三笔订单，每少一笔则扣分。

(4) 销售订单未按时交货，则需按时填写销售违约单并支付违约金，未按时填写则每笔扣分。

任务三　与公共服务机构业务往来

任务目标

(1) 掌握银行贷款、还款业务操作。
(2) 掌握票据贴现，并完成银行贴现业务。
(3) 掌握银行存取款业务。
(4) 掌握支票的规范填写方法。

知识链接

一、公共服务环境

公共服务环境指地方为应对入世后对外开放的新形势，转变政府职能，建立公开、透明、高效、廉洁行政体制，营造良好的服务环境，方便单位和个人而设立的专门机构，比如银行、认证中心、招投标中心、人才交流中心、会计师事务所、律师事务所等。

二、公共服务机构的职责

随着时间的推移，公共行政服务职能不断扩充，现主要有以下三个职能：

(1) 负责地方政府本级保留的行政许可事项和非许可审批事项及各种证照类业务集中统一办理。

(2) 负责地方软环境建设的组织、协调、监督、检查工作。

(3) 负责地方诚信体系建设的组织、协调工作。

本实训主要涉及商业银行，其他公共服务机构可视实训情况而定。公共服务机构的职责如表2-2所示。

表2-2　公共服务机构职责表

机构名称	主 要 职 责	实训岗位配置
商业银行	企业进行验资户开户、基本户开户；企业进行贷款申请，银行可对企业的贷款申请进行受理审查及发放操作；对企业的还款进行复核审查；对企业的贴现申请进行调查审批并发放贴现款	银行行长、银行综合柜员
认证中心	对企业提交的认证申请资料进行审核，并对企业进行现场审核，审核通过后给企业颁发证书	认证中心总经理、认证中心业务员

续表

机构名称	主 要 职 责	实训岗位配置
招投标中心	与贸易公司签订招标代理合同，企业可参与招投标活动	招投标中心总经理、招投标中心业务员
人才交流中心	企业及外围机构可在人才交流中心发布招聘信息，学生可进入人才交流中心填写简历，并进行简历投递	人才交流中心总经理、人才交流中心业务员

注：教师根据实训需求设置认证中心、招投标中心、人才交流中心的岗位。

三、票据贴现

贴现是一个商业术语，指收款人将未到期的商业承兑汇票或银行承兑汇票背书后转让给受让人，受让人按票面金额扣去自贴现日至汇票到期日的利息后将剩余金额支付给持票人。商业汇票到期，受让人凭票向该汇票的承兑人收取款项。贴现是持票人向银行融通资金的一种方式。

贴现的利率：在人民银行现行的再贴现利率的基础上进行上浮，贴现的利率是市场价格，由双方协商确定，但最高不能超过现行的贷款利率。

贴现利息的计算：贴现利息是汇票的收款人在票据到期前为获取票款向贴现银行支付的利息。计算方式：贴现利息 = 贴现金额 × 贴现率 × 贴现期限。

四、银行相关业务流程

点击【辅助业务】→【业务流程图】，可查询银行相关业务流程图，如图 2-36 至图 2-42 所示。

图 2-36　业务流程查询界面

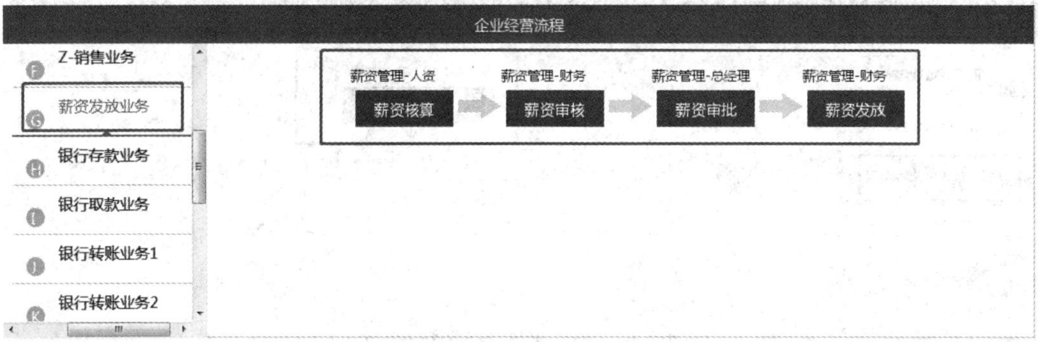

图 2-37　薪资发放业务流程图

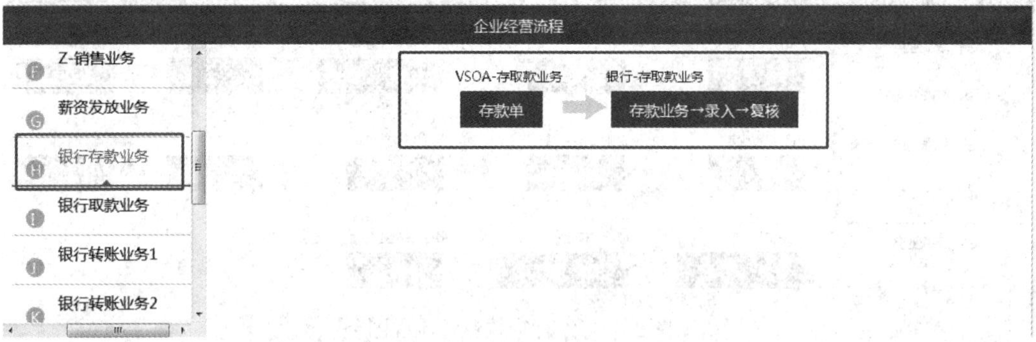

图 2-38　银行存款业务流程图

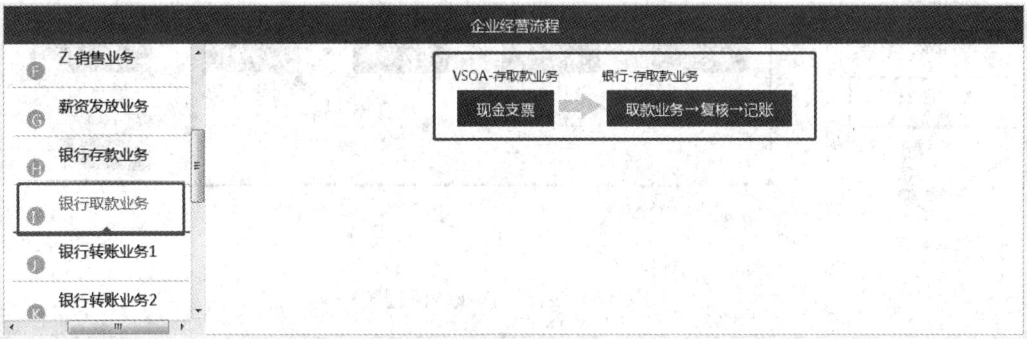

图 2-39　银行取款业务流程图

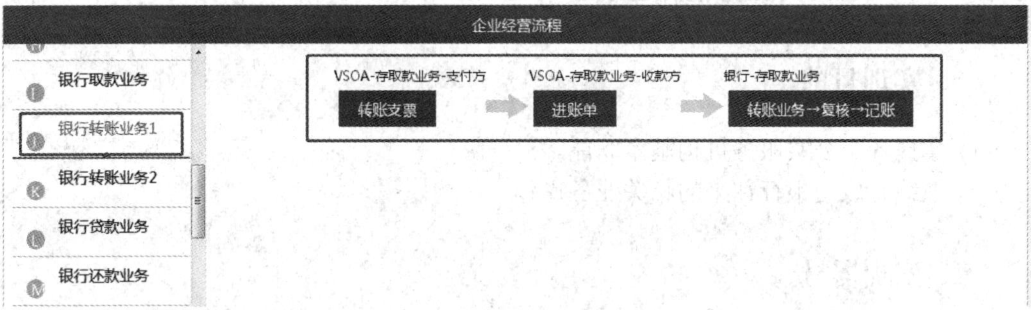

图 2-40　银行转账业务流程图(1)

图 2-40　银行转账业务流程图(2)

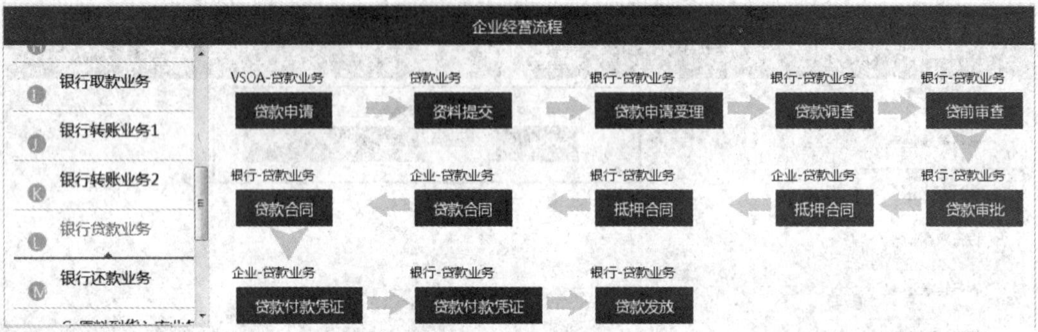

图 2-41　银行贷款业务流程图

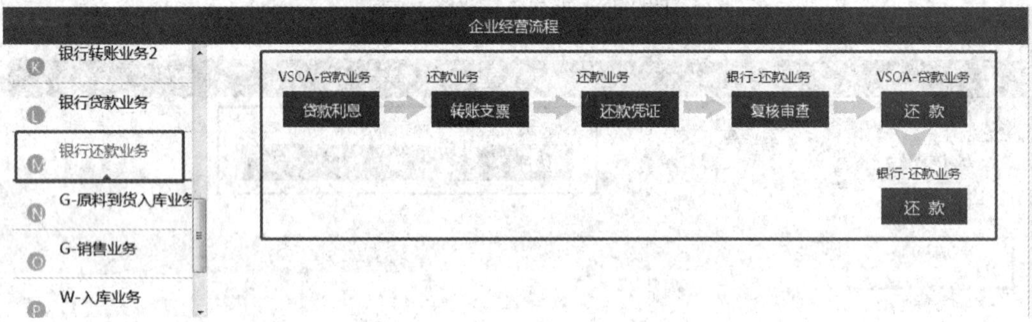

图 2-42　银行还款业务流程图

技能训练　公共服务机构业务操作

一、实训目的

(1) 掌握各个公共服务机构基本职能。
(2) 熟练完成与银行往来的相关业务操作。

二、实训器材

电脑、现代企业运营综合仿真实训平台软件与配套教材。

三、注意事项

(1) 企业各个成员应注意银行账户余额，若余额为零，企业可宣布破产、选择借款，或请求投资者注资。无论哪种方式，都将会影响团队考核。

(2) 人才可以通过人才交流中心进行流动，企业为留住人才可以相应地提高工资待遇。

四、实训操作

(一) 贷款业务

1. 贷款申请

(1) 以出纳(没有设置出纳岗位就以会计)的账号、密码登录软件平台，点击【我的实验】→【进入】，制造企业和商贸公司点击【核心企业区】，再分别点击【制造公司实训】和【商贸公司】进入企业平台。供应商在【商务服务区】点击【供应商公司】进入企业平台，点击【VSOA】→【贷款业务】→【贷款申请】，如图 2-43 所示。

图 2-43　银行贷款业务界面

(2) 贷款申请表填写格式如 2-44 所示，贷款方式、贷款期限、申请借款金额大小写必须填写合适；填写完成后，点击【提交】。

借款人	名称	详讯科技有限公司	身份证号码	620111111111111111	
	地址	高新区高新路1号	电话	13555555555	
生产(经营)专业	电脑生产	生产(经营)规模	500台/年	自有资金	5000000
				年收入	10000000
原欠贷款余额	0			其中：逾期贷款	0
				结欠利息	0
贷款方式	流动资金贷款		贷款期限	临时贷款	
申请借款金额	人民币(大写) 壹佰万元整		人民币(小写) 1000000		
借款用途	原材料采购				
借款期限	2016-08-25 至 2016-08-31 止				
还款资金来源	销售货款		还款方式	现金	

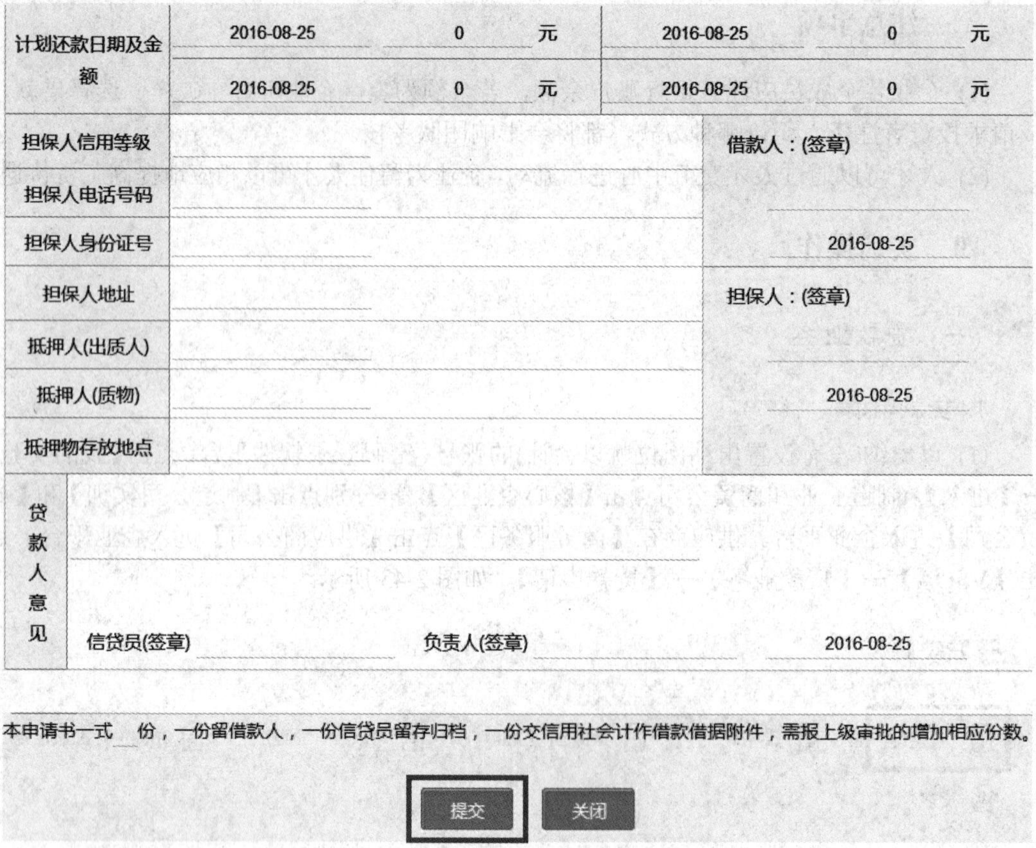

图 2-44　银行贷款申请界面

2. 资料提交

(1) 贷款申请提交后，返回贷款业务界面，点击【资料提交】。

(2) 选择贷款申请记录，点击【查看】，如图 2-45 所示。

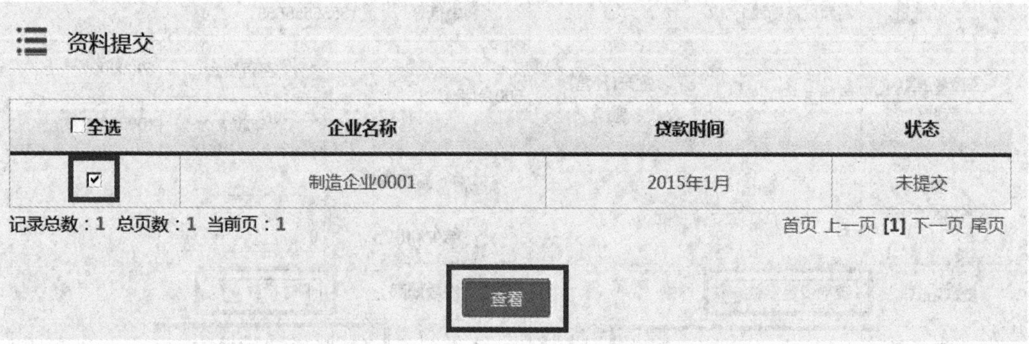

图 2-45　银行贷款资料查看界面

(3) 查看后，在资料界面点击【提交】即可。

3. 抵押合同

(1) 企业的贷款申请通过银行审批后，回到贷款业务界面，点击【抵押合同】。

(2) 选择银行审批过的申请信息，点击【抵押合同】。

(3) 填写合同内容(可快速阅读完内容，不用进行在线填写)，输入甲方、法人、时间，格式如图 2-46 所示，点击【保存】。

图 2-46　抵押合同填写界面

4. 贷款合同

(1) 企业的贷款申请通过银行审批后，回到贷款业务界面，点击【贷款合同】。

(2) 选择银行审批过的申请信息，点击【贷款合同】。

(3) 填写合同内容(可快速阅读完内容，不用进行在线填写)，输入乙方、法人、时间，格式如图 2-47 所示，点击【保存】。

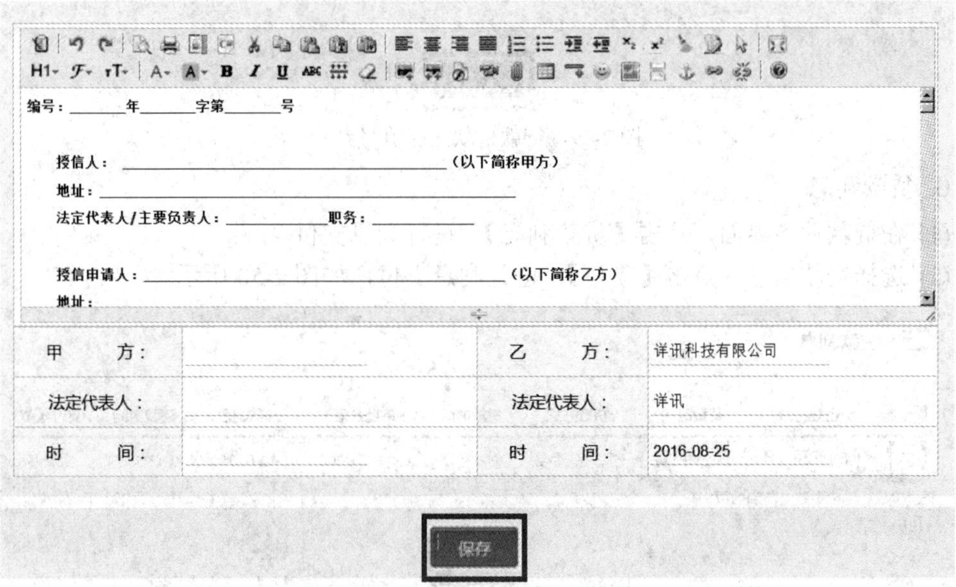

图 2-47　贷款合同填写界面

5. 贷款付款凭证

(1) 企业的贷款合同与抵押合同签订后，回到贷款业务界面，点击【贷款付款凭证】。

(2) 选择贷款信息，点击【付款凭证】，如图 2-48 所示。

图 2-48　贷款付款凭证界面

(3) 填写付款凭证格式如图 2-49 所示，填写完成后点击【提交】。

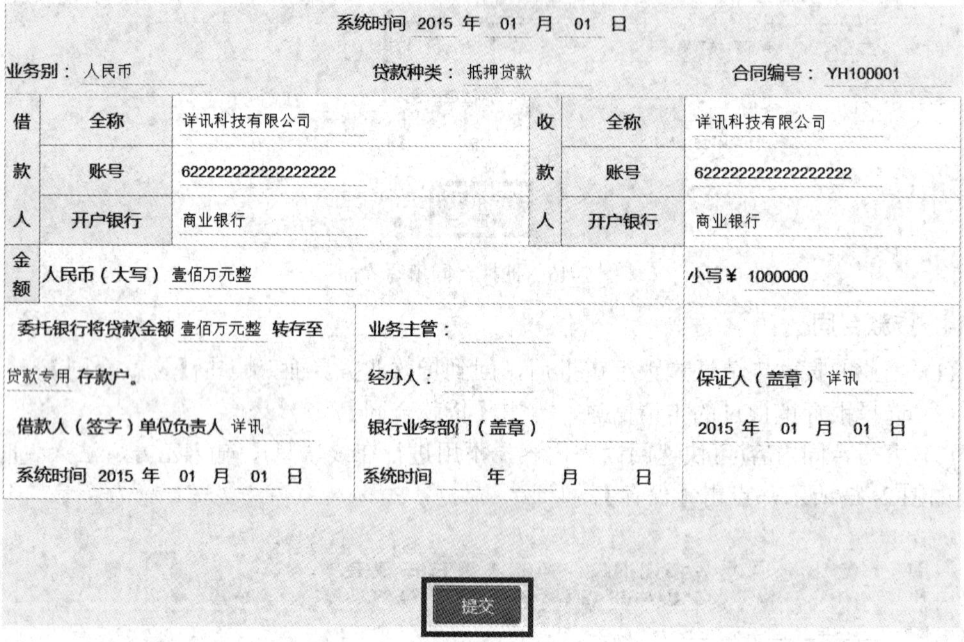

图 2-49　贷款付款凭证填写界面

6. 贷款利息

(1) 在贷款业务界面，点击【贷款利息】，进行利息支付。

(2) 选择贷款信息，点击【支付】，进行利息支付，如图 2-50 所示。

图 2-50　支付贷款利息界面

(二) 还款业务

1. 转账支票

(1) 企业支付利息后进行贷款还款，进入【还款业务】，点击【转账支票】，如图 2-51 所示。

图 2-51　还款业务界面

(2) 选择贷款信息，点击【转账支票】，如图 2-52 所示。

图 2-52　选择转账支票

(3) 填写格式如图 2-53 所示，填写完成后提交。

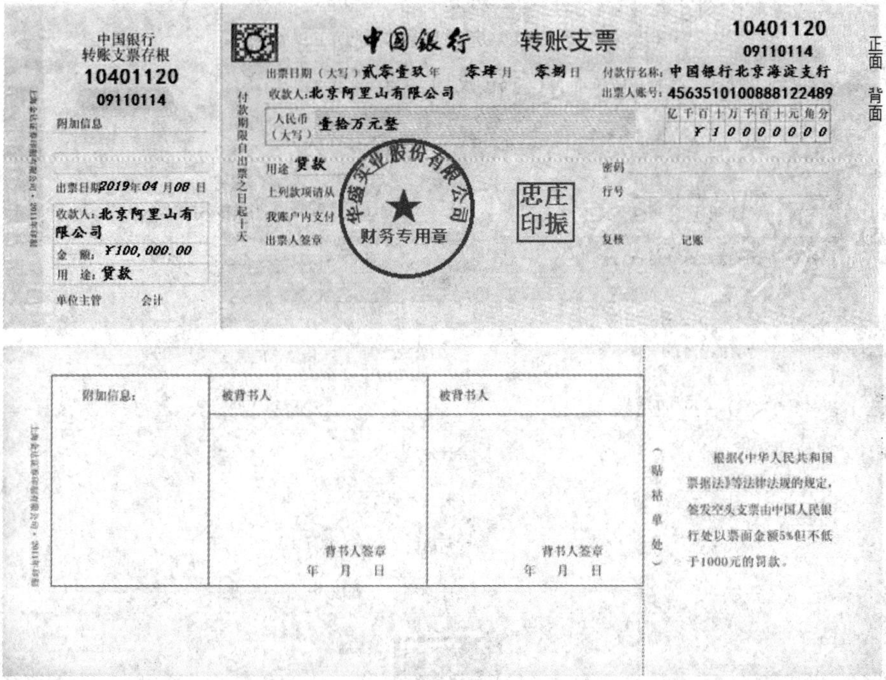

图 2-53　填写转账支票界面

注：• 红色框内编号为财务记录的转账记录编号，其他信息根据财务转账记录编号填写，需一致。

• 日期中年的填写：日期一律用大写。

• 日期中月的填写：其中 1 月到 9 月应分别写为零壹月、零贰月……零玖月，10 月应写为零壹拾月，11 月写为壹拾壹月，12 月写为壹拾贰月。

• 日期中日的填写：同样 1 日到 9 日，应该写为零壹日……零玖日；每月 11 日到 19 日，应写为壹拾壹日到壹拾玖日；每月 21 日到 29 日，应写为贰拾壹日到贰拾玖日；每月 10 日、20 日、30 日，书写的时候前边要加零。

• 根据转账支票的编号、开支票日期、金额，计算出转账支票的密码，填写在加验密码后边的横线上，并写上转账支票的用途。

• 要填写转账支票的存根联，写好开票日期、金额、用途，一定要记得让领款人签字，存根联要保存好，和相关单据粘在一起，以便日后备查。

2. 还款凭证

(1) 企业填写转账支票后，进入还款业务界面，点击【还款凭证】。

(2) 选择贷款信息，点击【还款凭证】，如图 2-54 所示。

图 2-54　选择还款凭证界面

(3) 填写格式如图 2-55 所示，填写完成后点击【提交】。

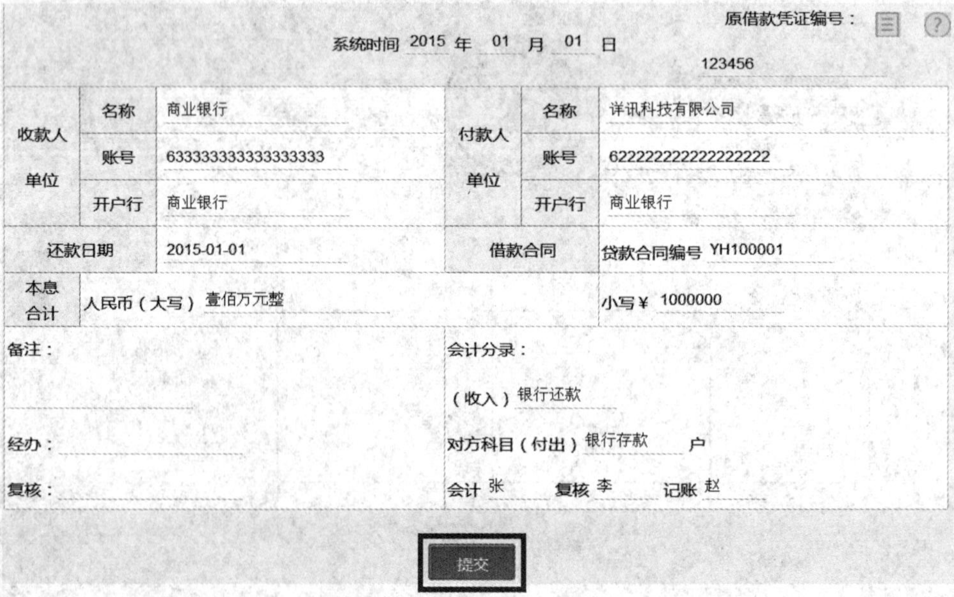

图 2-55　填写还款凭证界面

3. 还款

(1) 企业偿还银行贷款后，点击【还款】可进行还款查看。

(2) 查询企业贷款状态是否为已还款，如图 2-56 所示。

还款

全选	企业名称	贷款时间	转账支票	还款凭证	还款金额	状态
□	商贸公司0001	2015年1月	查看	查看	150000.0000	已还款

记录总数：1 总页数：1 当前页：1　　首页 上一页 [1] 下一页 尾页

图 2-56　查询贷款还款状态

(三) 贴现业务

1. 贴现申请

(1) 在【贴现业务】中，点击【贴现申请】，如图 2-57 所示。

图 2-57　贴现业务界面

注：• 先填写银行承兑汇票，银行承兑汇票填写后再填写贴现申请。
　　• 贴现利息计算方式：贴现利息 = 贴现金额 × 贴现率 × 贴现期限。

(2) 在发货列表，点击【贴现申请】。

(3) 填写贴现申请书，格式如图 2-58 所示，填写完成后点击【提交】。

贴现申请书

贴现申请人全称：商贸公司0001　　经济性质：有限公司

账号：789456123123456

收款人全称：商贸公司0001　　付款人全称：中通科技有限公司

账号:789456123123456　　账号:123456789123456

汇票签发人全称：中通科技有限公司　　汇票承兑银行：商业银行

交易合同号：H1001　　增值税发票号：123456

承兑协议编号：001

汇票具体内容

汇票编号	汇票金额	贴现金额	汇票签发日	汇票到期日
0002	427050.00	427050.00	贰零壹陆年玖月壹贰	贰零壹陆零玖壹贰

背书转让顺序：无

交易合同主要内容摘录：无

所购商品的市场销售或生产耗用情况：无

贴现贷款的保证单位或抵（质）押物名称：无

贴现贷款用途：支付货款

汇票承兑行与付款人的业务关系：

□长期银企合作关系☑背书转让关系□初次结算□其他

>>>附件<<<

贴现申请人保证：

1 所提供的资料、数据绝对真实。

2 票据到期日，如付款单位不能按期承付，由本单位全额承付，或在本单位账户上扣除。

3 上述保证具有法律效力，在诉讼时放弃抗辩权。

以上申请请予审核办理。

此致

XX银行：商业银行

贴现申请单位：（盖章）

法定代表人签字：张

2016-09-12

提交

图 2-58　贴现业务申请界面

2. 银行承兑汇票

(1) 进入贴现业务界面，点击【银行承兑汇票】。

(2) 点击【获取】，获取银行承兑汇票，如图 2-59 所示。

承兑汇票

□	客户	发货单号	还款状态	操作
□	中通科技有限公司	XSFH50001	未发货	获取 查看

记录总数：1 总页数：1 当前页：1　　首页 上一页 [1] 下一页 尾页

图 2-59　获取承兑汇票界面

(3) 获取后点击【查看】，进行银行承兑汇票填写，填写后点击【保存】，如图 2-60 所示。

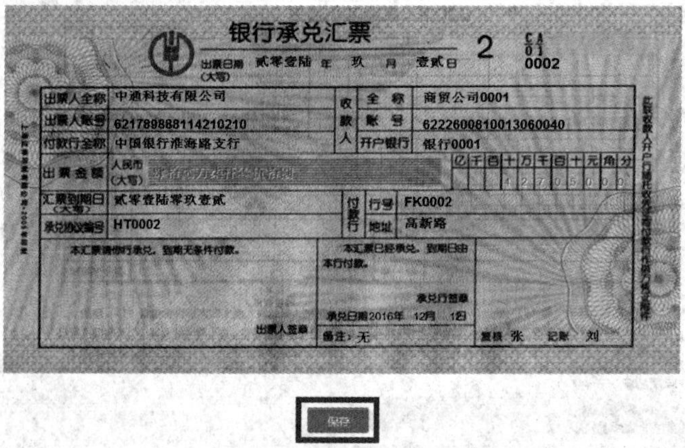

图 2-60　填写银行承兑汇票界面

注：· 日期填写：汇票到期日使用中文大写，到期日不能大于开票日期 6 个月以上。

• 人民币：使用中文大写和数码填写出票金额，大小写必须一致；银行承兑汇票一律按出票金额结算；大写数码为壹、贰、叁、肆、伍、陆、柒、捌、玖、零，大写数位为拾、佰、仟、万、亿、元、角、分。

3. 贴现款

(1) 进入贴现业务界面，点击【贴现款】。

(2) 选择银行审批的贴现款数据，点击【收款】，如图 2-61 所示。

图 2-61　选择贴现款界面

(四) 存取款业务

1. 存款单

(1) 企业进行银行存款，进入存取款界面，点击【存款单】，如图 2-62 所示。

图 2-60　存取款业务界面

(2) 在存款单页面点击【新增】。

(3) 填写现金交款单，格式如图 2-63 所示，填写完成后点击【保存】。

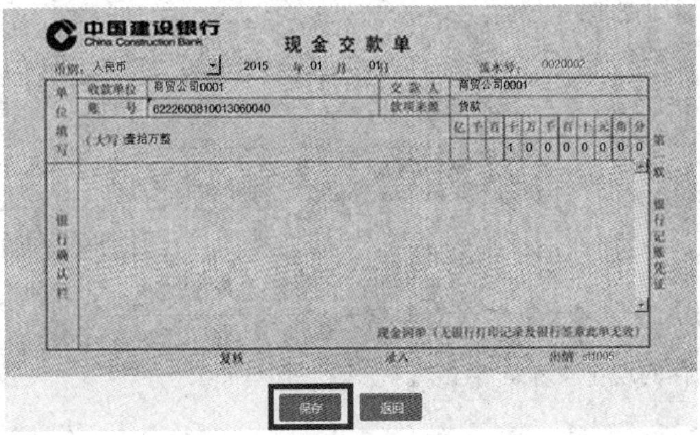

图 2-63　填写现金交款单界面

注：• 收款人与交款人均为企业。

• 大写金额与小写金额必须一致。

(4) 选择要保存的存款单，点击【提交】。

2. 现金支票

(1) 企业进行银行现金取款，进入存取款界面，点击【现金支票】。

(2) 在现金支票页面点击【新增】。

(3) 填写现金支票，格式如图 2-64 所示，填写完成后点击【盖章】→【保存】。

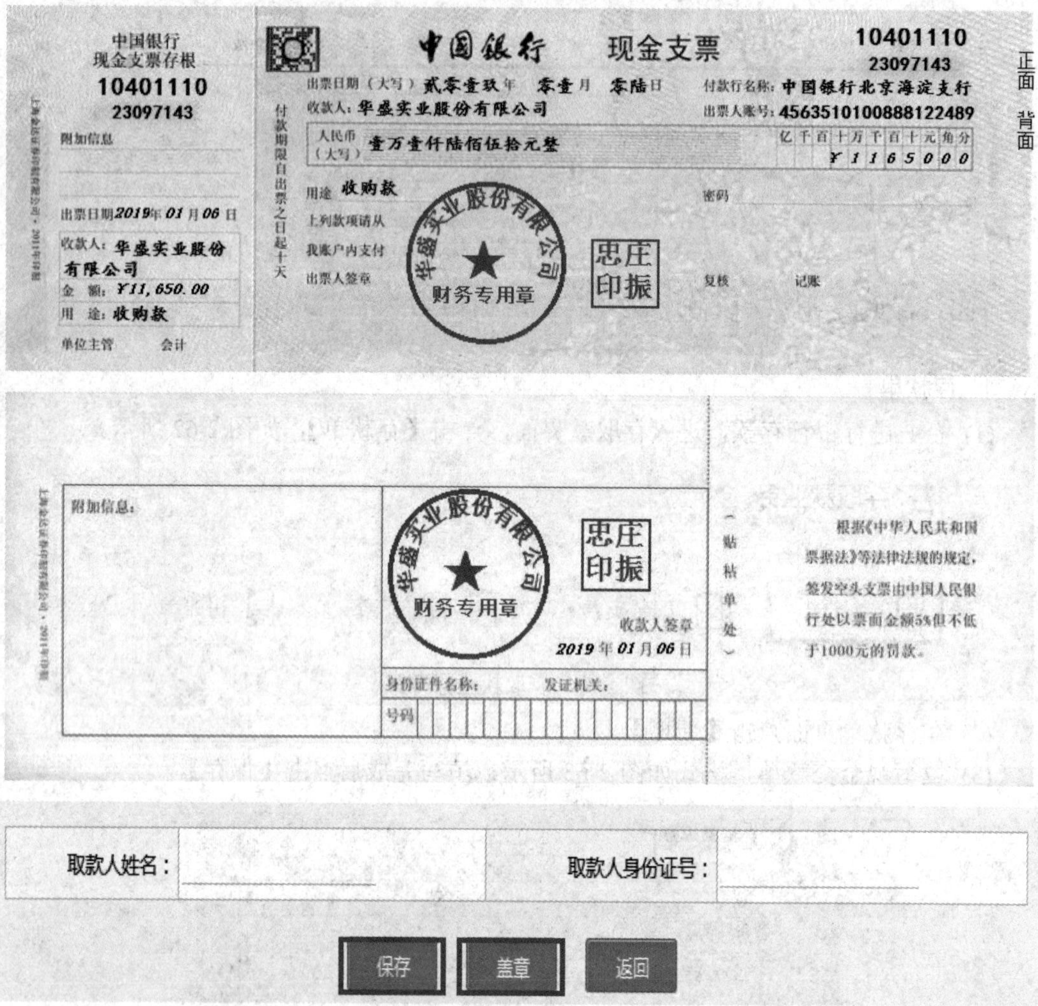

图 2-64　现金支票填写界面

注：现金支票的填写格式同转账支票相同。

(4) 选择要保存的现金支票，点击【提交】。

3. 转账支票

(1) 企业进行银行转账，点击【转账支票】。

(2) 在转账支票页面点击【新增】。

(3) 填写转账支票，格式如图 2-65 所示，填写完成后点击【盖章】→【保存】。

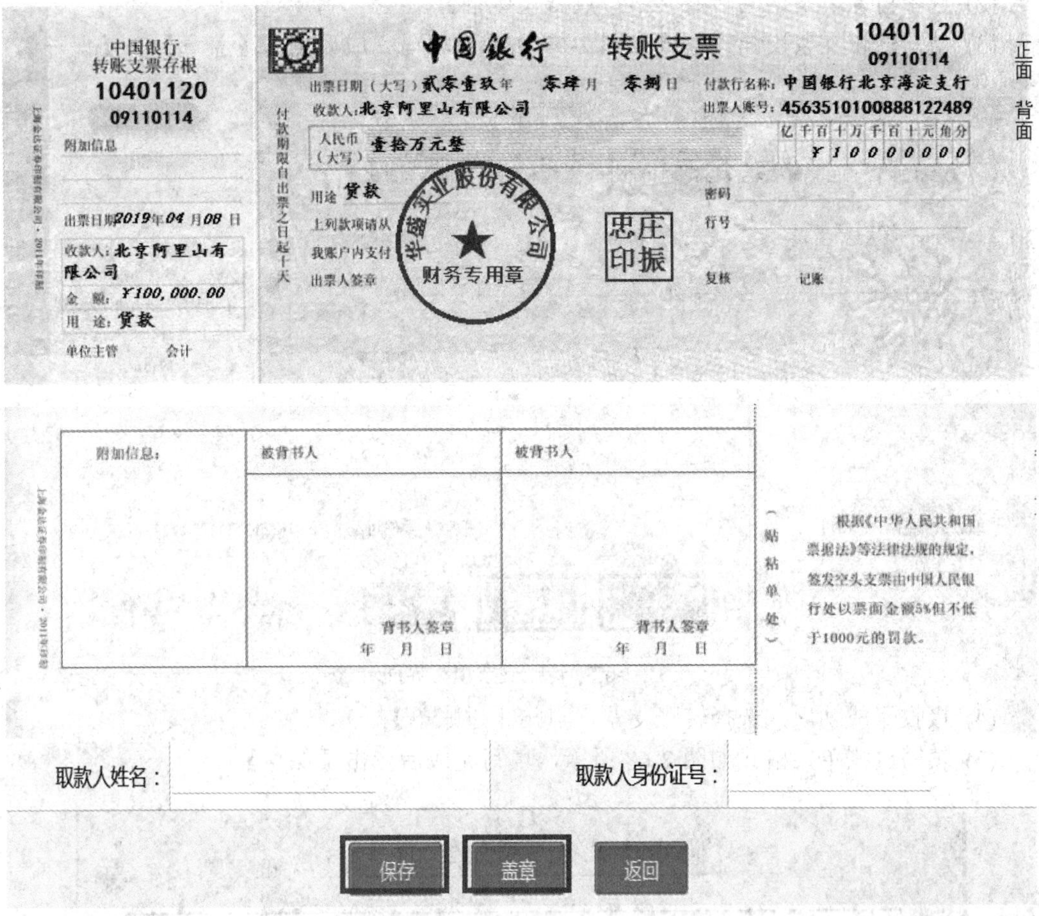

图 2-65　转账支票填写界面

(4) 选择转账支票，点击【发送】。

(5) 点击【辅助业务】→【账务记录】→【转账记录】，可查询对应财务转账记录，如图 2-66 所示。

☰ 账务记录　转账记录　现金记录　企业现金

序号	编号	时间	业务名称	支付方名称	支付方银行名称	支付方银行账号	收款方名称
1	50000002	2015年1月	运费管理	商贸公司0001	银行0001	6222600810013060040	物流公司0003
2	37000002	2015年8月	运输违约	物流公司0003	银行0001	6222600810013060038	商贸公司0001
3	50000001	2015年3月	采购入库单	商贸公司0001	银行0001	6222600810013060040	豪景科技有限公司

☰ 账务记录　转账记录　现金记录　企业现金

名称	支付方银行账号	收款方名称	收款方银行名称	收款方银行账号	金额	状态
1	6222600810013060040	物流公司0003	银行0001	6222600810013060038	111.00	未完成
1	6222600810013060038	商贸公司0001	银行0001	6222600810013060040	1200.00	已完成
1	6222600810013060040	豪景科技有限公司	中国银行中山路支行	621785361114210210	527904.00	已完成

图 2-66　转账记录查询界面

4. 进账单

(1) 转账支票的收款方在存取款业务界面中点击【进账单】。

(2) 选择付款方发送的转账支票，点击【接收】。

(3) 填写转帐支票反面，格式如图 2-67 所示，填写完成后点击【盖章】→【保存】。

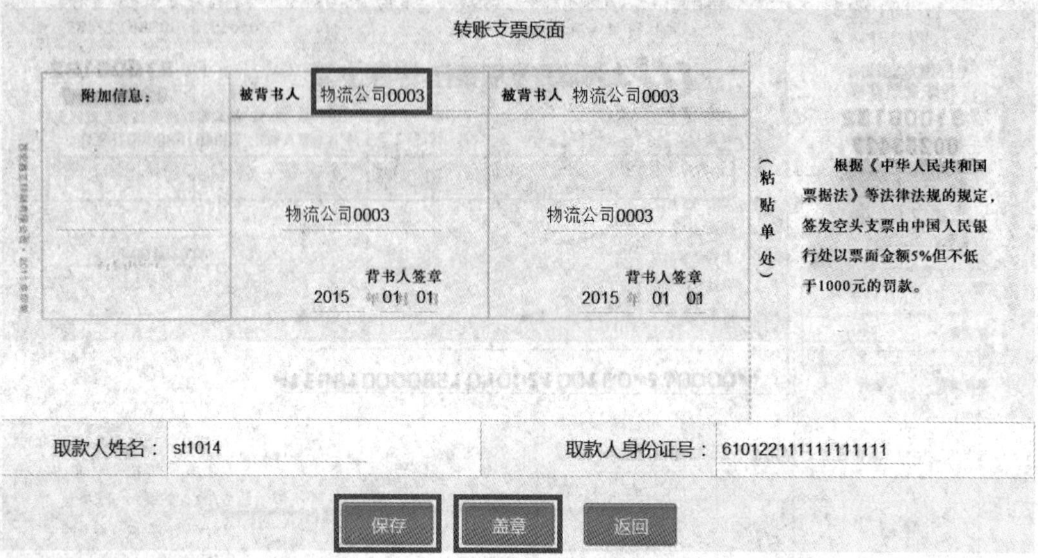

图 2-67　转账支票填写界面

(4) 接收账成功后，选择转账支票，点击【进账单】。

(5) 填写进账单，格式如图 2-68 所示，填写完成后点击【保存】。

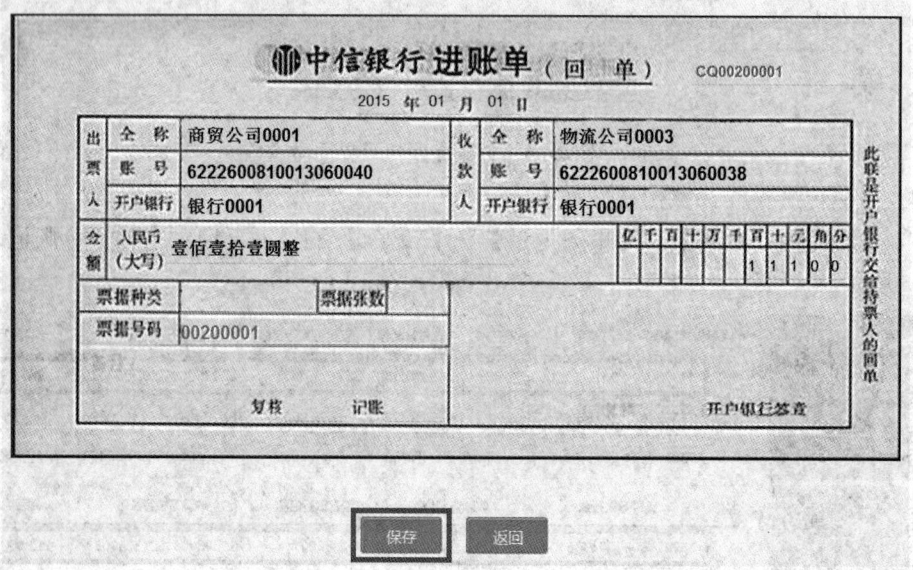

图 2-68　银行进账单填写界面

注： 人民币应有大小写，大小写金额必须一致。

(6) 进账单填写完成后，选择转账凭证，点击【递交】，递交后等待银行处理即可。

(五) 网银业务

1. 账号余额

(1) 企业进入网银业务界面，点击【账号余额】，进行银行账户金额查看，如图 2-69 所示。

图 2-69　网银业务界面

(2) 可查看当前企业银行账户余额，如图 2-70 所示。

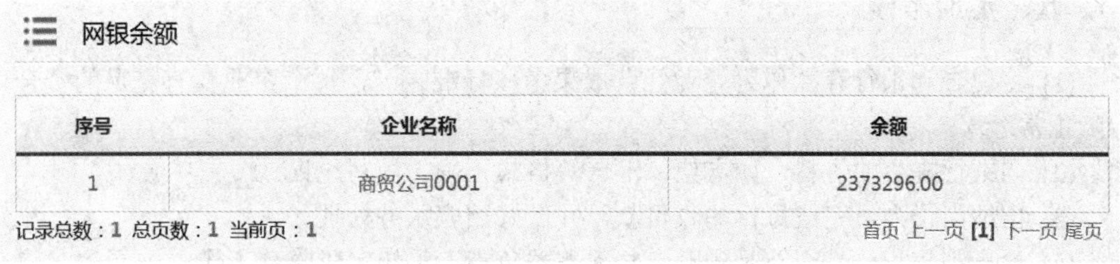

图 2-70　网银余额查询界面

2. 转账业务

(1) 企业进行银行转账，进入网银业务界面，选择【转账业务】。

(2) 在转账业务页面，点击【新增】。

(3) 根据企业财务转账记录填写转账单，格式如图 2-71 所示。编号为财务转账记录中的编号，其他信息需与财务转账记录信息一致，填写完成后点击【保存】即可生效。网银转账业务不需要银行审核。

图 2-71　网银转账填写界面

(4) 对应财务转账记录可在【账务记录】→【转账记录】查询，如图 2-72 所示。

图 2-72　转账记录查询界面

五、实训考核

(1) 将现金和银行存款作为企业经营成果考核标准之一，每个企业要有充足的资金以保障正常运营。

(2) 向银行提交的资料，如支票、汇票等格式正确，填写无误。

(3) 出纳岗位人员完成每日的收付款，并做好相应账务处理。

(4) 检查销售货款是否及时到账，督促相关负责人尽快完成收款工作。

项 目 小 结

(1) 加强企业内部人员的信息沟通与交流，总结如何预防企业资金链断裂。

(2) 对每日收付款情况以及余额情况进行总结，以便于各岗位人员了解企业资金状况。

思 考 与 练 习

(1) 掌握银行汇票、银行进账单、支票(现金支票、转账支票)的填写格式，注意事项等。

(2) 思考现金流量对于企业的重要意义。

(3) 学会用相关财务数据预测企业经营前景，评价企业业绩。

实训项目三　总经理岗位职责及业务决策

项目分析

企业宏观层面的建设。

项目任务

(1) 制定总经理的岗位职责。
(2) 完成组织架构设计、企业设施建设，熟悉薪资审核的业务规则。

知识目标

(1) 了解总经理的岗位职责。
(2) 了解企业选址决策必须考虑的因素。
(3) 了解自建仓库与租赁仓库的区别。

能力目标

(1) 掌握组织架构设计。
(2) 掌握企业设施建设。
(3) 掌握薪资审核业务规则。

任务一　总经理岗位职责

任务目标

熟悉总经理的岗位职责。

知识链接

经理是公司经营管理的领导核心，是经营管理的最高决策人，对公司董事会负责。

一、总经理岗位的职能

(1) 根据公司总经办决议，组织制订公司经营方针、经营目标、经营计划，分解到各部门并组织实施。

(2) 负责制订并落实公司各项规章制度、改革方案、改革措施。

(3) 提出公司组织机构设置方案。

(4) 提出公司经营理念，主导企业文化建设的基本方向，创造良好的工作环境、生活环境，培养员工归属感，提升企业的向心力、凝聚力、战斗力。

(5) 负责处理部门之间的事务矛盾和问题。

(6) 负责公司投资项目选定。

(7) 负责审核公司经营费用支出。

(8) 决定公司各部门人员的聘用任免，对公司的经济效益负责，拥有经营指挥权和各种资源分配权。

(9) 其他事关公司全局的工作。

二、总经理岗位的权力

(1) 有权根据公司董事会批准的公司经营目标、经营方针，制订经营计划及实施方案，并组织实施。

(2) 有权根据总经办的原则性要求制订实施公司改革方案、改革措施，制订公司制度；保证公司服务质量适应客户需求。

(3) 有权提出公司机构设置建议。

(4) 有权聘用或解聘公司各部门经理、员工，并决定其薪酬待遇，有权对各部门员工进行工作调配。

(5) 有权审核公司经营费用的支出与报销。

(6) 有权对公司员工作出奖惩决定。

三、总经理岗位的责任

(1) 对公司经营目标、经营方针、经营计划未达标负责。

(2) 对公司制度改革方案、改革措施全面负责。

(3) 对公司出现重大经营失误负责。

(4) 对公司出现重大管理失误负责。

(5) 对公司费用支出不合理负责。

四、总经理岗位的工作标准及考核要点

(1) 制订的公司经营方针、经营目标、经营计划是否符合公司董事会(股东会)的要求。

(2) 是否采取措施，不断健全和完善公司制度。

(3) 制定的改革方案是否切实可行，是否产生良好效果。

(4) 是否创造良好的工作环境。

(5) 对公司经营费用的审批是否使用合理。

(6) 是否及时对经营管理工作中出现的问题采取有效解决措施。

五、总经理岗位的工作流程

(1) 依据公司各类信息，如财务报表、汇总信息、各部门报告等，向各部门经理发出指令，提出工作安排。

(2) 接受指令的人员，根据总经理要求，制订出相应制度、方案、政策、措施，做出决议并报总经理。

(3) 总经理对提供的制度、方案、政策、决议等进行审阅，同意则签批给职能部门实施；不同意，则指令有关部门修订完善后，再审核、签批、下发、实施。

(4) 有关部门定期对各类制度、方案、政策、措施的执行情况进行检查、落实，并汇总上报总经理。

(5) 依据执行情况，总经理发出新指令。

技能训练　制定总经理的岗位职责

一、实训目的

明确企业总经理的岗位职责。

二、实训器材

电脑、现代企业运营综合仿真实训平台软件及配套教材。

三、注意事项

(1) 制度管理：每个公司制订一份公司管理制度，每个部门制订一份部门管理制度。

(2) 一定要结合企业自身经营性质和特点制订适合本企业的总经理岗位职责。

四、实训操作

制订适合本企业的总经理岗位职责。

五、实训考核

(1) 指导老师登录平台检查每家企业是否在规定时间内制定出企业总经理岗位职责。

(2) 检查总经理岗位职责制定的合理性及可行性。

(3) 检查在整个实训过程中各企业总经理是否履行了已制定的岗位职责。

任务二　总经理业务决策

任务目标

熟悉组织架构设计、企业设施建设、薪资审核。

知识链接

一、企业选址

选址决策对一个企业来说具有十分重要的地位，它对企业发展的影响是巨大，甚至是决定性的。对于供产销要求都比较高的企业来说，如果选址不恰当，则产品成本很难在激烈的竞争中占据优势。一个产品从原材料开始，依次要经过零件—部件—产品总装这样一个制造循环，最终经过分销、零售到达消费者手中，这个过程要经过多方合作，克服各方面问题才能完成。也就是说，企业运作管理仅关注本企业的业务流程是远远不够的，这一点在企业选址决策中尤为明显。一个企业的竞争力将直接受其地理位置和环境的影响，选址失误，必然会失去很多自然优势和机遇。据资料统计，在企业失败的原因中，选址不当占两成左右。

厂址选择应包含两个层次：第一是选区，第二是定位。选区是宏观选址决策，定位则是微观选址决策。比如选区是选择沿海还是内地，是选择南方还是北方；定位是指在地区确定后选定具体的一片土地作为厂址。在进行选址决策时，应该将这两类问题结合起来进行分析。不同性质的企业，其选址的影响因素的重要性是不同的。企业作选址决策时必须考虑以下因素：

1. 是否接近于市场

制造业企业要求有较广阔的销售渠道，因而将厂址选择靠近企业产品和服务的目标市场有利于接近客户和及时获取需求信息，能在很大程度上提高企业的灵活性，便于产品迅速投放市场，降低运输成本，减少分销费用，提供便捷服务。由于各制造企业拥有相近的技术水平，因此为了缓解交货期的竞争以及运输费用等带来的压力，制造企业越来越多地通过靠近用户来降低成本，这样既能将产品尽快送达顾客手中，同时又可以随时听取顾客的反馈意见并根据用户意见改进生产水平和服务水平。

2. 是否接近于原材料供应地

对原材料、燃料消耗量大且依赖性强的企业来说，靠近原材料供应地可以缩短供应时间和降低采购费用。比如，火电站希望靠近煤炭基地，大型钢铁厂希望靠近铁矿山，电解铝厂希望建在电力供应充足且电费便宜的水电站附近。

3. 运输问题

对供销量比较大的企业来讲，提高利润的途径之一就是改善运输条件，降低运输成本。根据产品、原材料及零部件的运量大小和运输条件，应该尽量选择靠近铁路、高速公路、海港的地区或其他交通运输条件较好的地区。据大量统计资料显示，对于大多数制造业，运输成本通常占总成本的25%左右，交通运输条件的重要性可见一斑。

4. 基础设施条件

任何一个工厂都要依赖周围环境生存，如果没有一个好的基础设施条件，企业就很难发展壮大。这就要求选址必须保证水、电、气等基础设施的供应，同时还需考虑对三废的处理。

5. 气候条件

企业在选址的时候，还要考虑所选位置的地理、气候等自然条件，温度、湿度、气压、风向等因素对某些产品的质量、库存和员工的工作条件会带来一定影响。企业在气候适宜的地方建厂，不仅可以降低仓储费用，还能避免由于气候原因导致的停工待料、延误交货、无法正常生产造成的损失。

6. 劳动力条件

不同地区的人力资源状况是有很大差别的，其教育水平、文化素质、劳动技能、工资费用都不同，这也是企业选址时必须考虑的因素。中国之所以会成为世界工厂，很大一部分原因就是中国劳动力价格比较低廉。而目前生产出现全球化的主要原因之一就是用低成本竞争的策略来占领市场，所以一些发达国家把许多成熟产品转移到发展中国家进行生产制造。

7. 当地政府政策

不同的国家和地区有不同的法律、法规和政策，这是当今企业选址时需要考虑的重要因素。

二、自建仓库与租赁仓库的比较

1. 租赁仓库与自建仓库的优缺点对比

(1) 租赁仓库。

优点：从财务的角度看，租赁仓库可以使企业避免仓库的资本投资和财务风险；租赁仓库不要求企业对其设施和设备做任何投资，企业只需支付相对较少的租金即可得到仓储空间。

缺点：在一定租赁期内，租赁的仓储面积是一定的，不会随企业库存量的改变而改变。

(2) 自建仓库。

优点：

① 可以更大程度地控制仓储。由于企业对仓库拥有所有权，所以企业作为货主能够对仓储实施更大程度的控制，而且有助于与其他系统进行协调。

② 储位管理更具灵活性。由于企业是仓库的所有者，所以可以按照企业要求和产品

特点对仓库进行设计和布局。

③ 仓储成本低。如果仓库得到长期的充分利用，则可以降低单位货物的仓储成本，在某种意义上说这也是一种规模经济。

④ 最大程度地表现企业实力。若企业将产品储存在自有仓库中，则会给客户一种企业长期持续经营的良好印象，客户会认为企业实力强，经营十分稳定、可靠，这有助于提高企业的竞争优势。

缺点：

① 企业资金投入大，长期占用一部分资金。不管企业对仓储空间的需求如何，仓库的容量是固定的，不能随着需求的增加或减少而扩大或减少。当企业对仓储空间的需求减少时，仍必须承担仓库中未利用部分的成本；而当企业对仓储空间有额外需求时，仓库却无法满足。

② 仓库位置和结构的灵活性差。如果企业只能使用自有仓库，则会由于数量限制而失去战略性优化选址的灵活性。当市场的大小、市场的位置和客户的偏好发生变化时，如果企业在仓库结构和服务上不能适应这种变化，将会失去许多商机。

2. 租赁仓库与自建仓库的成本费用对比

(1) 租赁仓库。

租赁仓库一般由出租方按照承租方的要求建造，或者承租方根据自己的要求寻找适合的仓库。承租方的费用比较简明，一般只是按期支付租赁费用，而仓库的维护费用则由出租方负责。

租赁仓库的租金通常是根据企业在一定时期内租用仓储空间的大小来收取的。租赁仓库的租金合约一般期限都很长，而企业租用的空间大小是基于该期限内的最大储存需求而决定的。当企业的库存没有达到最大值时，租金不会因为仓储空间没有被充分利用而减小，因而租赁仓库的租金不会随着库存水平变化而每天波动，它与库存水平无关，不属于库存持有成本。租赁仓库的租金费用属于仓储成本，它会随市场供求情况发生变化，受市场上可供租赁的仓储空间的供给量与需求量的制约。此外，如果企业停止租赁，则租赁仓库所带来的所有费用都会消失。

(2) 自建仓库。

自建仓库企业资金投入大，长期占用一部分资金。

有没有一种综合租赁仓库和自建仓库的优点，成本费用比较经济的新型仓库呢？新型仓库——工业仓库帐篷是一种可快速搭建、可移动的模组化仓储空间；随搭随拆，可根据仓库场所的位置转移而移动；经济适用，企业可通过快速拆除移动工业仓库帐篷来最大限度地降低企业损失。

工业仓库帐篷被广泛用于工业和物流的仓储和厂房领域，其经济、模块化的设计特点满足了企业不断提高的生产和仓储需求。单元模块化的铝合金结构可根据工程项目的占地面积量身定制方案。临时用铝结构仓库帐篷搭建，拆卸快捷方便，无论是选择长期租赁，或是直接购买，经济且灵活的解决方案都能满足企业不断增长的生产及仓储空间需求，为企业带来创新的仓储价值体验。

技能训练　总经理业务决策

一、实训目的

(1) 利用软件完成企业组织架构设计。
(2) 根据业务规则完成企业设施建设。
(3) 熟悉薪资审核操作。

二、实训器材

电脑、现代企业运营综合仿真实训平台软件及配套教材。

三、注意事项

(1) 岗位设计：每个制造企业必须设置一个岗位名称为生产工人的岗位，岗位类型必须为生产工人。

(2) 岗位分配：进行岗位分配时，如果岗位名称为生产工人，则此岗位无需进行岗位分配。

(3) 企业选址：企业成立之后必须先进行选址，企业选址后不可更换地址。

(4) 厂区购买：购买厂区之前必须进行企业选址，每个企业限购买一个厂区；购买的厂区经总经理签字后生效，并在总经理签字后自动生成财务转账记录，财务人员根据转账记录在网银转账中进行转账。

(5) 厂房购买：可选择不同类型的厂房进行购买；购买的厂房经总经理签字后生效，并在总经理签字后自动生成财务转账记录，财务人员根据转账记录在网银转账中进行转账。

(6) 厂房租赁：可选择不同类型的厂房进行租赁，租赁厂房期限为一个季度；当前季度租赁的厂房当季度不用进行续租，如下一个季度不再需要则当季度末必须进行退租，如下一季度继续使用，则在下一个季度进行续租；租赁的厂房经总经理签字后生效，并在总经理签字后自动生成财务转账记录，财务人员根据转账记录在网银转账中进行转账。

(7) 厂房续租：可选择租赁的厂房进行续租，续租厂房期限为一个季度；当季度续租过的厂房当季度不可再次续租；续租的厂房经总经理签字后生效，并在总经理签字后自动生成财务转账记录，财务人员根据转账记录在网银转账中进行转账。

(8) 厂房退租：可选择租赁的厂房进行退租，租赁的厂房可随时退租，退租后此厂房不可用；退租时，厂房中没有放置生产线的即为空厂房。

(9) 厂房出售：可出售的厂房为企业购买的没有放置生产线的厂房，即空厂房；出售的厂房经总经理签字后生效，并在总经理签字后增加企业现金；出售金额 = 购买费用 − (购买费用 × 购买费用 × 列值率)/折旧期限 × (出售时间 − 购买时间)。

(10) 厂房维护：每个季度必须对所有购买的厂房进行维护，支付维护费用；维护的厂房经总经理签字后生效，并在总经理签字后自动生成财务转账记录，财务人员根据转账记录在网银转账中进行转账。

(11) 仓库建设：可选择不同型号的仓库进行购买；每个企业必须最少建设或租赁一个类型为原材料的仓库、一个类型为成品的仓库；建设的仓库经总经理签字后生效，并在总经理签字后自动生成财务转账记录，财务人员根据转账记录在网银转账中进行转账。

(12) 仓库租赁：可选择不同类型的仓库进行租赁，租赁仓库期限为一个季度；当前季度租赁的仓库当季度不用进行续租，如下一个季度不再需要，则当季度末必须进行退租，如下一季度继续使用，则在下一个季度进行续租；租赁的仓库经总经理签字后生效，并在总经理签字后自动生成财务转账记录，财务人员根据转账记录在网银转账中进行转账。

(13) 仓库续租：可选择租赁的仓库进行续租，续租仓库期限为一个季度；当季度续租过的仓库当季度不可再次续租；续租的仓库经总经理签字后生效，并在总经理签字后自动生成财务转账记录，财务人员根据转账记录在网银转账中进行转账。

(14) 仓库退租：可选择租赁的仓库进行退租，租赁的仓库可随时退租，退租后此仓库不可用；退租时，仓库中无物料或产品库存即为空仓库。

(15) 仓库出售：可出售的仓库为企业购买的无物料或产品的库存，即空仓库；出售的仓库经总经理签字后生效，并在总经理签字后增加企业现金；出售金额 = 购买费用 − (购买费用 − 购买费用 × 列值率)/折旧期限 × (出售时间 − 购买时间)。

(16) 仓库维护：每个季度必须对所有购买的仓库进行维护，支付维护费用；维护的仓库经总经理签字后生效，并在总经理签字后自动生成财务转账记录，财务人员根据转账记录在网银转账中进行转账。

四、实训操作

(一) 组织架构设计

1. 权限设计

(1) 以总经理的账号、密码登录软件平台，选择【我的实验】→【进入】，制造企业选择【核心企业区】→【制造公司实训】进入企业平台。

(2) 选择【组织架构设计】→【权限设置】，勾选对应岗位的权限，点击【保存】，保存后此岗位的人员才可查看所选择的权限功能，如图 3-1 所示。

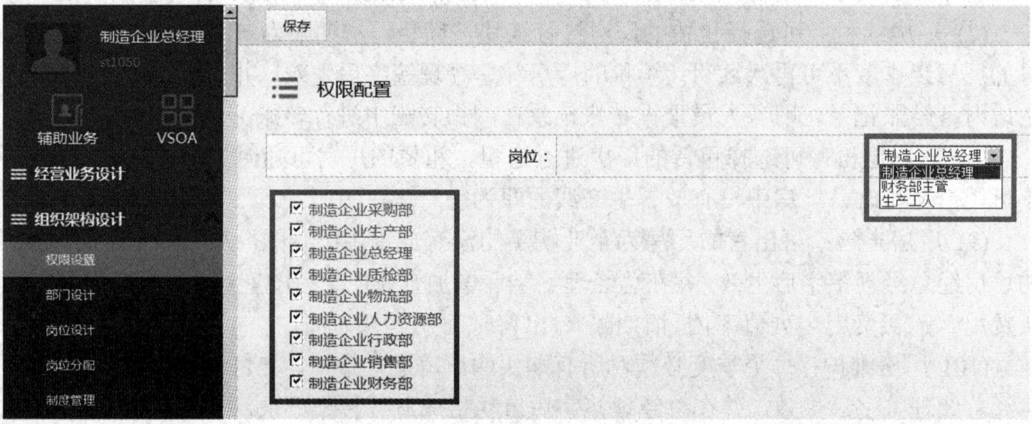

图 3-1 权限设计界面

2. 部门设计

选择【组织架构设计】→【部门设计】，输入部门名称，点击【保存】，如图 3-2 所示。

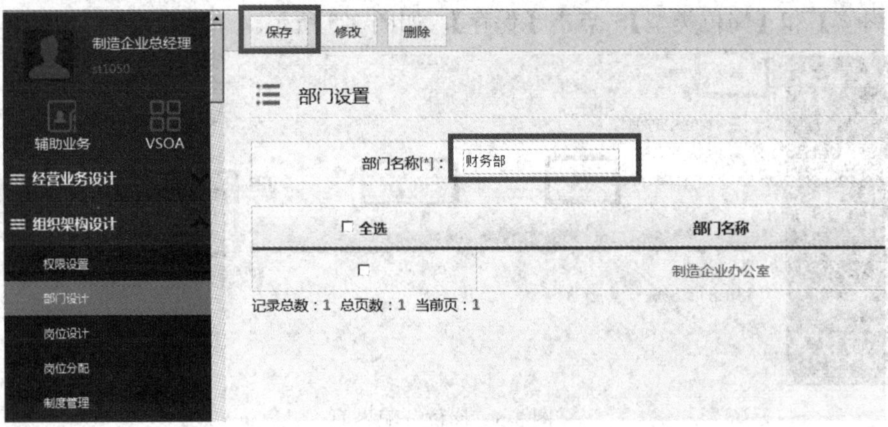

图 3-2　部门设计界面

3. 岗位设计

选择【组织架构设计】→【岗位设计】，输入【岗位名称】，选择【所属部门】和【岗位类型】，点击【保存】，如图 3-3 所示。

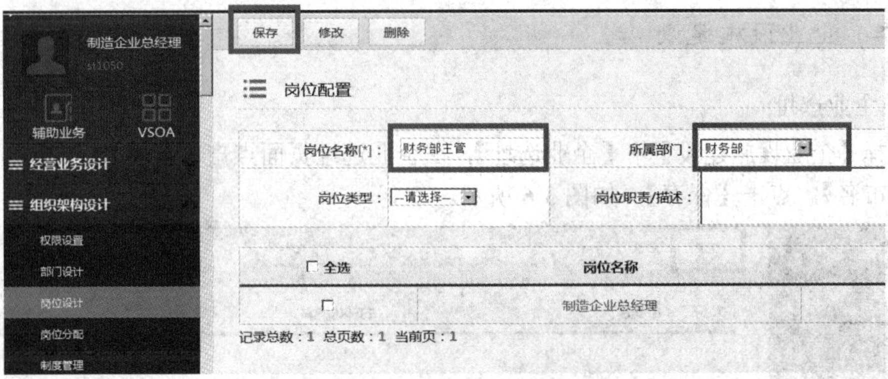

图 3-3　岗位设计界面

注： 生产制造企业必须输入生产工人的岗位，此岗位由系统模拟，岗位名称为“生产工人”，岗位类型必须选择生产工人，如图 3-4 所示。

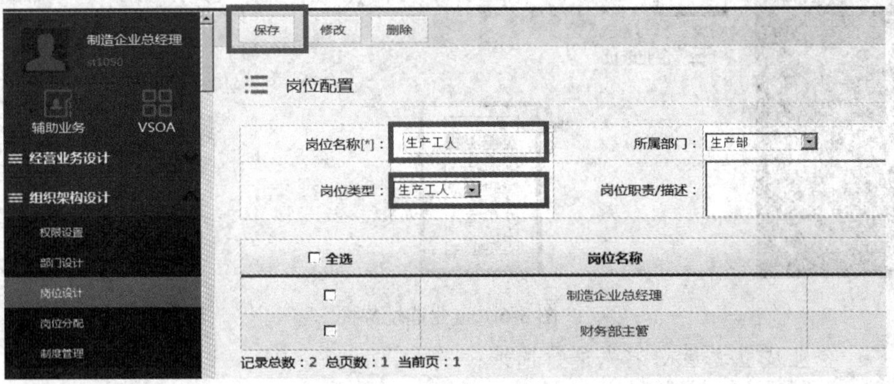

图 3-4　生产工人岗位设计界面

4. 岗位分配

选择【组织架构设计】→【岗位分配】，输入【学号】，点击【检测】；检测成功后，选择【岗位】和【岗位类型】，点击【保存】，如图 3-5 所示。

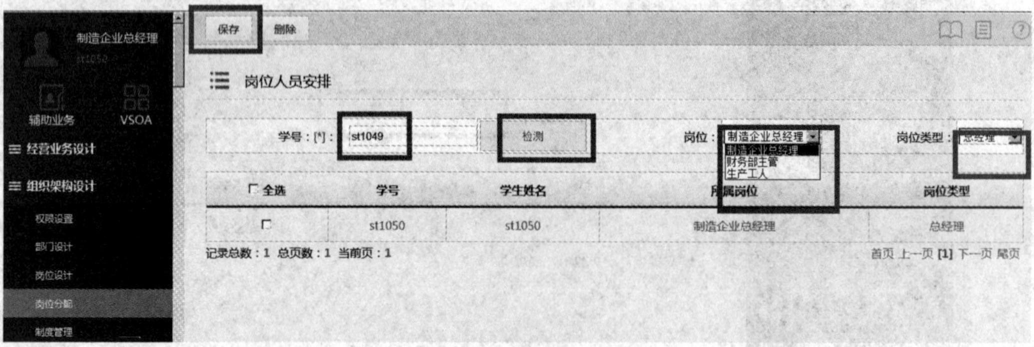

图 3-5　岗位分配界面

注：每个岗位可以分配多个人员；总经理岗位类型只可分配一名人员，部门经理岗位类型可分配一名人员，普通员工岗位类型可以分配多个人员；如果岗位为生产工人，则不允许分配人员，生产工人岗位由系统扮演。

(二) 企业设施建设

1. 企业选址

选择【企业设施建设】→【企业选址】，在企业选址页面点击【新增】，选择【区域名】和【城市名】，点击【保存】，如图 3-6 所示。

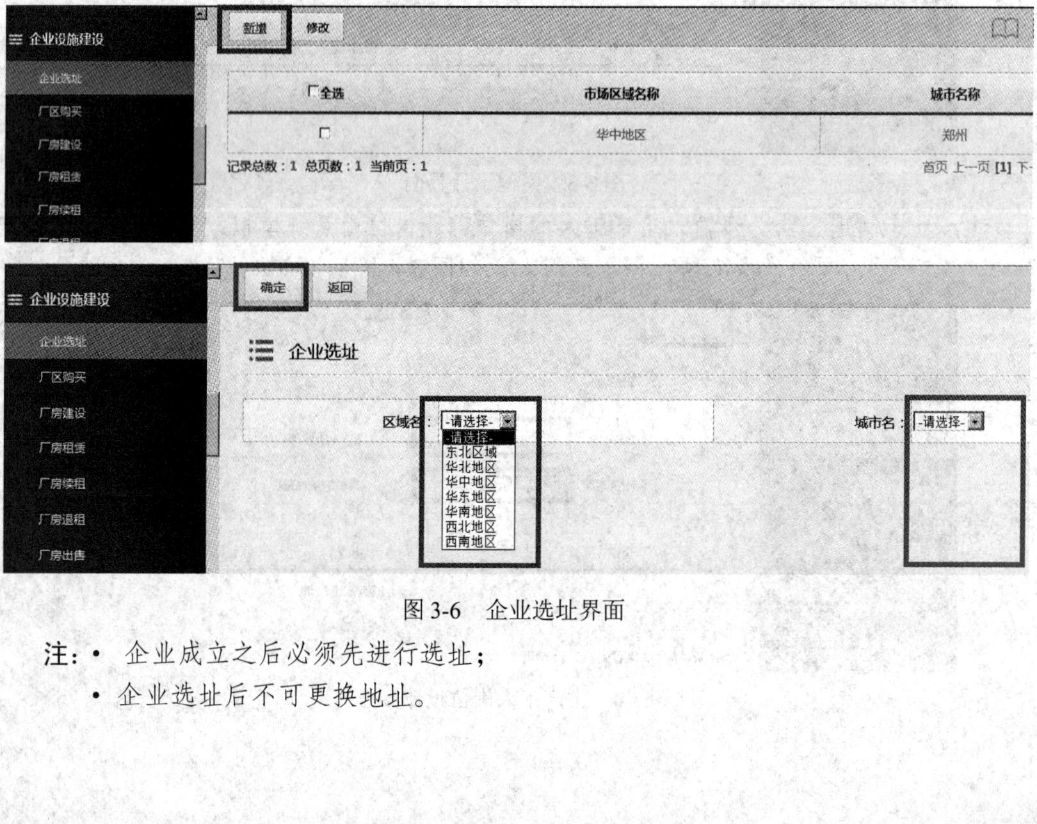

图 3-6　企业选址界面

注：• 企业成立之后必须先进行选址；
　　• 企业选址后不可更换地址。

2. 厂区购买

(1) 选择【企业设施建设】→【厂区购买】，在厂区购买列表点击【新增】，选择【供应商】和【厂区名称】，点击【保存】，如图 3-7 所示。供应商为供应商信息中的供应商，供应商类型为设施设备供应商，如下拉框没有供应商，可先进行供应商信息增加。

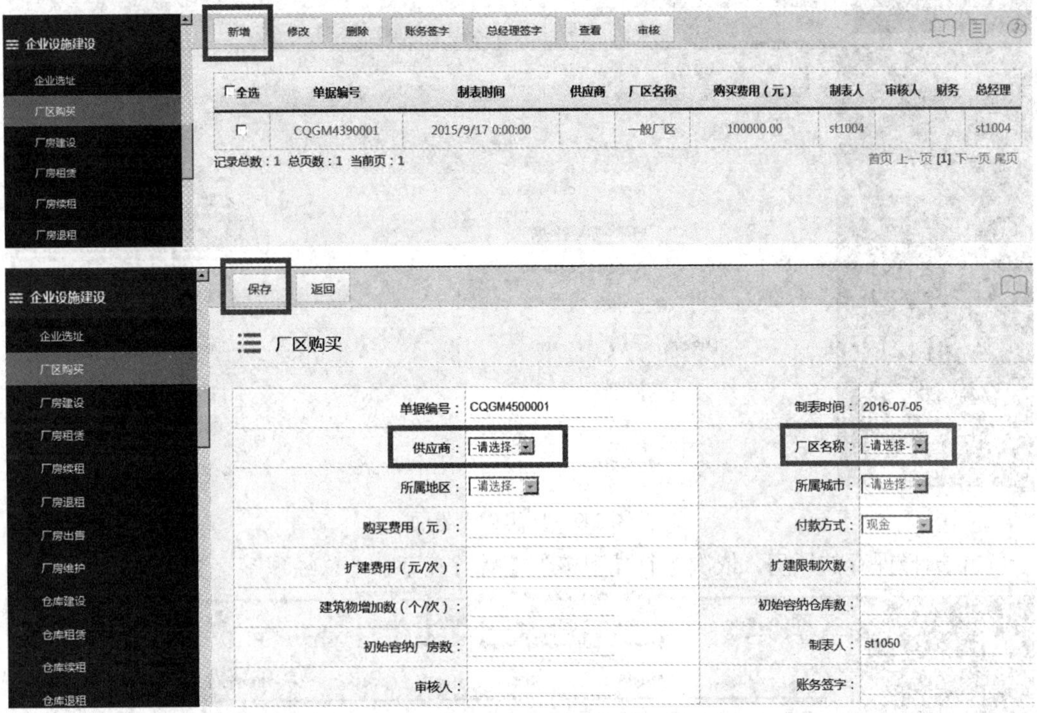

图 3-7　厂区购买界面

(2) 选择保存的厂区，依次进行【审核】、【财务签字】、【总经理签字】，如图 3-8 所示。

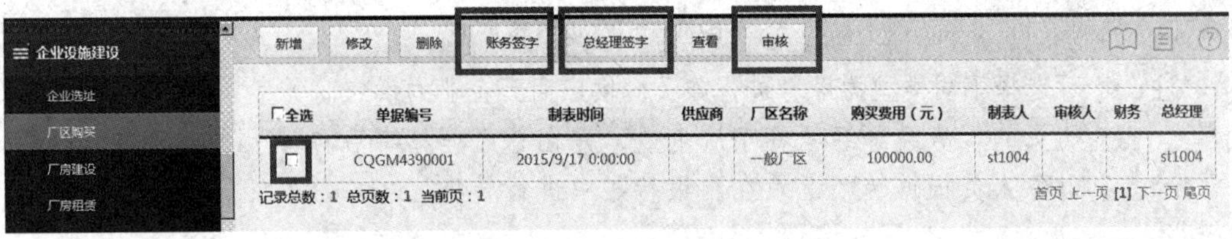

图 3-8　厂区购买审核界面

注：• 购买厂区之前必须进行企业选址，每个企业限购买一个厂区，供应商为企业的供应商类型为设施设备供应商。

• 购买的厂区经总经理签字后生效，并在总经理签字后自动生成财务转账记录，财务人员根据转账记录在网银转账中进行转账。

3. 厂房建设

(1) 选择【企业设施建设】→【厂房建设】，在厂房建设列表点击【新增】，选择【所属厂区】、【供应商】、【厂房名称】，点击【保存】，如图 3-9 所示。所属厂区为厂区购买中总经理已签字的厂区名称，供应商为供应商信息中的供应商，供应商类型为设施设备供应商，如下拉框没有供应商，可先进行供应商信息增加。

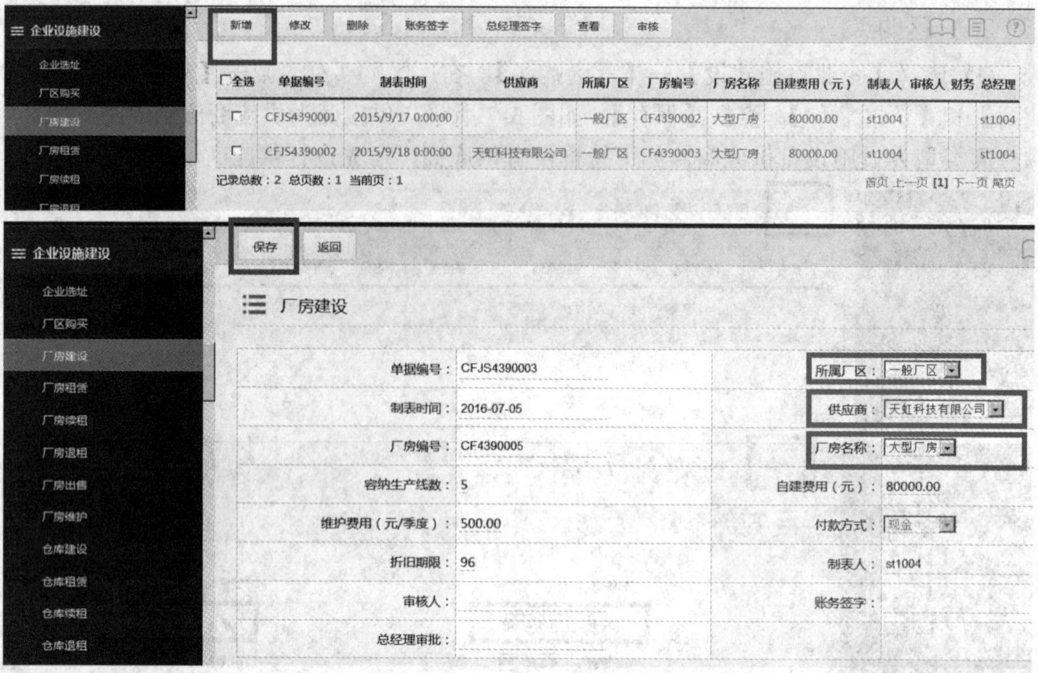

图 3-9　厂房建设界面

(2) 选择保存的厂房，依次进行【审核】、【财务签字】、【总经理签字】，如图 3-10 所示。

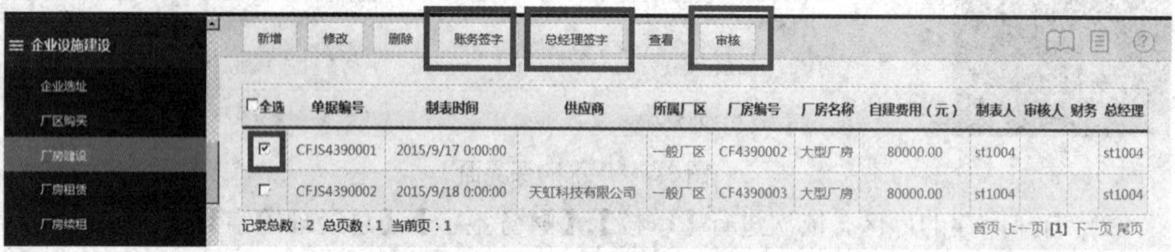

图 3-10　厂房建设审核界面

注：• 可选择不同类型的厂房进行购买，供应商为企业的供应商类型为设施设备供应商。
• 购买的厂房经总经理签字后生效，并在总经理签字后自动生成财务转账记录，财务人员根据转账记录在网银转账中进行转账。

4. 厂房租赁

(1) 选择【企业设施建设】→【厂房租赁】，在厂房租赁列表点击【新增】，选择【供应商】、【厂房名称】，点击【保存】，如图 3-11 所示。供应商为供应商信息中的供应商，供应商类型为设施设备供应商，如下拉框没有供应商，可先进行供应商信息增加。

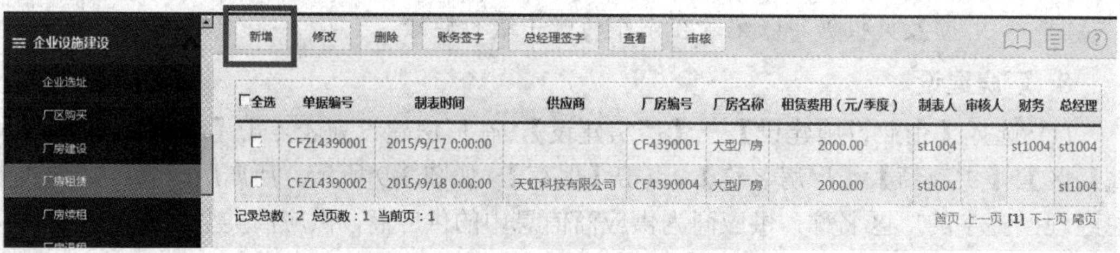

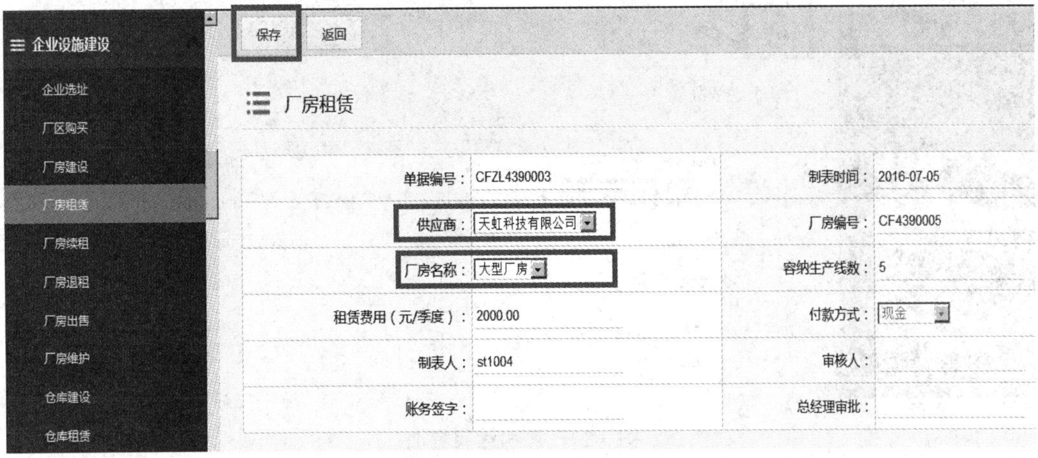

图 3-11　厂房租赁界面

(2) 选择保存的厂房，依次进行【审核】、【财务签字】、【总经理签字】，如图 3-12 所示。

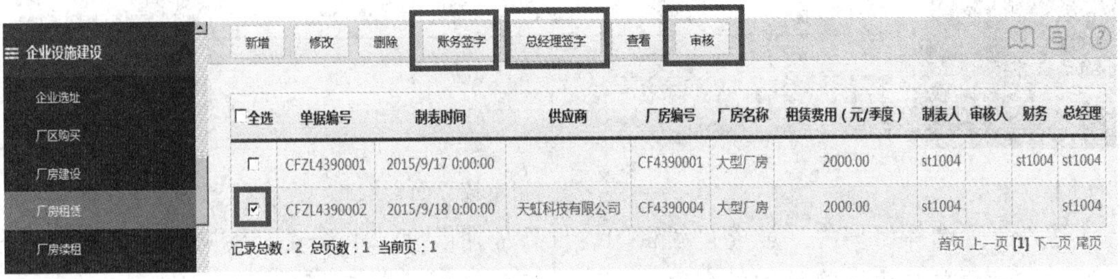

图 3-12　厂房租赁审核界面

注：• 可选择不同类型的厂房进行租赁，租赁厂房期限为一个季度，供应商为企业的供应商类型为设施设备供应商。

• 当前季度租赁的厂房当季度不用进行续租；如下一个季度不再需要，则当季度末必须进行退租；如下一个季度继续使用，则在下一个季度进行续租。

• 租赁的厂房经总经理签字后生效，并在总经理签字后自动生成财务转账记录，财务人员根据转账记录在网银转账中进行转账。

5. 厂房续租

(1) 选择【企业设施建设】→【厂房续租】，在厂房续租列表点击【新增】，选择【厂房编号】，点击【保存】，如图 3-13 所示。

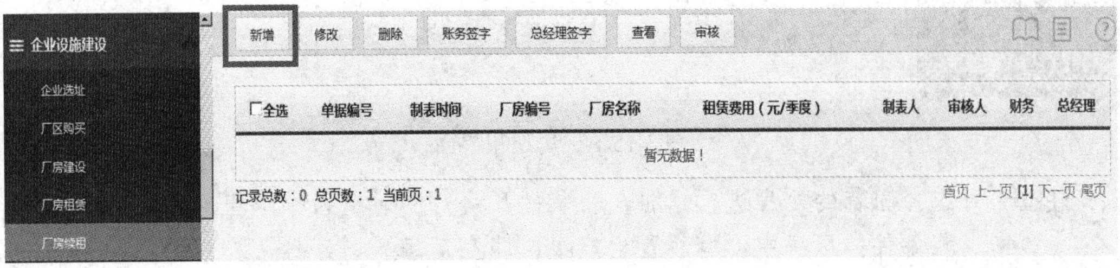

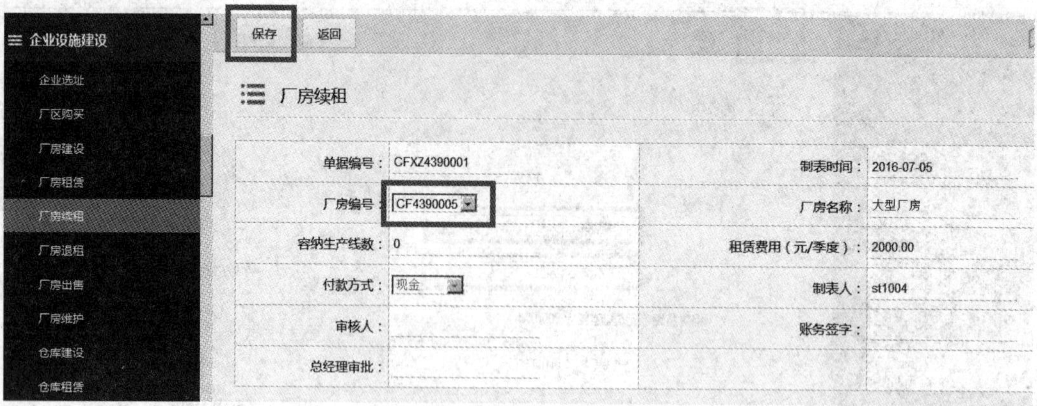

图 3-13　厂房续租界面

(2) 选择保存的厂房，依次进行【审核】、【财务签字】、【总经理签字】，如图 3-14 所示。

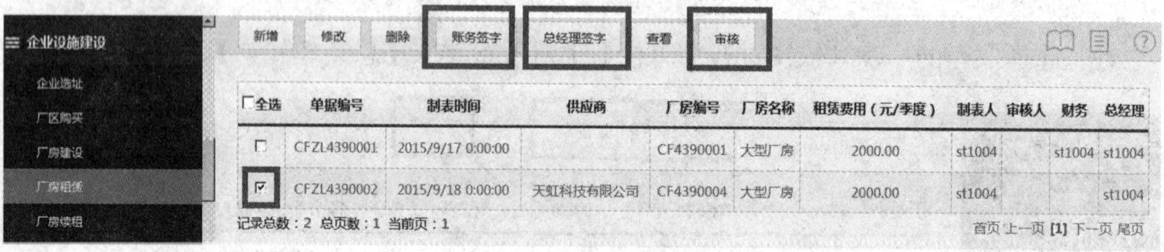

图 3-14　厂房续租审核界面

注：• 可选择租赁的厂房进行续租，续租厂房期限为一个季度，供应商为企业的供应商类型为设施设备供应商。

• 当前季度租赁的厂房当季度不用进行续租；当季度续租过的厂房当季度不可再次续租。

• 续租的厂房经总经理签字后生效，并在总经理签字后自动生成财务转账记录，财务人员根据转账记录在网银转账中进行转账。

6. 厂房退租

选择【企业设施建设】→【厂房退租】，在厂房退租列表勾选需要退租的厂房，点击【退租】，如图 3-15 所示。

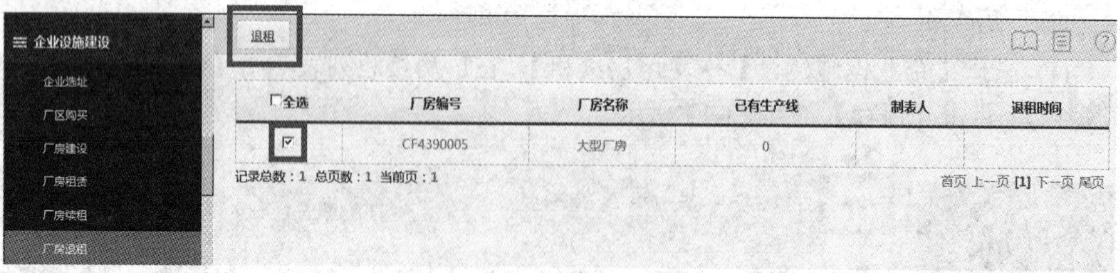

图 3-15　厂房退租界面

注：• 可选择租赁的厂房进行退租，租赁的厂房可随时退租，退租后此厂房不可用。

• 退租条件：厂房中没有放置生产线，即空厂房。

7. 厂房出售

(1) 选择【企业设施建设】→【厂房出售】，在厂房出售列表点击【新增】，选择【厂房编号】，点击【保存】，如图 3-16 所示。

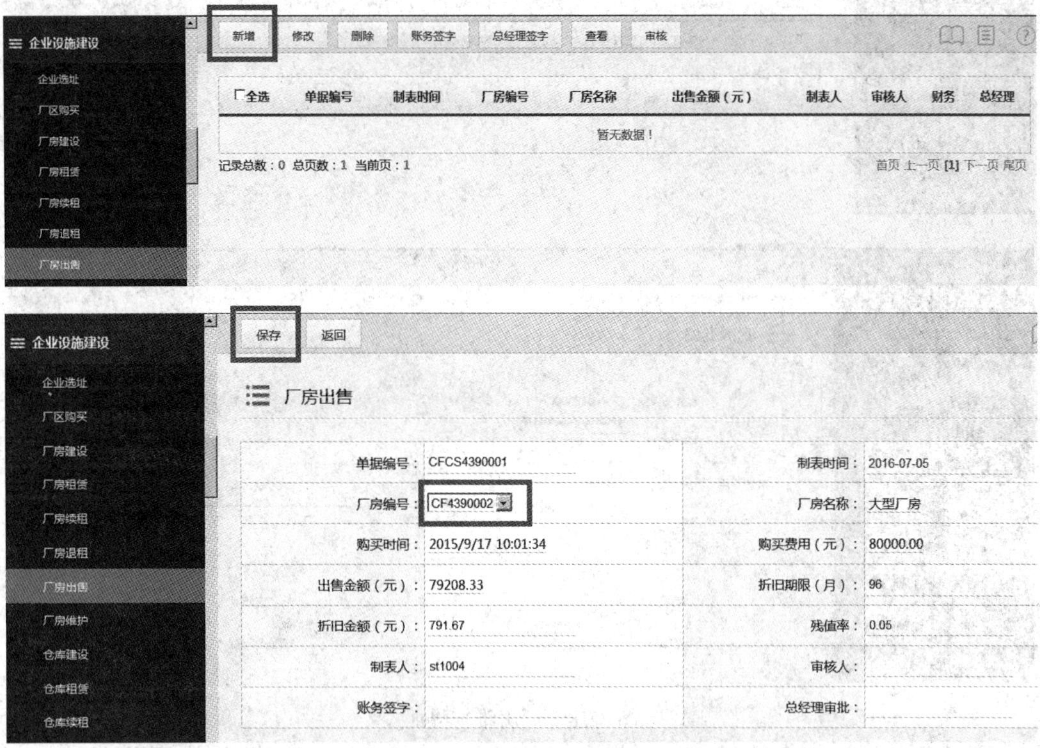

图 3-16　厂房出售界面

(2) 选择保存的厂房，依次进行【审核】、【财务签字】、【总经理签字】，如图 3-17 所示。

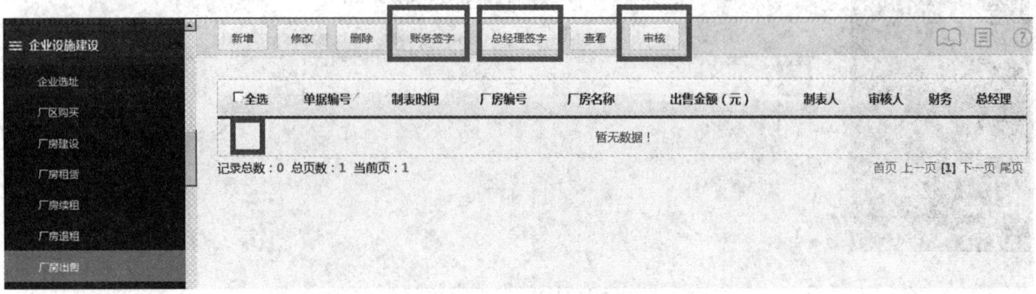

图 3-17　厂房出售审核界面

注：
- 可出售的厂房为企业购买的没有放置生产线的厂房，即空厂房。
- 出售的厂房经总经理签字后生效，并在总经理签字后增加企业现金。
- 出售金额 = 购买费用 −(购买费用 − 购买费用 × 残值率)/折旧期限 ×(出售时间 − 购买时间)。

8. 厂房维护

(1) 选择【企业设施建设】→【厂房维护】，在厂房维护列表点击【新增】，选择【厂房编号】，输入【维护记录】，点击【保存】，如图 3-18 所示。

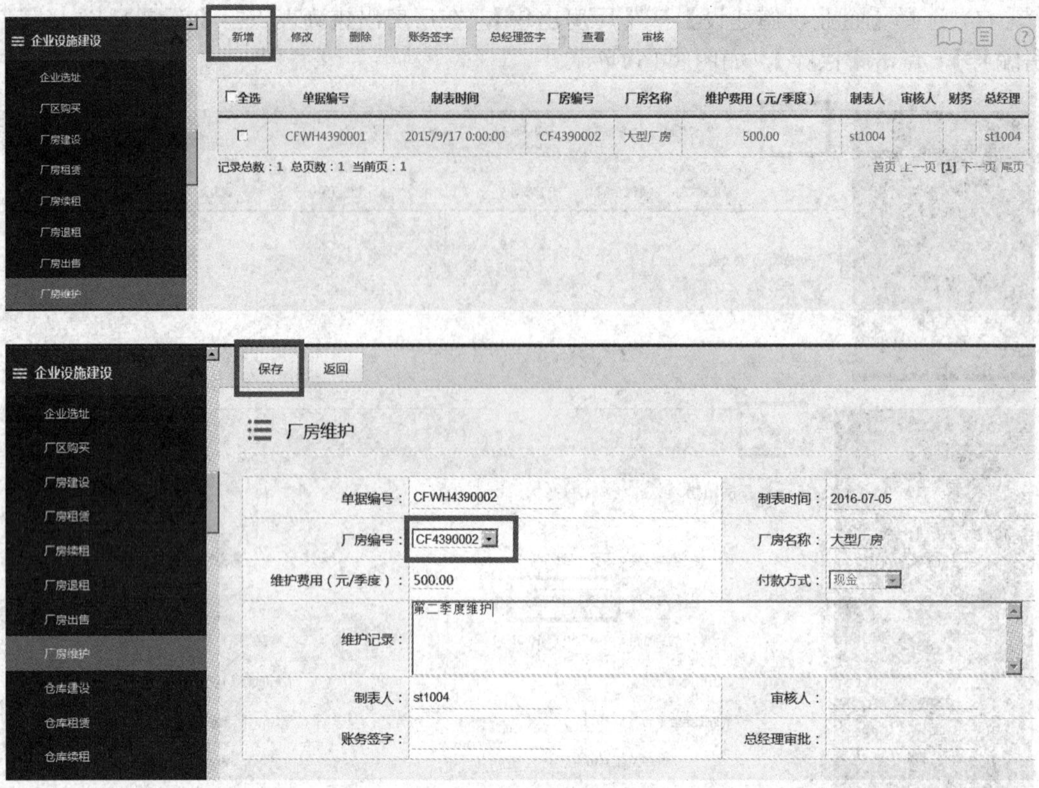

图 3-18　厂房维护界面

(2) 选择保存的厂房，依次进行【审核】、【财务签字】、【总经理签字】，如图 3-19 所示。

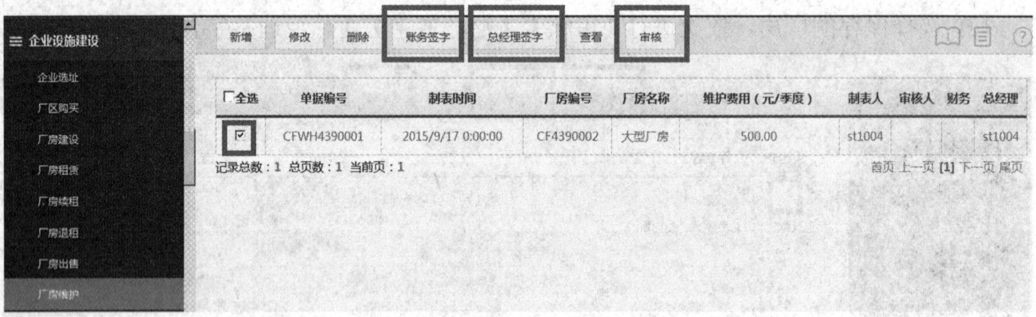

图 3-19　厂房维护审核界面

注：• 每个季度必须对所有购买的厂房进行维护，并支付维护费用。

• 维护的厂房经总经理签字后生效，并在总经理签字后自动生成财务转账记录，财务人员根据转账记录在网银转账中进行转账。

9. 仓库建设

(1) 选择【企业设施建设】→【仓库建设】，在仓库建设列表点击【新增】，选择【所属厂区】、【供应商】、【仓库名称】、【仓库类型】，点击【保存】，如图 3-20 所示。所属厂区为厂区购买中总经理已签字的厂区名称，供应商为供应商信息中的供应商，供应商类型为设施设备供应商，如下拉框没有供应商，可先进行供应商信息增加。若仓库类型为原材料仓库，则用于存放原材料；若仓库类型为成品仓库，则用于存放产成品。

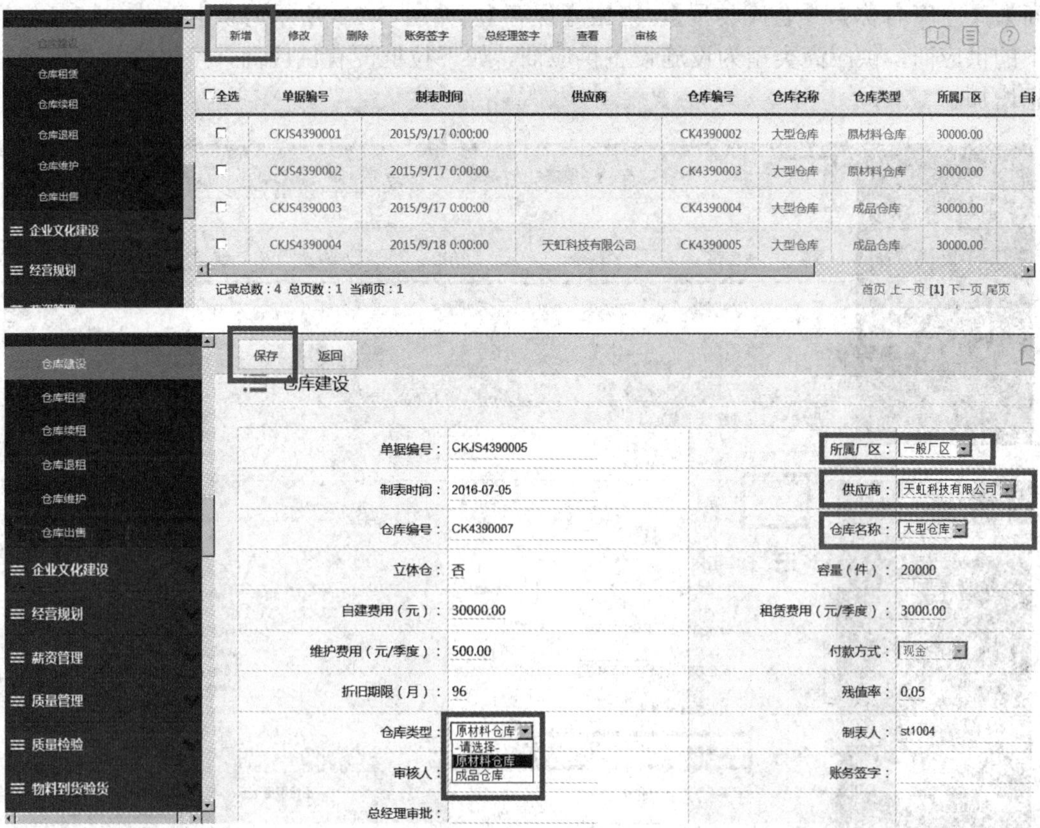

图 3-20　仓库建设界面

(2) 选择保存的仓库，依次进行【审核】、【财务签字】、【总经理签字】，如图 3-21 所示。

图 3-21　仓库建设审核界面

注：• 可选择不同型号的仓库进行购买，供应商为企业的供应商类型为设施设备供应商。
• 每个企业必须最少建设或租赁一个类型为原材料的仓库、一个类型为成品的仓库。
• 建设的仓库经总经理签字后生效，并在总经理签字后自动生成财务转账记录，财务人员根据转账记录在网银转账中进行转账。

10. 仓库租赁

(1) 选择【企业设施建设】→【仓库租赁】，在仓库租赁列表点击【新增】，选择【供应商】、【仓库名称】、【仓库类型】，点击【保存】，如图 3-22 所示。供应商为供应商信息中的供应商，供应商类型为设施设备供应商，如下拉框没有供应商，可先进行供应商信息增加。

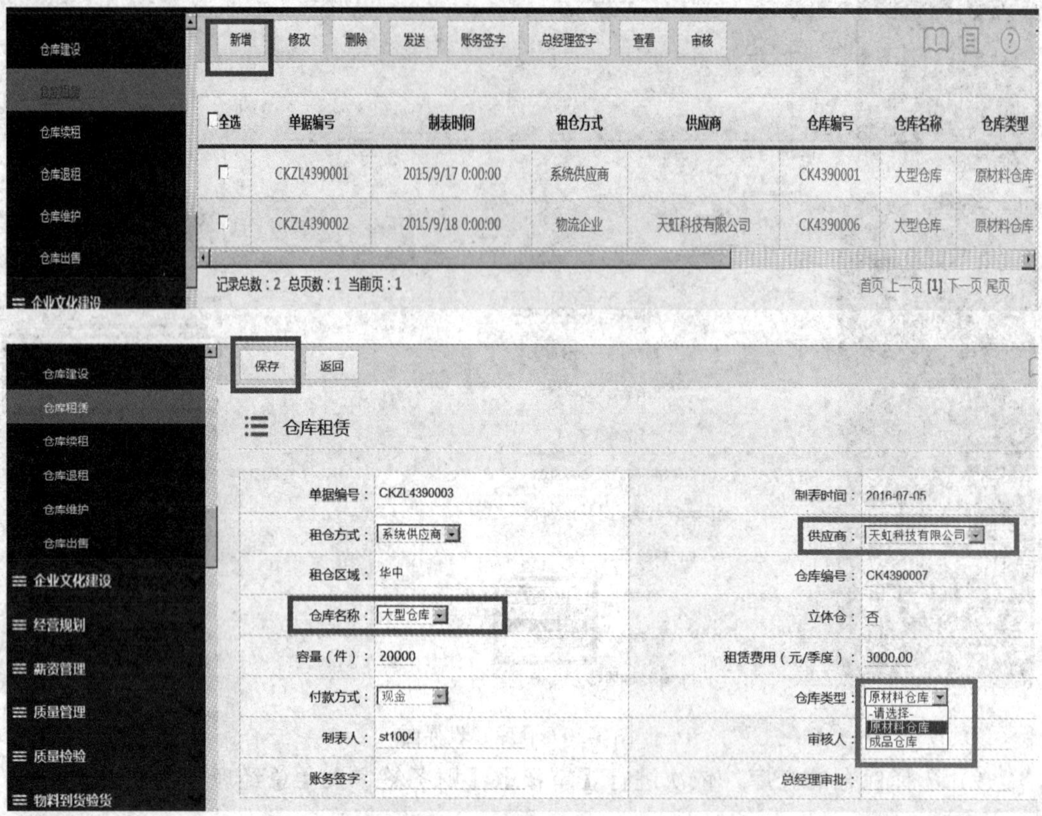

图 3-22　仓库租赁界面

(2) 选择保存的仓库，依次进行【审核】、【财务签字】、【总经理签字】，如图 3-23 所示。

图 3-23　仓库租赁审核界面

注：• 可选择不同类型的仓库进行租赁，租赁仓库期限为一个季度，供应商为企业的

供应商类型为设施设备供应商。

- 当前季度租赁的仓库当季度不用进行续租；如下一个季度不再需要，则当季度末必须进行退租；如下一个季度继续使用，则在下一个季度进行续租。
- 租赁的仓库经总经理签字后生效，并在总经理签字后自动生成财务转账记录，财务人员根据转账记录在网银转账中进行转账。

11. 仓库续租

(1) 选择【企业设施建设】→【仓库续租】，在仓库续租列表点击【新增】，选择【仓库编号】，点击【保存】，如图3-24所示。

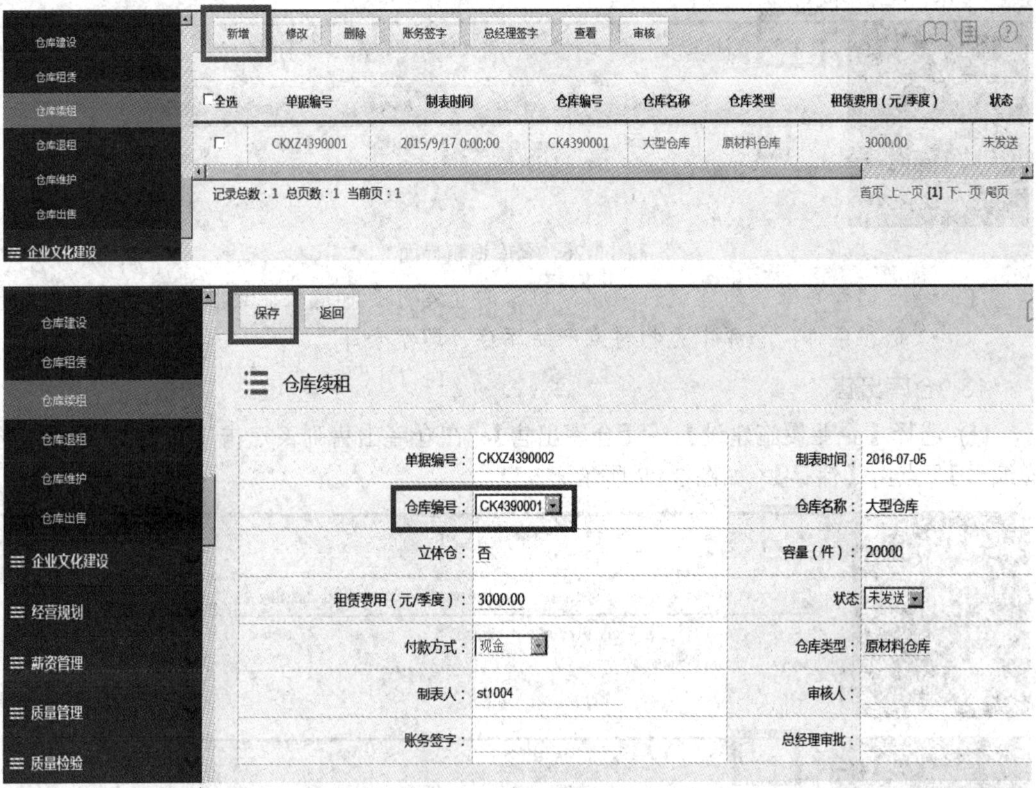

图3-24　仓库续租界面

(2) 选择保存的仓库，依次进行【审核】、【财务签字】、【总经理签字】，如图3-25所示。

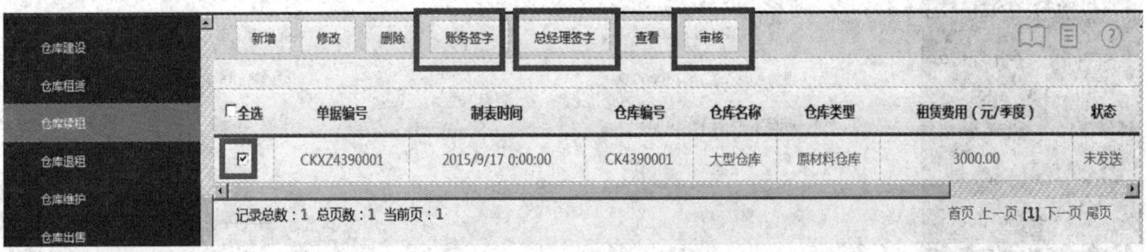

图3-25　仓库续租审核界面

注：• 可选择租赁的仓库进行续租，续租仓库期限为一个季度，供应商为企业的供应商类型为设施设备供应商。
• 当前季度租赁的仓库当季度不用进行续租；当季度续租过的仓库当季度不可再次续租。
• 续租的仓库经总经理签字后生效，并在总经理签字后自动生成财务转账记录，财务人员根据转账记录在网银转账中进行转账。

12. 仓库退租

选择【企业设施建设】→【仓库退租】，在仓库退租列表选择要退租的仓库，点击【退租】，如图 3-26 所示。

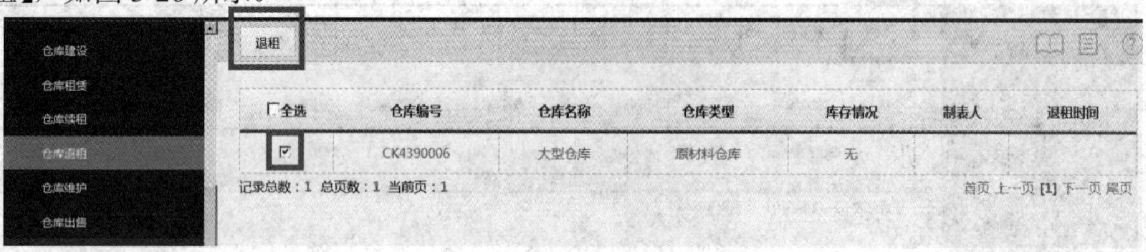

图 3-26　仓库退租界面

注：• 可选择租赁的仓库进行退租，租赁的仓库可随时退租，退租后此仓库不可用。
• 退租条件：仓库中无物料或产品库存，即空仓库。

13. 仓库出售

(1) 选择【企业设施建设】→【仓库出售】，在仓库出售列表点击【新增】，选择【仓库编号】，点击【保存】，如图 3-27 所示。

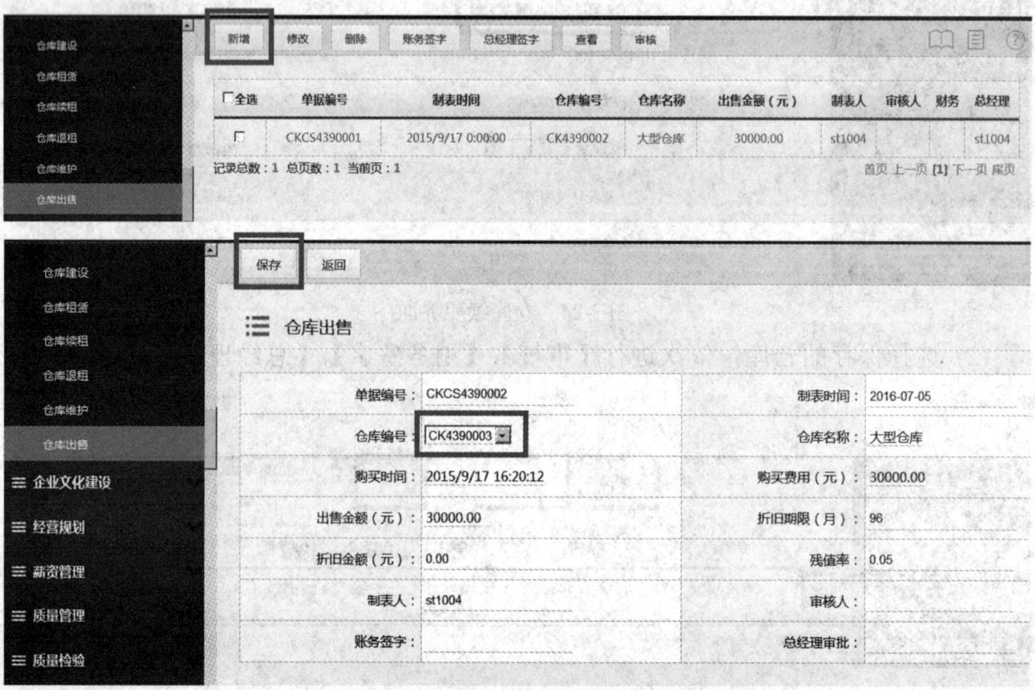

图 3-27　仓库出售界面

(2) 选择保存的仓库，依次进行【审核】、【财务签字】、【总经理签字】，如图 3-28 所示。

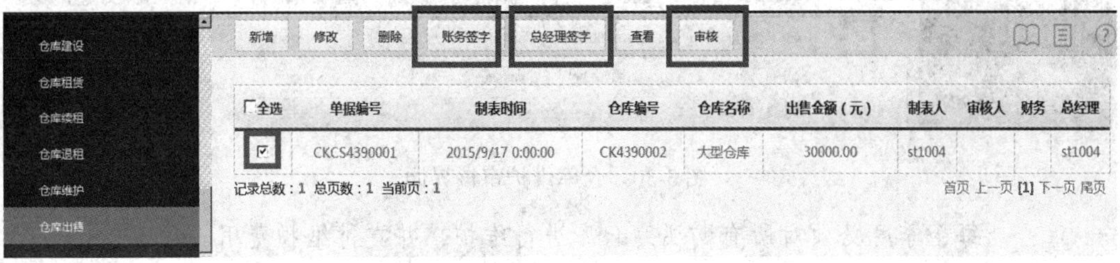

图 3-28 仓库出售审核界面

注：• 可出售的仓库为企业购买的无物料或产品库存的仓库，即空仓库。
• 出售的仓库经总经理签字后生效，并在总经理签字后增加企业现金。
• 出售金额核算 = 购买费用 −(购买费用 − 购买费用 × 残值率)/折旧期限 ×(出售时间 − 购买时间)。

14. 仓库维护

(1) 选择【企业设施建设】→【仓库维护】，在仓库维护列表点击【新增】，选择【仓库编号】，输入【维护记录】，点击【保存】，如图 3-29 所示。

图 3-29 仓库维护界面

(2) 选择保存的仓库，依次进行【审核】、【财务签字】、【总经理签字】，如图 3-30 所示。

图 3-30　仓库维护审核界面

注：• 每个季度必须对所有购买的仓库进行维护，并支付维护费用。
• 维护的仓库经总经理签字后生效，并在总经理签字后自动生成财务转账记录，财务人员根据转账记录在网银转账中进行转账。

(三) 薪资管理

(1) 选择【薪资管理】→【薪资审批】，在薪资审批页面勾选某个月份的薪资记录，点击【总经理签字】，如图 3-31 所示。

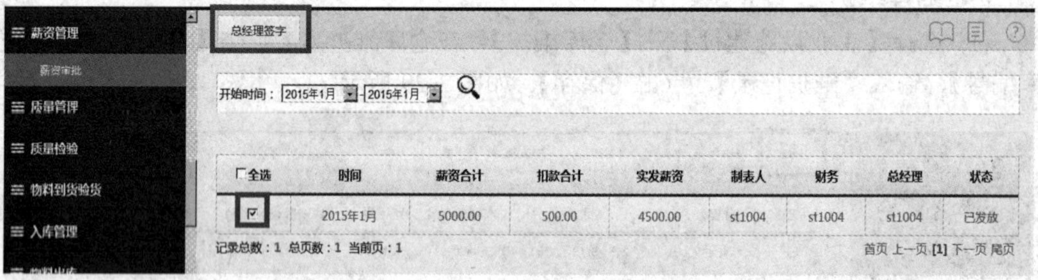

图 3-31　薪资审批界面

(2) 在签字页面，点击【签字】即可，如图 3-32 所示。

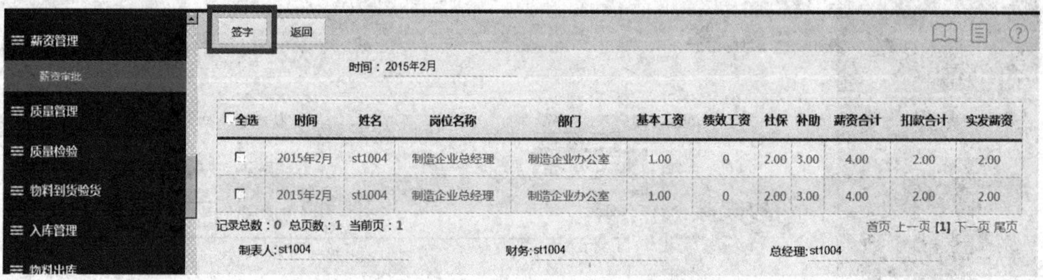

图 3-32　薪资审批签字界面

五、实训考核

(1) 指导老师在系统平台上检查各企业是否完成组织架构设计、企业设施建设。
(2) 学生自己总结操作结果及心得体会。
(3) 指导老师根据平台检查结果及学生总结阐述给出本实训评分。

项 目 小 结

(1) 熟悉总经理岗位职责。
(2) 掌握企业组织架构设计。
(3) 掌握企业设施建设。
(4) 掌握薪资审批规则。

思 考 与 练 习

(1) 如何成为一名合格的甚至优秀的职业经理人？
(2) 如何完成企业组织架构设计？
(3) 关于厂房及仓库，如何在自建和租赁中做出合理的选择？

实训项目四 人力资源部业务决策与操作

项目分析

人力资源指企业生存和发展所需要的具有劳动能力的人口总和。现代企业把对人力资源开发放在企业发展战略规划的关键点上，但是企业往往又会面临人力资源开发成本与效益不对等这一难题。

项目任务

(1) 薪资管理。

(2) 招聘管理。

(3) 日常管理。

知识目标

(1) 全面统筹规划公司的人力资源战略。

(2) 建立人力资源管理体系，研究设计人力资源管理模式，制定并完善人力资源管理制度。

(3) 掌握人力资源管理的基本内容、工作体系、业务流程等。

能力目标

(1) 做好员工招聘、岗位设计与规划等工作，处理好劳动关系。

(2) 做好员工培训、员工激励以及绩效考评等日常工作。

(3) 制定本企业薪资体系，并计算员工工资、福利、社保、个税等。

任务一 薪资管理

任务目标

(1) 制定薪资体系，确定员工的薪资福利。

(2) 按公司章程调整员工薪资、福利。

(3) 计算并发放员工工资，缴纳社保费。

知识链接

一、薪资设计

薪资是员工因向所在的组织提供劳务而获得的各种形式的酬劳。狭义的薪酬指货币和可以转化为货币的报酬；广义的薪酬除了包括狭义的薪酬以外，还包括获得的各种非货币形式的满足。为保证企业的薪酬在劳动力市场上具有竞争性，吸引优秀人才，同时也是对员工的贡献给予相应的回报，激励并保留员工，都需要有符合公司整体战略的薪资设计。通过薪资设计，将员工发展与企业经济利益相结合，可以促进企业良性发展。

一般公司员工的薪资分为年薪制和月薪制，中层以上的管理人员和技术人员一般实行年薪制，而对其他员工实行月薪制。其他常见的薪资制有日薪制和计件制。

一般情况下，员工的工资由“基础工资”和“考核工资”两大模块组成。

基础工资 = 基本工资 + 岗位工资 + 各种津贴 + 加班工资

考核工资 = 月度考核工资 + 季度考核工资 + 年度考核工资

员工工资组成除了基本工资之外，还包括岗位工资、技能或能力工资、工龄工资等，也有浮动工资部分，如效益工资、业绩工资、资金等。

二、薪资管理规则

设计薪资时必须遵循一定的原则，这些原则包括战略导向原则、经济性原则、体现员工价值原则、激励作用原则、相对公平原则、外部竞争性原则等。

1. 战略导向原则

战略导向原则强调企业设计薪资时必须从企业战略的角度进行分析，制定的薪资政策和制度必须体现企业发展战略的要求。

2. 经济性原则

薪资设计的经济性原则强调企业设计薪资时必须充分考虑企业自身发展的特点和支付能力。销售收入扣除各项成本、人工等，要有盈余，这样才能支撑企业追加和扩大投资，获得企业的可持续发展。

3. 体现员工价值原则

现代的人力资源管理必须解决企业的三大基本矛盾，即人力资源管理与企业发展战略之间的矛盾、企业发展与员工发展之间的矛盾、员工创造与员工待遇之间的矛盾。

4. 激励作用原则

薪资标准应对员工有吸引力，且企业内部各级、各类职务的薪资水准应适当拉开差距，以调动员工的工作积极性，提高劳动生产率。

5. 相对公平原则

相对公平原则是斯密公平理论在薪资设计中的运用，它强调企业在设计薪资时要“一碗水端平”。一是横向公平，即企业所有员工之间的薪资标准、尺度应该是一致的；二是纵向公平，即企业设计薪资时必须考虑历史的延续性，一个员工过去的投入产出比和现在乃至将来都应该基本上是一致的，而且还应该是有所增长的。

6. 外部竞争性原则

企业在设计薪资时必须考虑同行业薪资市场的薪资水平，保证企业的薪资水平在市场上具有一定的竞争力，能充分地吸引和留住企业发展所需的战略、关键性人才。

三、人力资源岗位职责

(1) 制订本部门的工作计划，经上级领导审批后组织实施。

(2) 制订、修改公司各项人力资源管理制度和管理办法，建立制度化、规范化、科学化的人力资源管理体系。

(3) 根据公司发展战略，分析公司现有人力资源状况，预测人员需求，制订、修改招聘计划，经上级领导审批后实施。

(4) 明确部门、岗位职责及岗位任职资格；编制、修改和完善部门、岗位职责说明书。

(5) 根据岗位需求状况和人力资源规划，制订招聘计划，做好招聘需求、招聘计划、招聘实施和招聘后的手续完备等工作。

(6) 组织建立绩效管理体系，制订相关方案；牵头组织公司各部门进行绩效考核并予以指导和监督，协助总经理对内部人员进行考核。

(7) 根据企业规划和员工发展需要，建立和完善员工培训体系；组织实施、指导协调对员工进行的分类、分层次培训，努力提高员工素质。

(8) 制定公司的薪酬、福利方案，经审批后组织实施；核算员工工资，计算员工社会保险缴纳标准并缴纳社会保险费。

(9) 做好员工人事档案管理工作。

(10) 办理员工录用、迁调、奖惩、离职、退休、解聘手续。

(11) 做好劳动合同管理、劳动纠纷处理和劳动保护工作。

(12) 完成其他任务。

技能训练　制定薪资结构

一、实训目的

(1) 掌握薪资管理对于企业发展的重要意义。

(2) 掌握薪资设计、薪资计算与发放的业务操作。

二、实训器材

电脑、现代企业运营综合仿真实训平台软件与配套教材。

三、注意事项

(1) 设计企业员工薪资组成的所有薪资项目，并确定设计的薪资项目为增加项还是减少项。

(2) 如岗位薪资需要调整可进行岗位薪资调整，经总经理签字后生效。

(3) 各企业每个月必须进行薪资统计，统计后进行薪资核算编辑，并提交财务审核签字。

(4) 生产工人如没有设计薪资标准，则能够招聘到的生产工人人数为0。

四、实训操作

(一) 薪资结构

(1) 以人事专员的账号、密码登录软件，点击【我的实验】→【进入】，制造企业和商贸公司点击【核心企业区】，再分别点击【制造公司实训】和【商贸公司】进入企业平台。供应商在【商务服务区】点击【供应商公司】进入企业平台。

(2) 选择【薪资管理】，点击【薪资结构】，输入薪资名称，点击【保存】。薪资结构设置如图4-1。

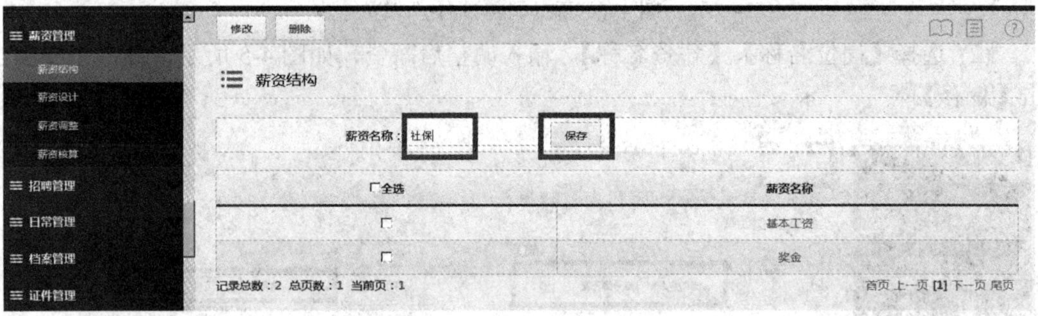

图4-1　薪资结构设置界面

(二) 薪资设计

(1) 选择【薪资管理】，点击【薪资设计】，在薪资设计列表点击【新增】，如图4-2所示。

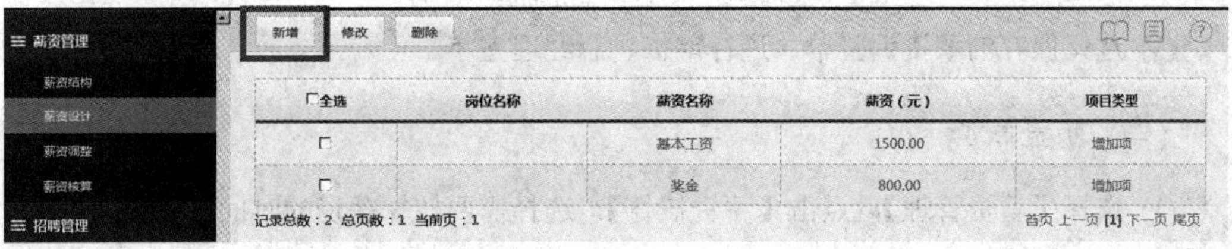

图4-2　薪资设计界面

(2) 选择【岗位名称】、【薪资名称】，输入薪资，选择【项目类型】(即薪资为增加项还是减少项)，如图 4-3 所示，设置完成后点击【保存】。

图 4-3　薪资设计界面

(三) 薪资调整

(1) 选择【薪资管理】，点击【薪资调整】，在薪资调整列表点击【新增】，如图 4-4 所示。

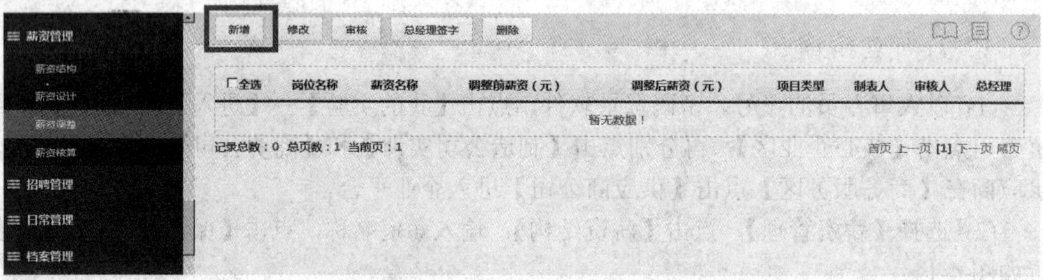

图 4-4　薪资调整界面(新增)

(2) 选择【岗位名称】、【薪资名称】，输入调整后薪资，如图 4-5 所示，设置完成后点击【保存】。

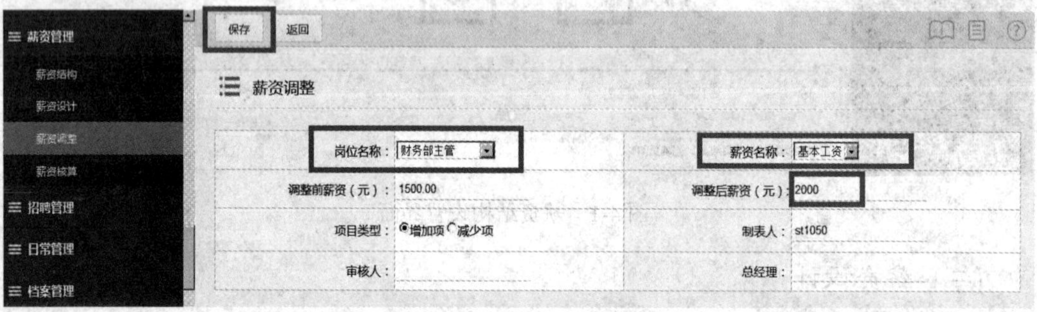

图 4-5　薪资调整界面(输入)

(3) 选择保存的薪资调整单，进行审核、总经理签字。

(四) 薪资核算

(1) 选择【薪资管理】，点击【薪资核算】，选择需要核算薪资的时间，点击【统计】，如图 4-6 所示。

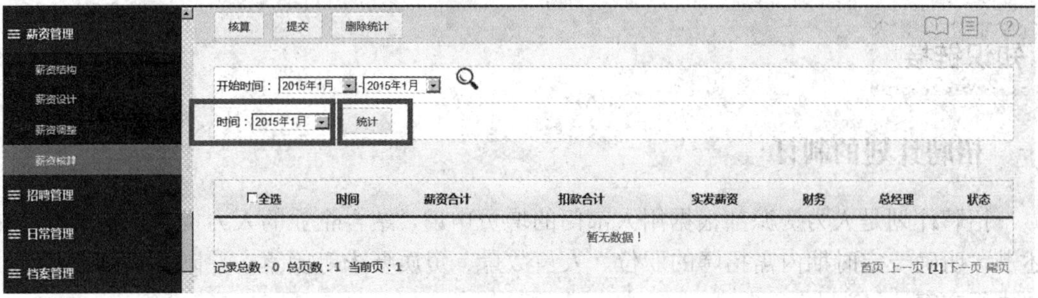

图 4-6　薪资核算界面

注：• 在未提交之前，如果统计有误，可进行删除操作，然后重新统计。
• 企业每个月必须进行薪资统计，统计后进行薪资核算编辑。

(2) 选择统计完成的工资汇总信息，点击【核算】。

注：薪资核算完成后提交财务审核签字。

(3) 选择岗位，点击【工资编辑】。

(4) 输入所选岗位的各项目工资，格式如图 4-7 所示，输入完成后点击【保存】。

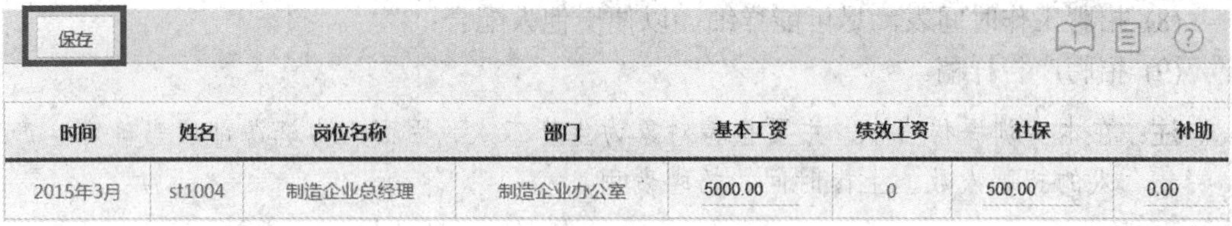

图 4-7　设计岗位工资界面

(5) 所有岗位工资全部输入完成后(即工资表编辑完成)，选择工资汇总信息，点击【提交】。

五、实训考核

(1) CEO 检查薪资结构是否合理。

(2) 各岗位薪资设置公正合理，符合当地工资平均水平。

(3) 按时完成薪资核算与薪资发放。

任务二　招 聘 管 理

任务目标

(1) 制订企业每个月的招聘需求及招聘计划。

(2) 支付合理的招聘费用。

(3) 完成企业招聘活动。

知识链接

一、招聘计划的制订

招聘计划是人力资源部根据用人部门的增员申请，结合企业的人力资源规划和职务描述书，明确一定时期内需招聘的职位、人员数量、资质要求等因素，并制订具体招聘活动的执行方案。

招聘计划一般包括以下内容：

(1) 人员需求清单，包括招聘的职务名称、人数、任职资格要求等内容；

(2) 招聘信息发布的时间和渠道；

(3) 招聘小组人选，包括小组人员姓名、职务、各自的职责；

(4) 应聘者的考核方案，包括考核的场所、大体时间、题目设计者姓名等；

(5) 招聘的截止日期；

(6) 新员工的上岗时间；

(7) 招聘费用预算，包括资料费、广告费、人才交流会费用等；

(8) 招聘工作时间表，尽可能详细，以便于他人配合；

(9) 招聘广告样稿。

注：在本实训课程当中，主要招聘对象为生产工人，因而人力资源部应当确定生产工人的招聘人数、上岗时间、招聘费用。

二、生产工人招聘规则

(1) 生产工人在当季度的人才供需量可在信息综合中心的信息公示中查询。点击【人才需求】→【生产工人】可查询生产工人每个季度供应值、每个季度剩余值，每月产能，如图 4-8 所示。可选择查看生产工人、工人信息。

图 4-8　人才需求信息查询界面

(2) 生产工人如没有设计薪资标准，则招聘生产工人人数为 0。

(3) 企业实招人数说明：企业分配人数如果大于招聘需求人数，则实招人数 = 需求人数，企业分配人数如果小于招聘需求人数，则实招人数 = 企业分配人数。

(4) $$企业分配人数=\frac{企业招聘因素}{所有企业招聘因素之和}\times 当季度生产工人剩余数量。$$

(5) 企业招聘因素 = 企业费用因素 + 企业工资因素。

(6) 企业费用因素 $=\dfrac{\text{企业各招聘方式招聘费用}}{\text{所有企业各招聘方式招聘费用之和}}\times$ 各招聘方式有效度。

(7) 企业工资因素 $=\dfrac{\text{企业生产工人岗位工资}}{\text{所有企业生产工人岗位工资之和}}$。

技能训练　制订招聘计划

一、实训目的

(1) 制订企业生产工人招聘需求。
(2) 制订并组织企业招聘计划。

二、实训器材

电脑、现代企业运营综合仿真实训平台软件与配套教材。

三、注意事项

(1) 各企业每个月可选择进行招聘需求填写，招聘需求时间必须为下个月，即当月制订下一个月的招聘需求。
(2) 生产工人招聘人数取决于招聘费用与工人工资。
(3) 解聘生产工人前，需支付完生产工人所有费用。

四、实训操作

(一) 招聘需求

(1) 选择【招聘管理】，点击【招聘需求】，在招聘需求列表点击【新增】，如图 4-9 所示。

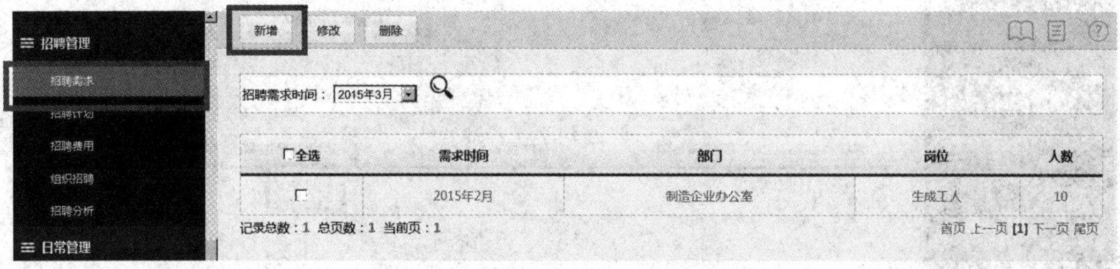

图 4-9　新增招聘需求界面

注：• 各企业每个月可选择进行招聘需求填写，招聘需求时间必须为下个月，即当月制订下一个月的招聘需求。
• 招聘需求只用于岗位为系统模拟的生产工人招聘，每月可进行一次需求填写。

(2) 选择【需求时间】、【岗位】(岗位必须选择生产工人)，输入人数，点击【保存】，如图 4-10 所示。

图 4-10　招聘需求编辑界面

(二) 招聘计划

(1) 在【招聘管理】列表，点击【招聘计划】→【汇总】。

注：• 各企业汇总招聘需求中需求时间为当前时间的招聘岗位，汇总后可在编辑中进行招聘费用填写，形成招聘计划。

• 招聘计划审核通过后生效。

(2) 选择汇总后的招聘计划，点击【编辑】，如图 4-11 所示。

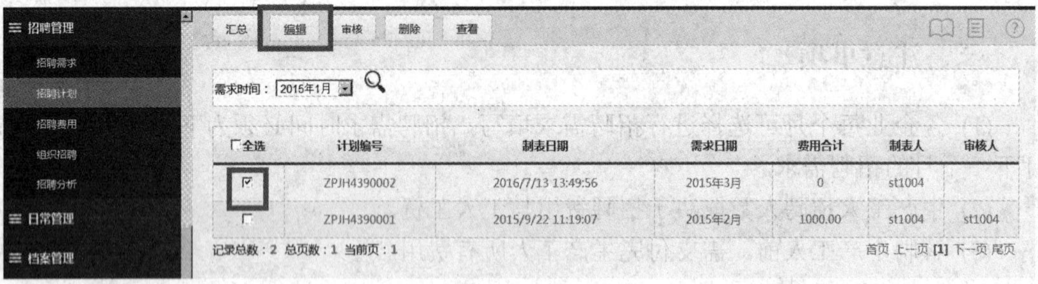

图 4-11　招聘计划编辑界面

(3) 可选择性输入各招聘方式的招聘费用，输入相关信息，完成后点击【保存】，如图 4-12 所示。

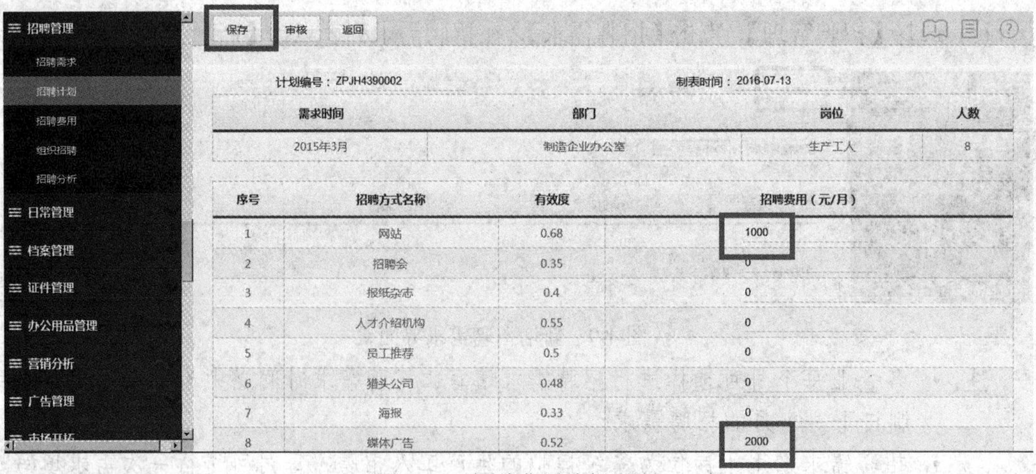

图 4-12　招聘费用编辑界面

(4) 选择编辑后的招聘计划，点击【审核】。

(5) 在审核界面点击【审核】即可。

(三) 招聘费用

选择审核后的招聘计划，进行【财务签字】、【总经理签字】，如图 4-13 所示。

图 4-13　招聘计划签字界面

注：• 财务、总经理对审核后的招聘计划进行签字，签字后生效。

• 总经理签字后减少企业现金。

(四) 组织招聘

(1) 在【招聘管理】列表点击【招聘计划】，如图 4-14 所示。

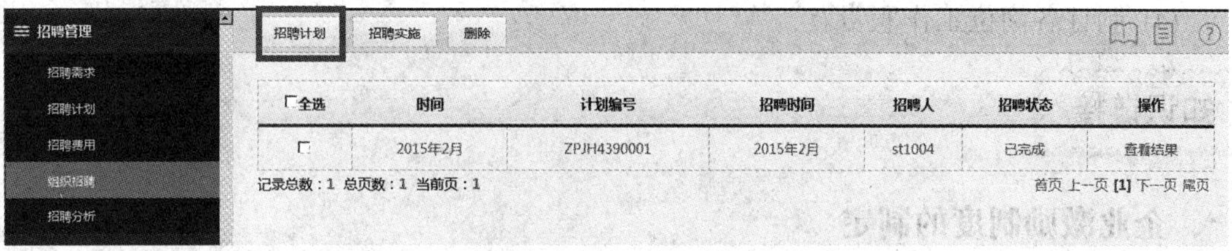

图 4-14　制订招聘计划界面

注：组织招聘只对于系统环境模拟的生产工人的招聘有效。

(2) 选择已审核的招聘计划，点击【确定】。

(3) 选择招聘计划，点击【招聘实施】，操作如图 4-15 所示。

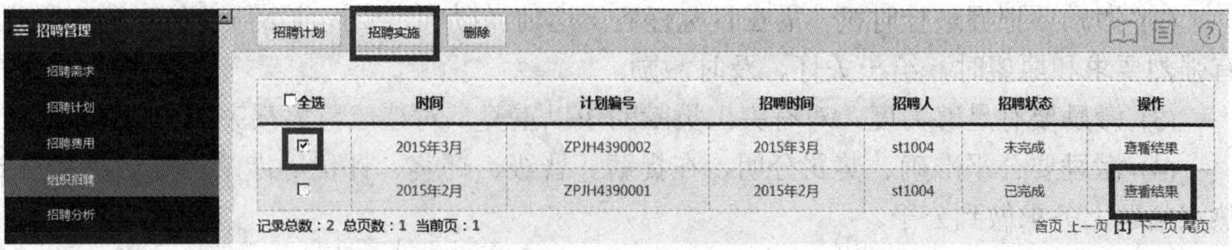

图 4-15　招聘实施界面

(4) 招聘结束后，招聘状态为已完成，可点击【查看结果】，查看最终招聘人数，如图 4-16。

序号	部门	岗位	实聘人数
1	制造企业办公室	生产工人	8

记录总数：1 总页数：1 当前页：1　　首页 上一页 [1] 下一页 尾页

图 4-16　实聘人数查询界面

五、实训考核

(1) 招聘需求、招聘计划提前制订。

(2) CEO 检查人事部制订的招聘需求及招聘计划是否合理。

(3) 合理计划招聘工人，人数应正好满足生产所需。

任务三 日常管理

任务目标

(1) 建立员工档案，签订劳动合同。

(2) 完成员工日常培训工作。

(3) 做好员工日常考勤。

(4) 制订各岗位工作职责。

知识链接

一、企业激励制度的制定

企业的活力源于每个员工的积极性、创造性。由于人的需求的多样性、多层次性，以及动机的繁复性，所以调动人的积极性也应有多种方法，应综合运用各种动机激发手段使全体员工的积极性、创造性达到最佳状态。主要从以下几方面着手制订激励制度：

(1) 激励员工从结果均等转移到机会均等，并努力创造公平的竞争环境。

(2) 激励要把握最佳时机，需在目标任务下达前激励的，要提前激励。员工遇到困难，有强烈要求和愿望时，给予关怀，及时激励。

(3) 激励要有足够力度。对有突出贡献的予以重奖，对造成巨大损失的予以重罚。

(4) 激励要公平准确、奖罚分明，在提薪、晋级、评奖、评优等涉及员工切身利益的热点问题上务求做到公平。

(5) 物质奖励与精神奖励相结合，奖励与惩罚相结合。

(6) 推行职工持股计划。

二、人事部日常管理规则

(1) 实训期间，佩戴工作证，不做与实训无关的事项。

(2) 服从领导、听从指挥，必须有团队合作精神。

(3) 每次实训做好员工考核工作，并给予合理分数或等级。

(4) 及时、准确地完成考勤管理工作，并每天报指导老师与 CEO。

(5) 做好公司文件的收发、整理与存档工作，保管好员工档案。

技能训练　人事部日常管理

一、实训目的

(1) 做好员工日常激励。
(2) 完成员工日常管理。

二、实训器材

电脑、现代企业运营综合仿真实训平台软件与配套教材。

三、注意事项

(1) 制订并录入各岗位的岗位职责，录入完成后员工方能在个人首页查看。
(2) 每个月或每个季度完成一次员工培训工作，以 PPT 展示。
(3) 做好员工日常考核工作，并记录在册，考核力求公平公正。

四、实训操作

(一) 员工档案

(1) 在【日常管理】列表，点击【员工档案】→【新增】，如图 4-17 所示。

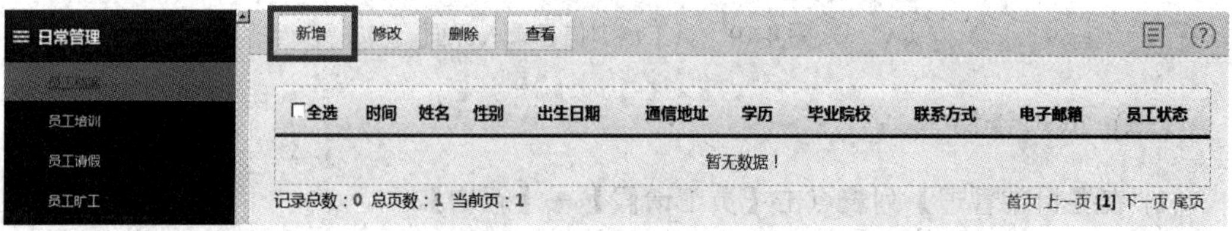

图 4-17　新增员工档案界面

(2) 输入员工档案信息，格式如图 4-18 所示，点击【保存】。

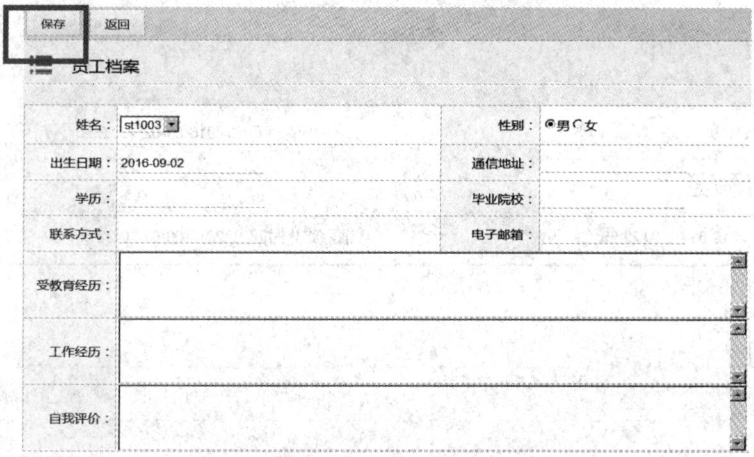

图 4-18　员工档案信息录入界面

(二) 员工培训

(1) 在【日常管理】列表点击【员工培训】→【新增】。

(2) 输入培训信息，格式如图 4-19 所示，点击【保存】。

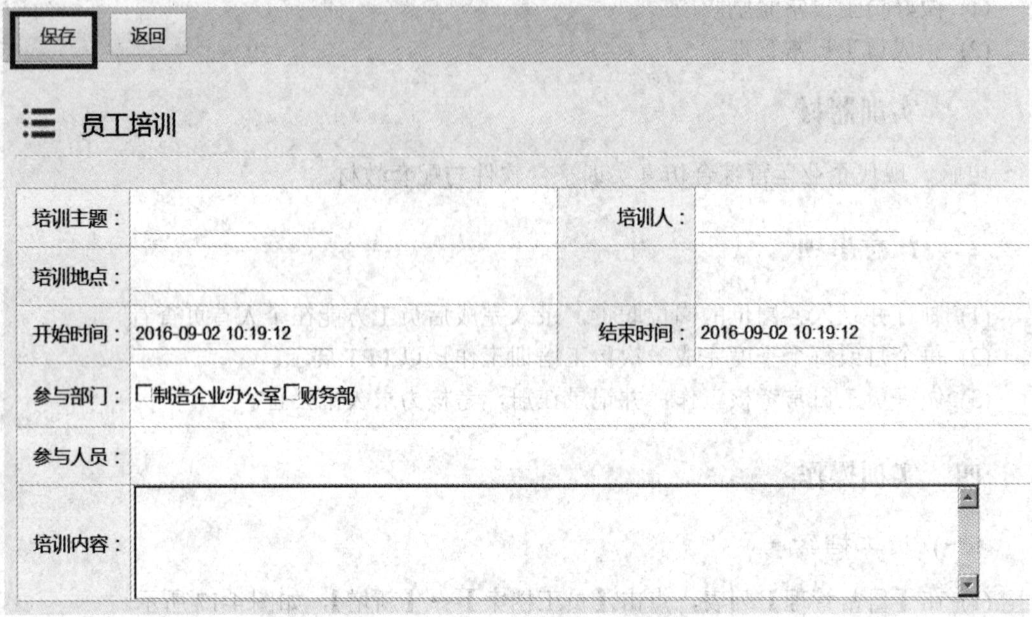

图 4-19 员工培训信息录入界面

(三) 员工请假

(1) 在【日常管理】列表点击【员工请假】→【新增】。

(2) 输入请假信息，格式如图 4-20 所示，点击【保存】。

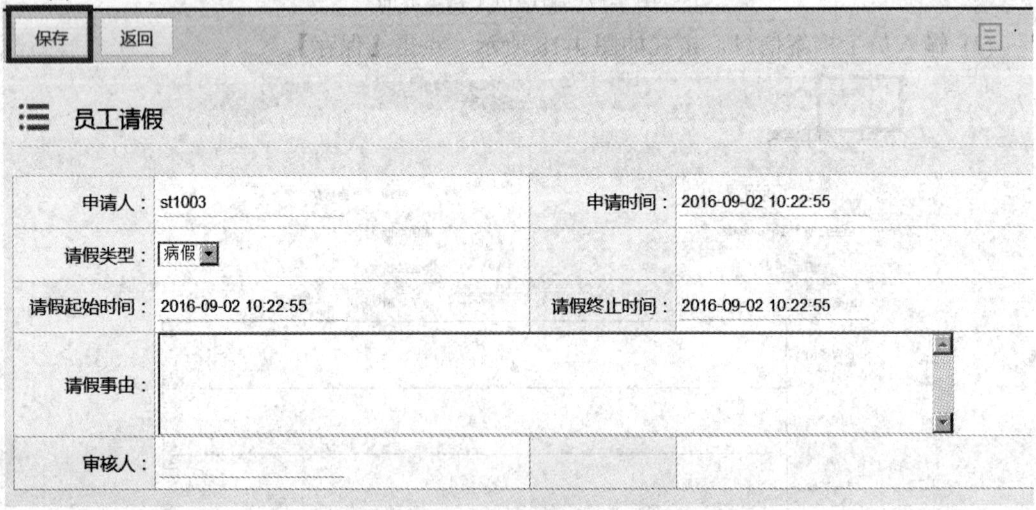

图 4-20 员工请假信息录入界面

(四) 员工旷工

(1) 在【日常管理】列表，点击【员工旷工】→【新增】，如图 4-21 所示。

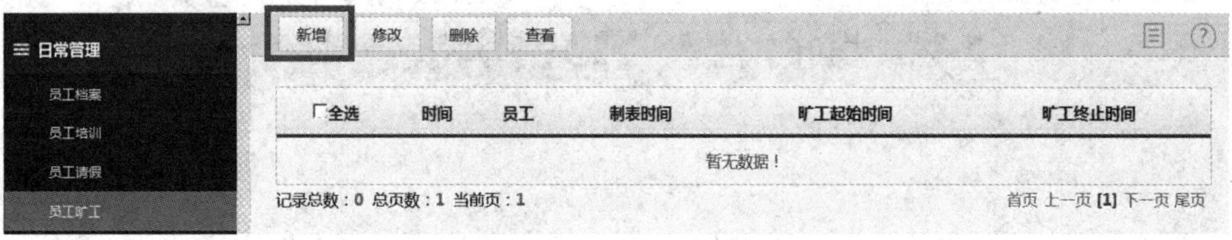

图 4-21 新增员工旷工信息界面

(2) 输入旷工信息，格式如图 4-22，点击【保存】。

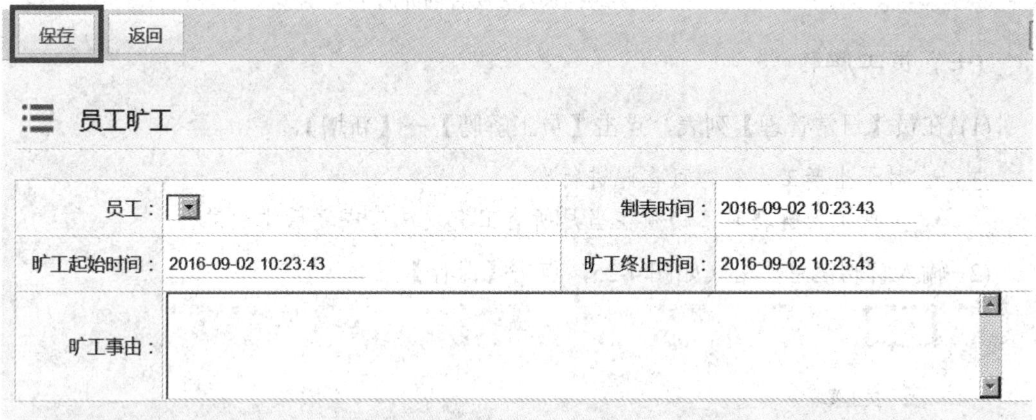

图 4-22 员工旷工信息录入界面

(五) 员工考勤

在【日常管理】列表点击【员工考勤】，查询员工考勤信息，如图 4-23 所示。

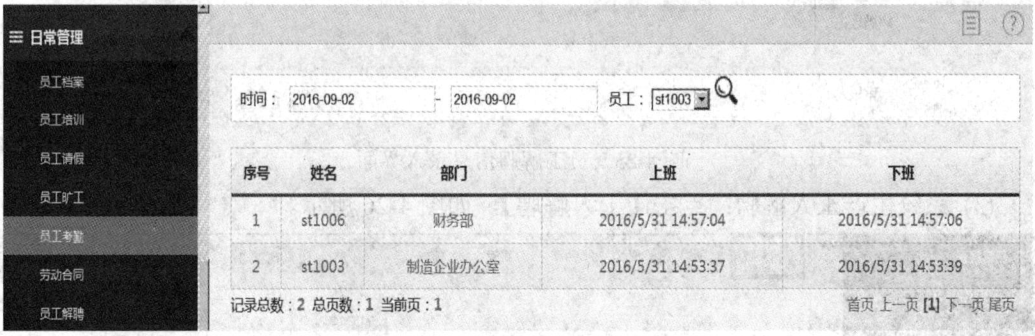

图 4-23 员工考勤信息查询界面

(六) 劳动合同

(1) 在【日常管理】列表，点击【劳动合同】→【新增】。

(2) 输入劳动合同内容，格式如图 4-24 所示，点击【保存】。

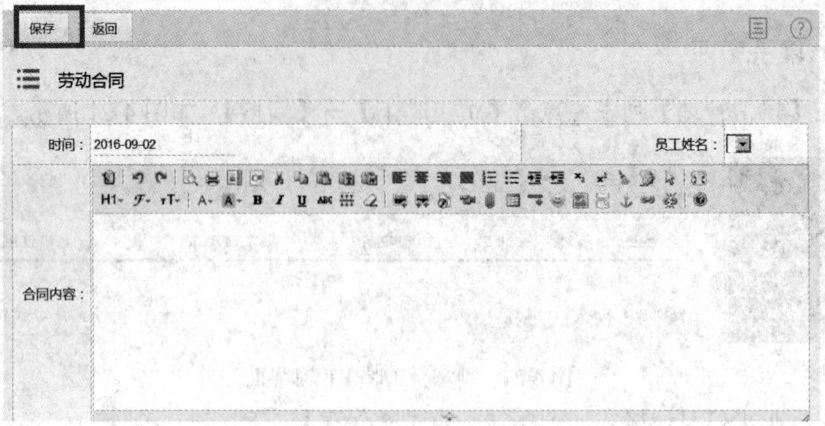

图 4-24　录入劳动合同界面

(七) 员工解聘

(1) 在员【日常管理】列表，点击【员工解聘】→【新增】。

注：• 对于生产工人解聘可在此进行。

• 生产工人解聘时，必须在当月所有工资发放完成之后才能进行。

(2) 输入解聘信息，格式如图 4-25，点击【保存】。

图 4-25　员工解聘信息录入界面

(3) 系统生产工人解聘：点击【工人解聘】，如图 4-26 所示。

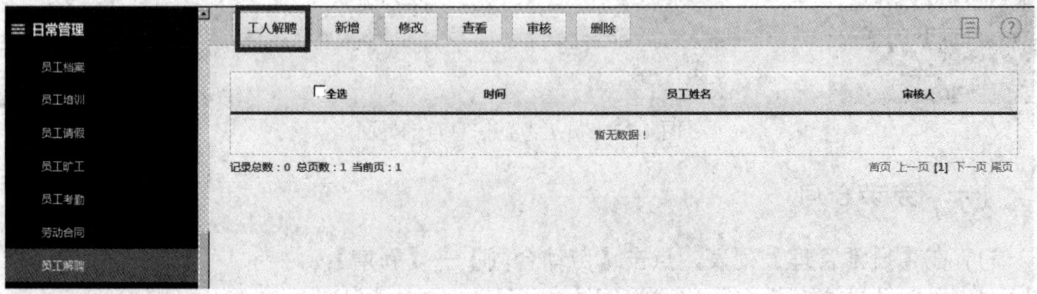

图 4-26　员工解聘界面

(4) 查询企业当前生产工人人数，输入解聘人数，点击【解聘】，如图 4-27 所示。

图 4-27 企业当前生产工人人数查询界面

(八) 岗位职责

(1) 在【日常管理】列表，点击【岗位职责】→【添加】，如图 4-28 所示。

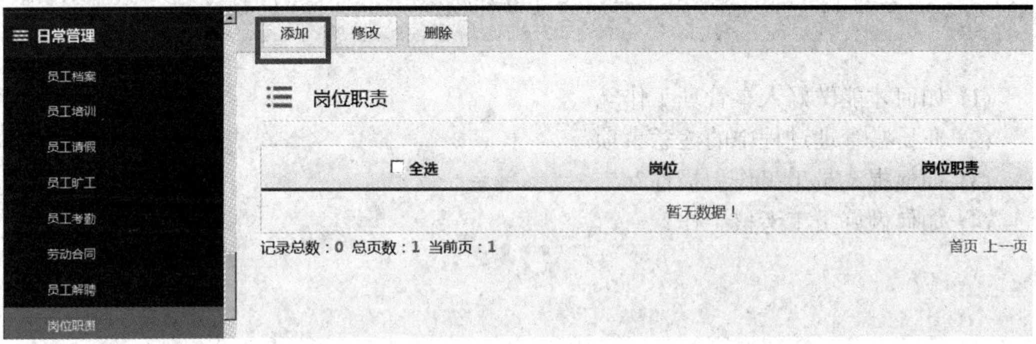

图 4-28 添加岗位职责界面

(2) 选择【岗位】，输入岗位职责，格式如图 4-29，点击【保存】。

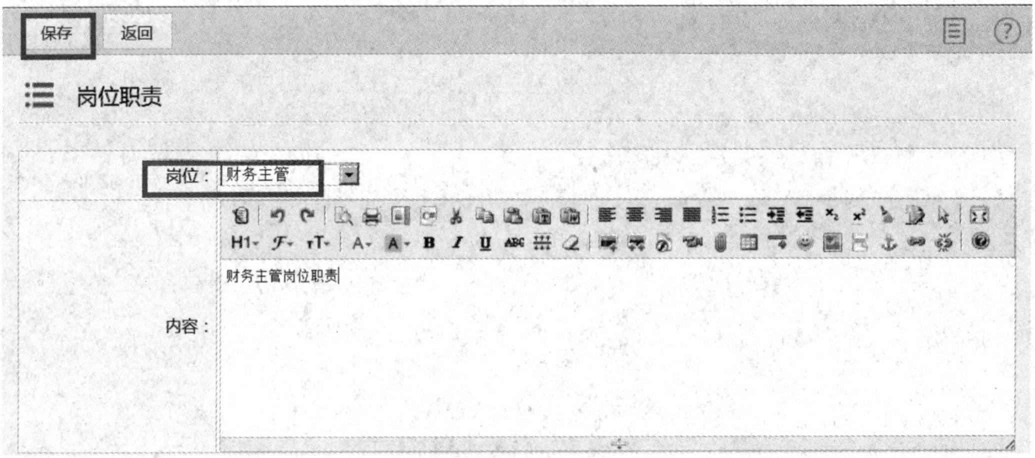

图 4-29 岗位职责录入界面

五、实训考核

(1) 做好员工考勤、考核、请假、旷工等日常管理工作。
(2) 检查员工工作日志完成情况。
(3) 明确各个岗位职责和权限，并于平台公布。
(4) 组织好企业的培训工作。

项目小结

(1) 熟悉实训环境，并学会人事信息化办公。
(2) 新制度的执行要采取必要的辅助措施，加强对员工工作习惯的改造。
(3) 总结如何计算工人需求数量，如何才能招聘到所需工人人数。

思考与练习

(1) 如何才能做好人事管理工作？
(2) 在日常管理过程中的注意事项。
(3) 如何提高员工工作积极性？
(4) 如何做好员工考核工作？

实训项目五　采购部业务决策与操作

项目分析

企业在生产经营活动中面临着大量的决策问题，决策是管理者花费时间和精力最多的工作之一。科学的决策可以把握正确的经营方向，趋利避害、扬长避短，对于提高企业的生存和竞争能力具有积极的作用。采购决策是企业供应链的开始，除了具有规避风险、增强活力等一般作用之外，它还可以发挥以下重要作用：

1. 优化采购活动

采购活动对产品成本和质量等都会产生重要影响，为了保证企业各项目标的实现，必须推进采购活动的优化，实现采购方式、采购渠道、采购过程的最优化，提高采购资源的最佳配置。

2. 实现准时化采购

为了满足即时生产的需要，应实行准时化采购，而合理的采购决策将使准时化采购成为可能。

3. 提高经济效益

在产品的规格、质量、服务等一定的情况下，准确采购可降低进价、减少库存、降低各种费用的支出，使企业获得更大的利润，提高企业的竞争力。采购活动受诸多因素的影响，它们之间存在特定的关系，任何一种因素处理不好，都可能影响经济效益的提高。

项目任务

(1) 能起草采购合同。

(2) 能添加不同类型的供应商信息。

(3) 能对采购业务中的采购计划、采购订单和采购入库单进行填制。

(4) 能正确地支付采购货款。

知识目标

(1) 掌握采购合同的签订。

(2) 了解供应商信息的添加与评价。

(3) 掌握采购计划、采购订单的编制。

(4) 掌握采购入库单的填制。

能力目标

(1) 能够撰写采购合同。
(2) 能对不同性质的供应商信息进行分类管理和评价。
(3) 能根据采购决策正确安排采购计划、采购订单和采购入库单。

任务一　合 同 管 理

任务目标

在跨专业综合实训平台中，采购人员与学生供应商和系统供应商分别签订两份采购合同，认知采购合同签订的意义。

知识链接

一、如何规避合同风险

合同的签署既对当事人权利进行了保护，也对当事人进行了限制。所以，尽管合同法保障了当事人的合法权益，但若不懂得对合同风险进行有效规避，也会导致当事人陷入麻烦之中。如何对合同风险进行有效规避是当事人重点考虑的问题，我们可以从合法有效性、公平性和可操作性三个方面进行分析。

1. 合法有效性

审查合同的合法有效性应当特别注意我国《民法通则》第五十八条及《合同法》第五十二条的规定以及一些特别法的相应规定。合同有效性问题事实上包括三个方面的内容：一是合同主体是否合格；二是合同目的是否正当；三是合同内容、合同形式及程序是否合法。只要不违背我国法律法规强制性和禁止性规定，合同的有效性就能得到保障。

2. 公平性

所谓合同的公平性，是指合同双方权利与义务要相对平衡。不存在只有权利而没有义务的合同。一方享受了权利，就必须承担相应的义务。过分强调一方的权利、忽略合同相对方的利益的合同草稿，要么得不到签署，要么变成“显示公平”。

3. 可操作性

实践中，大量的合同缺乏可操作性。具体表现在：对合同各方权利的规定过于抽象；对合同各方的义务规定不明确、不具体；虽对各方的权利义务做了详细规定，但没有具体操作程序条款或对此规定不清；虽规定了损失赔偿但没有计算依据，整个交易程序不清晰，合同用语不确切；等等。实现合同可操作性是合同得以有效利用、完成交易和实现利益均衡的具体保证，尤其如建设工程、合作开发房地产此类履行周期长、影响因素多、风险大的合同，切实地贯彻合同可操作性原则，尤显重要。

二、合同管理业务流程

合同管理是公司营销管理中的一项重要工作，通常情况下，我们按照一定流程来进行业务合同的管理，如图 5-1 所示。

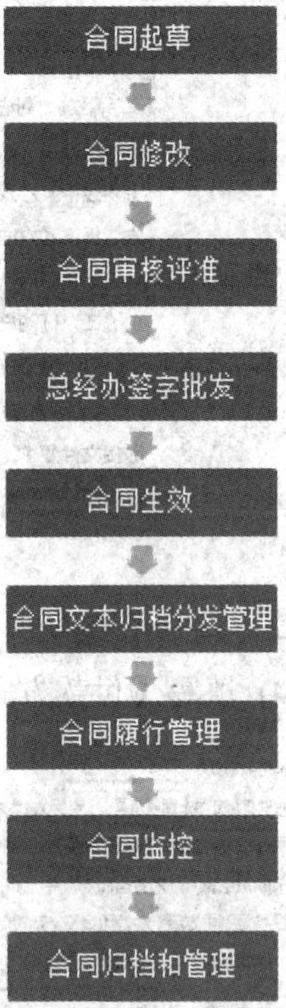

图 5-1　业务合同管理流程图

技能训练　合同管理

一、实训目的

掌握采购合同的签订。

二、实训器材

电脑、现代企业运营综合仿真实训平台软件与配套教材。

三、注意事项

(1) 采购合同的日期必须早于采购订单日期，否则无法开展后续采购业务。

(2) 注意采购合同中必须填写的条款。

四、实训操作

在进行采购之前，必须与供应商签订采购合同。针对原材料的采购，与一个供应商只需要签订一个采购合同。与每个供应商签订的采购合同贯穿整个实训周期。

(1) 以采购人员的账号、密码登录软件平台，选择【我的实验】→【进入】，制造企业选择【核心企业区】，再选择【制造公司实训】进入企业平台。

(2) 选择【合同管理】→【采购合同】，如图 5-2 所示。

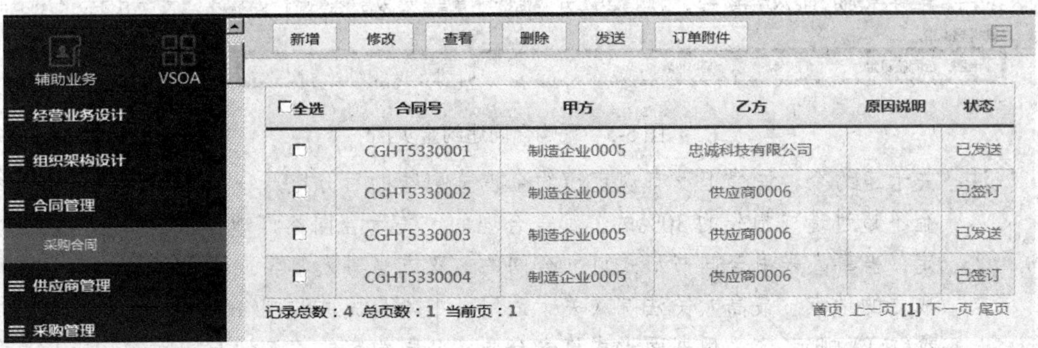

图 5-2　采购合同新增界面

(3) 点击【新增】，输入乙方名称，如图 5-3 所示。

采购合同

甲方：制造企业0005

乙方：

经甲、乙双方友好协商，本着平等互利的原则，根据《中华人民共和国合同法》及相关法律法规的规定，现就乙方向甲方供应生产物资事宜，达成一致意见，为明确双方权利和义务，特订立本合同：

一、订购产品名称：**见订单附件**

二、订购产品数量：**见订单附件**

三、质量标准：

1、甲方授权乙方供应符合国家质量标准和甲方生产要求的货物。乙方的货物必须符合规定的标准和随货文件要求。

四、产品规格及价格：**见订单附件**

图 5-3　采购合同甲、乙方页面

注： 乙方名称为供应商名称。

(4) 填写【付款方式】、【产品包装要求】及【交货地点】，如图 5-4 所示。

五、付款方式：

双方选择以下第 翻单结算 种方式支付货款。

(1)翻单结算。既第二批货物到甲方厂区指定地点后，甲方向乙方支付第一批货款。以后依次类推下次送货结算上次货款。

(2)预付款结算。既乙方当期货物发货前，预付订单含税金额的　　%作为预付款，其余款项货到后当月内付清。

(3)货物运到甲方后，经检验合格，卸货后当月内付款。

六、产品包装要求：(包装费用已包含在货物价格内)

七、交货地点：　　。运费由乙方负担。运输过程中货物毁损、灭失等各种风险均由乙方承担责任。

八、供货时间：

图 5-4　采购合同付款页面

注：【付款方式】可在“翻单结算”“预付款结算”或“货到付款”三者中选其一。

(5) 输入其他项目【违约金】、【补充协议条款】、【特别声明条款】、【合同有效期】及【合同签订地】，如图 5-5 所示。

5、因乙方产品内在质量问题，引发甲方生产或质量事故，造成甲方损失的，乙方应赔偿甲方为此支付的所有费用(包括但不限于赔偿的费用、必要的等)，此责任不因甲方已进行质量监测而免除。

6、如乙方未按照本合同第八条规定的时间送货、送货迟延或货物的数量与合同约定不符，应赔偿甲方订单金额的　　%（含税金额）违约金；

7、双方都应保守对方的商业机密。

十、补充协议条款：　　。

十一、特别声明条款：　　。

十二、合同有效期：2016-05-26　　至 2016-05-26　　止。

十三、本合同一式两份，甲乙双方各持一份，具有同等法律效力，双方签字盖章后生效。双方发生争议时，协商解决，协商不成任何一方均有权向甲法院提起诉讼。

十四、合同签订地：　　。

图 5-5　采购合同违约金页面

注： 关于违约金，法律上没有规定违约金占总金额的百分比，一般当事人约定的违约金不超过造成损失的 30%的，都是合理的。关于合同签订地，根据《合同法》规定，当事人采用合同书形式订立合同的，双方当事人签字或者盖章的地点为合同成立的地点。最高人民法院《关于适用〈中华人民共和国合同法〉若干问题的解释(二)》规定：“采用书面形式订立合同，合同约定的签订地与实际签字或者盖章

地点不符的，人民法院应当认定约定的签订地为合同签订地；合同没有约定签订地，双方当事人签字或者盖章不在同一地点的，人民法院应当认定最后签字或者盖章的地点为合同签订地”。

(6) 输入甲方信息，在右上角点击【保存】，如图 5-6 所示。

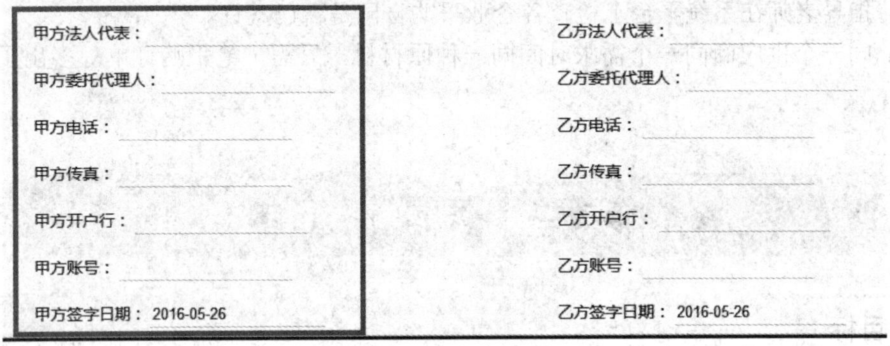

图 5-6　采购合同签字页面

(7) 点击【返回】，在采购合同列表中选择保存后的采购合同，点击订单附件，如图 5-7 所示。

图 5-7　采购订单附件页面

(8) 在订单附件列表选择此合同的订单后，点击【保存】，如图 5-8 所示。如果无订单附件，则不用保存。

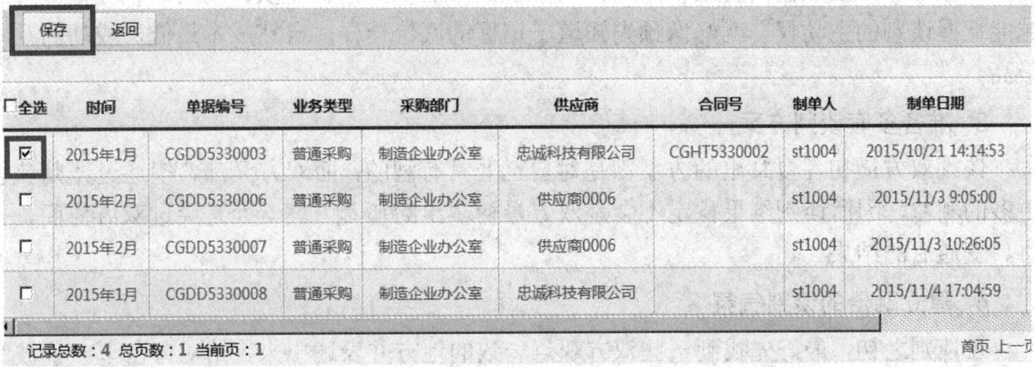

图 5-8　采购订单保存页面

(9) 在采购合同列表选择保存后的采购合同，点击【发送】，发送后状态为已发送。

注：如果乙方为学生供应商，则乙方签字后状态改变为已签订；如果乙方为系统供应商，则发送后状态自动改变为已签订。

五、实训考核

(1) 指导老师在系统平台上检查各企业采购合同是否已签订。

(2) 同一个供应商同一个需求时间同一种原材料，只需一笔采购订单，多出采购订单则扣分。

任务二　供应商管理

任务目标

在跨专业综合实训平台中添加三种不同性质的供应商信息(学生供应商、系统供应商和工程供应商)，并对制造企业的供应商信息进行评价。

知识链接　商业谈判技巧

在现代商业社会中，商业谈判越来越多，其对企业的经营活动也起着越来越重要的作用。商业谈判的技巧不仅仅适用于公司与公司之间的谈判，同时也适用于应聘者与公司、销售人员与顾客等。下面列举了商业谈判中的六个技巧供大家参考。

1. 确定谈判态度

在商业活动中面对的谈判对象多种多样，不能用同一种的态度对待所有谈判，而需要根据谈判对象与谈判结果的重要程度来决定谈判时所要采取的态度。

2. 充分了解谈判对手

正所谓，知己知彼，百战不殆，在商务谈判中这一点尤为重要。对对手的了解越多，越能把握谈判的主动权，就好像预先知道了招标的底价一样，自然成本最低，成功的几率最高。

3. 准备多套谈判方案

谈判双方最初各自拿出的方案都是对自己非常有利的，而双方又都希望通过谈判获得更多的利益，因而谈判结果肯定不会是双方最初拿出的那套方案，而是经过双方协商、妥协、变通后的结果。

4. 建立融洽的谈判气氛

在谈判之初，最好先找到一些双方观点一致的地方并表述出来，给对方留下一种彼此更像合作伙伴的潜意识，这样接下来的谈判就容易朝着一个达成共识的方向进展，而不是剑拔弩张地对抗。当遇到僵持时，也可以拿出双方的共识来增强彼此的信心，化解分歧。

5. 语言表述简练

在商务谈判中忌讳语言松散或像拉家常一样的表达方式，尽可能地让自己的语言变得简练，否则，你的关键词语很可能会被淹没在拖拉繁长、毫无意义的语言中。一颗珍珠放在地上，我们可以轻松发现它，但是如果倒一袋碎石子在上面，再找珍珠就会很费劲。同样的道理，人类接收外来声音或视觉信息的特点是：一开始专注，注意力随着接收信息的增加，会越来越分散，如果是一些无关痛痒的信息，更容易被忽略。

6. 曲线进攻

孙子曰："以迂为直"。克劳赛维斯将军也说过："到达目标的捷径就是那条最曲折的路"。由此可以看出，想达到目的就要迂回前行，若直接奔向目标，只会引起对方的警觉与对抗。因此，应该通过引导对方的思想，把对方的思维引导到自己的包围圈中。比如通过提问的方式，让对方主动替你说出你想听到的答案；反之，越急切想达到目的，越可能暴露了自己的意图，被对方所利用。

技能训练　供应商管理

一、实训目的

(1) 掌握制造业企业供应商的管理。
(2) 能够对供应商信息进行评价。

二、实训器材

电脑、现代企业运营综合仿真实训平台软件与配套教材。

三、注意事项

(1) 制造业企业在完成供应商信息添加后，需要对所添加的供应商进行评价。
(2) 系统供应商名称应该在系统【公共服务区】→【信息综合中心】中选择公司的性质类型后去查看。

四、实训操作

(一) 供应商信息

(1) 以采购人员的账号、密码登录软件平台，选择【我的实验】→【进入】，制造企业选择【核心企业区】，再选择【制造公司实训】进入企业平台。

(2) 选择【供应商管理】→【供应商信息】。

(3) 在供应商列表点击【新增】，输入供应商名称，选择供应商类型、供应商性质，输入其他信息，如图5-9和图5-10所示。

图 5-9　新增供应商页面

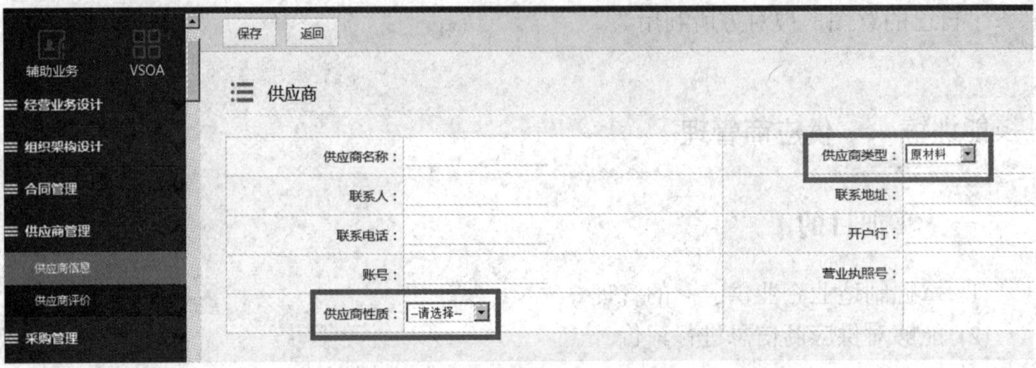

图 5-10　供应商信息填写页面

注：供应商性质，如果为学生供应商，则供应商名称为实训环境学生供应商名称，可找学生供应商搜集信息，供应商类型需选择原材料；如果为系统供应商，则供应商名称等信息可在系统中【公共服务区】→【信息综合中心】→【制造企业】，点击所需要添加的系统供应商名称，可查看系统供应商信息(如图 5-11 所示)，供应商类型可选择原材料(如图 5-12 所示)或设施设备(如图 5-13 所示)。由于给定的资料中没有营业执照号，因此营业执照号可自己填写。

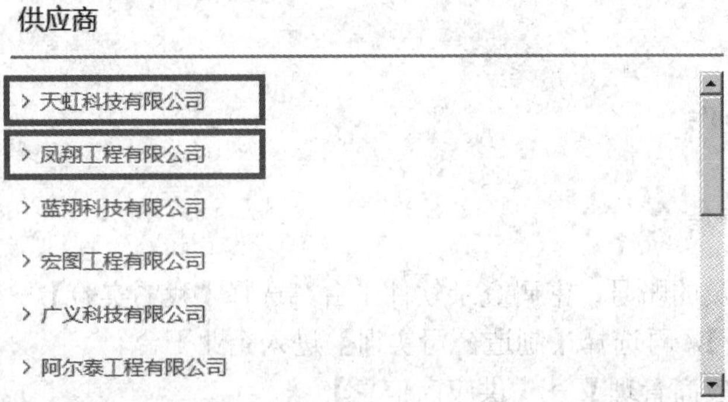

图 5-11　系统已有供应商信息页面

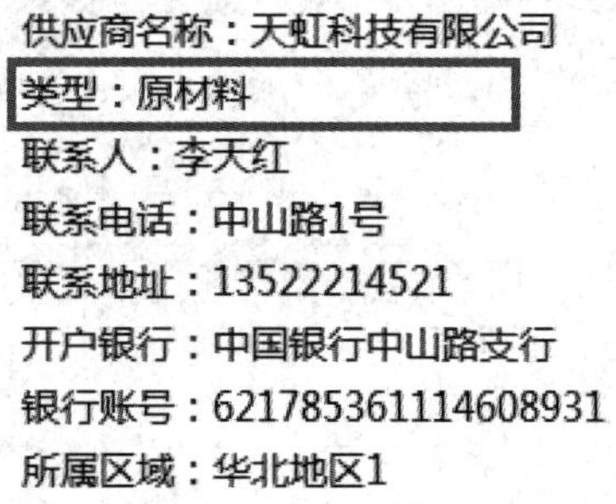

图 5-12　系统已有原材料供应商页面

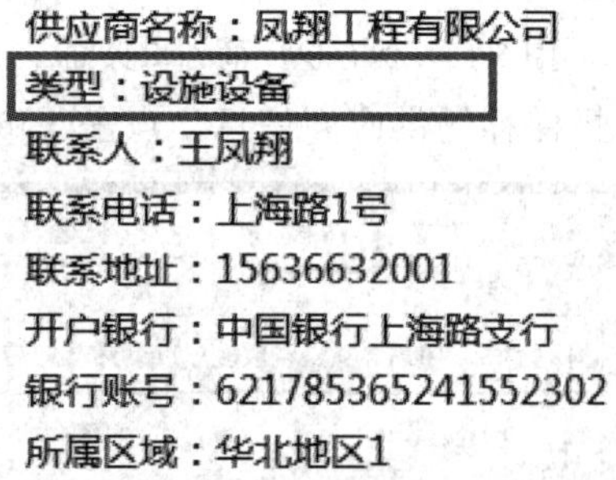

图 5-13　系统已有设施设备供应商页面

(4) 点击【保存】→【返回】可查看已添加的供应商信息列表。

(二) 供应商评价

在制造企业中，对所添加的每个供应商都必须进行评价。

(1) 在供应商评价列表点击【新增】，如图 5-14 所示，然后输入供应商信息，点击【保存】，如图 5-15 所示。

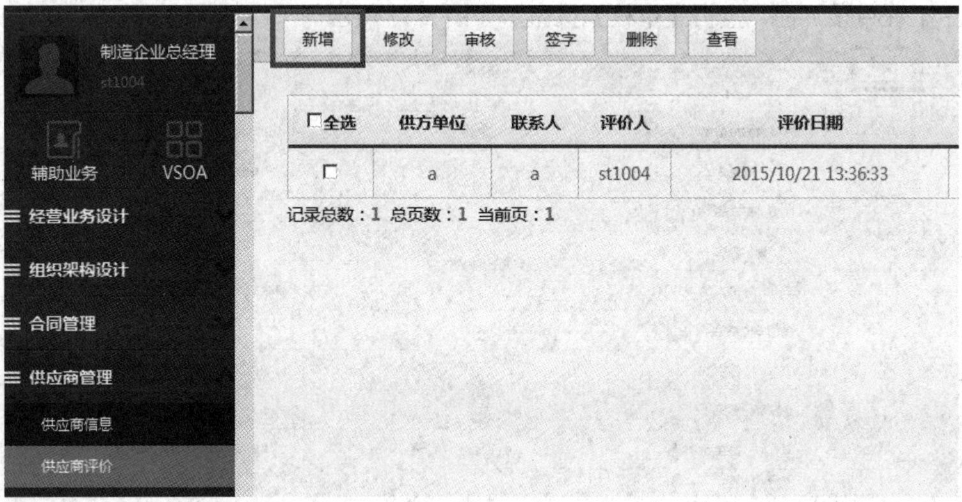

图 5-14　新增供应商评价页面

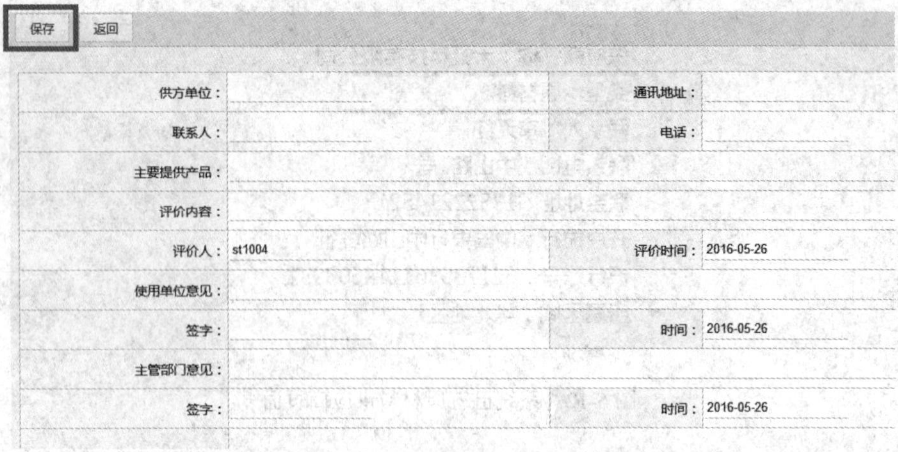

图 5-15　保存供应商评价页面

(2) 在供应商评价列表选择保存的供应商信息，点击【审核】，如图 5-16 所示。

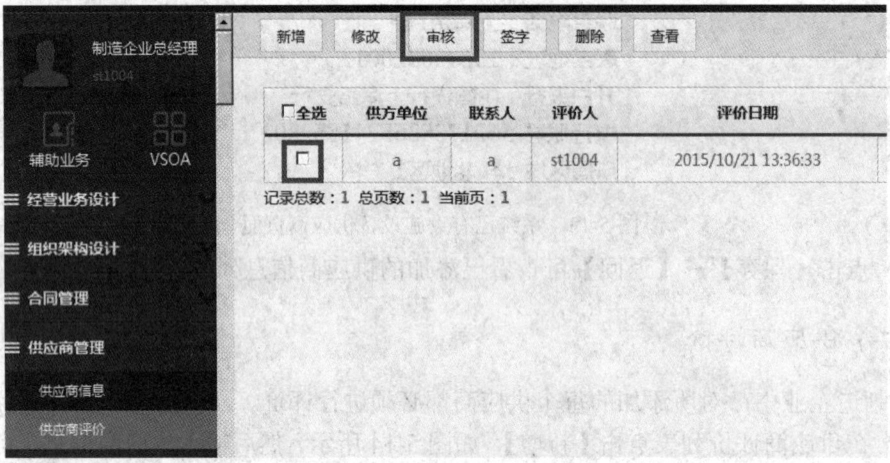

图 5-16　供应商评价审核页面

(3) 在审核界面，点击【审核】按钮，如图 5-17 所示。

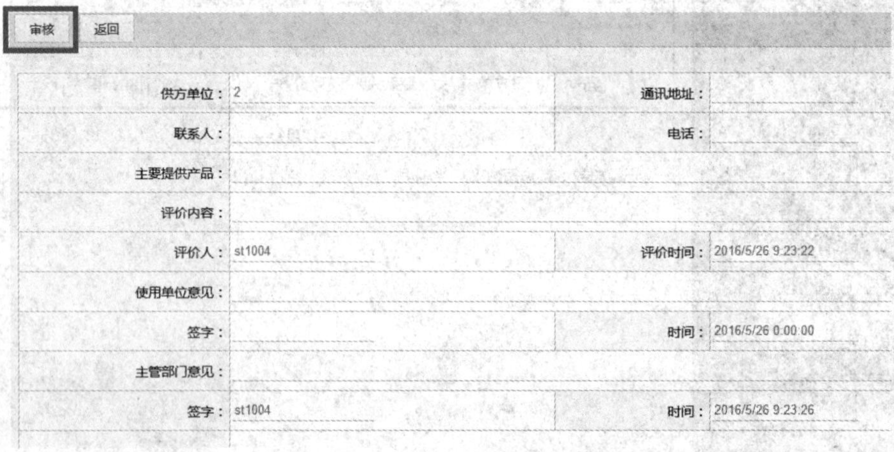

图 5-17　审核供应商评价页面

(4) 在供应商评价列表选择审核通过后的供应商信息，点击【签字】。

(5) 在签字界面输入评价结论，选择评价结果(合格或不合格)，点击【审核】。

注： 上述流程选自制造企业的供应商管理。供应商企业中关于供应商信息的添加与制造企业相似，企业的类型也分为原材料和设施设备两种，但在供应商企业中，企业的性质只有系统供应商，没有学生供应商。而商贸企业中的企业类型分为产品和设施设备两种，其中产品是指供经营的产品，设施设备是指仓库、办公室等设施设备，性质也分为系统供应商和学生供应商两类，系统供应商类型可选择产品或设施设备，但学生供应商只能选择产品。供应商企业和商贸企业都不需要对供应商信息进行评价。

五、实训考核

(1) 指导老师在系统平台上检查是否有学生注册三种不同类型的供应商(注册学生供应商、系统供应商和工程供应商)。

(2) 指导老师在系统平台上检查是否有学生对制造企业的供应商进行评价。

任务三　采 购 管 理

任务目标

能通过小组事先讨论的采购决策来安排采购计划、采购订单、采购入库单、支付货款。

知识链接　采购成本控制

采购成本控制是指对与采购原材料部件相关的物流费用的控制，包括采购订单费用、采购计划制订人员的管理费用、采购人员的管理费用等。

降低采购成本的途径主要有改善采购技术、寻找物料的来源、寻求更优秀的供应商、对原有的设计重新检讨改进、寻找可能代替的物料、改造加工作业流程、减低维护费用、进行标准化、改善储运方法。

技能训练　采购管理

一、实训目的

(1) 掌握采购计划的编制。

(2) 掌握采购订单的填制。

(3) 掌握采购入库单的填制。

(4) 能对采购货款进行支付。

二、实训器材

电脑、现代企业运营综合仿真实训平台软件与配套教材。

三、注意事项

(1) 采购计划必须提前一个月做，否则无法开展后续的采购任务。

(2) 所采购的商品物料编码需要与 BOM 清单中产品的物料编码和数量保存一致。

(3) 采购订单完成后需要进行审核，审核通过后生效。审核通过后的采购订单必须发送给供应商。

(4) 自动生成财务转账记录的条件：采购入库单的含税总金额必须小于等于企业银行存款减去转账记录中未完成的转账金额之和。

(5) 采购入库单完成后进行货款支付单填写，支付金额为采购入库单含税总金额。

四、实训操作

(一) 采购计划

(1) 以采购人员的账号、密码登录软件平台，选择【我的实验】→【进入】，制造企业选择【核心企业区】，再选择【制造公司实训】进入企业平台。

(2) 选择【采购管理】→【采购计划】。采购计划的制订有两种方式：第一种为采购部人员自行填制采购计划单；第二种为调取生产部物料请购单生成采购计划单。

第一种方式：采购部人员自行填制采购计划单。

① 在采购计划列表点击【新增】，调出采购计划单，如图 5-18 所示。

图 5-18 新增采购计划页面

② 点击【增加一行】，在第一行【物料编码】处点击鼠标左键，调出【原材料】选择界面。

③ 选择要采购的原材料(只能选择一条)，如图 5-19 所示，然后点击【关闭】。

图 5-19　选定原材料页面

注： CEO 需要将【生产数据】权限分配给采购人员，采购人员在获得权限的前提条件下可以在【生产数据】→【BOM 清单】中查看采购产品的原材料【物流编码】和对应的数量要求。

④ 在【计划采购量】处输入需要采购的数量，选择【需求时间】，填写完成后点击【保存】，如图 5-20 所示。

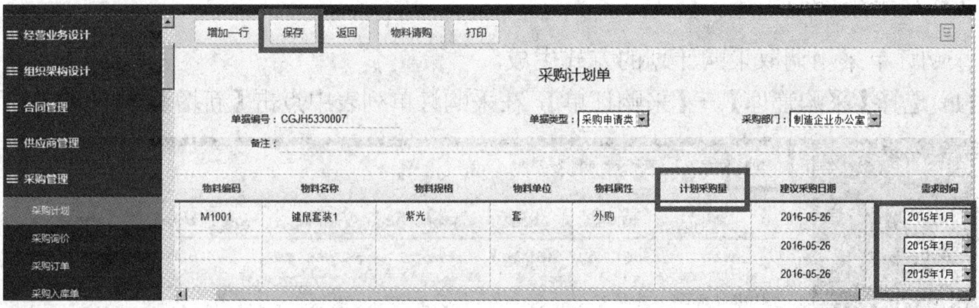

图 5-20　计划采购量填写页面

注： 需求时间即需要到货的时间，需求时间不能为当前运行时间；可继续点击【增加一行】进行原材料增加，当前增加的原材料需求时间必须一致。

第二种方式：调取生产部物料请购单生成采购计划单。

① 在采购计划列表点击【新增】，调出采购计划单。

② 选择【物料请购】，点击【确定】，如图 5-21 所示。

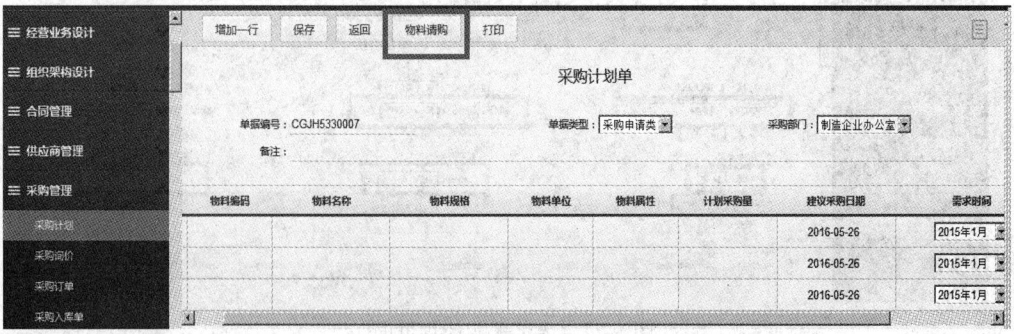

图 5-21　物料请购页面

注：需要生产部填制好当月的物料请购单，才可调出物料请购单；若生产部未填制，则无法采用这种生成采购计划的方式。

③ 如需修改，可先修改后点击【保存】，如不需修改，可直接点击【保存】，如图 5-22 所示。

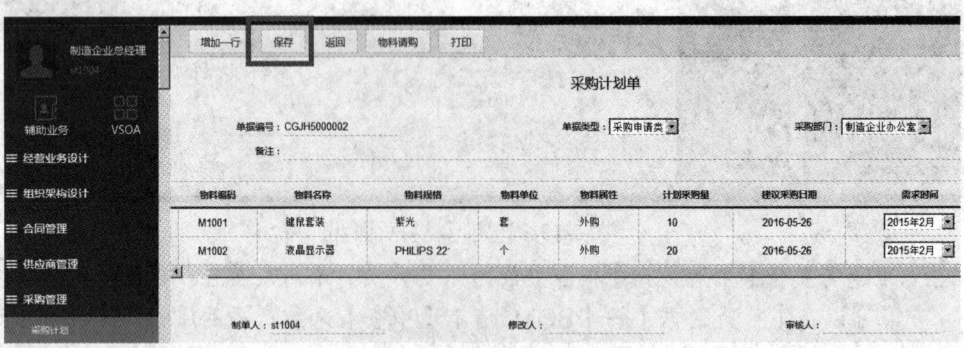

图 5-22　保存采购计划页面

(3) 在采购计划列表选择保存的采购计划，点击【审核】。

(二) 采购订单

采购订单采用调取采购计划的方式生成。

(1) 选择【采购管理】→【采购订单】，在采购订单列表中点击【新增】，如图 5-23 所示。

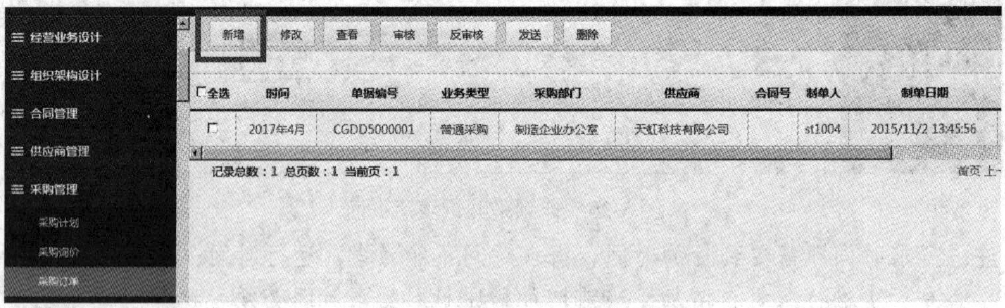

图 5-23　新增采购订单页面

(2) 在采购订单界面选择【供应商】、【物流公司类型】、【税率】、【币别】、【汇率】，然后点击【采购计划】，如图 5-24 所示。

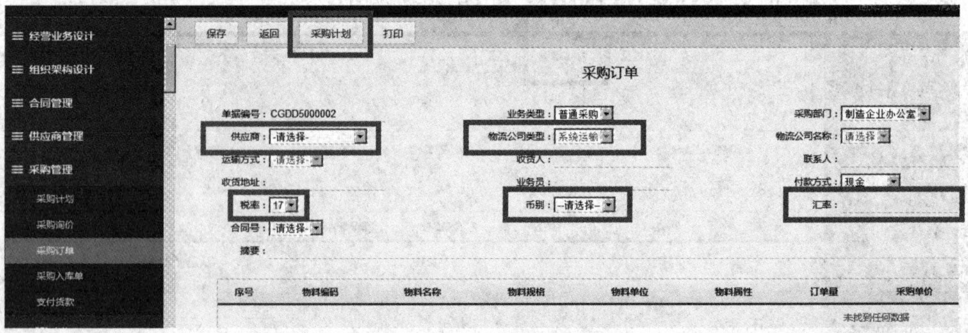

图 5-24　选定采购计划页面

注：需要先由销售人员在系统【客户管理】→【物流公司】中添加物流公司信息，才

可以在【物流公司类型】中进行选择。此处供应商应选择原材料类型的供应商。

(3) 选择需要的采购计划单，点击【确定】，如图 5-25 所示。

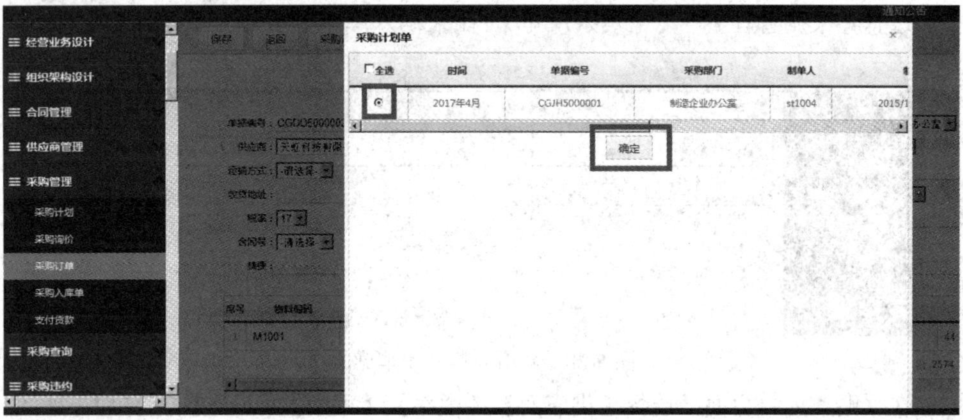

图 5-25　确定采购订单页面

(4) 在采购订单界面核实采购信息，点击【保存】，如图 5-26 所示。

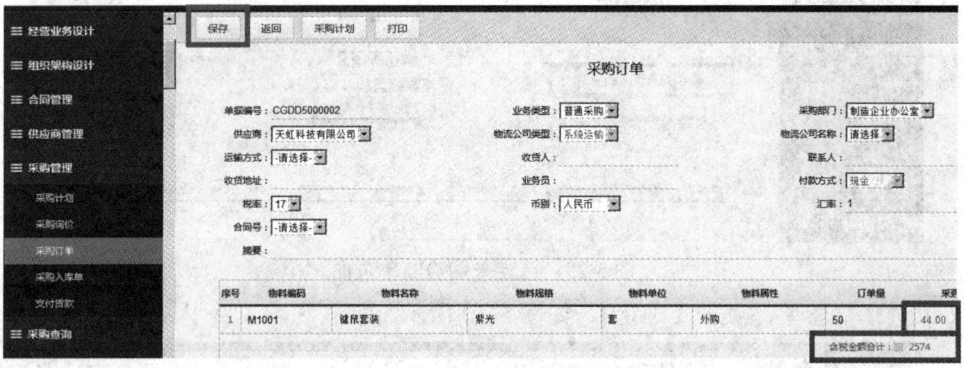

图 5-26　保存采购订单页面

注：在采购订单界面可看到所选择的供应商对每个原材料的报价及订单总金额，此时如果选择的供应商是系统供应商，则无法修改货物价格，若选择的是学生供应商，则含税价是可以通过与学生供应商协商后进行更改的。如果提示供应商没有报价，则需重新选择供应商或去供应商处咨询。

(5) 在采购订单列表选择保存的采购订单，点击【审核】，再选择审核通过后的采购订单，点击【发送】，如图 5-27 所示。

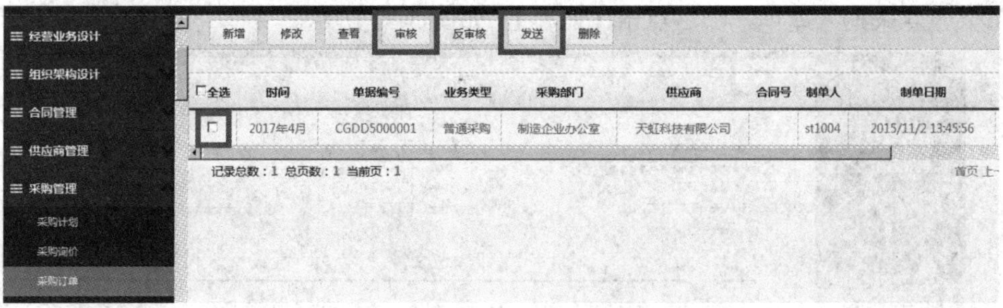

图 5-27　审核并发送采购订单页面

(三) 采购入库单

(1) 选择【采购管理】→【采购入库单】，在采购入库单列表中点击【新增】，如图 5-28 所示。

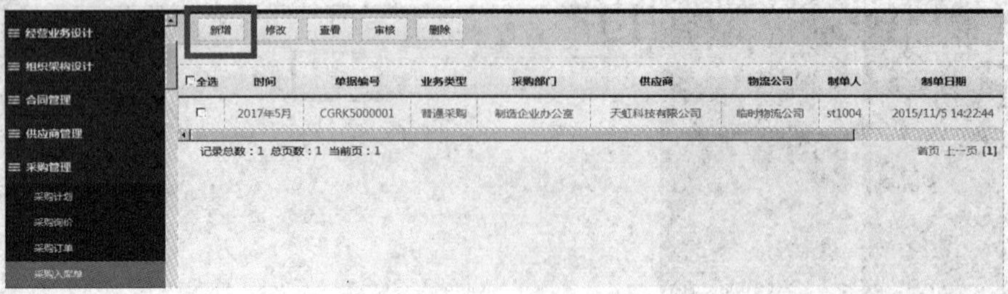

图 5-28　新增采购入库单页面

(2) 在采购入库单界面，选择【供应商】、【税率】、【币别】，点击【检验单】，如图 5-29 所示。

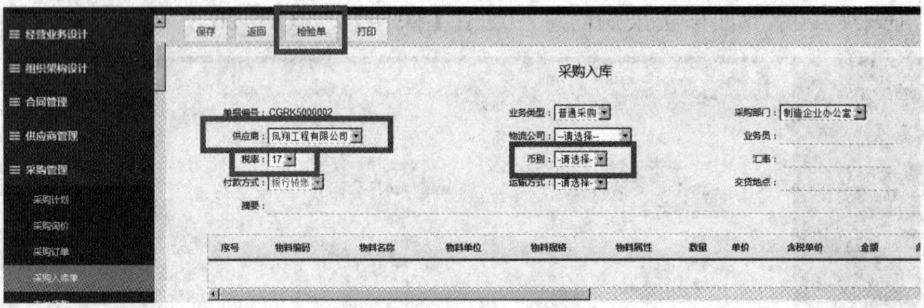

图 5-29　选定采购检验单页面

(3) 选择检验单，点击【确定】，如图 5-30 所示。

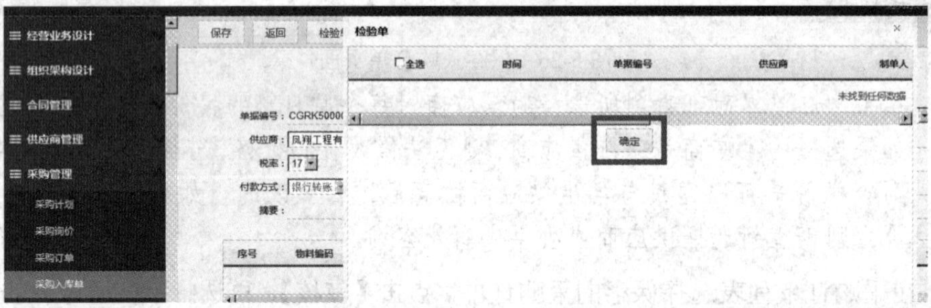

图 5-30　确定采购检验单页面

(4) 检查采购入库单，然后点击【保存】，如图 5-31 所示。

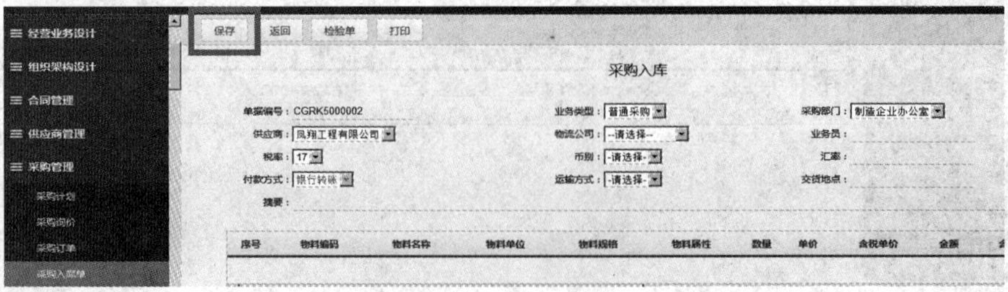

图 5-31　保存采购入库单页面

(5) 在采购入库单列表选择保存的采购入库单，点击【审核】。

注：• 在审核界面点击【审核】，如果供应商为学生供应商，则审核成功后自动生成财务转账记录，财务部人员根据生成的转账记录进行银行转账；如果供应商为系统供应商，则扣除企业现金。

• 审核成功的条件：企业银行账户必须有足够支付所审核入库单含税金额的金额，如企业银行账户金额不够，则先通知财务进行银行存款，存款成功后再进行审核。

• 采购入库单可采用调取采购检验单(在【质量检验】→【采购检验】中查看采购检验单)的方式进行原材料信息的添加。已调取过的检验单不可再次进行调取。调取采购检验单的条件是物料入仓安排已保存。

(四) 支付货款

(1) 选择【采购管理】→【支付货款】，在支付货款列表中点击【新增】，如图 5-32 所示。

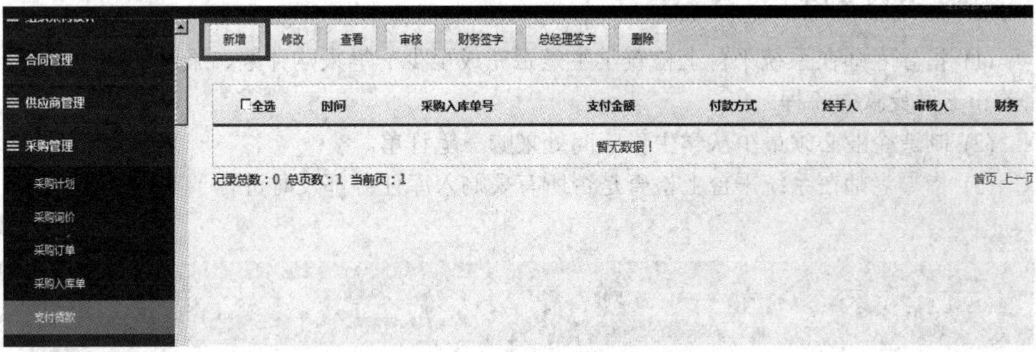

图 5-32　新增支付货款页面

(2) 输入【采购入库单号】和【支付金额】，选择【付款方式】，点击【保存】，如图 5-33 所示。

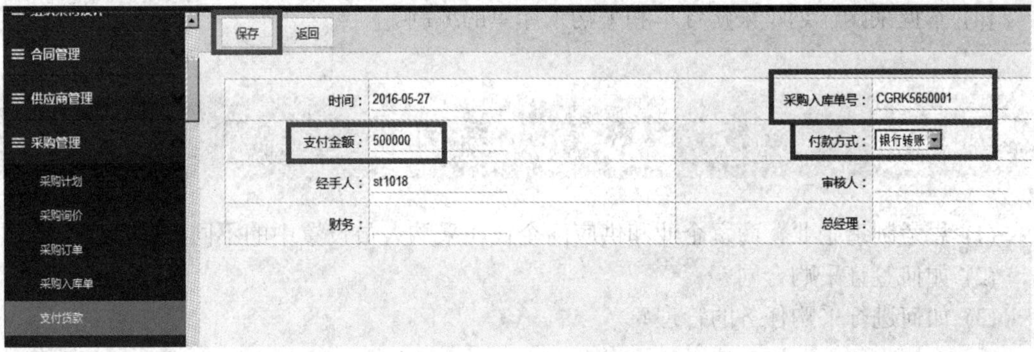

图 5-33　保存支付货款页面

注：支付货款业务用于采购部记录所有采购单货款支付情况；支付金额为采购入库单含税总金额。

(3) 选择保存后的货款支付信息，进行【审核】、【财务签字】、【总经理签字】，如图 5-34 所示。

图 5-34　审核支付货款页面

注： 货款支付单在总经理审核后，由财务进行转账。

五、实训考核

(1) 指导老师在系统平台上检查学生是否完成至少一笔采购计划、采购订单、采购入库单和支付货款的流程。

(2) 制造企业必须最少从学生供应商处采购三笔订单。

(3) 指导老师在系统平台上检查是否所有采购入库任务都及时进行了支付货款。

项目小结

(1) 熟悉采购人员的身份并对所负责的业务进行总结。

(2) 掌握不同企业性质下供应商信息的添加。

(3) 掌握采购合同的填制。

(4) 掌握采购计划、采购订单和采购入库单的编制。

思考与练习

(1) 思考制造企业、商贸企业和供应商企业在采购人员设置中的不同。

(2) 如何签订采购合同？

(3) 如何进行采购任务的管理？

实训项目六　生产部业务决策与操作

项目分析

生产是一个企业运营的核心环节。企业的生产过程是指从投料开始，经过一系列的加工，直至成品生产出来的全部过程。而一个合理的生产过程是指把生产过程从空间上和时间上很好地结合起来，使产品以最短的路线、最快的速度通过生产过程的各个阶段，并且使企业的人力、物力和财力得到充分的利用，达到高产、优质、低耗。本项目围绕图 6-1 和图 6-2 所示的两个流程进行操作。

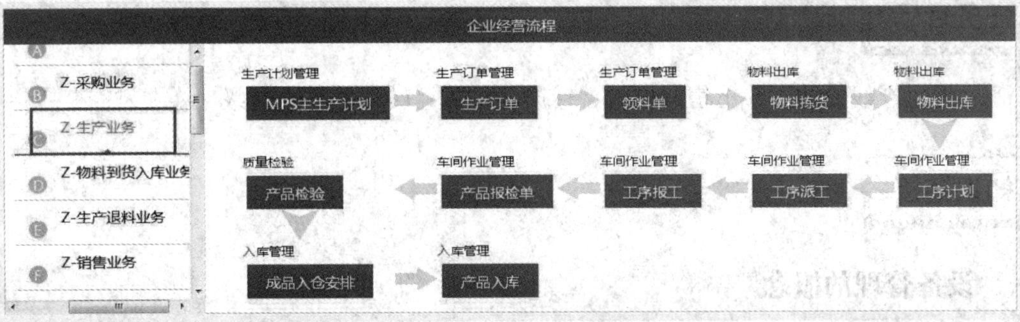

图 6-1　生产业务流程图

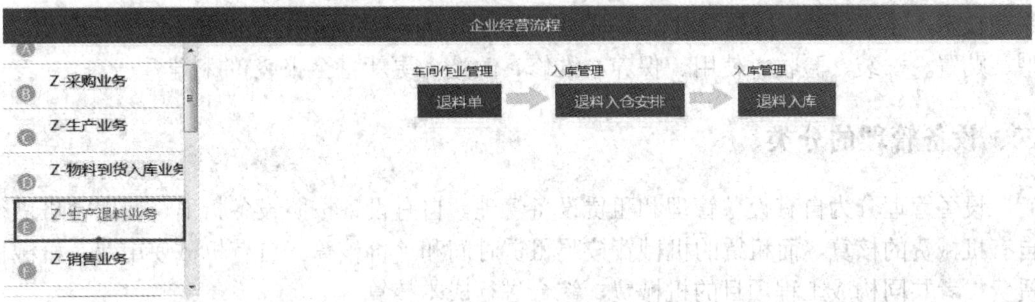

图 6-2　生产退料业务流程图

项目任务

(1) 生产设备管理。

(2) 生产计划管理。

(3) 车间作业管理。

知识目标

(1) 了解生产设备的管理。
(2) 了解生产计划的管理。
(3) 了解车间作业的管理。

能力目标

(1) 掌握生产线的购买、出售、安排、转产、维护、转移及技术升级。
(2) 掌握生产计划管理、物料需求计划的制订，以及订单管理。
(3) 掌握工序计划、派工、报工以及产品报检、退料等车间作业操作。

任务一　生产设备管理

任务目标

掌握生产线的购买、出售、安排、转产、维护、转移、技术升级。

知识链接

一、设备管理的概念

设备管理是以设备为研究对象，追求设备综合效率，应用一系列理论、方法，通过一系列技术、经济、组织措施，对设备的物质运动和价值运动进行全过程(从规划、设计、选型、购置、安装、验收、使用、保养、维修、改造、更新直至报废)的科学型管理。

二、设备管理的分类

设备管理分为自有设备管理和租赁设备管理。自有设备按照设备折旧、使用台班进行自有机械费的核算，而租赁的机械费按照租赁时间和单价核算。自有机械使用费、机械租赁费二者共同构成工程项目的机械费，综合进行成本核算。

三、设备管理新要求

随着信息化技术发展，设备管理基本都已实现数据化，以软件形式来固化之前的管理思想，根据设备相关属性提醒定期设备保养、维护与检测，促使企业的设备管理更符合国家和行业的安全管理要求。具体措施：第一，建立设备档案卡，详细记录设备信息；第二，建立设备操作规程，规范设备操作使用安全；第三，定期提醒进行设备保养、维护与检测；

第四，安全设备分类管理，随时查看管理状况；第五，详细登记特种设备、重点设备的日常维护保养与定期检定信息；第六，保存历史维护、检修信息。

技能训练　生产设备管理

一、实训目的

(1) 掌握生产线的购买、出售、安排、转产、维护、转移、技术升级。
(2) 帮助企业做出更为合理的生产设备管理决策。

二、实训器材

电脑、现代企业运营综合仿真实训平台软件与配套教材。

三、注意事项

(1) 每个月购买生产线前需填制设备需求计划单，并审核签字。
(2) 可选择不同类型的生产线进行购买，供应商为企业的供应商类型为设施设备供应商。
(3) 购买的生产线经总经理签字后生效，并在总经理签字后自动生成财务转账记录，财务人员根据转账记录在网银转账中进行转账。
(4) 生产线购买采用即买即用原则。
(5) 购买的生产线都必须进行生产线安排，包括产品安排(即购买的生产线用于生产哪种产品)、厂房安排(即购买的生产线放置在哪个厂房)。

四、实训操作

本任务将会涉及生产线购买、生产线出售、生产线安排、生产线转产、生产线维护、生产线转移及生产线技术升级 7 项操作。

(一) 生产线购买

(1) 选择【生产线购买】，点击【新增】，选择【生产线名称】→【供应商】，点击【保存】，如图 6-3、图 6-4 所示。

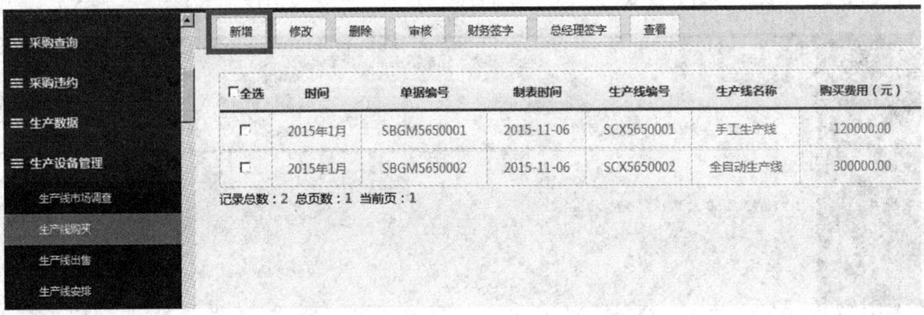

图 6-3　生产线购买新增界面

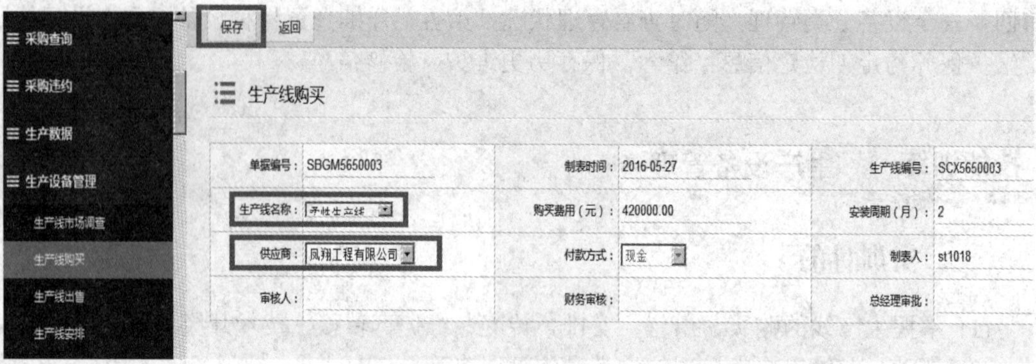

图 6-4　生产线购买保存界面

注： 供应商为供应商信息中供应商类型为设施设备供应商，如下拉框没有供应商，可先进行供应商信息增加。

(2) 选择已保存的生产线，进行【审核】、【财务签字】、【总经理签字】，如图 6-5 所示。

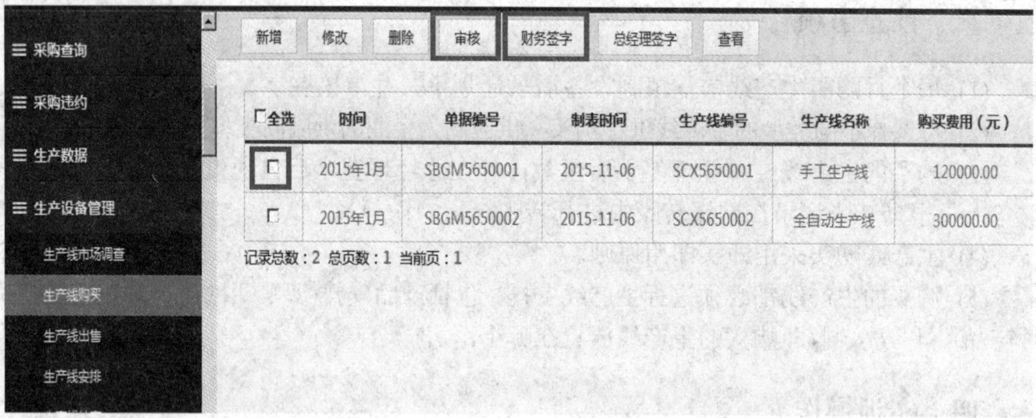

图 6-5　生产线购买审核界面

注： 购买生产线之前，需要先进行生产线市场调查，查看其产能；可选择【生产线市场调查】，勾选【生产线名称】，单击【查看】。

(二) 生产线出售

(1) 在【生产线出售】列表点击【新增】，点击【生产线编号】后边的【查询】图标，调取已购买的生产线，如图 6-6、图 6-7 所示。

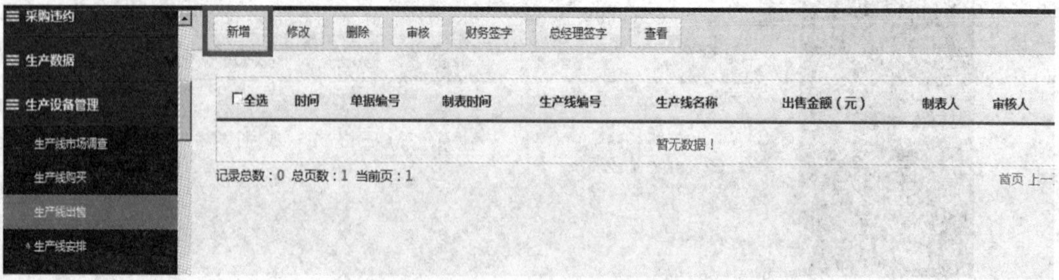

图 6-6　打开生产线出售界面

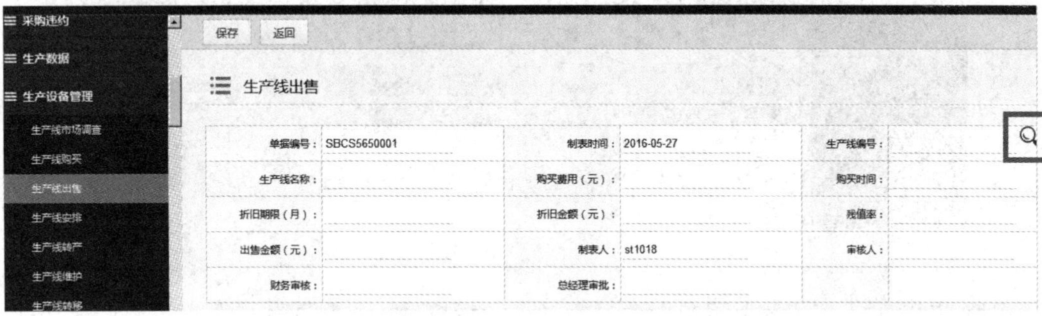

图 6-7　调取生产线界面

注： 可出售的生产线为生产状态空闲、生产线状态正常、当季度已经支付过维护费的生产线。

(2) 选择已购买的生产线，点击【关闭】，如图 6-8 所示。

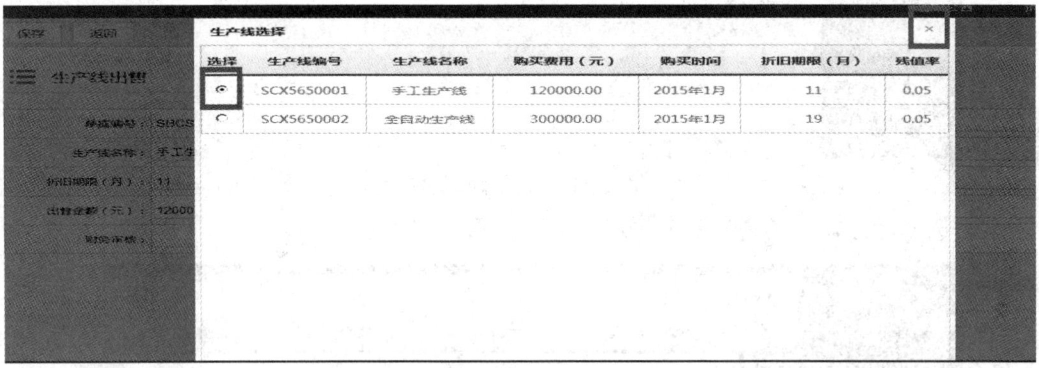

图 6-8　选择要出售的生产线

(3) 可看到所选生产线的购买时间、购买费用、折旧金额、出售金额等信息，点击【保存】；如提示“当季度无维护记录”，则需要先进行【生产线维护】才可出售，如图 6-9 所示。

注： 出售金额核算：购买费用 − (购买费用 − 购买费用 × 残值率)/折旧期限 × (出售时间 − 购买时间)。

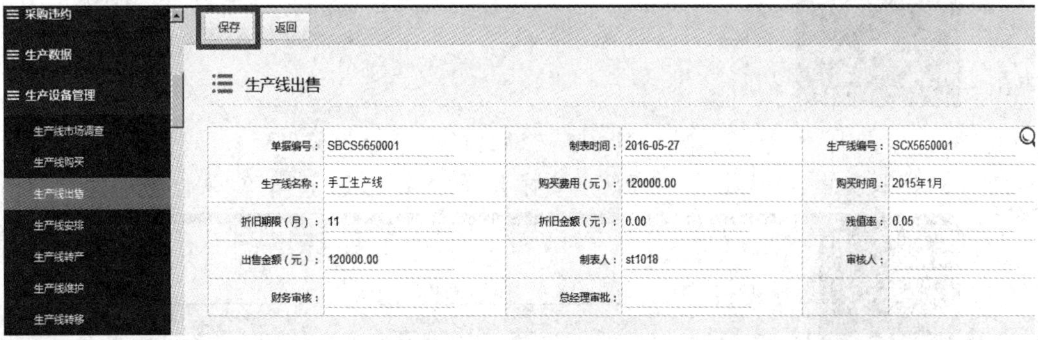

图 6-9　生产线出售界面

(4) 在生产线出售列表选择出售的生产线，进行【审核】、【财务签字】、【总经理签字】，如图 6-10 所示。

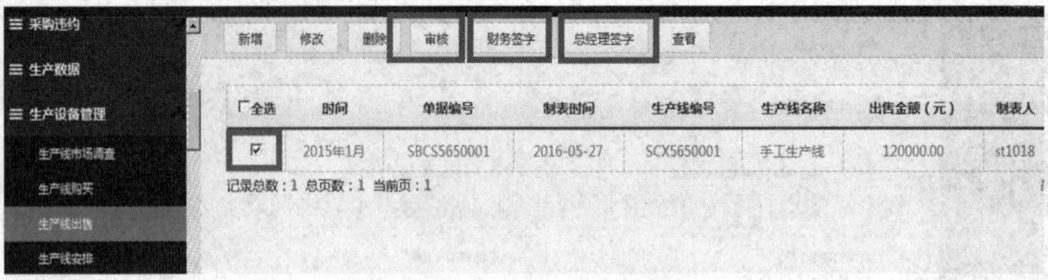

图 6-10　生产线出售审核界面

注：出售的生产线经总经理签字后生效，并在总经理签字后增加企业现金。

(三) 生产线安排

(1) 选择【生产线安排】列表，点击【产品安排】，如图 6-11 所示。

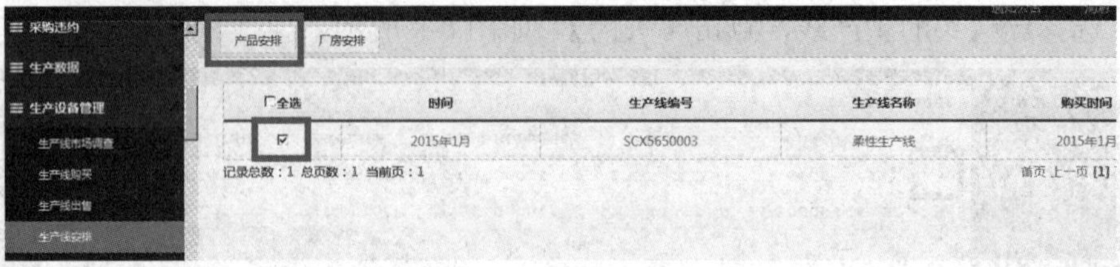

图 6-11　产品安排界面

(2) 选择产品，点击【确定】，如图 6-12 所示。

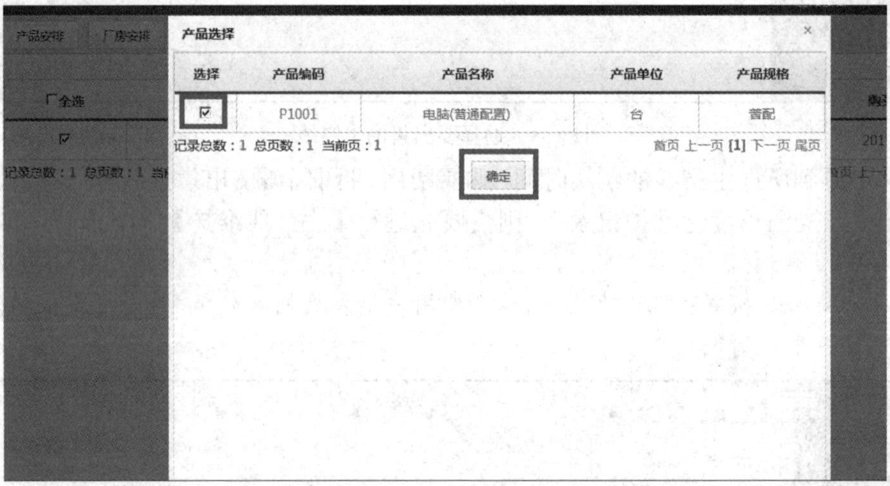

图 6-12　产品选择界面

(3) 选择购买的生产线，点击【厂房安排】，如图 6-13 所示。

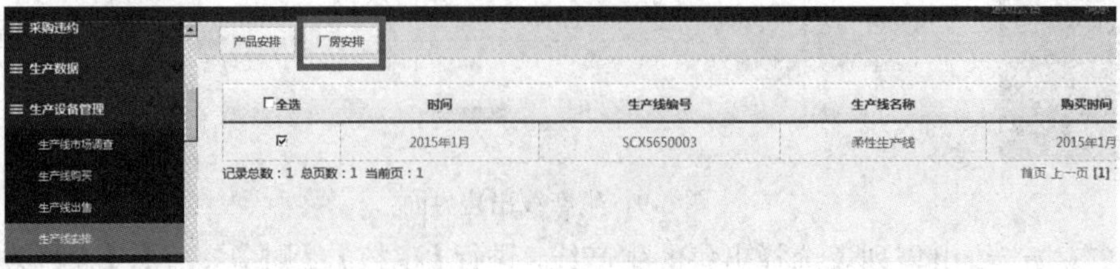

图 6-13　厂房安排界面

(4) 选择厂房，点击【确定】；产品和厂房安排完成后，购买的生产线不显示，如图6-14所示。

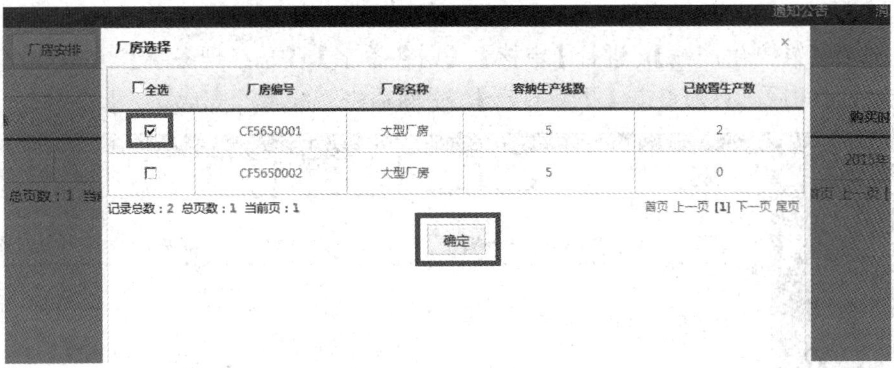

图6-14　厂房选择界面

注：产品安排：设定生产线生产某种产品，设定后此生产线只能生产已设定的产品，如需生产另外一种产品，则必须进行生产线转产；厂房安排：设定生产线放置在某个厂房，厂房容量达到最大放置值时，不能再继续放置生产线。

(四) 生产线转产

(1) 在【生产线转产】列表点击【新增】，选择【生产线编号】、【转产后标示】、【供应商】，点击【保存】，如图6-15、图6-16所示。

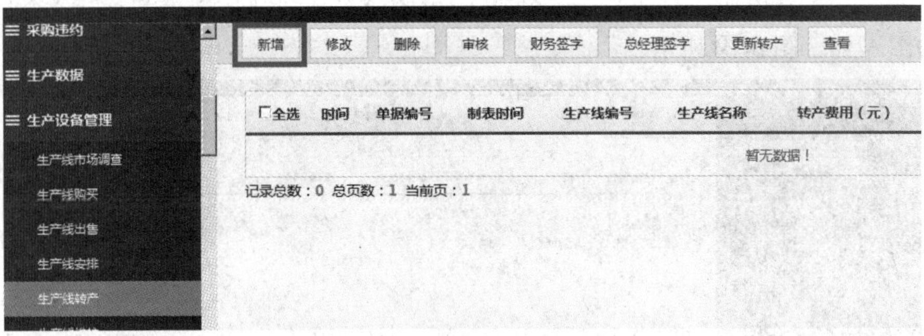

图6-15　生产线转产界面

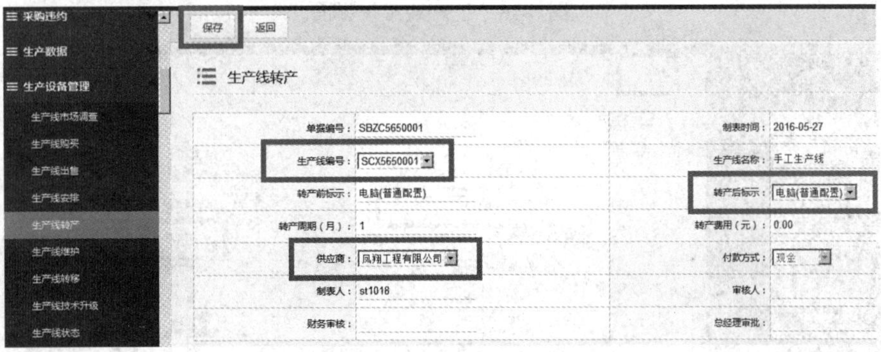

图6-16　生产线转产保存界面

注： 如生产线要安排生产非购买时设定的产品，则必须进行生产线转产。例如企业在购买生产线时，购买了 L1 生产线，安排生产 A 产品，若在企业经营过程中需要 L1 生产线生产 B 产品，则在生产之前必须先进行生产线转产。

(2) 选择【转产生产线】，进行【审核】、【财务签字】、【总经理签字】，如图 6-17 所示；到转产完成时间后，必须点击【更新转产】，更新后生产线转产完成。

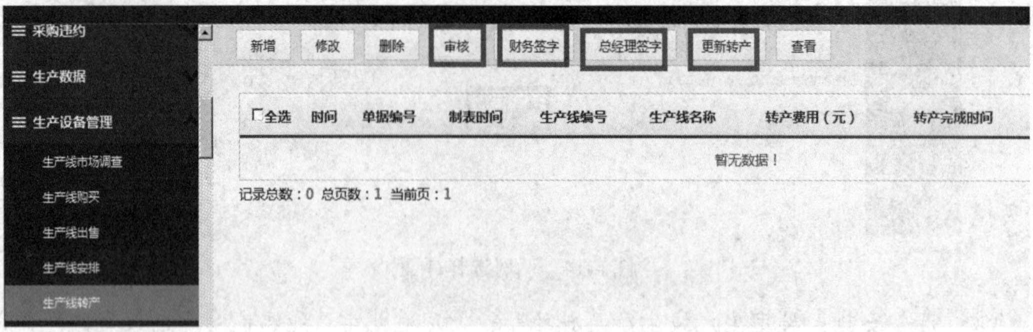

图 6-17　生产线转产审核界面

注： 总经理签字后自动生成财务转账记录，财务人员根据转账记录在网银转账中进行转账。更新转产后生产线转产生效，更新转产的条件是当前系统环境时间大于等于转产完成时间。

(五) 生产线维护

(1) 在【生产线维护】列表点击【新增】，选择【生产线编号】、【供应商】，点击【保存】，如图 6-18、图 6-19 所示。

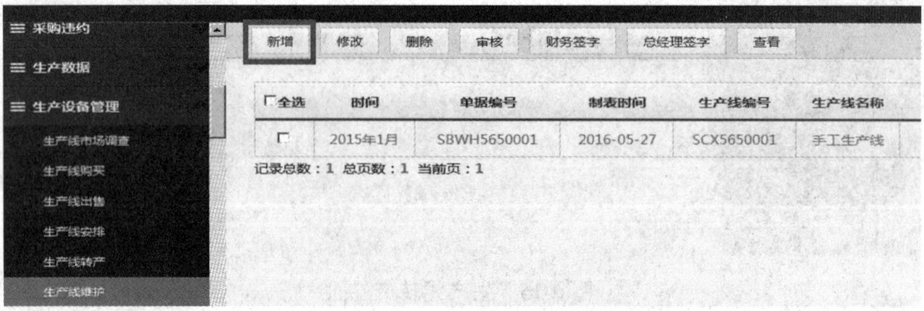

图 6-18　生产线维护界面

图 6-19　生产线维护保存界面

注：每个季度必须对所有购买的生产线进行维护(即一个季度必须维护一次)，并支付维护费用。

(2) 选择保存的生产线维护信息，进行【审核】、【财务签字】、【总经理签字】，如图 6-20 所示。

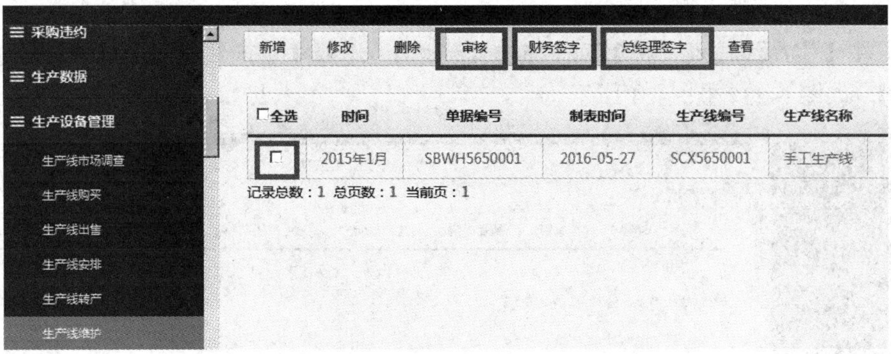

图 6-20　生产线维护审核界面

注：维护的生产线在总经理签字后生效，并在总经理签字后自动生成财务转账记录，财务人员根据转账记录在网银转账中进行转账。

(六) 生产线转移

(1) 选择【生产线转移】列表，点击【转移】，如图 6-21 所示。

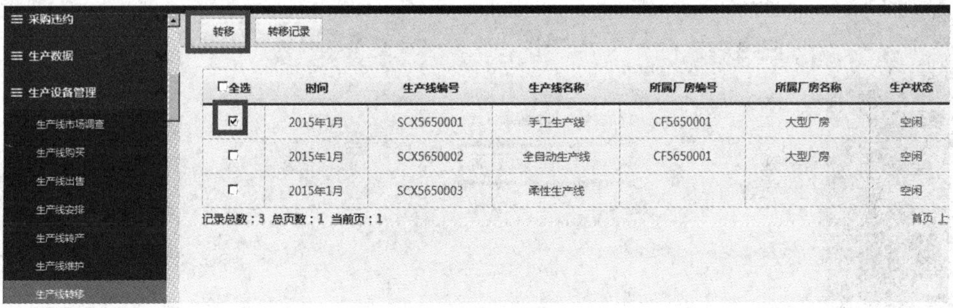

图 6-21　生产线转移界面

(2) 选择厂房后，点击【确定】，如图 6-22 所示。

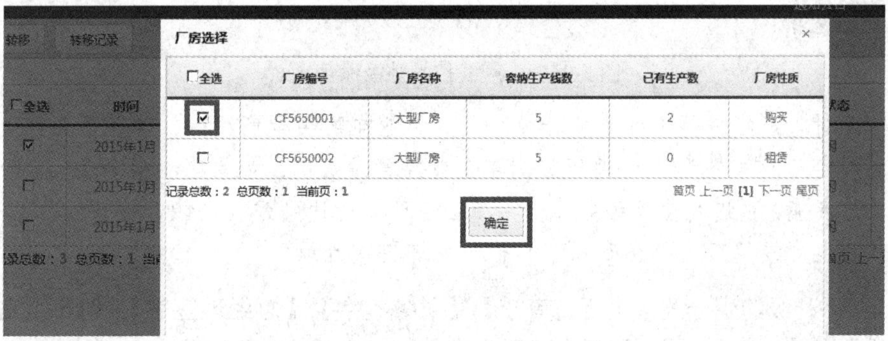

图 6-22　生产线转移确定界面

注：对厂房中的生产线进行转移，即从一个厂房转移至另一个厂房，不允许进行同厂房之间转移。例如企业在购买生产线时，购买了 L1 生产线，安排在 A 厂房，若在企业经营过程中需要将 L1 生产线转移到 B 厂房，则需先进行生产线转移。

(七) 生产线技术升级

(1) 在【生产线技术升级】列表点击【新增】，选择【生产线编号】、【供应商】，点击【保存】，如图 6-23、图 6-24 所示。

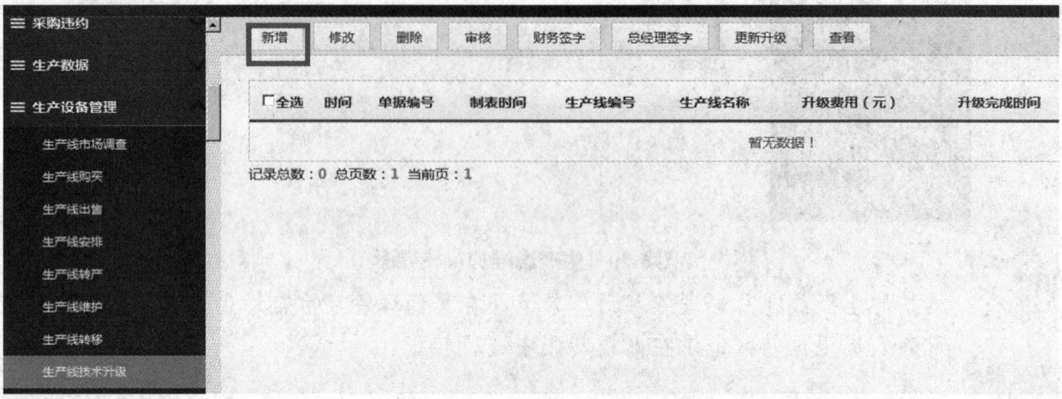

图 6-23　生产线技术升级界面

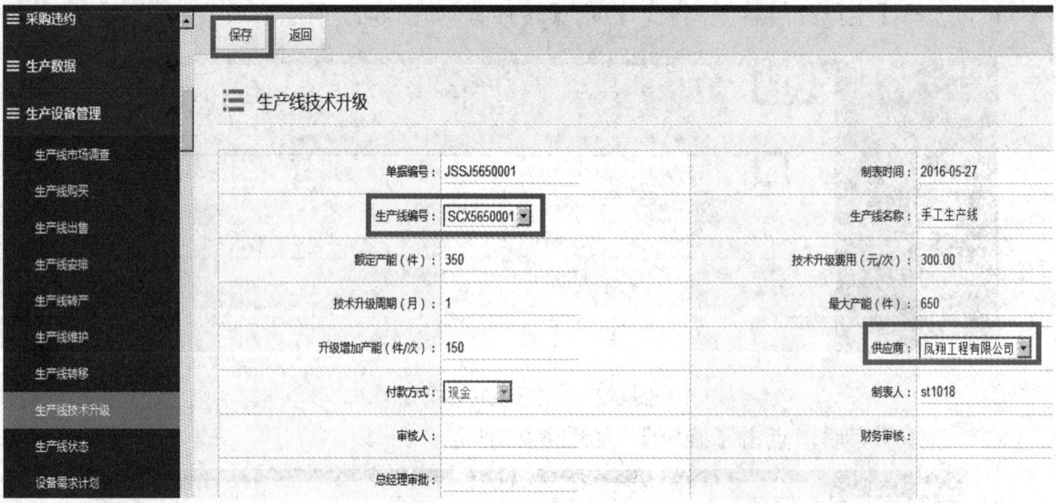

图 6-24　生产线技术升级保存界面

注：可对生产线进行增加产能升级，例如企业在购买生产线时，购买了 L1 生产线，额定产能每月为 350 件产品，在企业经营过程中，如果需要提高 L1 生产线的每月产能，可进行生产线技术升级。若生产线已达到最大产能，则不允许再次升级；若生产线状态为正在升级中，也不允许再次升级。

(2) 选择升级的生产线，进行【审核】、【财务签字】、【总经理签字】；到升级完成时间后，必须点击【更新升级】，更新升级后生产线技术升级完成，如图 6-25 所示。

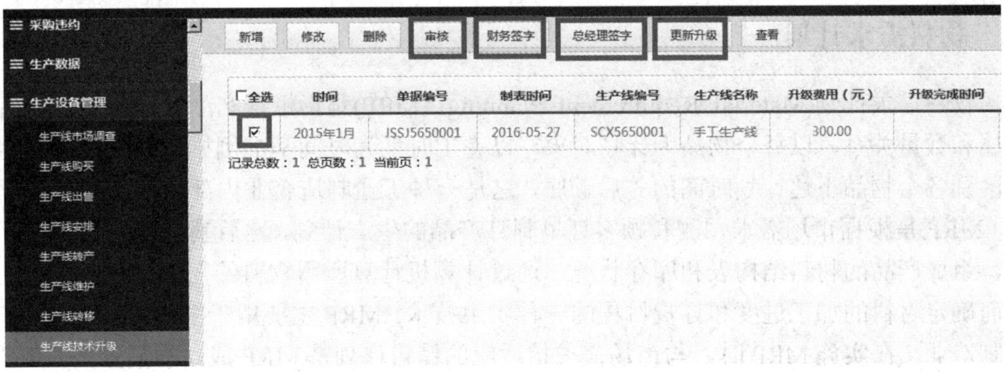

图 6-25　生产线技术升级审核界面

注：总经理签字后自动生成财务转账记录，财务人员根据转账记录在网银转账中进行转账。更新升级后生产线升级生效，更新升级条件是当前系统环境时间大于等于升级完成时间。

五、实训考核

(1) 指导老师用教师账户检查学生所在企业的生产线购买、出售、安排、转产、维护、转移、技术升级的情况。

(2) 每条生产线每个季度是否按时进行维护。

(3) 每条生产线购买前一个月，是否填写了设备需求计划，是否存在未计划直接购买的现象，是否存在已计划但与实际购买不符的情况。

任务二　生产计划管理

任务目标

掌握生产计划管理、物料需求计划、生产订单管理。

知识链接

一、生产计划管理

生产计划管理，一般是指企业对生产活动的计划、组织和控制工作。狭义的生产计划管理是指以产品的基本生产过程为对象所进行的管理，包括生产过程组织、生产能力核定、生产计划与生产作业计划的制订执行以及生产调度工作。广义的生产计划管理则有了新的发展，指以企业的生产系统为对象，包括所有与产品制造密切相关的各方面工作的管理，也就是从原材料设备、人力、资金等的输入开始，经过生产转换系统，直到产品输出为止的一系列管理工作。

二、物料需求计划

物料需求计划(Material Requirement Planning，MRP)是指根据产品结构各层次物品的从属和数量关系，以每个物品为计划对象，以完工时期为时间基准倒排计划，按提前期长短区别各个物品下达计划时间的先后顺序，这是一种工业制造企业内部的物资计划管理模式。MRP 是根据市场需求预测和顾客订单制订产品的生产计划，然后基于产品生成进度计划，组成产品的材料结构表和库存状况，通过计算机计算所需物料的需求量和需求时间，从而确定材料的加工进度和订货日程的一种实用技术。MRP 主要用于生产“组装”型产品的制造业。在实施 MRP 时，与市场需求相适应的销售计划是 MRP 成功的最基本的要素。但 MRP 也存在局限性，即资源仅仅局限于企业内部和决策结构化的倾向明显。

三、生产订单管理

生产订单管理是客户关系管理的有效延伸，它能更好地把个性化、差异化服务有机地融入到客户管理中去，能推动经济效益和客户满意度的提升。订单供货的目的是品牌能让客户自由选择，货源安排做到公开透明，产品能更加适应和满足消费者的需要。生产计划管理的业务流程的变化首先体现在企业客户经理的工作上。客户经理对辖区内客户需求及具体订单的预测是否准确，不但关系到工业企业和零售户对公司的满意度，更关系到按客户订单组织货源这项工作能否得以顺利开展。

技能训练　生产计划管理

一、实训目的

(1) 掌握生产计划管理的 MPS 主生产计划。
(2) 掌握物料需求计划的制订。
(3) 掌握生产订单的管理。

二、实训器材

电脑、现代企业运营综合仿真实训平台软件与配套教材。

三、注意事项

(1) 新增 MPS 主生产计划采用增加一行的方式进行生产产品信息的添加，添加完成后注意确定生产时间，生产时间只可以为当前环境时间之后的环境时间，即计划生产时间。
(2) 单据一定要在审核界面完成审核工作。

四、实训操作

本任务主要包括生产计划管理、物料需求计划、生产订单管理三个环节。其中生产计划管理主要涉及 MPS 主生产计划；物料需求计划主要包括物料需求计划的增加、物料请购单的填制两个步骤；生产订单管理主要包括生产订单的增加、领料单的填制两个步骤。

(一) MPS 主生产计划

(1) 选择【MPS 主生产计划】列表，点击【新增】，如图 6-26 所示。

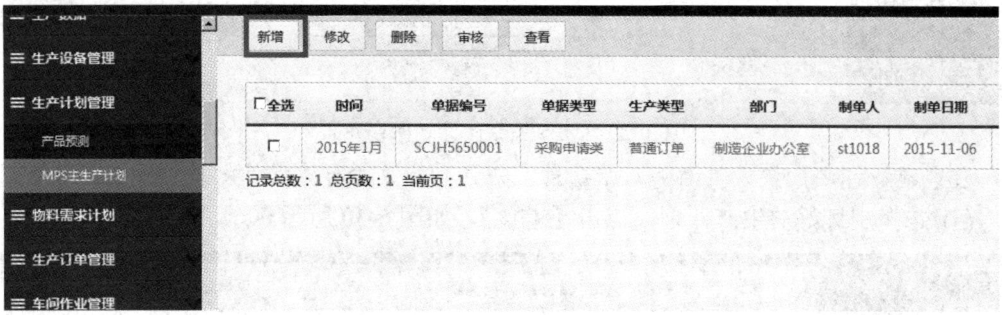

图 6-26　MPS 主生产计划新增界面

(2) 点击【增加一行】，在【产品编码】处点击鼠标左键，如图 6-27 所示。

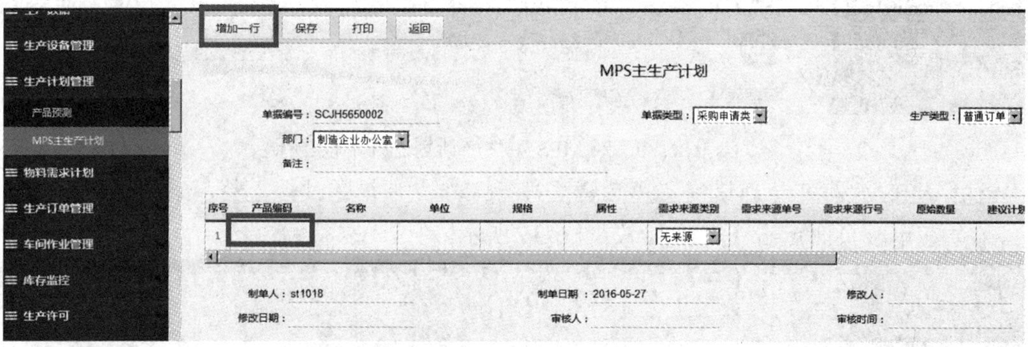

图 6-27　MPS 主生产计划界面

(3) 选择产品，点击关闭按钮，如图 6-28 所示。

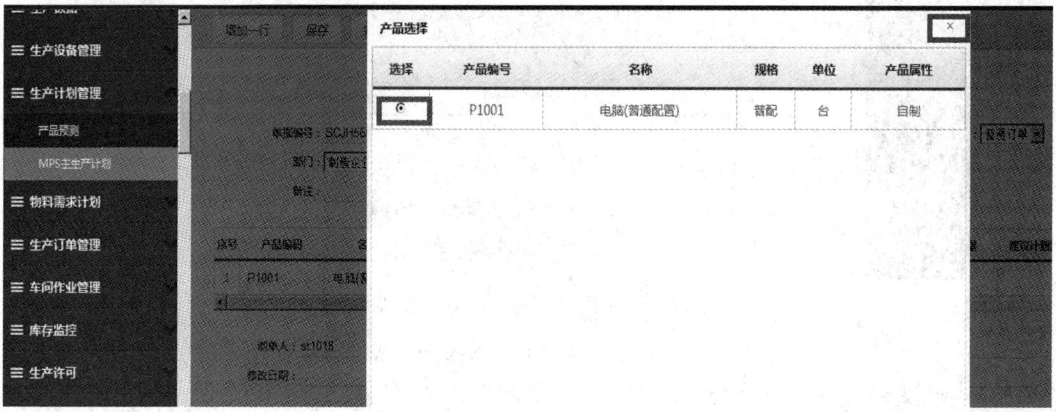

图 6-28　MPS 主生产计划填写界面

(4) 在所选择的产品栏目后，输入【原始数量】、【建议计划数量】(即计划生产数量)、【生产时间】，点击【保存】，如图 6-29 所示。

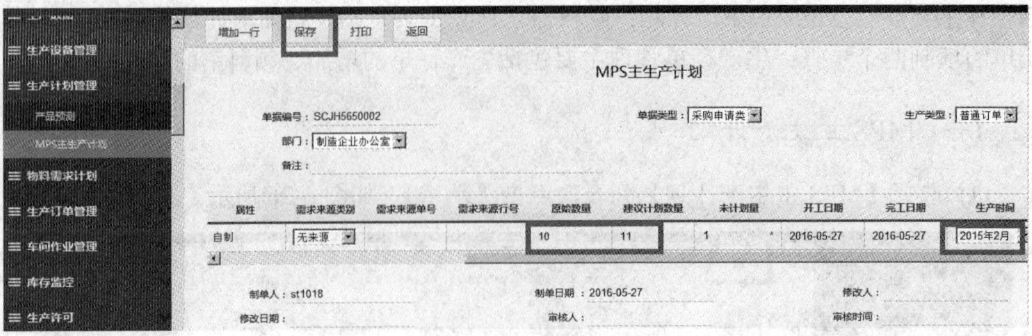

图 6-29　MPS 主生产计划保存界面

注：建议计划数量必须大于原始数量，并且原始数量与建议计划数量不能为 0。

(5) 选择制订好的生产计划，点击【审核】，如图 6-30 所示。

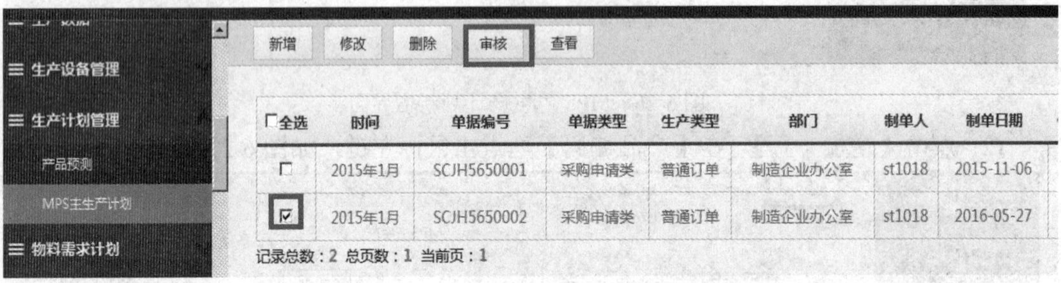

图 6-30　对 MPS 主生产计划进行审核

注：MPS 主生产计划填制完成后需要进行审核，审核通过后生效。

(6) 在审核页面点击【审核】，如图 6-31 所示。

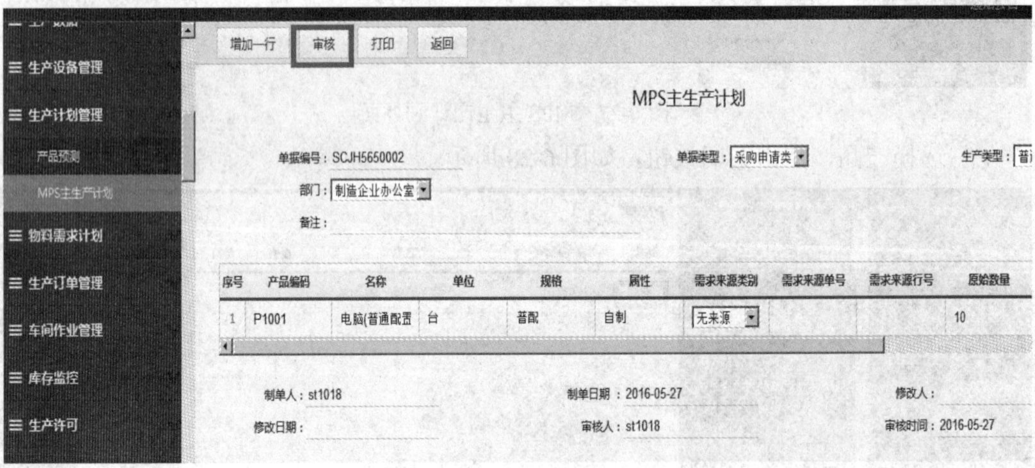

图 6-31　MPS 主生产计划审核界面

注：主生产计划(MPS)是闭环计划系统的一个部分。MPS 的实质是保证销售规划和生产规划对规定的需求(需求什么、需求多少和什么时候需求)与所使用的资源取得一致。MPS 考虑了经营规划和销售规划，使生产规划同它们相协调。MPS 着眼于销售什么和能够制造什么，这就能为车间制订一个合适的"主生产进度计划"，并且以粗能力数据调整这个计划，直到负荷平衡。

(二) 物料需求计划

(1) 在【物料需求计划】列表，点击【新增】，如图 6-32 所示。

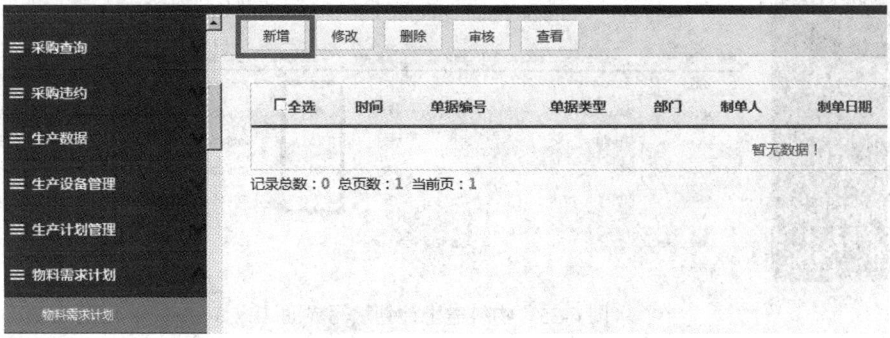

图 6-32　物料需求计划新增界面

(2) 点击【增加一行】，在【物料编码】处点击鼠标左键，如图 6-33 所示。

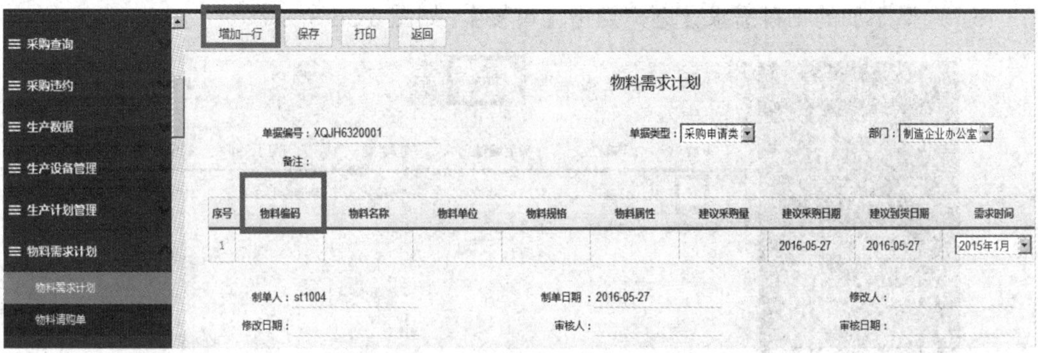

图 6-33　物料需求计划界面

(3) 选择需要采购的原材料，点击【关闭】，如图 6-34 所示。

图 6-34　物料需求计划选择界面

(4) 输入【建议采购量】，选择【需求时间】，需求时间必须大于当前系统环境时间，最后点击【保存】，如图 6-35 所示。

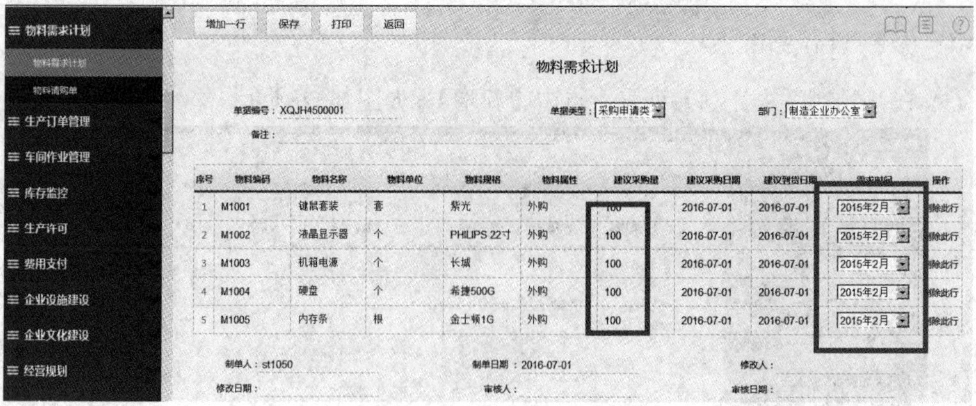

图 6-35　物料需求计划填写界面

注：新增物料需求计划采用增加一行的方式进行原材料信息的添加，添加完成后注意确定需求时间，需求时间只可以为当前环境时间之后的环境时间，即到货时间。

(5) 选择添加的物料需求计划，点击【审核】，如图 6-36 所示。

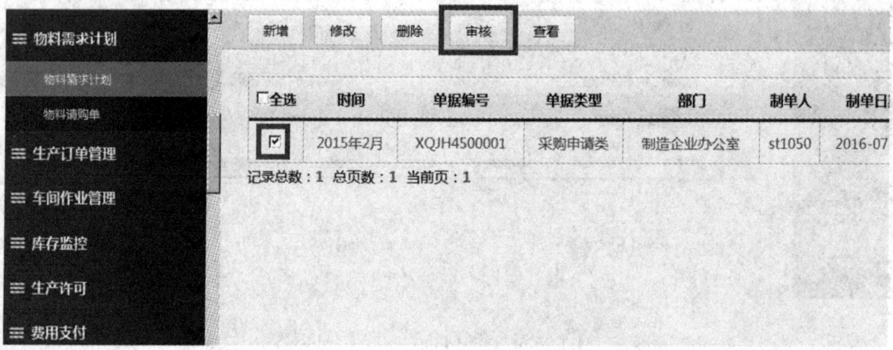

图 6-36　选择需要审核的物料需求计划

(6) 在审核界面，点击【审核】即可，如图 6-37 所示。

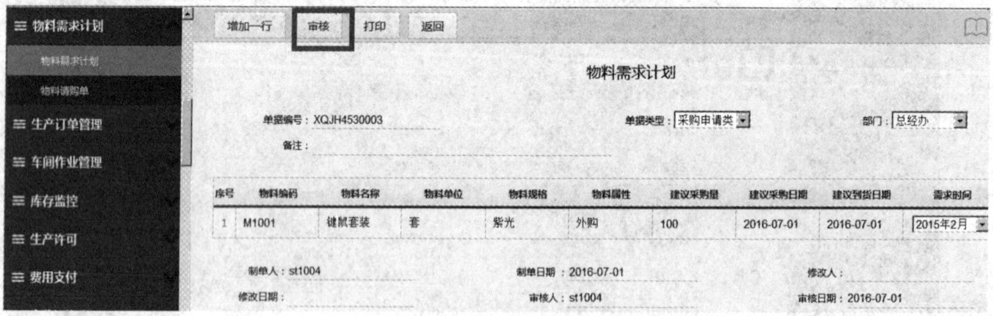

图 6-37　物料需求计划审核界面

注：物料需求计划填制完成后需要进行审核，审核通过后生效。

(三) 物料请购单

(1) 在【物料请购单】列表，点击【新增】，如图 6-38 所示。

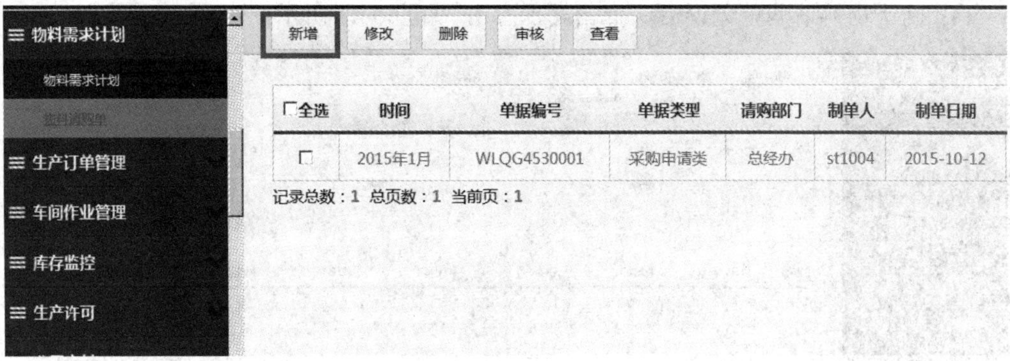

图 6-38　物料请购单新增界面

(2) 点击【物料需求计划】，如图 6-39 所示。

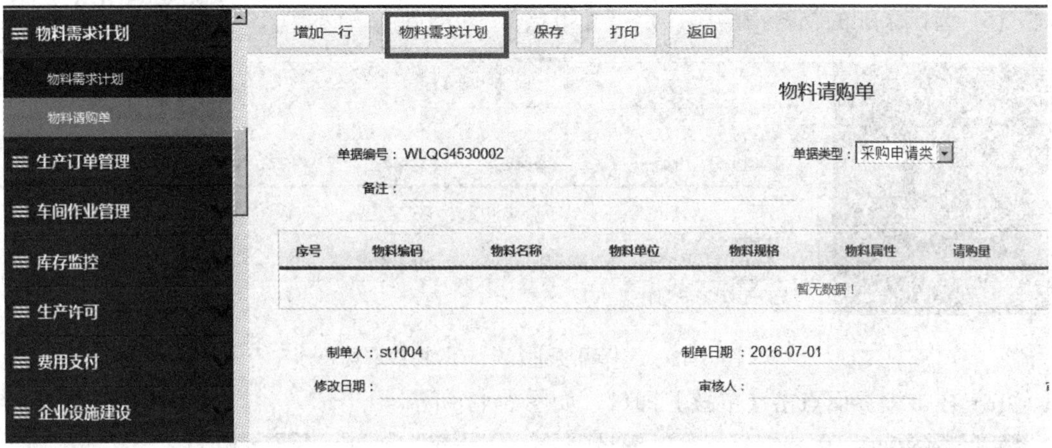

图 6-39　物料请购单填写界面

注： 新增物料请购单可选择采用增加一行的方式进行原材料信息的添加，添加完成后注意确定需求时间，需求时间只可以为当前环境时间之后的环境时间，即到货时间。此外，新增物料请购单也可选择调取物料需求计划单的方式进行原材料信息的添加，同样添加完成后注意确定需求时间。

(3) 选择物料需求计划，点击【确定】，已选择过的物料需求计划不允许再次被选择，如图 6-40 所示。

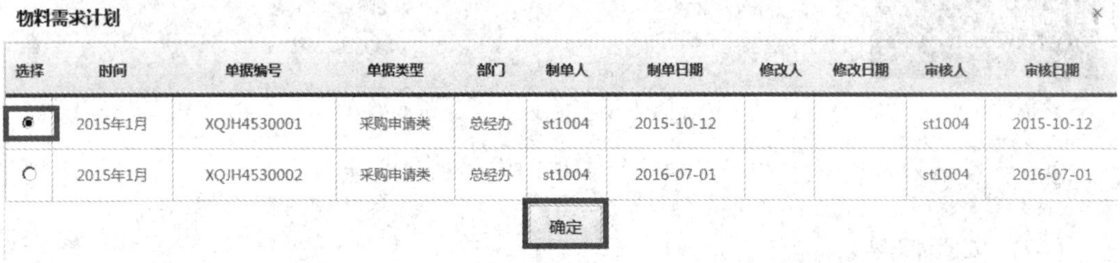

图 6-40　物料请购单选择界面

(4) 确认物料请购单无误后，点击【保存】，如图 6-41 所示。

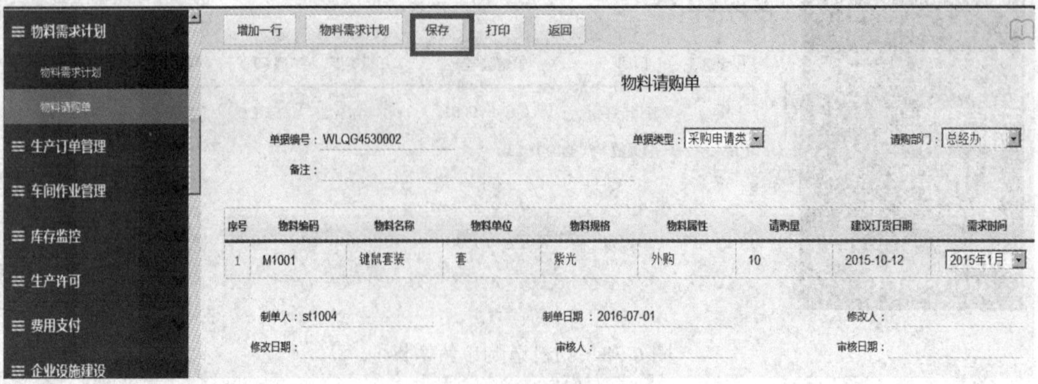

图 6-41　物料请购单保存界面

(5) 选择添加的物料请购单，点击【审核】，如图 6-42 所示。

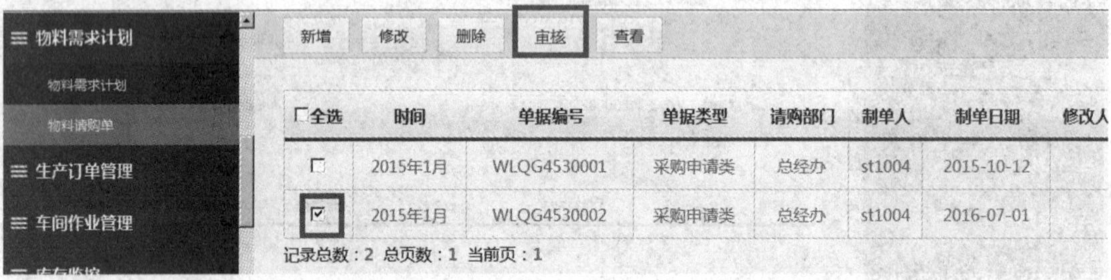

图 6-42　选择需要进行审核的物料请购单

(6) 在审核界面点击【审核】即可，如图 6-43 所示。

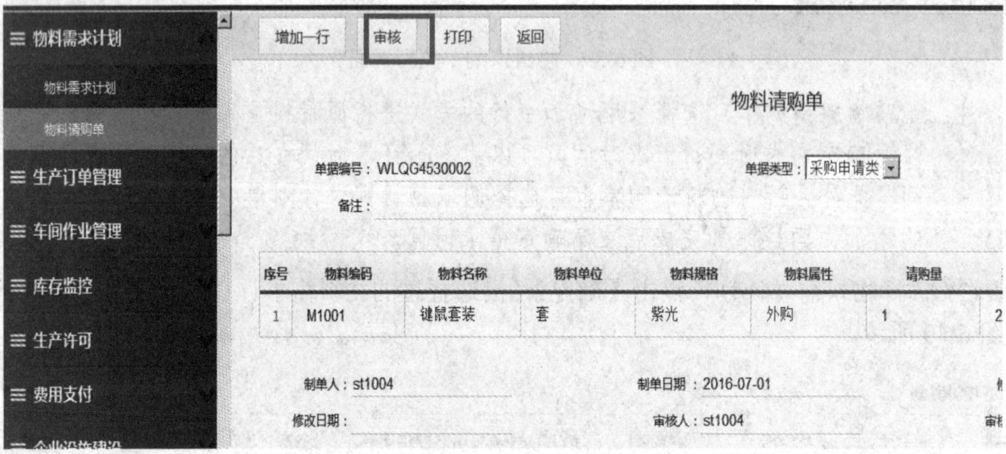

图 6-43　物料请购单审核界面

注：物料请购单填制完成后需要进行审核，审核通过后生效。

(四) 生产订单

(1) 在【生产订单】列表，点击【新增】，如图 6-44 所示。

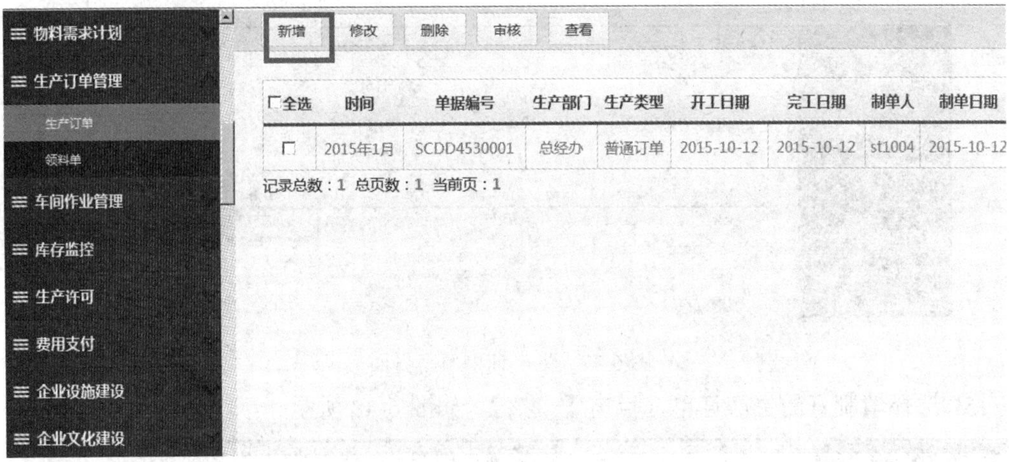

图 6-44　生产订单新增界面

(2) 点击【增加一行】，在【产品编码】处点击鼠标左键，如图 6-45 所示。

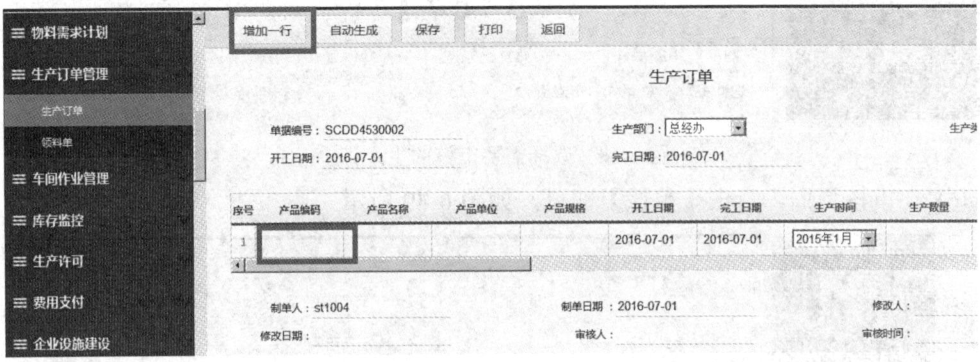

图 6-45　生产订单增加一行界面

注：新增生产订单可选择采用增加一行的方式进行生产产品信息的添加，添加完成后注意确定生产时间，生产时间只可以为当前环境时间之后的环境时间。此外，新增生产订单可选择自动生成(即自动调取 MPS 主生产计划)的方式进行生产产品信息的添加，添加完成后注意确定生产时间，生产时间只可以为当前环境时间之后的环境时间。填制生产订单时，产品信息栏的 BOM 选择此产品的 BOM，工艺线路选择此产品的工艺线路(可在生产数据中查询)。

(3) 选择产品后，点击【关闭】，如图 6-46 所示。

图 6-46　生产订单填写界面之选择产品

(4) 选择【生产时间】，输入【生产数量】、【MRP 净算量】，点击【保存】，如图 6-47 所示。

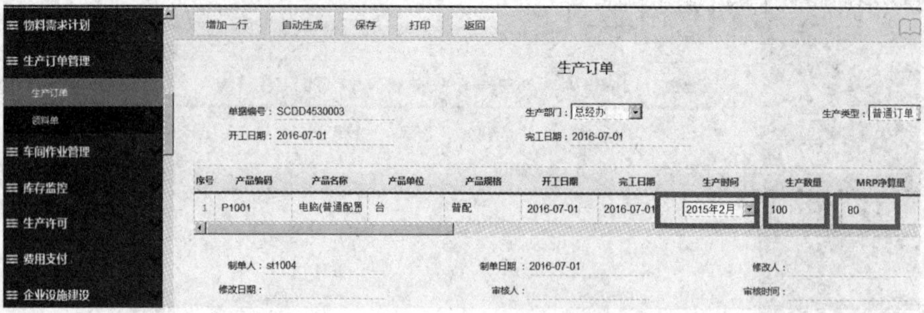

图 6-47　生产订单填写界面

(5) 选择填制好的生产订单，点击【审核】，如图 6-48 所示。

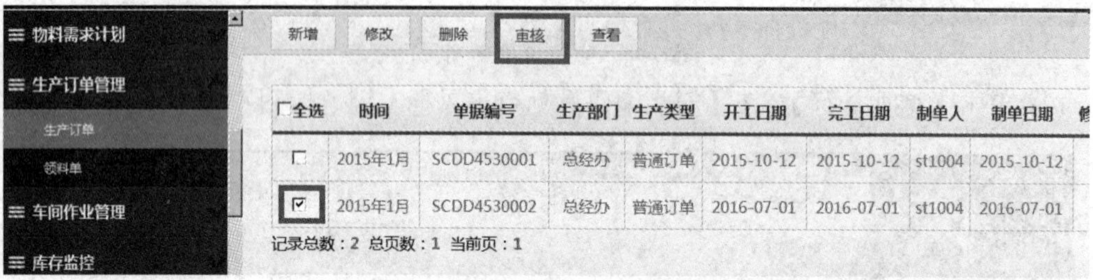

图 6-48　选择需要审核的生产订单

(6) 在审核界面，点击【审核】即可，如图 6-49 所示。

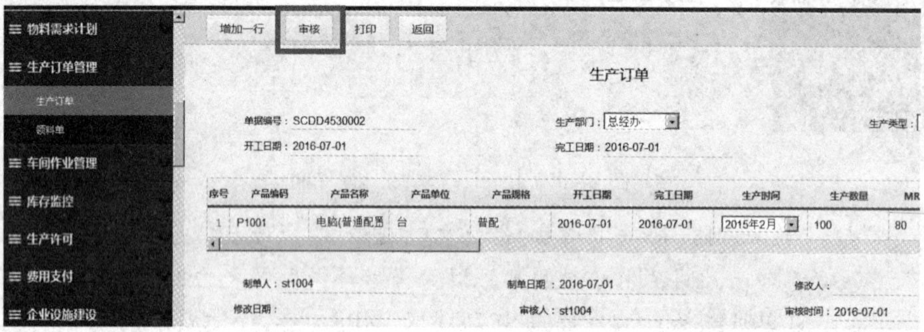

图 6-49　生产订单审核界面

注：生产订单填制完成后需要进行审核，审核通过后生效。

(五) 领料单

(1) 在【领料单】列表，点击【新增】，如图 6-50 所示。

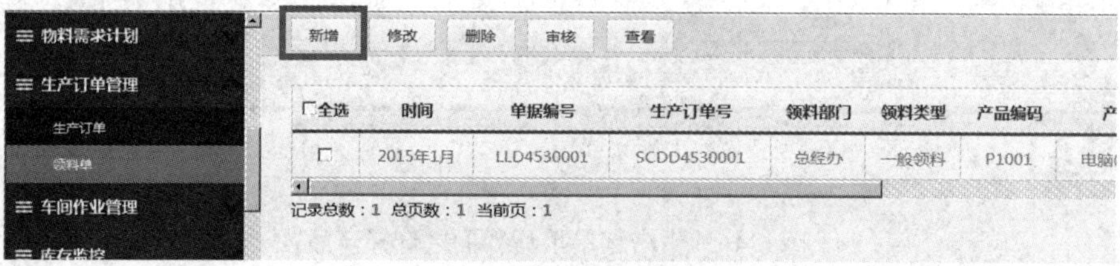

图 6-50　领料单新增界面

注： 新增物料请购单可选择调取生产订单的方式进行领料信息的添加，领料数量不大于库存数量。调取生产订单的条件是只能调取生产时间为当前环境时间的生产订单。

(2) 点击【生产订单】，如图 6-51 所示。

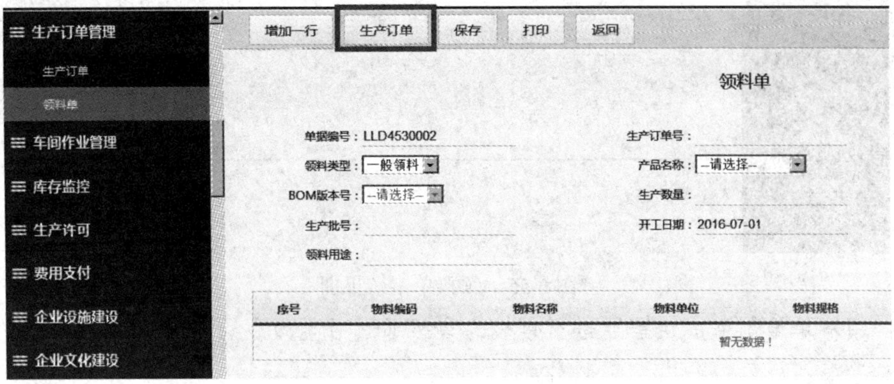

图 6-51　领料单填写界面

(3) 选择生产订单，点击【确定】，如图 6-52 所示。

图 6-52　领料单填写界面之选择生产订单

(4) 确认领料单无误后，点击【保存】，如图 6-53 所示。

图 6-53　领料单保存界面

(5) 选择填制好的领料单，点击【审核】，如图 6-54 所示。

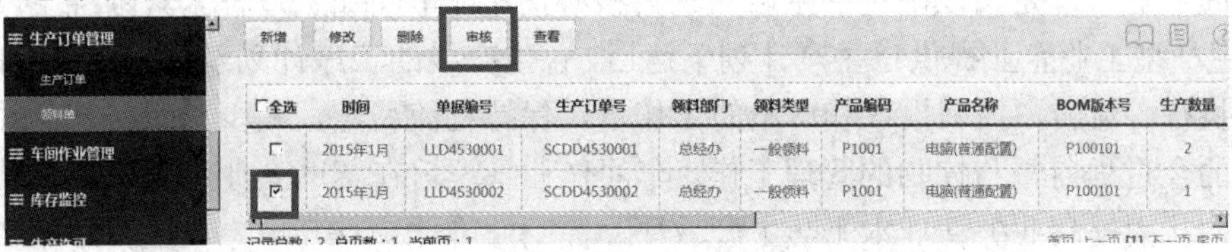

图 6-54　领料单审核界面之选择领料单

(6) 在审核界面，点击【审核】即可，如图 6-55 所示。

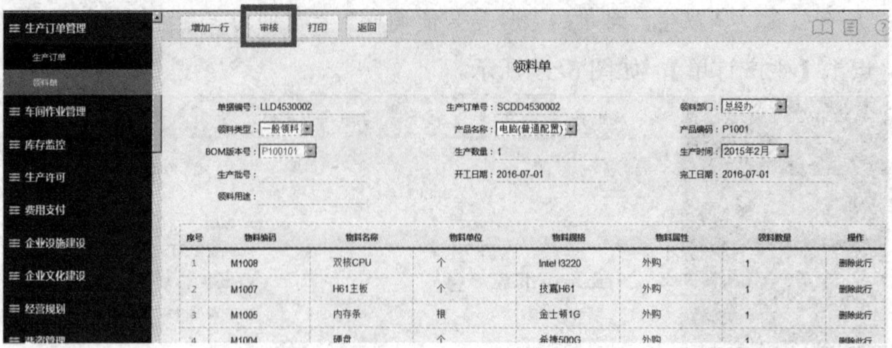

图 6-55　领料单审核界面

注：领料单填制完成后需要进行审核，审核通过后生效。

五、实训考核

(1) 指导老师用教师用户检查学生所在企业的生产计划管理、物料需求计划、生产订单管理情况是否良好。

(2) 检查企业是否填写了 MPS 主生产计划，是否存在无计划直接生产的情况。

(3) 检查企业生产所需物料，库存不足时是否填写了物料需求计划。

(4) 检查企业生产所需物料，库存不足时是否填写了物料请购单。

(5) 检查企业是否存在下达了生产订单，但没有按生产时间生产的情况。

(6) 检查企业最终生产入库数量与生产订单是否相符。

任务三　车间作业管理

任务目标

掌握工序计划、工序派工、工序报工、产品报检、退料的相关流程。

知识链接

一、车间作业管理的概念

车间作业管理是指以确定的生产计划为核心，保证车间加工过程紧紧围绕生产计划进行，为生产型工业企业提供自生产计划下达后，各生产线的工序计划及加工优先级的确定、分派、执行、流转，控制投入和产出的工作量，保持物流稳定，减少车间在制品并进行数据收集的全过程监督与控制的管理工作。车间作业管理旨在帮助企业加强工序级别的管理和控制，从而提高业务管理水平与生产效率、控制并降低损耗与成本、提高产品质量与客户满意度。

二、车间作业管理的主要功能

车间作业管理的主要功能是提供工序计划、工序派工、工序领料、工序排程、工序汇报和工序移转等工序管理功能，以满足生产过程中多步骤、多工序的要求；支持串行、并行作业工序排产；支持替代工序的定义和执行；支持工序外协的业务处理；支持工序质检；支持废品返工处理；支持计时、计件工资计算，并与工资系统、成本系统集成；提供基于部门、工作中心、设备、操作工的工时的产量统计。

技能训练　车间作业管理

一、实训目的

(1) 掌握工序计划的制订。
(2) 掌握工序如何派工及报工。
(3) 掌握产品报检单和退料单的填制。

二、实训器材

电脑、现代企业运营综合仿真实训平台软件与配套教材。

三、注意事项

(1) 一个生产订单对应一个工序计划，一个生产线一个月只能使用一次。
(2) 在工序派工环节，人数不够、原材料多了，需要填制退料单，但前提必须是上一轮生产已经完成。
(3) 一定要注意在审核界面进行审核处理，否则无效。

四、实训操作

本任务是完成车间作业管理流程，主要有工序计划、工序派工、工序报工、产品报检、退料5个步骤。

(一) 工序计划

(1) 在【工序计划】列表，点击【新增】，如图6-56所示。

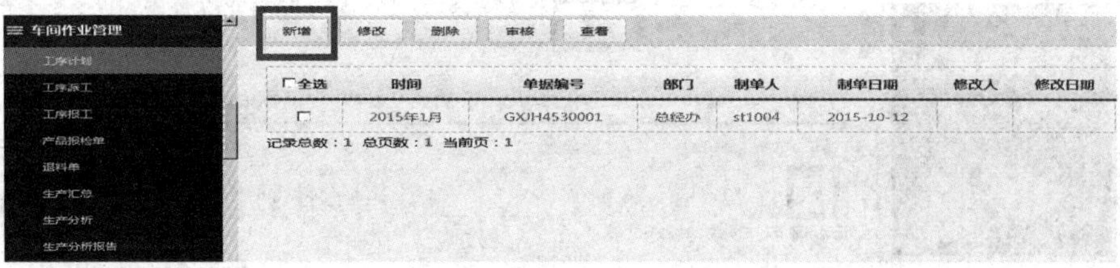

图6-56　工序计划新增界面

(2) 点击【生产订单】，如图 6-57 所示。

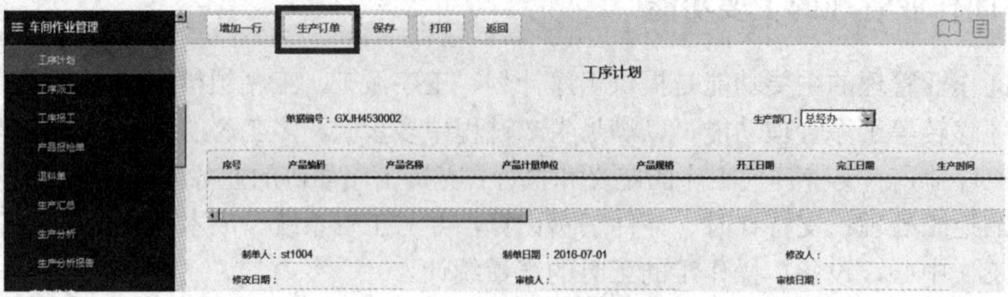

图 6-57　工序计划填写界面

(3) 选择生产订单，点击【确定】，如图 6-58 所示。

图 6-58　工序计划填写确定界面

(4) 确定后，自动加载三道工序，点击滚动条并向右侧拖动，如图 6-59 所示。

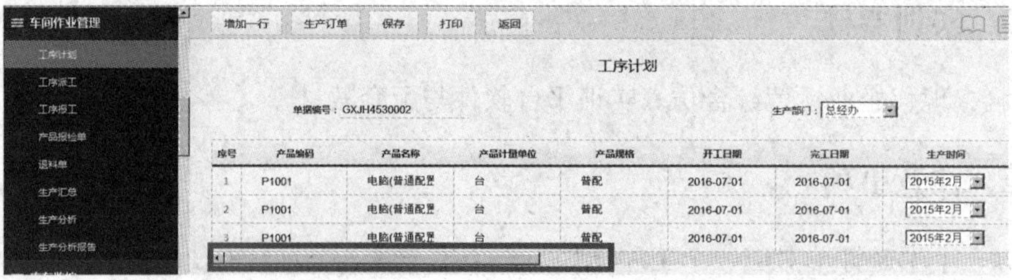

图 6-59　工序计划填写界面之加载工序

(5) 输入【安排数量】和【产品批号】，点击【保存】，如图 6-60 所示。

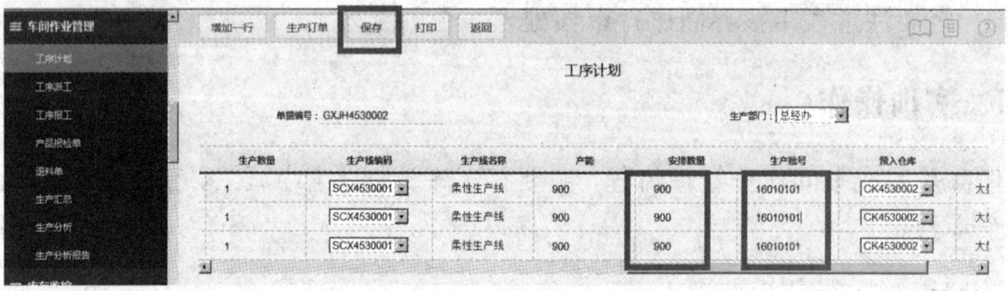

图 6-60　工序计划保存界面

(6) 选择制定好的工序计划，点击【审核】，如图 6-61 所示。

图 6-61　工序计划审核界面之选择工序计划

(7) 在审核界面点击【审核】即可，如图 6-62 所示。

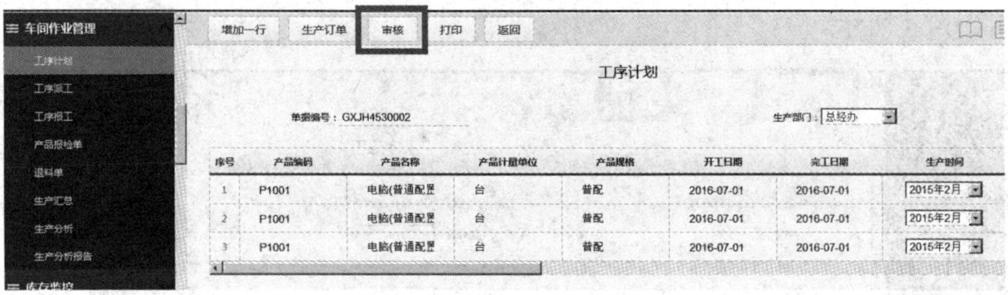

图 6-62　工序计划审核界面

(二) 工序派工

(1) 在【工序派工】列表，点击【新增】，如图 6-63 所示。

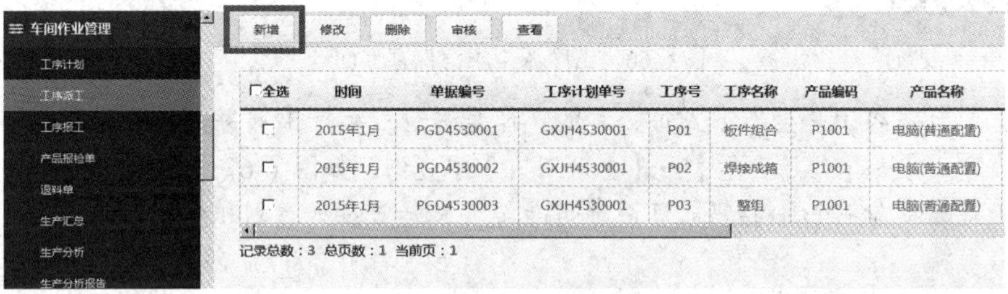

图 6-63　工序派工新增界面一

(2) 点击【工序计划】，如图 6-64 所示。

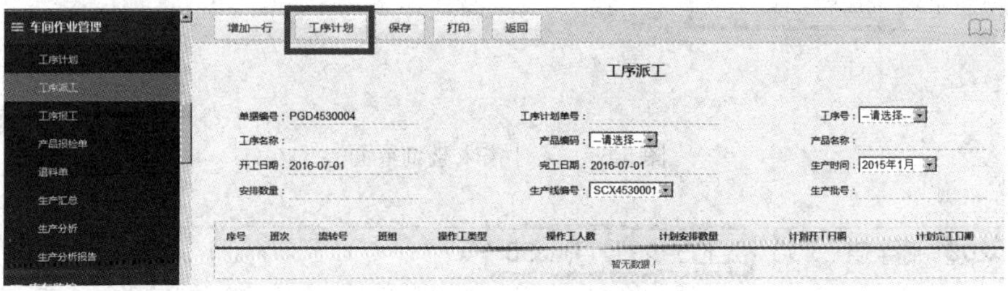

图 6-64　工序派工填写界面一

(3) 选择同一工序计划的第一道工序(即工序号为 1)，点击【确定】，如图 6-65 所示。

图 6-65　工序派工填写确定界面一

(4) 点击【增加一行】，输入【班次】、【流转号】、【班组】、【操作工人数】，点击【保存】，如图 6-66 所示。

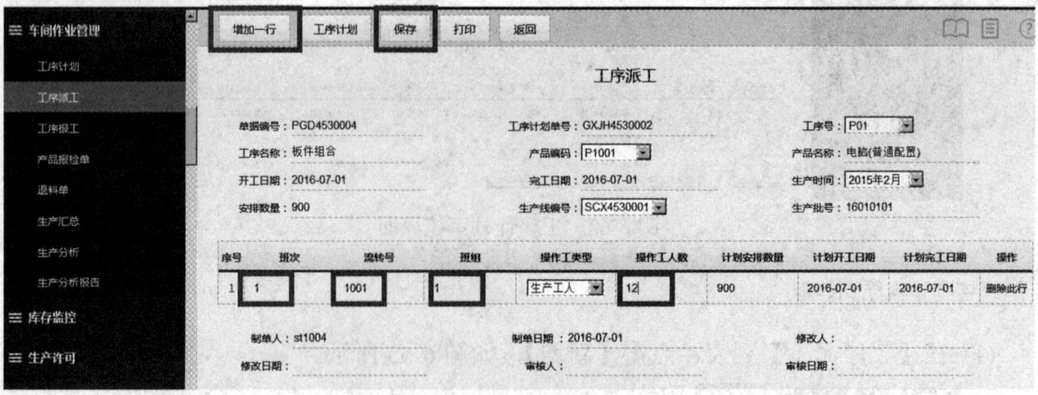

图 6-66　工序派工填写保存界面一

注： 此时需要了解生产工人每个月的产能是多少；生产工人每月产能可在【信息综合中心】→【信息公示】→【生产工人】中查询，如图 6-67、图 6-68 所示。人事经理要提前一个月(指当时环境时间)制定招聘生产工人计划和生产工人的工资计划。

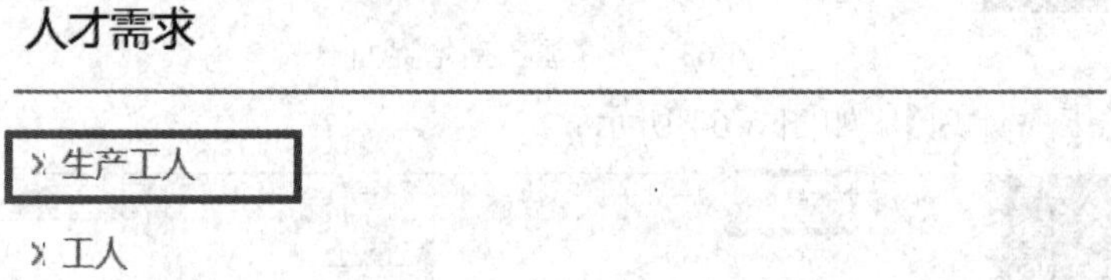

图 6-67　人才需求查询界面

图 6-68　生产工人产能查询界面

(5) 选择制定好的工序派工单，点击【审核】，如图 6-69 所示。

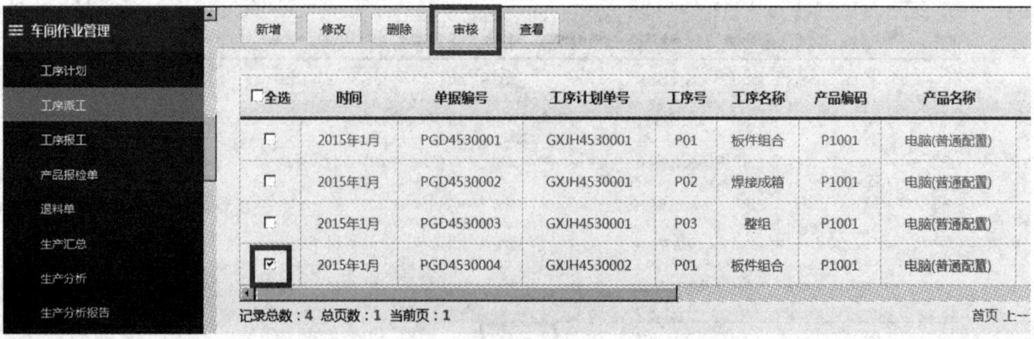

图 6-69　工序派工审核界面之选择工序派工单

(6) 在审核界面点击【审核】即可，如图 6-70 所示。

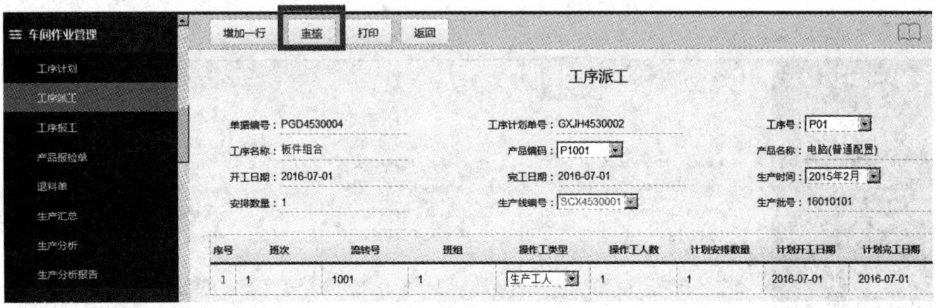

图 6-70　工序派工审核界面

(7) 在【工序派工】列表，继续点击【新增】，如图 6-71 所示。

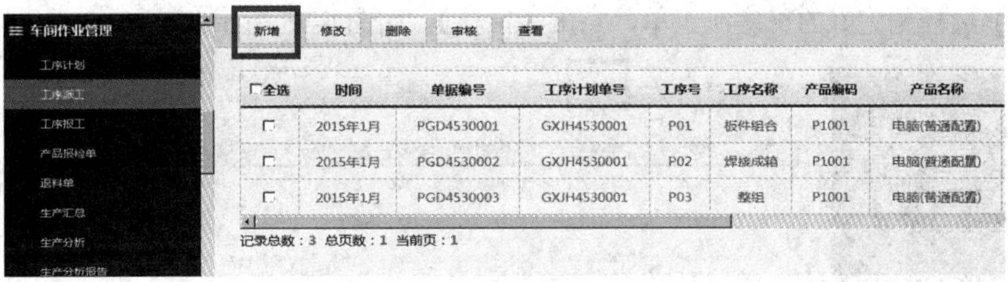

图 6-71　工序派工新增界面二

(8) 点击【工序计划】，如图 6-72 所示。

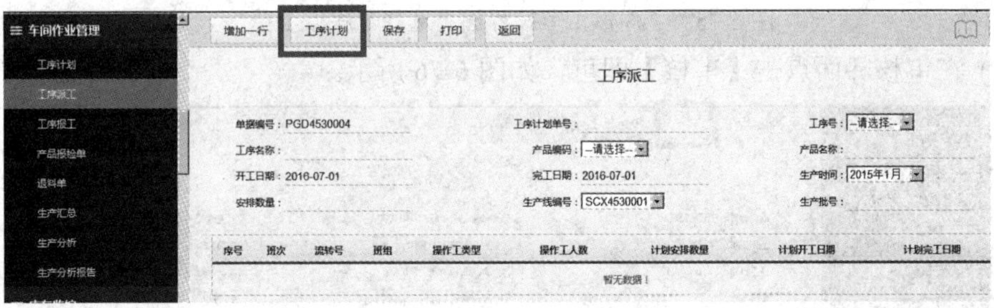

图 6-72　工序派工填写界面二

(9) 选择同一个工序计划的第二道工序(即工序号为 2)，点击【确定】，如图 6-73 所示。

工序计划

选择	单据编号	生产部门	产品编码	产品名称	产品计量单位	产品规格	开工日期	完工日期	生产时间	工艺线路版本	工序号
○	GXJH4530001	总经办	P1001	电脑(普通配置)	台	普配	2015-10-12	2015-10-12	2015年1月	V01	1
○	GXJH4530001	总经办	P1001	电脑(普通配置)	台	普配	2015-10-12	2015-10-12	2015年1月	V01	2
○	GXJH4530001	总经办	P1001	电脑(普通配置)	台	普配	2015-10-12	2015-10-12	2015年1月	V01	3
○	GXJH4530002	总经办	P1001	电脑(普通配置)	台	普配	2016-07-01	2016-07-01	2015年2月	V01	1
◉	GXJH4530002	总经办	P1001	电脑(普通配置)	台	普配	2016-07-01	2016-07-01	2015年2月	V01	2
○	GXJH4530002	总经办	P1001	电脑(普通配置)	台	普配	2016-07-01	2016-07-01	2015年2月	V01	3

确定

图 6-73　工序派工填写确定界面二

(10) 班次、流转号、班组、操作工人数的相关信息系统自动加载，点击【保存】，如图 6-74 所示。

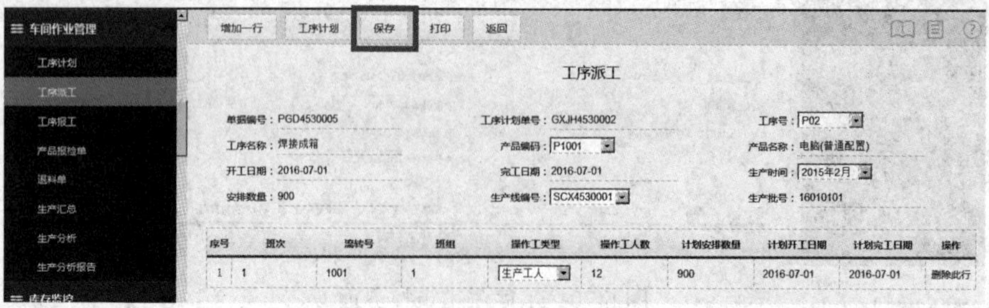

图 6-74　工序派工保存界面二

(11) 选择制定好的工序派工单，点击【审核】，如图 6-75 所示。

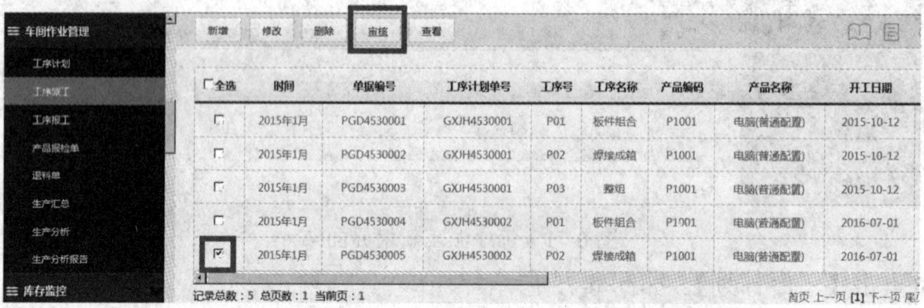

图 6-75　工序派工审核界面之选择工序派工单二

(12) 在审核界面点击【审核】即可，如图 6-76 所示。

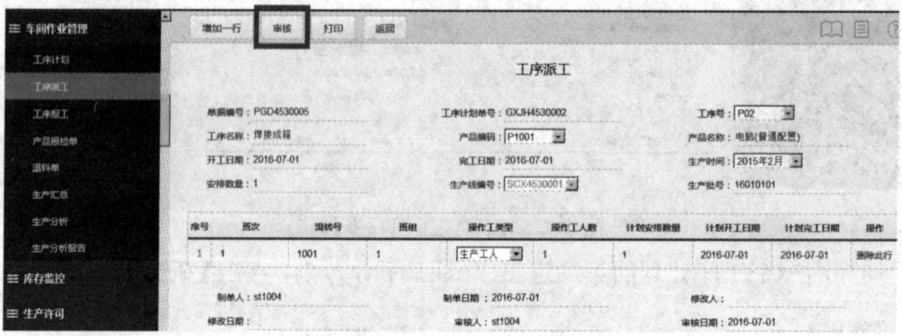

图 6-76　工序派工审核界面二

(13) 在【工序派工】列表，继续点击【新增】，如图 6-77 所示。

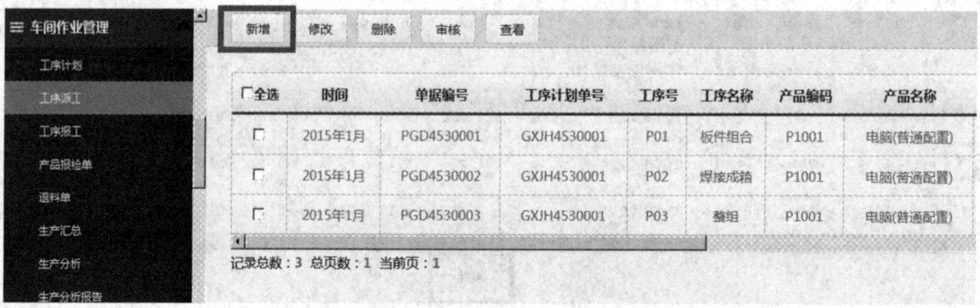

图 6-77　工序派工新增界面三

(14) 点击【工序计划】，如图 6-78 所示。

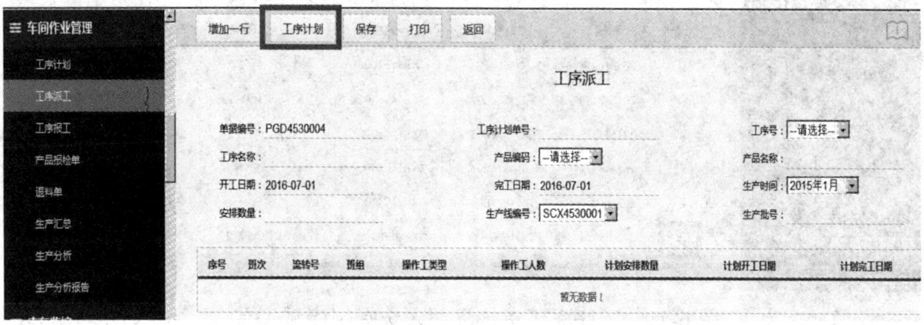

图 6-78　工序派工填写界面三

(15) 选择同一个工序计划的第三道工序(即工序号为 3)，点击【确定】，如图 6-79 所示。

工序计划

选择	单据编号	生产部门	产品编码	产品名称	产品计量单位	产品规格	开工日期	完工日期	生产时间	工艺线路版本	工序号
○	GXJH4530001	总经办	P1001	电脑(普通配置)	台	普配	2015-10-12	2015-10-12	2015年1月	V01	1
○	GXJH4530001	总经办	P1001	电脑(普通配置)	台	普配	2015-10-12	2015-10-12	2015年1月	V01	2
○	GXJH4530001	总经办	P1001	电脑(普通配置)	台	普配	2015-10-12	2015-10-12	2015年1月	V01	3
○	GXJH4530002	总经办	P1001	电脑(普通配置)	台	普配	2016-07-01	2016-07-01	2015年2月	V01	1
○	GXJH4530002	总经办	P1001	电脑(普通配置)	台	普配	2016-07-01	2016-07-01	2015年2月	V01	2
◉	GXJH4530002	总经办	P1001	电脑(普通配置)	台	普配	2016-07-01	2016-07-01	2015年2月	V01	3

确定

图 6-79　工序派工填写确定界面三

(16) 班次、流转号、班组、操作工人数等相关信息系统自动加载，点击【保存】，如图 6-80 所示。

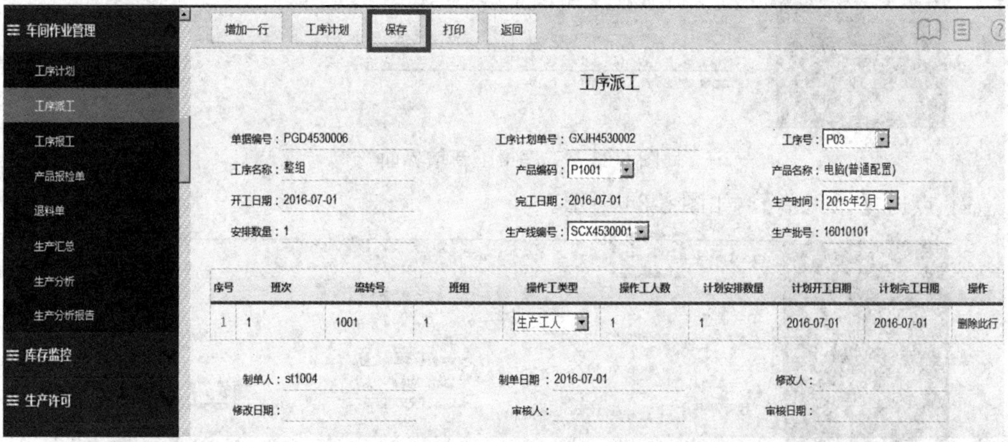

图 6-80　工序派工保存界面三

(17) 选择制定好的工序派工单，点击【审核】，如图 6-81 所示。

图 6-81　工序派工审核界面之选择工序派工单三

(18) 在审核界面点击【审核】即可，如图 6-82 所示。

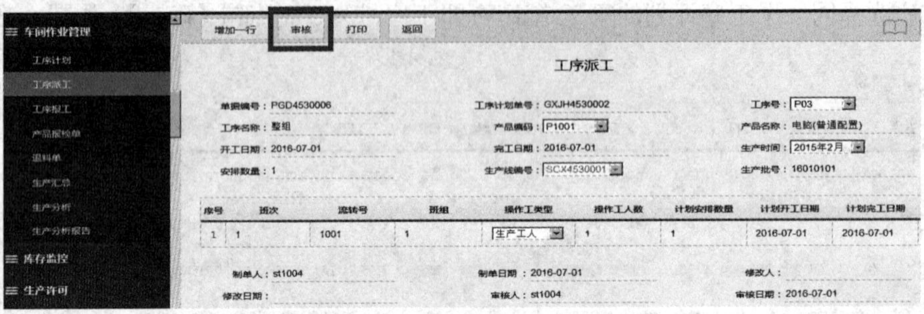

图 6-82　工序派工审核界面三

(三) 工序报工

(1) 在【工序报工】列表，点击【新增】，如图 6-83 所示。

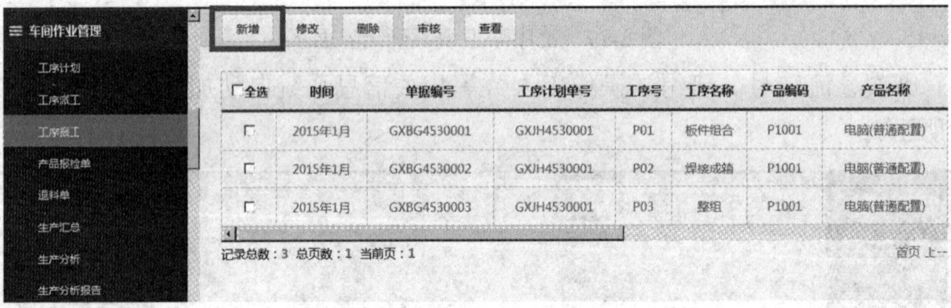

图 6-83　工序报工新增界面一

(2) 点击【派工单】，如图 6-84 所示。

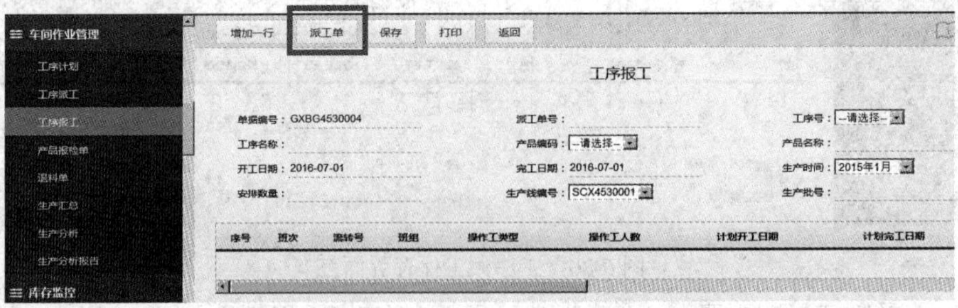

图 6-84　工序报工填写界面一

(3) 选择同一工序计划的第一个派工单(工序号为 P01)，点击【确定】，如图 6-85 所示。

图 6-85　工序报工填写确定界面一

(4) 填制好工序报工单，点击【保存】，如图 6-86 所示。

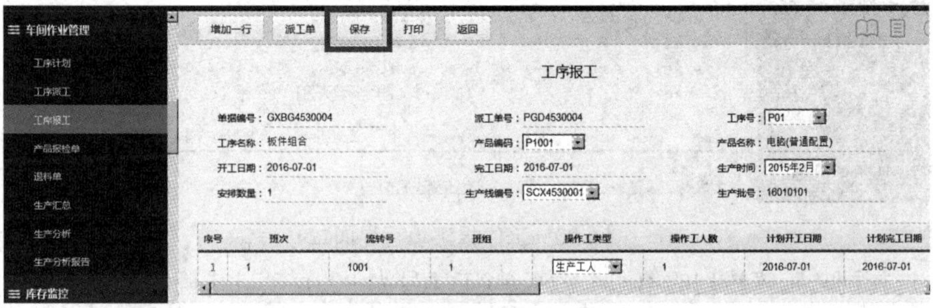

图 6-86　工序报工保存界面一

(5) 选择填制好的工序报工单，点击【审核】，如图 6-87 所示。

图 6-87　工序报工审核界面之选择工序报工单一

(6) 在审核界面点击【审核】即可，如图 6-88 所示。

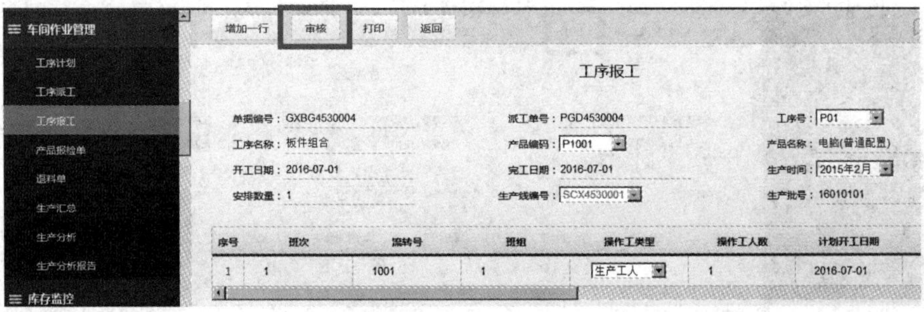

图 6-88　工序报工审核界面一

(7) 在【工序报工】列表，继续点击【新增】，如图 6-89 所示。

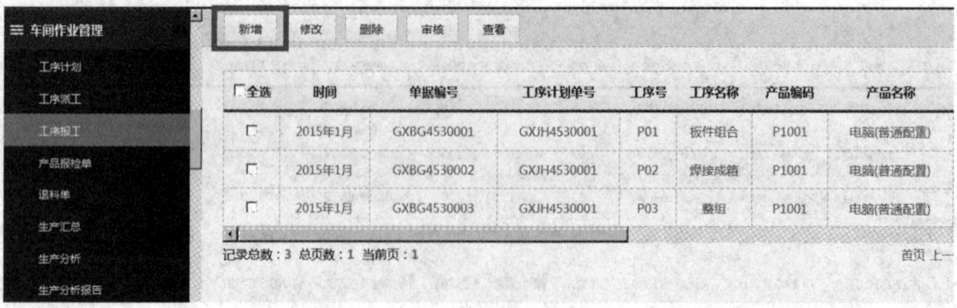

图 6-89 工序报工新增界面二

(8) 点击【派工单】，如图 6-90 所示。

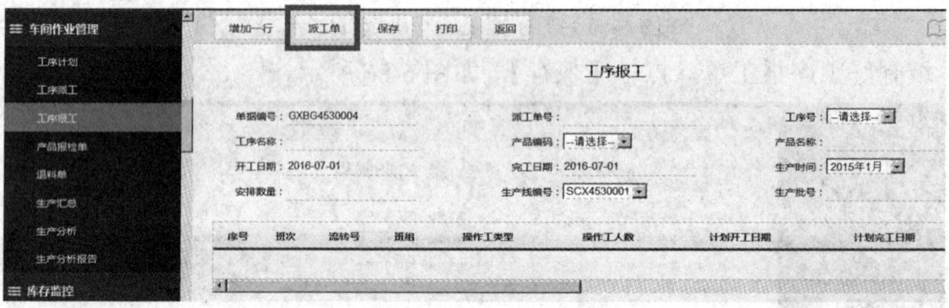

图 6-90 工序报工填写界面二

(9) 选择同一工序计划的第二个派工单(工序号为 P02)，点击【确定】，如图 6-91 所示。

图 6-91 工序报工填写确定界面二

(10) 填制好工序报工单，点击【保存】，如图 6-92 所示。

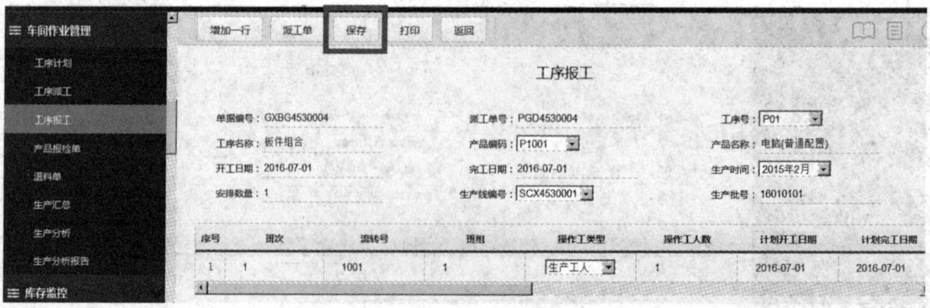

图 6-92 工序报工保存界面二

(11) 选择填制好的工序报工单，点击【审核】，如图 6-93 所示。

图 6-93　工序报工审核界面之选择工序报工单二

(12) 在审核界面点击【审核】即可，如图 6-94 所示。

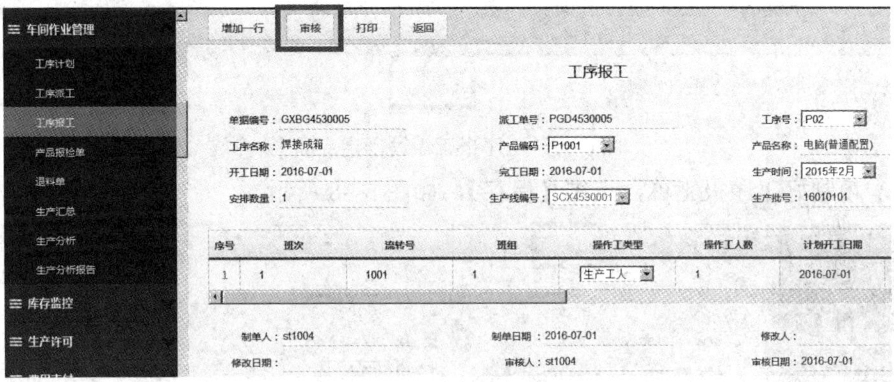

图 6-94　工序报工审核界面二

(13) 在【工序报工】列表，继续点击【新增】，如图 6-95 所示。

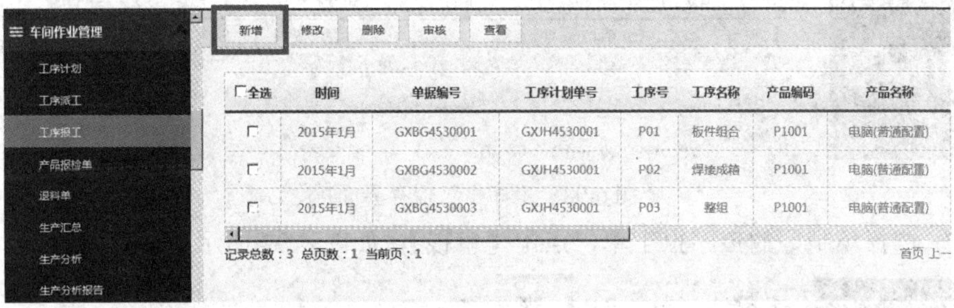

图 6-95　工序报工新增界面三

(14) 点击【派工单】，如图 6-96 所示。

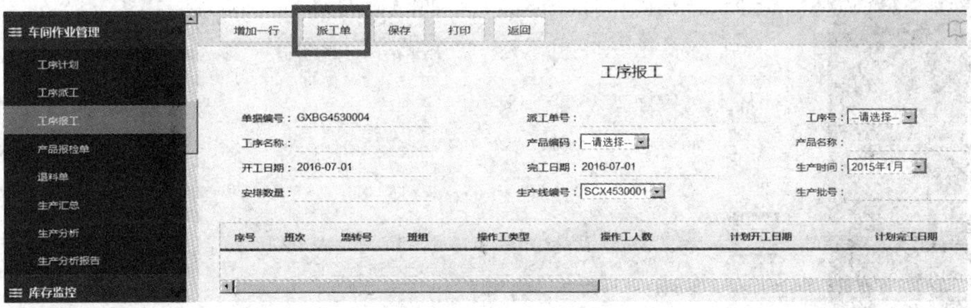

图 6-96　工序报工填写界面三

(15) 选择同一工序计划的第三个派工单(工序号为 P03)，点击【确定】，如图 6-97 所示。

工序派工

选择	时间	单据编号	工序计划单号	工序号	工序名称	产品编码	产品名称	开工日期	完工日期	生产时间
○	2015年1月	PGD4530001	GXJH4530001	P01	板件组合	P1001	电脑(普通配置)	2015-10-12	2015-10-12	2015年1月
○	2015年1月	PGD4530002	GXJH4530001	P02	焊接成箱	P1001	电脑(普通配置)	2015-10-12	2015-10-12	2015年1月
○	2015年1月	PGD4530003	GXJH4530001	P03	整组	P1001	电脑(普通配置)	2015-10-12	2015-10-12	2015年1月
○	2015年1月	PGD4530004	GXJH4530002	P01	板件组合	P1001	电脑(普通配置)	2016-07-01	2016-07-01	2015年2月
○	2015年1月	PGD4530005	GXJH4530002	P02	焊接成箱	P1001	电脑(普通配置)	2016-07-01	2016-07-01	2015年2月
◉	2015年1月	PGD4530006	GXJH4530002	P03	整组	P1001	电脑(普通配置)	2016-07-01	2016-07-01	2015年2月

确定

图 6-97　工序报工填写确定界面三

(16) 填制好工序报工单，点击【保存】，如图 6-98 所示。

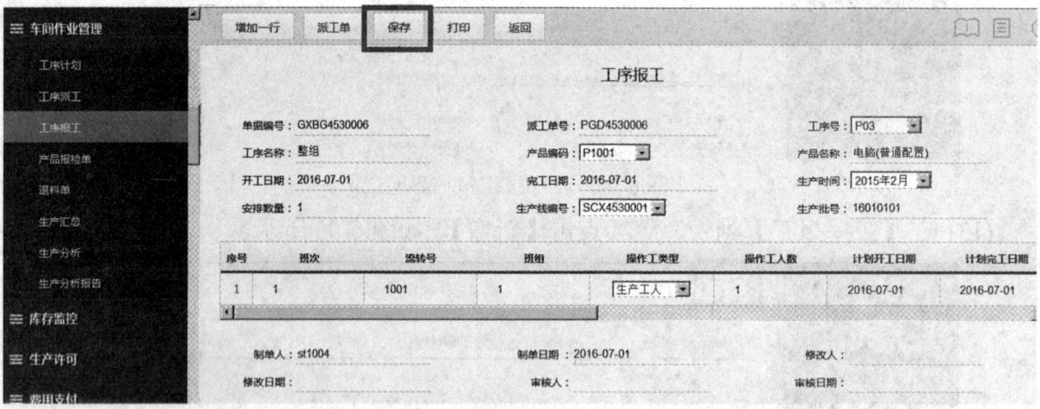

图 6-98　工序报工保存界面三

(17) 选择填制好的工序报工单，点击【审核】，如图 6-99 所示。

全选	时间	单据编号	工序计划单号	工序号	工序名称	产品编码	产品名称
□	2015年1月	GXBG4530001	GXJH4530001	P01	板件组合	P1001	电脑(普通配置)
□	2015年1月	GXBG4530002	GXJH4530001	P02	焊接成箱	P1001	电脑(普通配置)
□	2015年1月	GXBG4530003	GXJH4530001	P03	整组	P1001	电脑(普通配置)
□	2015年1月	GXBG4530004	GXJH4530002	P01	板件组合	P1001	电脑(普通配置)
□	2015年1月	GXBG4530005	GXJH4530002	P02	焊接成箱	P1001	电脑(普通配置)
☑	2015年1月	GXBG4530006	GXJH4530002	P03	整组	P1001	电脑(普通配置)

记录总数：6 总页数：1 当前页：1　首页 上一页

图 6-99　工序报工审核界面之选择工序报工单三

(18) 在审核界面点击【审核】即可，如图 6-100 所示。

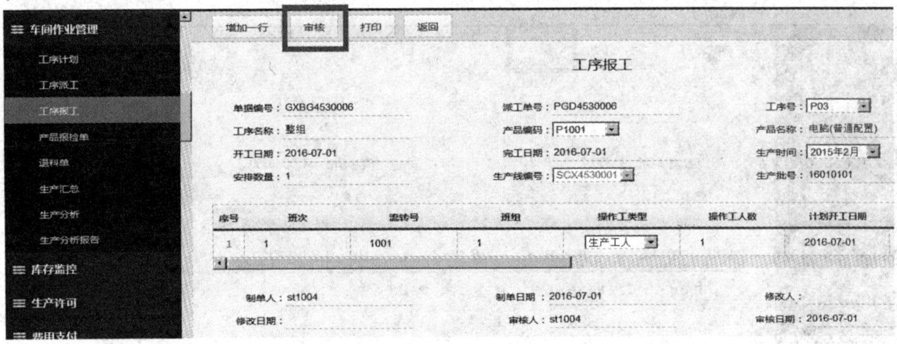

图 6-100　工序报工审核界面三

(四) 产品报检单

(1) 在【产品报检单】列表，点击【新增】，如图 6-101 所示。

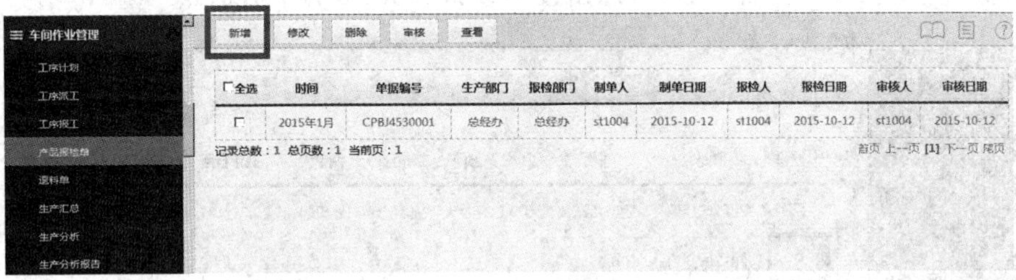

图 6-101　产品报检单新增界面

注：新增产品报检单可选择调取生产订单的方式进行产品报检信息的添加，但调取生产订单的条件是所选择的生产订单必须全部报工完成。

(2) 点击【生产订单】，如图 6-102 所示。

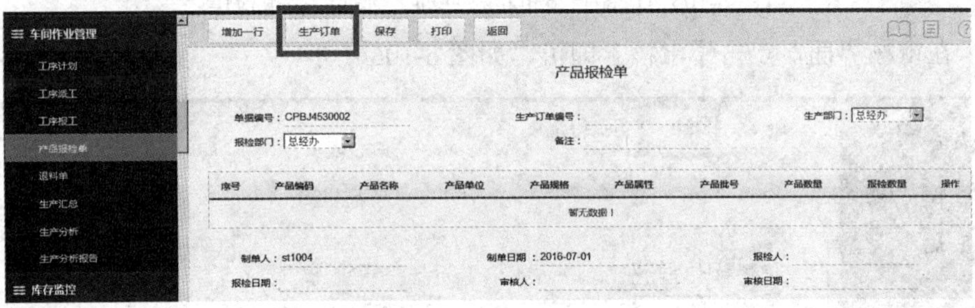

图 6-102　产品报检单填写界面

(3) 选择生产订单，点击【确定】，如图 6-103 所示。

图 6-103　产品报检单填写确定界面

(4) 输入【报检数量】，点击【保存】，如图 6-104 所示。

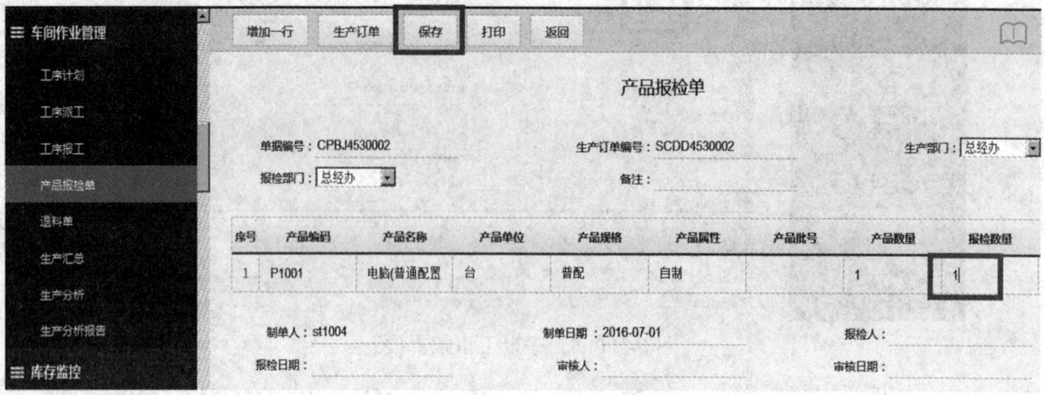

图 6-104　产品报检单保存界面

(5) 选择填制好的产品报检单，点击【审核】，如图 6-105 所示。

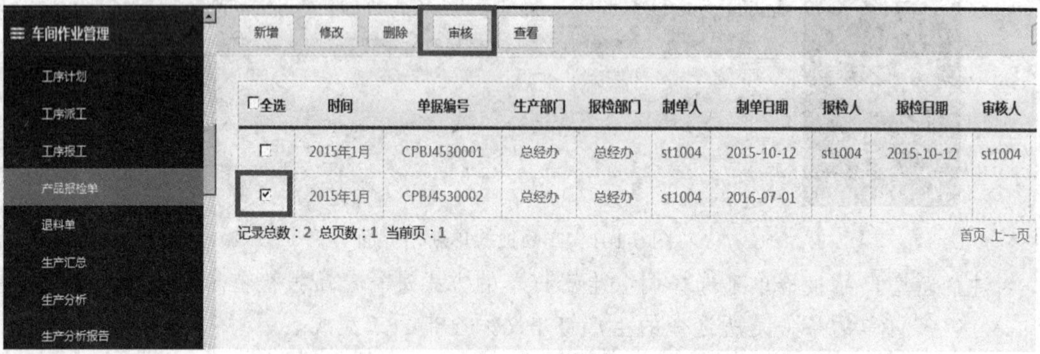

图 6-105　产品报检单审核界面之选择产品报检单

(6) 在审核界面，点击【审核】即可，如图 6-106 所示。

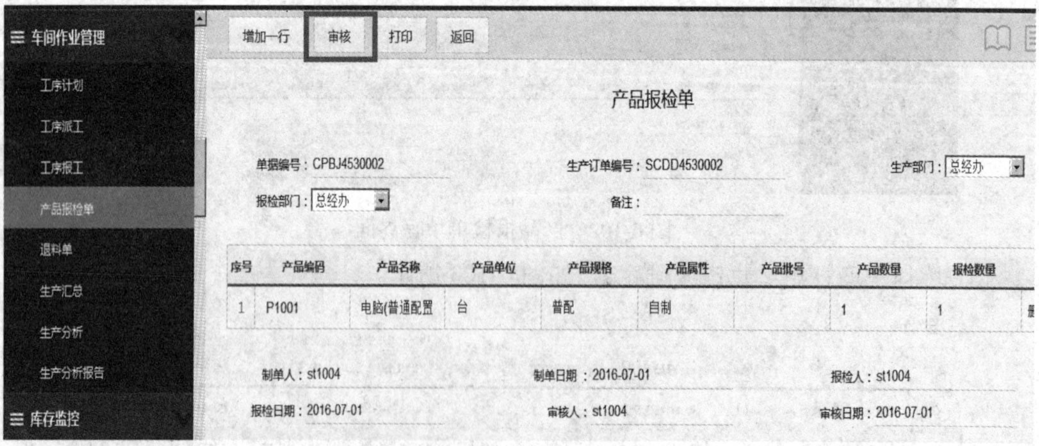

图 6-106　产品报检单审核界面

注：产品报检单填制完成后需要进行审核，审核通过后生效。

(五) 退料单

领料完成后开始生产，若不能完成生产订单中的数量，则多余的物料需进行退料处理。

(1) 在【退料单】列表，点击【新增】，如图 6-107 所示。

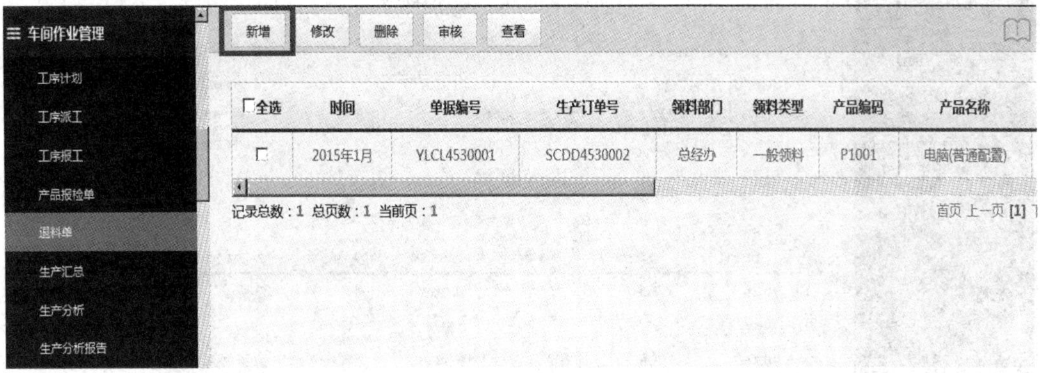

图 6-107　退料单新增界面

注：新增退料单可选择调取生产订单的方式进行退料信息的添加，但调取生产订单的条件是所选择的生产订单安排数量小于生产数量，并且安排数量已全部报工完成。

(2) 点击【生产订单】，如图 6-108 所示。

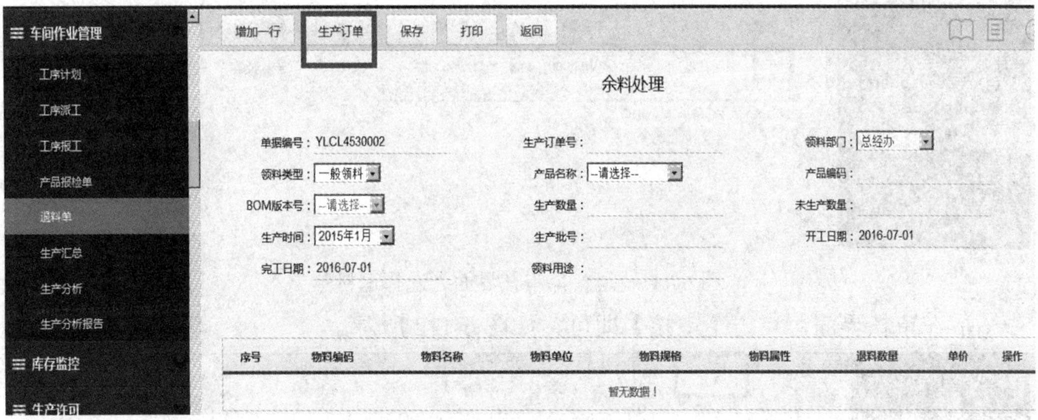

图 6-108　退料单填写界面

(3) 选择生产订单，点击【确定】，如图 6-109 所示。

图 6-109　退料单填写确定界面

(4) 确认退料单无误，点击【保存】，如图 6-110 所示。如图示例：生产订单生产数量为 3，未生产数量为 1，则要退回相应数量的原材料。

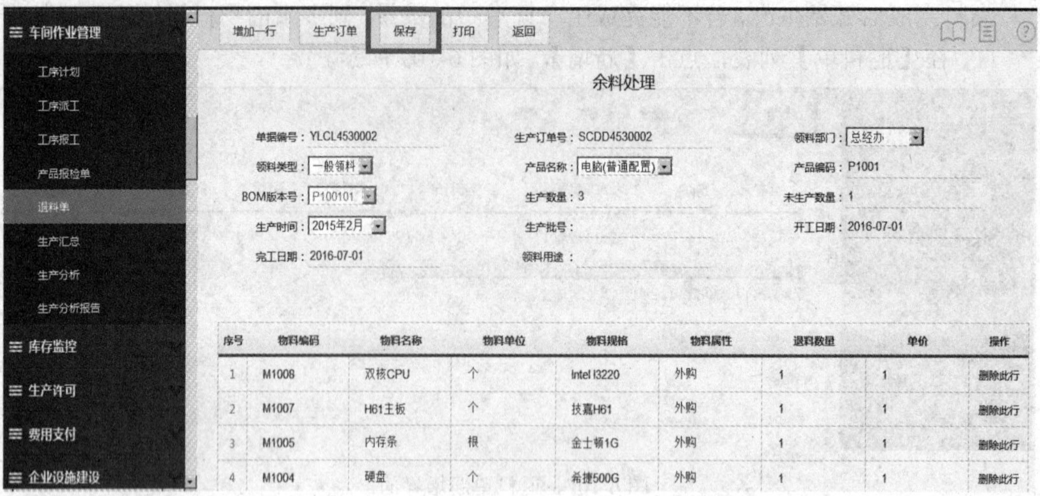

图 6-110　退料单保存界面

(5) 选择填制好退料单，点击【审核】，如图 6-111 所示。

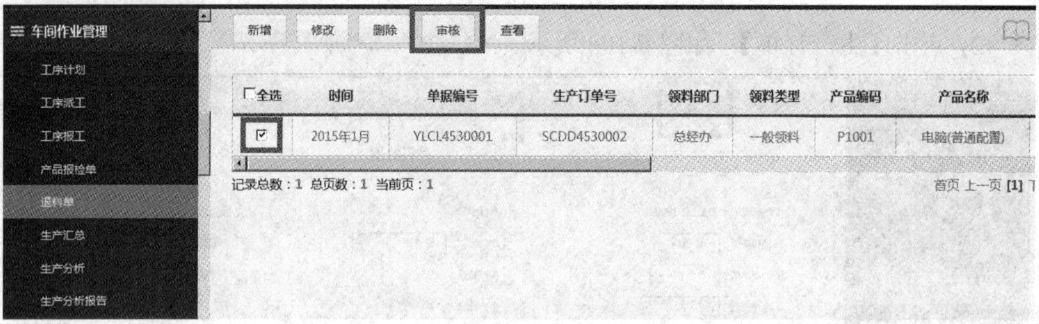

图 6-111　退料单审核界面之选择退料单

(6) 在审核界面，点击【审核】即可，如图 6-112 所示。

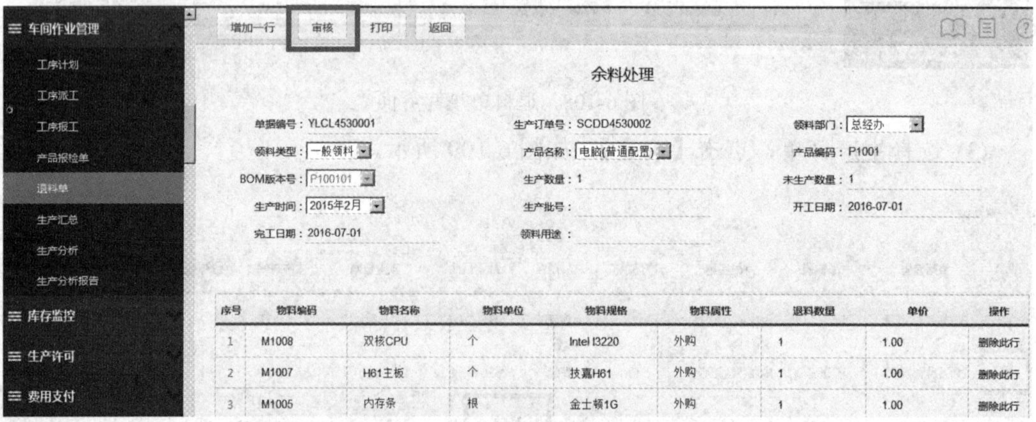

图 6-112　退料单审核界面

注：退料单填制完成后需要进行审核，审核通过后生效。

五、实训考核

(1) 指导老师在系统平台上检查各企业的生产任务是否完成。

(2) 评价各企业提交的企业生产情况。

项目小结

(1) 熟悉实训环境、熟悉平台软件。

(2) 掌握好生产部在生产设备管理、生产计划管理、物料需求计划、生产订单管理及车间作业管理的操作流程。

(3) 在生产设备管理方面，重点掌握生产线如何购买、出售、安排、转产、维护、转移及技术升级。

(4) 在生产计划管理方面主要掌握 MPS 主生产计划的制订。

(5) 在物料需求计划方面，主要掌握物料需求计划的制订及物料请购单的填制工作。

(6) 在生产订单管理方面，主要掌握生产订单的增加及领料单的填制。

(7) 在车间作业管理方面，主要掌握工序计划、工序派工、工序报工及产品报检、退料的相关操作。

思考与练习

(1) 参与本次实训的意义。

(2) 制造企业在生产环节需要注意哪些事项？

(3) 如何帮助企业做好生产决策？

(4) 找寻一家感兴趣的企业，了解其生产过程，可以对比其产品与同行业产品在生产环节的优劣之处，还可以了解其现在的产品决策和过去是否一致等一系列问题。

实训项目七　质检及物流仓储部业务操作

项目分析

质检，顾名思义即质量检验，而质量是一个企业生存的根本，没有质量，企业只是空中楼阁！产品未经质检严禁上市。

物流仓储配送服务已然成为中国电子商务最为核心的环节，能够提供一个全面完善的物流仓储配送解决方案也成为很多中小卖家，电子商务供应商、品牌商必须关注的问题。像上海智工厂仓储物流配送供应链服务商自主研发的物流仓储配送全网系统就成为了电子商务的新宠，不仅可以绑定天猫、淘宝、京东等电商后台物流平台，帮助企业卖家直接后台下单发货，而且更为重要的是能够为不同的企业卖家提供不同的仓储物流配送解决方案。智工厂可以提供低成本的物流配送模式，也可以提供最快速的物流配送方案，作为行业内为数不多的能够处理日 10 万订单量的仓储物流配送企业更是成为了很多像三主粮、匡威、上海日化等品牌商的长期合作伙伴。质检与物料仓储是企业持续经营的保障，也是连接企业的纽带。

本项目的经营流程如图 7-1 所示，需要采购部、质检部和物流仓储部配合完成。

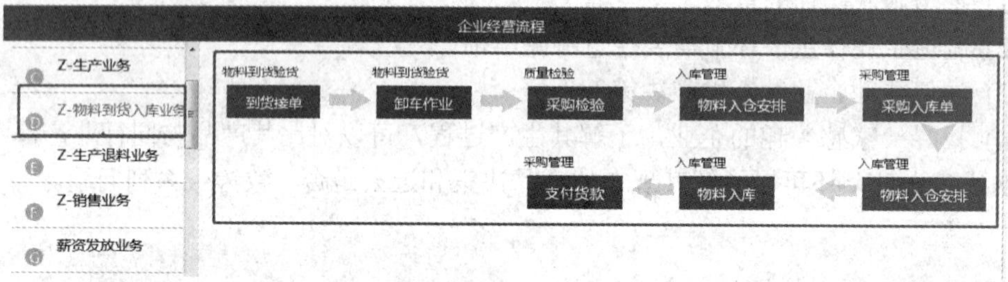

(a) 制造企业物料到货入库业务流程图

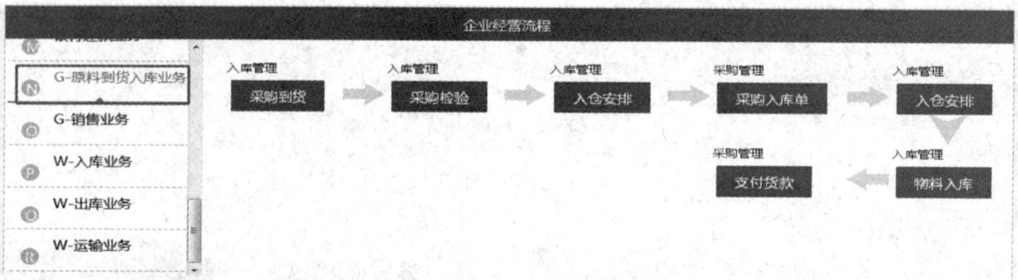

(b) 供应商原料到货入库业务流程图

图 7-1　本项目需完成的任务

项目任务

(1) 产品和物料的质量管理与质量检验。

(2) 物料到货验货、出入库管理。

知识目标

(1) 了解质量管理的要求。

(2) 了解质量检验的目标。

(3) 掌握物料的到货验货。

(4) 掌握物料和产品的入库及出库管理。

能力目标

(1) 能够对产品进行质量检验并撰写检验报告。

(2) 能够安排产品和物料的出库和入库工作。

(3) 能够进行物料到货后的验货工作。

任务一　质 量 检 验

任务目标

在跨专业综合实训平台中完成产品和物料的抽样标准、检验项目、质量标准、质检方案等质量管理操作，并能够结合已完成的质量管理操作进行采购检验、产品检验、检验报告撰写等质量检验操作。

知识链接　产品质量标准

我国现行的产品质量标准，从标准的适用范围和领域来看，主要包括国际标准、国家标准、行业标准(或部颁标准)和企业标准等。

1. 国际标准

国际标准是指国际标准化组织(ISO)、国际电工委员会(IEC)，以及其他国际组织所制定的标准。其中 ISO 是目前世界上最大的国际标准化组织，它成立于 1947 年，到 2002 年已有 117 个成员，包括 117 个国家和地区。ISO 现已制定 10300 多个标准，主要涉及各个行业各种产品的技术规范。IEC 也是比较大的国际标准化组织，它主要负责电工、电子领域的标准化活动。

2. 国家标准

国家标准是对需要在全国范围内统一的技术要求，由国务院标准化行政主管部门制定的标准。1988 年，我国仿效国际标准化组织(ISO)在 1987 年发布的《质量管理和质量保证标准》等编制了国家标准，编号为 GB/T10300 系列。国家标准在编写格式、技术内容上与国际标准有较大的差别。

从 1993 年 1 月 1 日起，我国实施等同于 ISO9000 系列标准的 GB/T19000—ISO9000 系列，其技术内容和编写方法与 ISO9000 系列相同，使产品质量标准与国际同轨，以利于适应“复关”形势。我国的国家标准等同于现行的 ISO9000：2000 标准，编号为 GB/T19000—2000 系列。

3. 行业标准

行业标准又称为部颁标准，由国务院有关行政主管部门制定并报国务院标准行政主管部门备案，在公布国家标准之后，该项行业标准即行废止。当某些产品没有国家标准但又需要在全国某个行业范围内统一技术要求时，则可以制定行业标准。

4. 企业标准

企业标准主要是针对企业生产的产品没有国家标准和行业标准的情况，因而要制定企业标准作为组织生产的依据。企业的产品标准需报当地政府标准化行政主管部门和有关行政主管部门备案。已有国家标准或者行业标准的，国家鼓励企业制定严于国家标准或者行业标准的企业标准。企业标准只能在企业内部适用。

产品质量标准规定产品质量特性应达到的技术要求。产品质量标准是产品生产、检验和评定质量的技术依据。

产品质量特性一般以定量表示，例如强度、硬度、化学成分等；对于难以直接定量表示的，如舒适、灵敏、操作方便性等，则通过产品和零部件的试验研究，确定若干技术参数，以间接定量反映产品质量特性。

技能训练　质量检验

一、实训目的

(1) 掌握质量管理中的抽样标准、检验项目、质量标准和质检方案等操作。

(2) 掌握质量管理的时间。

(3) 掌握质量检验中的采购检验、产品检验和检验报告撰写等操作。

二、实训器材

电脑、现代企业运营综合仿真实训平台软件与配套教材。

三、注意事项

(1) 在产品检验之前必须完成质量管理的流程。

(2) 填制产品检验单时，允许数量、合格数量、取样数量、取样合格数量这四项数据的填入都等于报检数量。

四、实训操作

此环节由质检部门负责，包含质量管理和质量检验两个操作环节。其中质量管理包含抽样标准、检验项目、质量标准和质检方案等流程。质量检验包含采购检验、产品检验和检验报告撰写等流程。

(一) 质量管理

1. 抽样标准

(1) 以质检行政人员的账号、密码登录软件平台，选择【我的实验】→【进入】，制造企业选择【核心企业区】，再选择【制造公司实训】进入企业平台。

(2) 选择【质量管理】→【抽样标准】，在抽样标准列表点击【新增】，如图 7-2 所示。

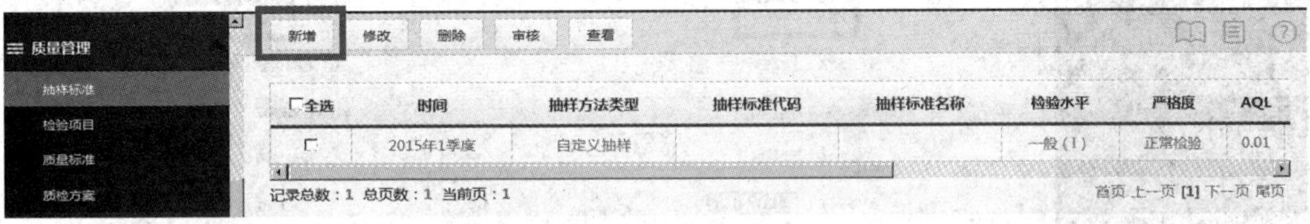

图 7-2 新增抽样标准页面

(3) 选择【抽样方法类型】，输入【抽样标准代码】、【抽样标准名称】，选择【检验水品】、【严格度】、【AQL】，点击【增加一行】，输入【批量大小】、【样本大小字码】、【样本数】、【允许量】、【拒收数】，点击【保存】，如图 7-3 所示。

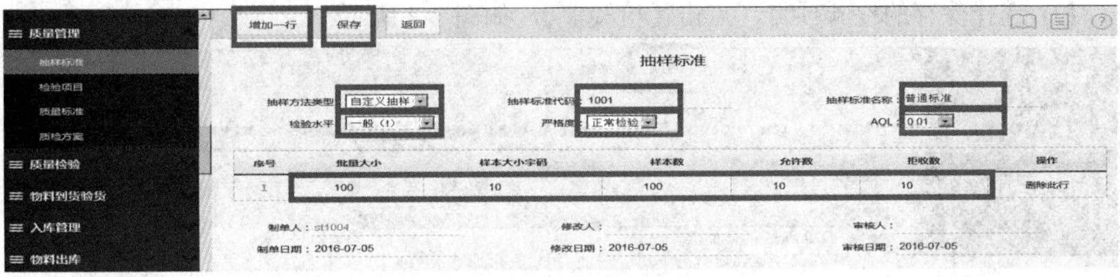

图 7-3 保存抽样标准页面

注：AQL(Acceptable Quality Limit)，即接收质量限，指当一个连续系列被批提交检验时，可允许的最差过程平均质量水平。

(4) 选择保存的抽样标准，点击【审核】，如图 7-4 所示。

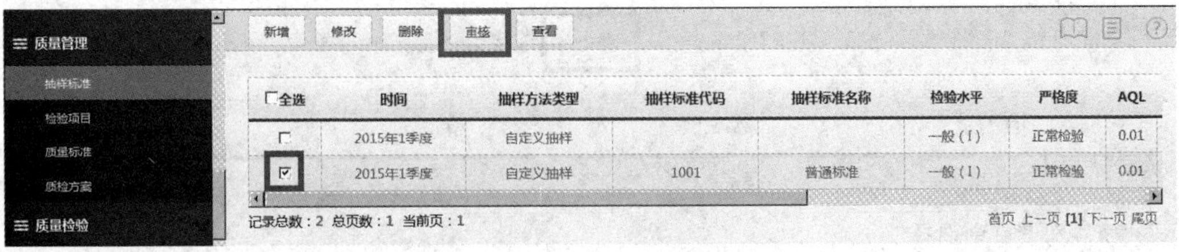

图 7-4 审核抽样标准页面

注：在产品检验之前必须完成抽样标准设计。

2. 检验项目

(1) 选择【质量管理】→【检验项目】，在检验项目列表点击【新增】，如图 7-5 所示。

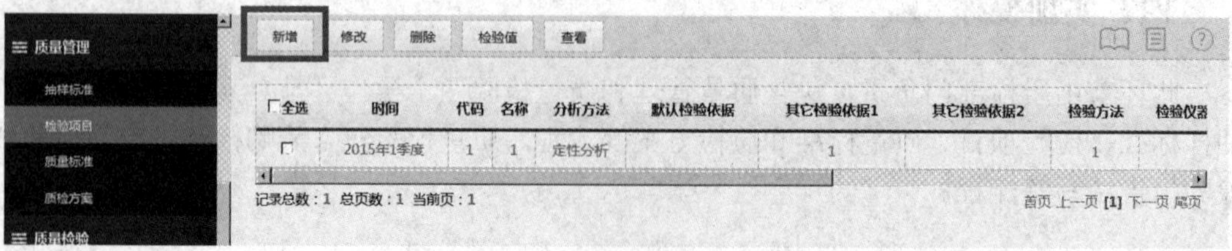

图 7-5　新增检验项目页面

(2) 输入【代码】、【名称】等信息，点击【保存】，如图 7-6 所示。

图 7-6　保存检验项目页面

(3) 选择保存的检验项目，点击【检验值】，如图 7-7 所示。

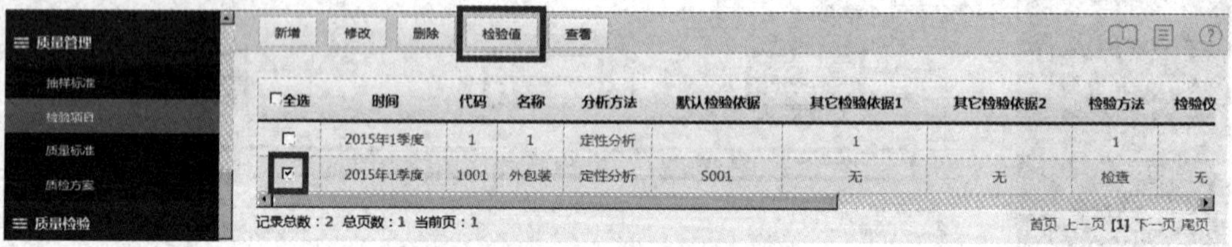

图 7-7　检验项目检验值页面

(4) 输入检验值的【代码】和【名称】，点击【保存】，如图 7-8 所示。

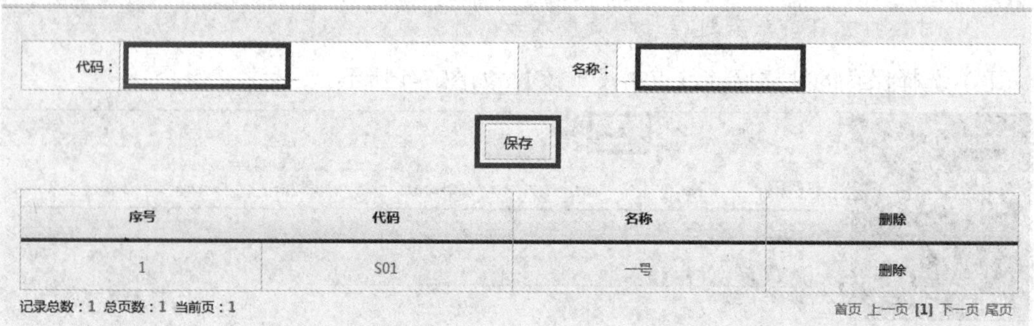

图 7-8　保存检验值页面

注：在产品检验之前必须完成检验项目设计。

3. 质量标准

(1) 选择【质量管理】→【质量标准】，在质量标准列表点击【新增】，如图 7-9 所示。

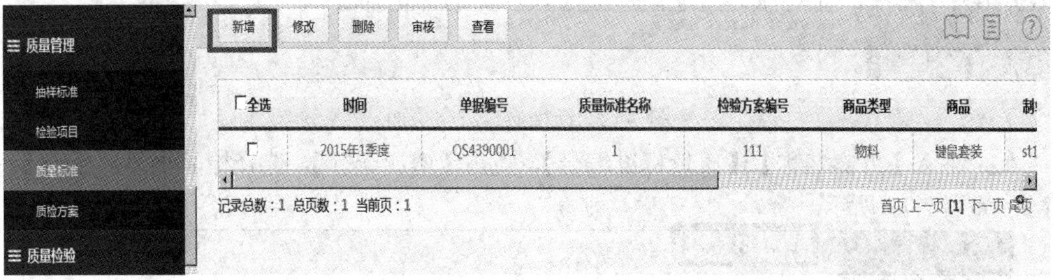

图 7-9　新增质量标准页面

(2) 输入【质量标准名称】、【检验方案编号】，选择【商品类型】、【名称】，点击【增加一行】，选择检验项目，点击【保存】，如图 7-10 所示。

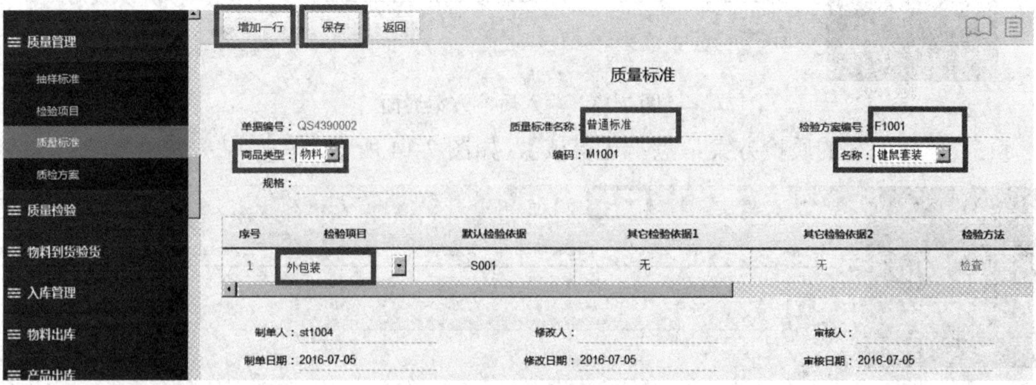

图 7-10　保存质量标准页面

(3) 选择保存的质量标准，点击【审核】，如图 7-11 所示。

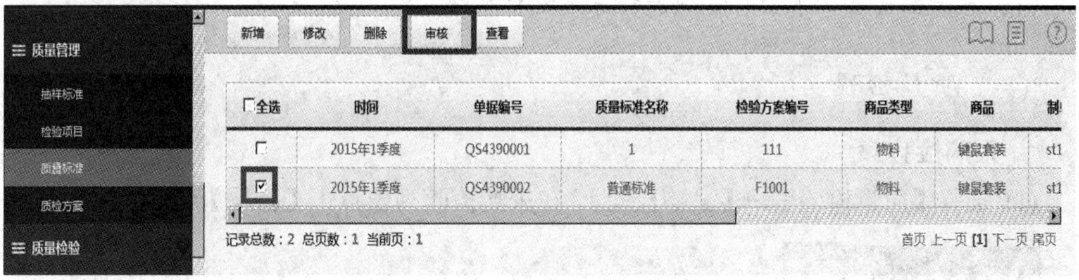

图 7-11　审核质量标准页面

(4) 在审核界面点击【审核】即可。

注：在产品检验之前必须完成质量标准设计。

4. 质检方案

(1) 选择【质量管理】→【质检方案】，在质检方案列表点击【新增】，如图 7-12 所示。

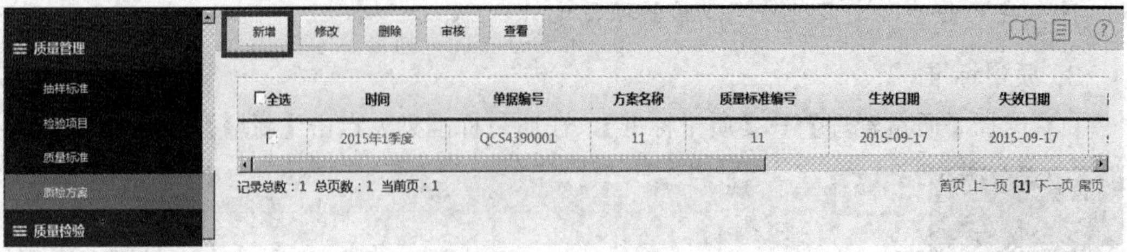

图 7-12　新增质检方案页面

(2) 输入【方案名称】、【质量标准编号】，点击【增加一行】，选择检验项目，点击【保存】，如图 7-13 所示。

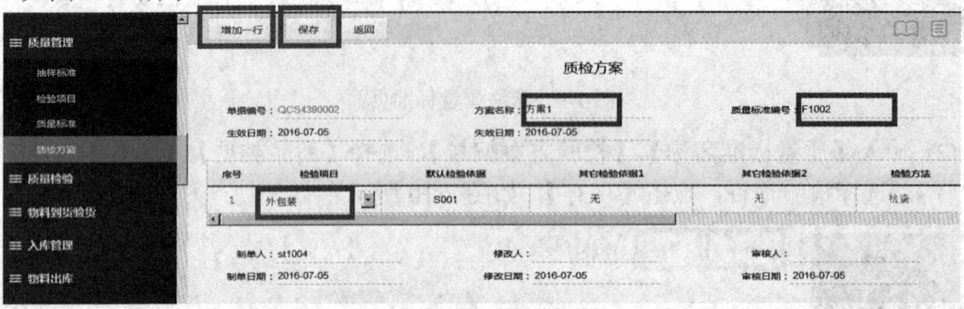

图 7-13　输入质检方案界面

(3) 选择保存的质检方案，点击【审核】，如图 7-14 所示。

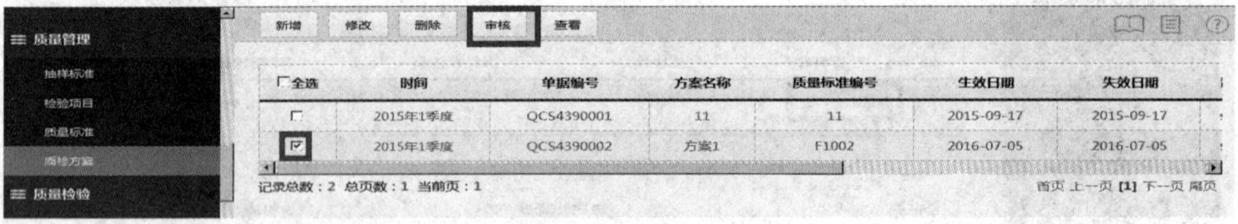

图 7-14　审核质检方案页面

(4) 在审核界面点击【审核】即可。

注：在产品检验之前必须完成质检方案设计。

(二) 质量检验

1. 采购检验

(1) 选择【质量检验】→【采购检验】，在采购检验列表点击【新增】，如图 7-15 所示。

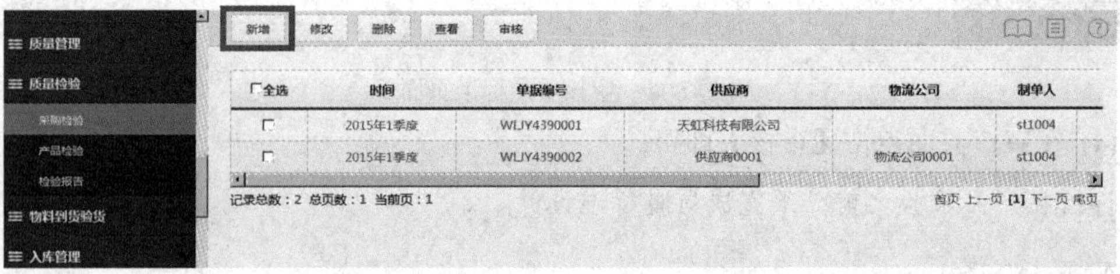

图 7-15　新增采购检验页面

(2) 点击【到货单】，如图 7-16 所示。

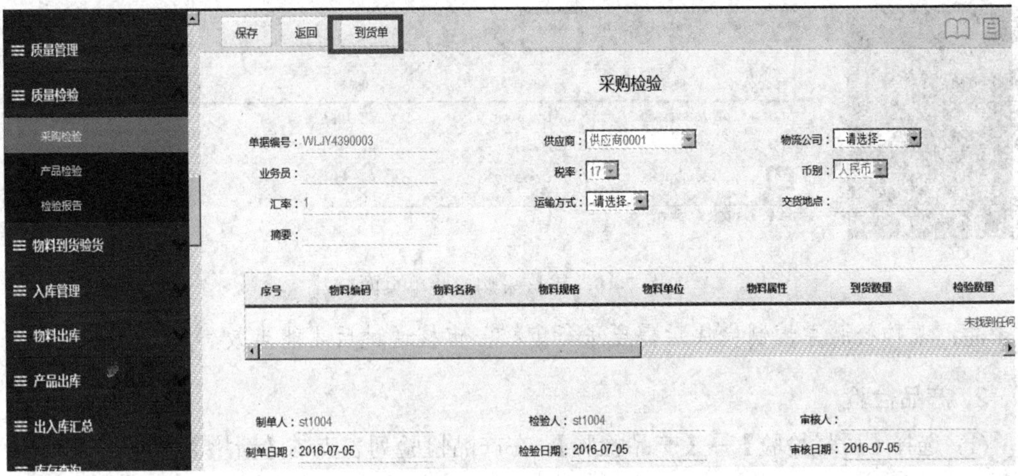

图 7-16　选择到货单页面

注：新增采购检验单可选择调取物料到货单的方式进行采购检验信息的添加。

(3) 选择到货单，点击【确定】，如图 7-17 所示。

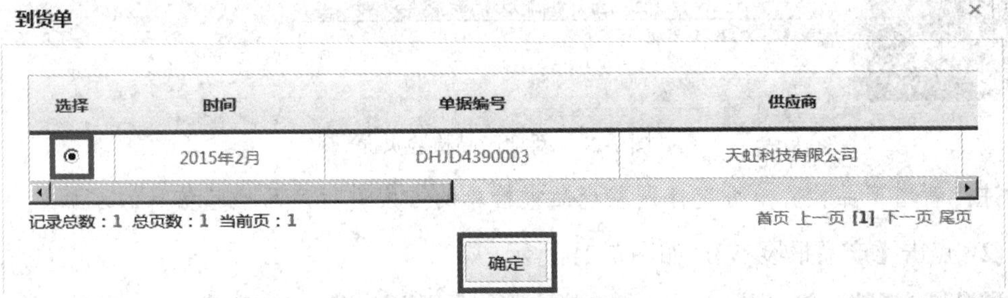

图 7-17　确定到货单页面

(4) 采购检验单内容自动加载，点击【保存】，如图 7-18 所示。

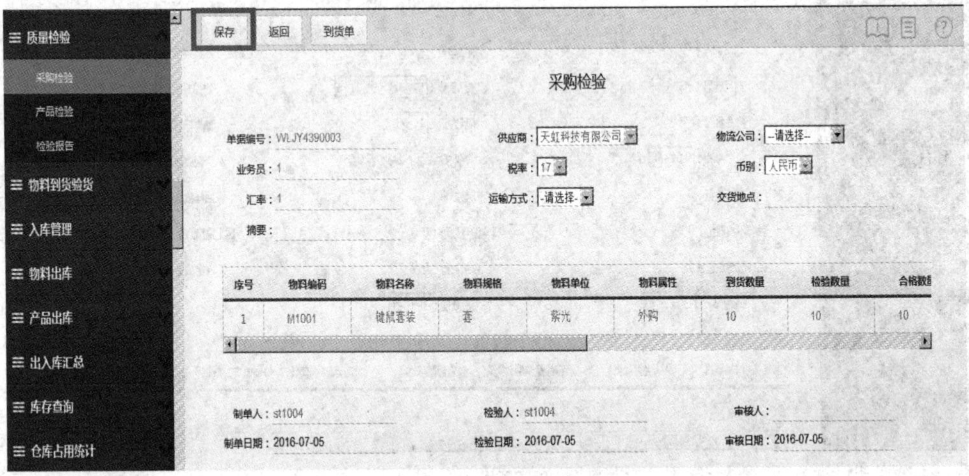

图 7-18　保存采购检验单页面

(5) 选择保存的采购检验单，点击【审核】，如图 7-19 所示。

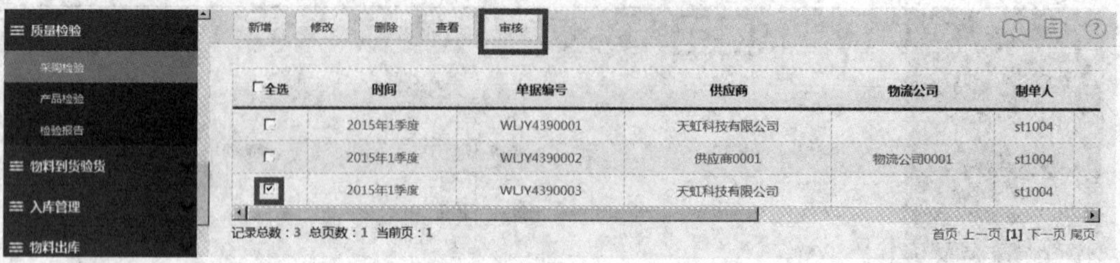

图 7-19　审核采购检验单页面

注：采购检验单填制完成后需要进行审核，审核通过后才能生效。

2. 产品检验

(1) 选择【质量检验】→【产品检验】，在产品检验列表点击【新增】，如图 7-20 所示。

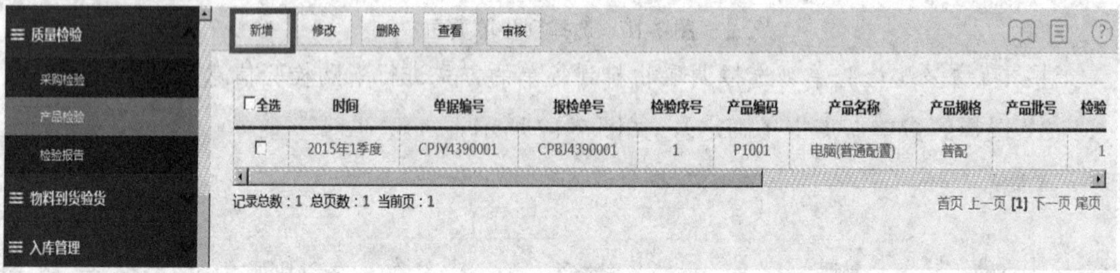

图 7-20　新增产品检验页面

注：新增产品检验单可选择调取产品报检单的方式进行产品检验信息的添加。

(2) 点击【产品报检单】，如图 7-21 所示。

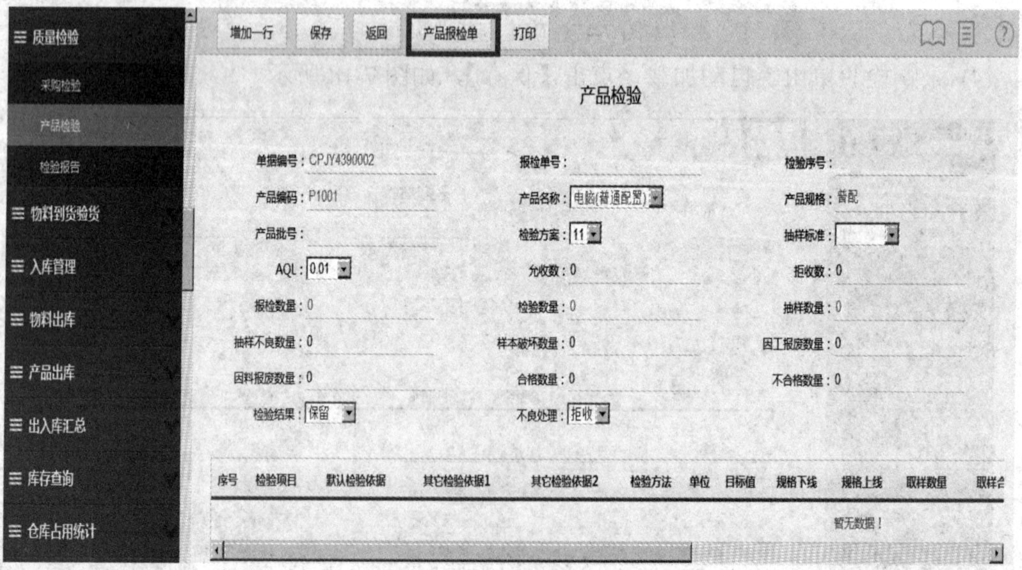

图 7-21　选择产品报检单页面

(3) 选择产品报检单，点击【确定】，如图 7-22 所示。

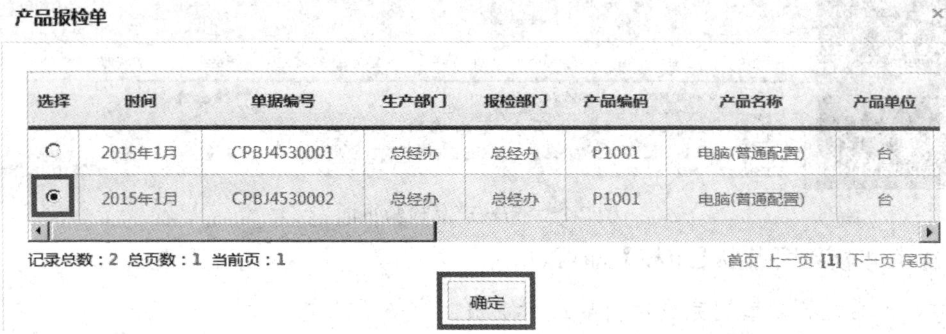

图 7-22 确定产品报检单页面

(4) 输入【检验序号】、【允许数】(等于报检数量)、【合格数量】(等于报检数量)，选择【检验方案】、【抽样标准】，如图 7-23 所示。

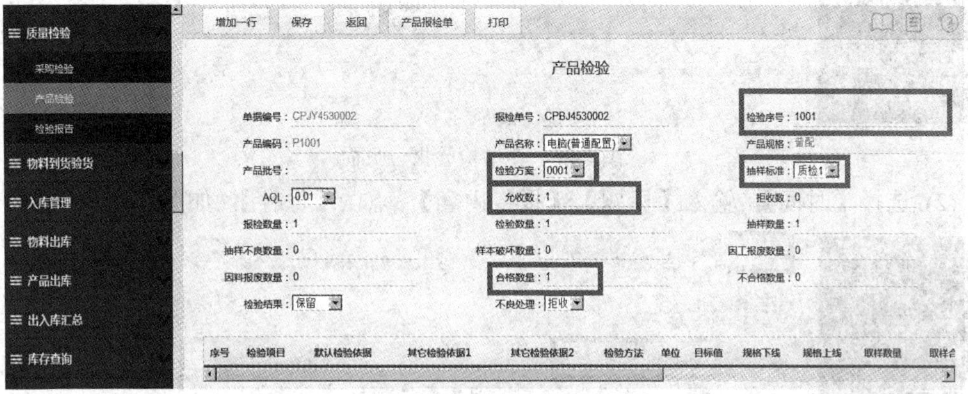

图 7-23 输入产品检验信息页面

(5) 点击【增加一行】，选择【检验项目】，向右拖动滚动条，输入【取样数量】(等于报检数量)、【取样合格数量】(等于【报检数量】，点击【保存】，如图 7-24 所示。

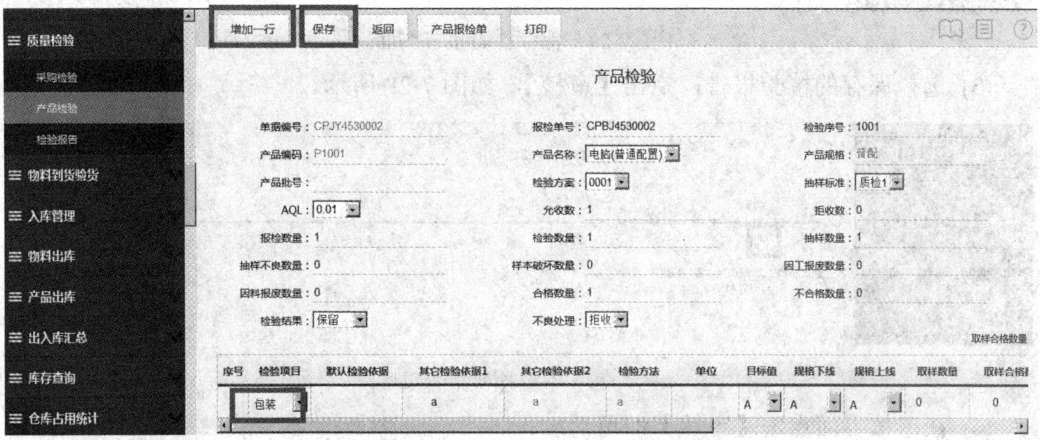

图 7-24 输入产品检验项目数量信息界面

(6) 选择保存的产品检验单，点击【审核】，如图 7-25 所示。

图 7-25　审核产品检验页面

(7) 在审核界面点击【审核】即可。

注：产品检验单填制完成后需要进行审核，审核后才能生效。

3. 检验报告撰写

(1) 选择【质量检验】→【检验报告】，在检验报告列表点击【新增】，如图 7-26 所示。

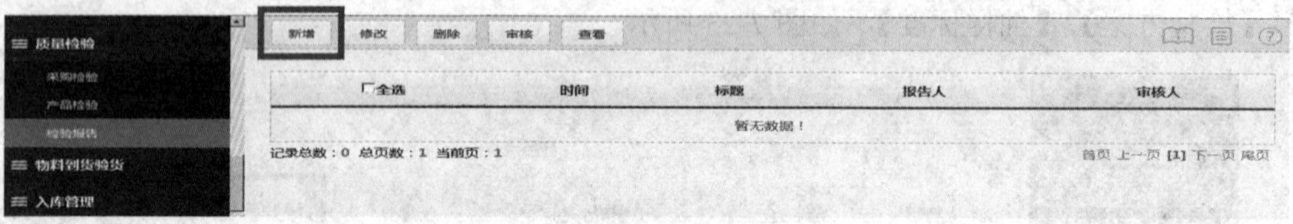

图 7-26　新增检验报告页面

(2) 选择【时间】，输入【标题】、【报告内容】，点击【保存】，如图 7-27 所示。

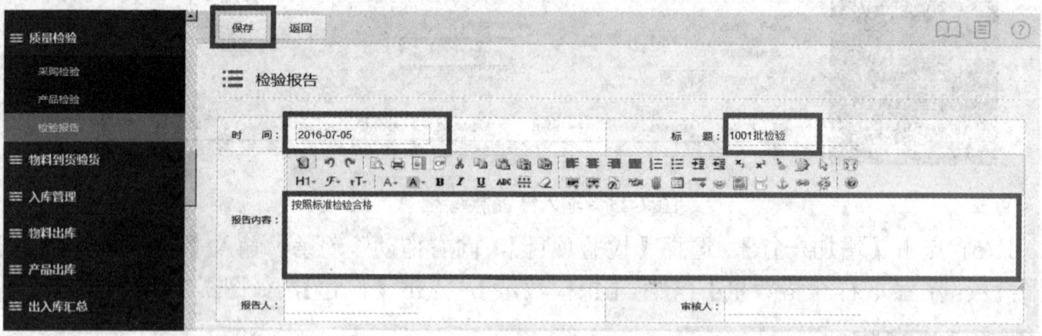

图 7-27　保存检验报告页面

(3) 选择保存的检验报告，点击【审核】，如图 7-28 所示。

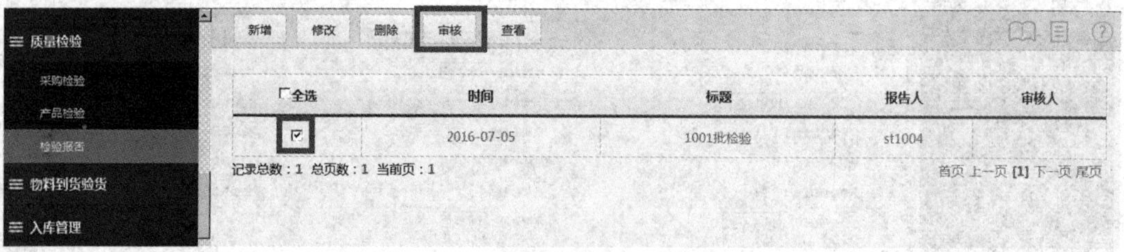

图 7-28　审核检验报告页面

(4) 在审核界面点击【审核】即可。

注：每批产品检验完成后都需填制检验报告。

五、实训考核

指导老师在系统平台上检查学生是否依次对所购产品进行产品的质量管理和质量检验。

任务二　物流仓储

任务目标

能够进行到车接单、卸车作业，物料、产品和退料的入仓与入库工作，以及物料出库和产品出库作业。

知识链接　仓储管理在物流管理中的地位

仓储管理在物流管理中占据着核心地位，是供应链管理的核心环节。这是因为仓储总是出现在物流各环节的结合部，例如采购与生产之间、生产的初加工与精加工之间、生产与销售之间、批发与零售之间、不同运输方式转换之间，等等。仓储是物流各环节之间存在不均衡性的表现，仓储也正是解决这种不均衡性的手段。仓储环节集中了上下游流程整合的所有矛盾，仓储管理就是在实现物流流程的整合。如果借用运筹学的语言来描述仓储管理在物流中的地位，即在运输条件为约束力的情况下，寻求最优库存(包括布局)方案作为控制手段，使得物流达到总成本最低的目标。在许多具体案例中，物流的整合、优化实际上都归结为仓储的方案设计与运行控制。

这里必须说明一点，传统物流与现代物流的最大差别也体现在库存环节上。传统仓储业是以收保管费为商业模式的，它们希望自己的仓库总是满满的，这种模式与物流的宗旨背道而驰。现代物流以整合流程、协调上下游为己任，静态库存越少越好，其商业模式也建立在物流总成本的考核之上。

技能训练　物流仓储业务处理

一、实训目的

(1) 掌握物料到货验货工作。
(2) 掌握入库管理业务。
(3) 掌握物料出库业务。
(4) 掌握产品的出库作业。

二、实训器材

电脑、现代企业运营综合仿真实训平台软件与配套教材。

三、注意事项

(1) 物料入库、退料入库、产品入仓安排单中，安排数量之和不能大于可用容量。
(2) 物料入库安排审核的条件为调取的采购检验单已经完成了采购入库单业务。
(3) 产品拣货数量不能大于库存数量，也不能大于出库数量。
(4) 拣货审核后的物料必须进行生产，生产的剩余物料可填写退料单进行退料处理。
(5) 已出库的发货单不允许进行再次出库。

四、实训操作

此环节的物料仓储部由系统中的物料部负责，包含了四大环境，分别是物料到货验货、入库管理、物料出库和产品出库。其中各环节又包含小的流程环节，属于操作任务较多的部门，所涉及的情景也较多。

(一) 物料到货验货

1. 到货接单

(1) 以物料部人员的账号、密码登录软件平台，选择【我的实验】→【进入】，制造企业选择【核心企业区】，再选择【制造公司实训】进入企业平台。

(2) 选择【物料到货验货】→【到货接单】，在到货接单列表点击【新增】，如图 7-29 所示。

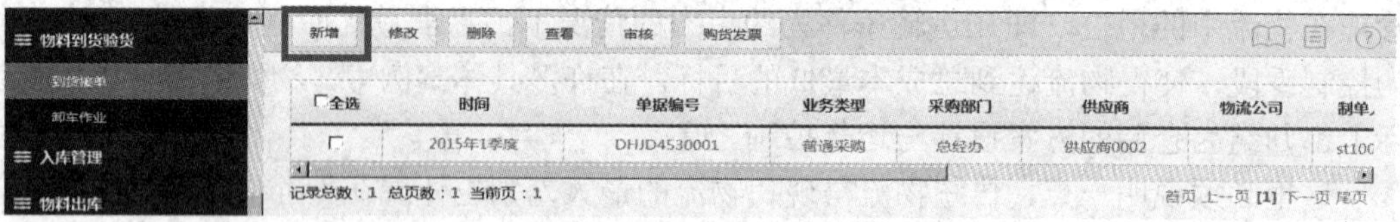

图 7-29　新增到货接单页面

注： 新增到货接单可选择调取采购订单的方式进行物料到货信息的添加。此环节在采购部门收到到货接单后，告知物流部人员进行操作。

(3) 在到货接单页面，点击【采购订单】，如图 7-30 所示。

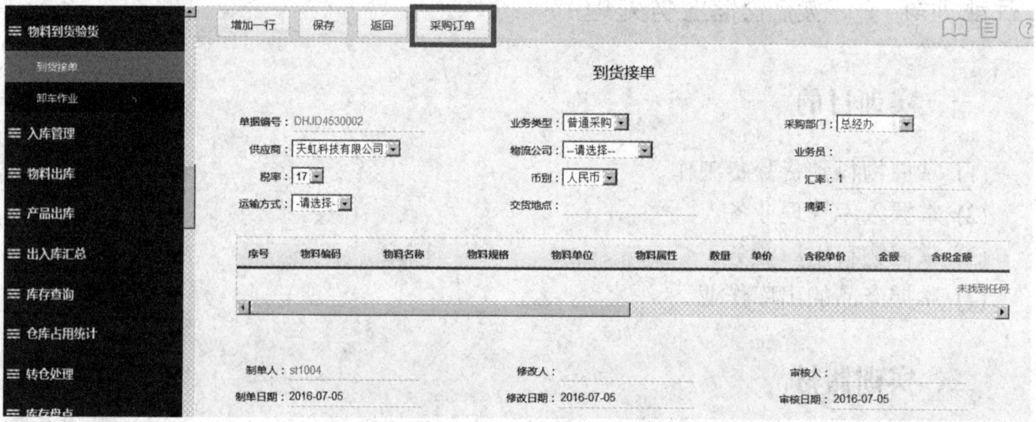

图 7-30　选择采购订单页面

注：采购订单的需求时间(即到货时间)需小于等于当前环境时间。

(4) 选择采购订单，点击【确定】。

(5) 到货接单表格内容自动加载，点击【保存】，如图 7-31 所示。

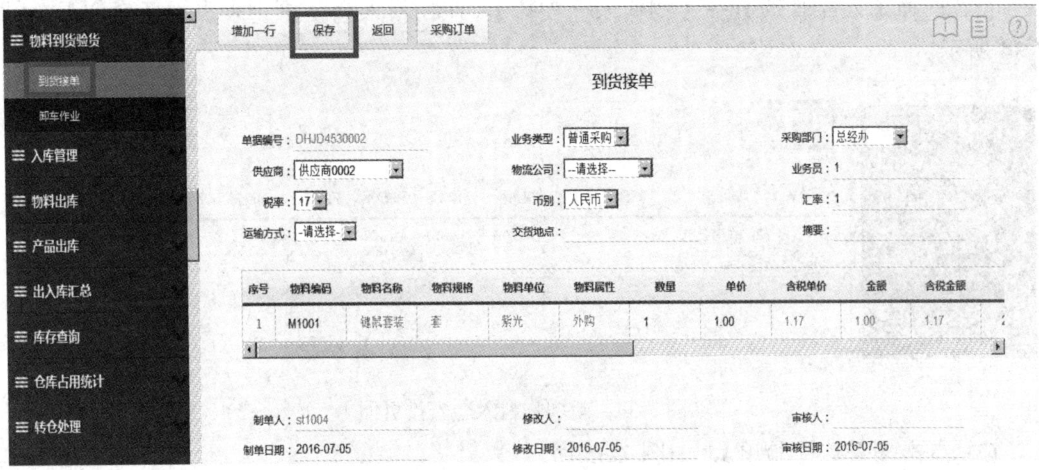

图 7-31 保存到货接单页面

(6) 选择保存后的到货接单，点击【审核】，如图 7-32 所示。

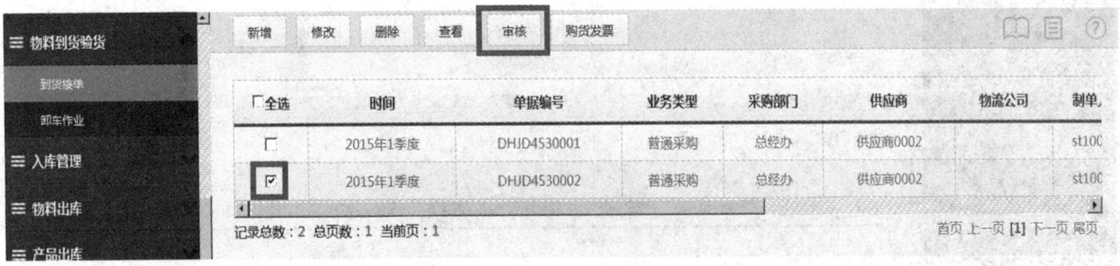

图 7-32 审核到货接单页面

(7) 在审核界面点击【审核】即可。

注：到货接单填制完成后需要进行审核，审核通过后生效。

2. 卸车作业

(1) 选择【物料到货验货】→【卸车作业】。

(2) 选择到货单，点击【卸车】，如图 7-33 所示。

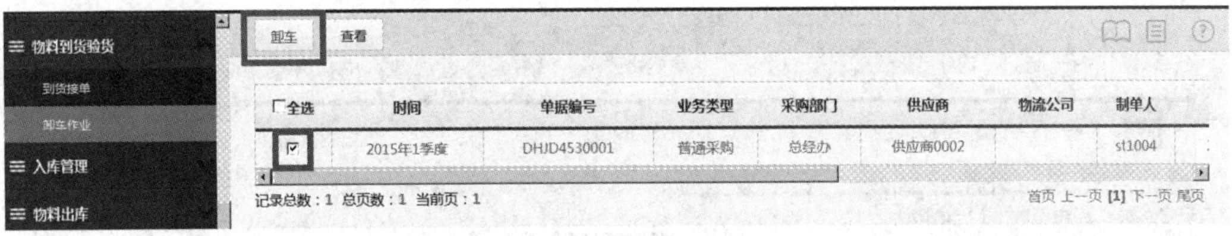

图 7-33 卸车作业操作页面

注：针对到货后的物料，需要进行卸车作业。

(二) 入库管理

1. 物料入仓安排

(1) 选择【入库管理】→【物料入仓安排】，在物料入仓安排列表点击【新增】，如图7-34 所示。

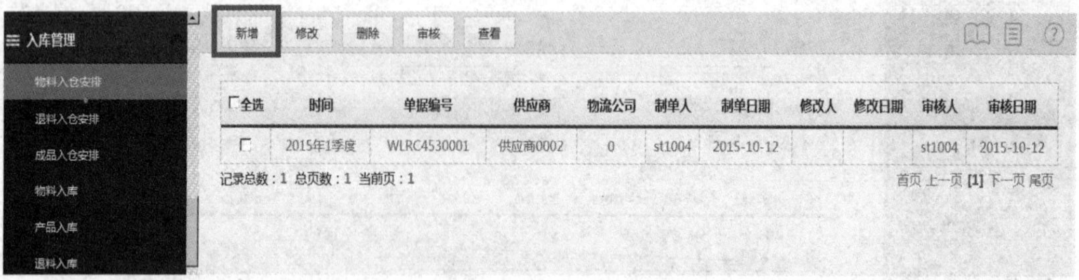

图 7-34　新增物料入仓安排页面

(2) 点击【采购检验单】，如图 7-35 所示。

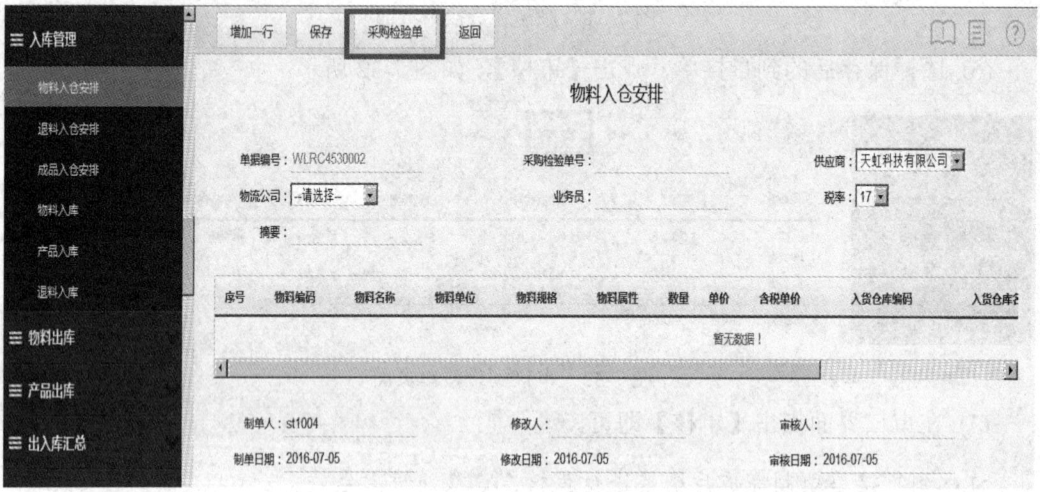

图 7-35　选择采购检验单页面

(3) 选择采购检验单，点击【确定】，如图 7-36 所示。

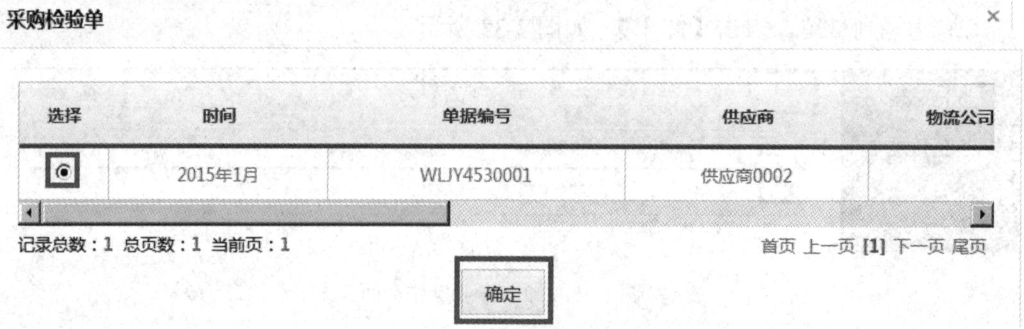

图 7-36　确定采购检验单界面

(4) 选择每个物料的【入货仓库编码】，输入每个物料的【安排数量】，点击【保存】如图 7-37 所示。

图 7-37　输入物料入仓安排界面

注： 表格内容自动加载，向右拖动滚动条可选择每个物料的入货仓库编码。填制物料入仓安排时，入货仓库编码栏可选择安排物料所需的入货仓库，安排数量之和不能大于可用容量。

(5) 选择保存后的物料入仓安排，点击【审核】，如图 7-38 所示。

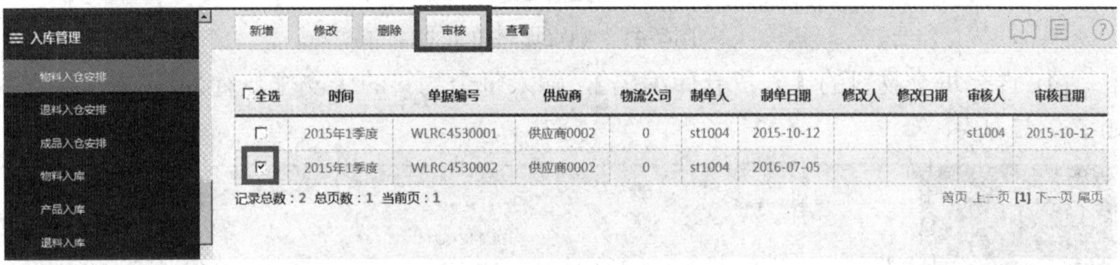

图 7-38　审核物料入仓安排页面

注： 物料入仓安排单审核的条件为调取的采购检验单已经完成采购入库单业务。

(6) 在审核界面点击【审核】即可。

注： 物料入仓安排单填制完成后需要进行审核，审核通过后才能生效。

2. 退料入仓安排

(1) 选择【入库管理】→【退料入仓安排】，在退料入仓安排列表点击【新增】，如图 7-39 所示。

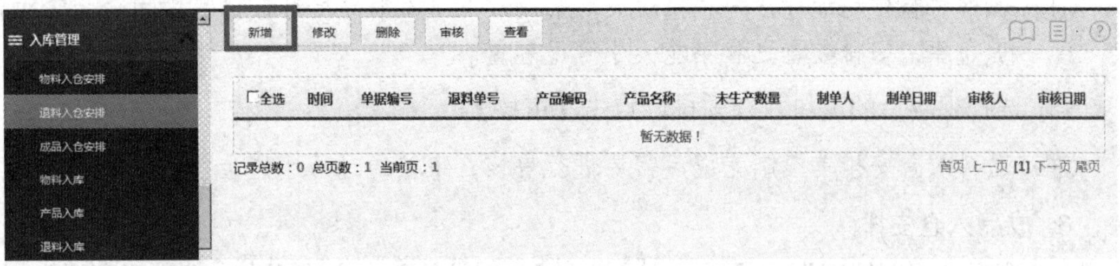

图 7-39　新增退料入仓安排页面

(2) 点击【退料单】，如图 7-40 所示。

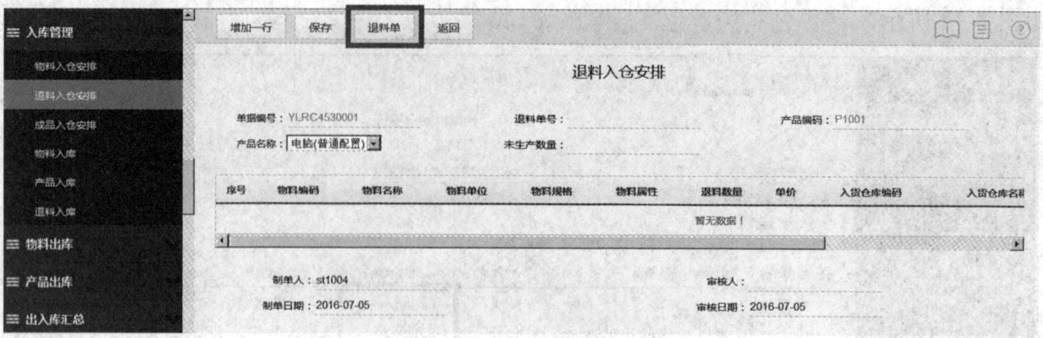

图 7-40　选择退料单页面

注： 新增退料入仓安排单可选择调取退料单的方式进行物料入仓信息的添加。

(3) 选择退料单，点击【确定】，如图 7-41 所示。

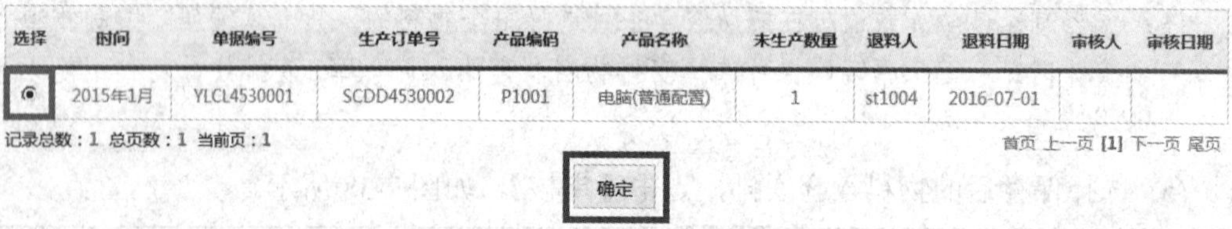

图 7-41　确定退料单页面

(4) 选择每个物料的【入货仓库编码】，输入每个物料的【安排数量】，点击【保存】，如图 7-42 所示。

图 7-42　保存退料入仓安排界面

注： 表格内容自动加载，向右拖动滚动条，入货仓库编码栏可选择安排物料所需的入货仓库，安排数量之和不能大于可用容量。

(5) 选择保存后的退料入仓安排，点击【审核】。

注： 退料入仓安排单填制完成后需要进行审核，审核通过后才能生效。

3. 成品入仓安排

(1) 选择【入库管理】→【成品入仓安排】，在成品入仓安排列表中点击【新增】，如

图 7-43 所示。

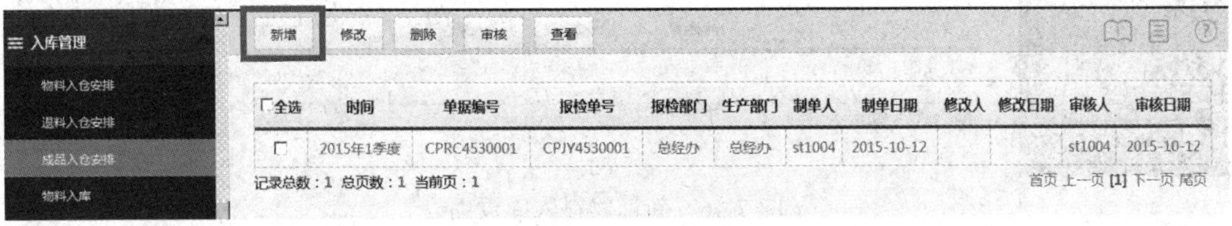

图 7-43　新增成品入仓安排页面

(2) 在成品入仓安排页面中，点击【检验单】，如图 7-44 所示。

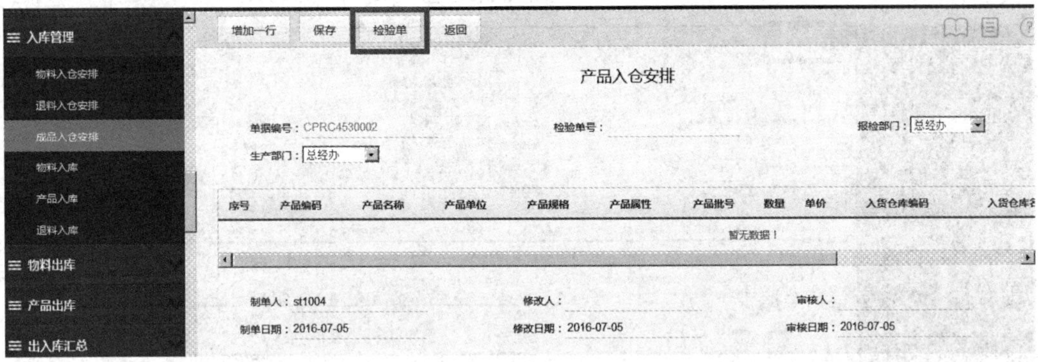

图 7-44　选择检验单页面

(3) 选择检验单后，点击【确定】。

(4) 选择每个产品的【入货仓库编码】，输入每个产品的【安排数量】，点击【保存】，如图 7-45 所示。

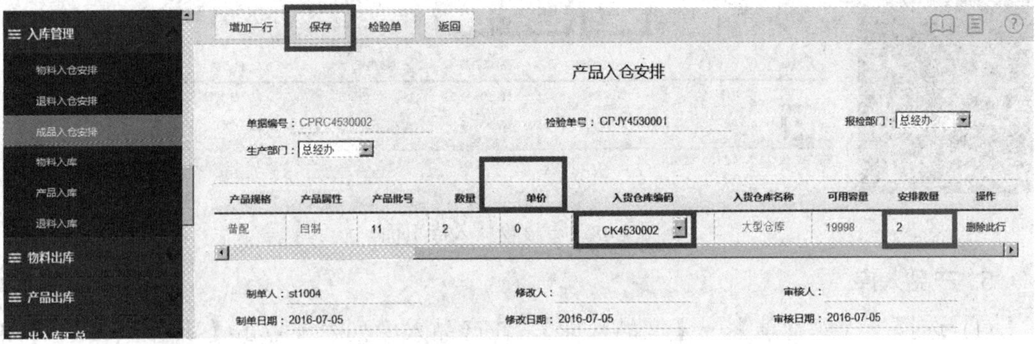

图 7-45　保存成品入仓安排页面

注：表格内容会自动加载，向右拖动滚动条，填制成品入仓安排单时入货仓库编码栏可选择安排产品所需的入货仓库，安排数量之和不能大于可用容量。

(5) 选择保存后的成品入仓安排，点击【审核】。

4. 物料入库

(1) 选择【入库管理】→【物料入库】，在物料入库列表中点击【新增】，如图 7-46 所示。

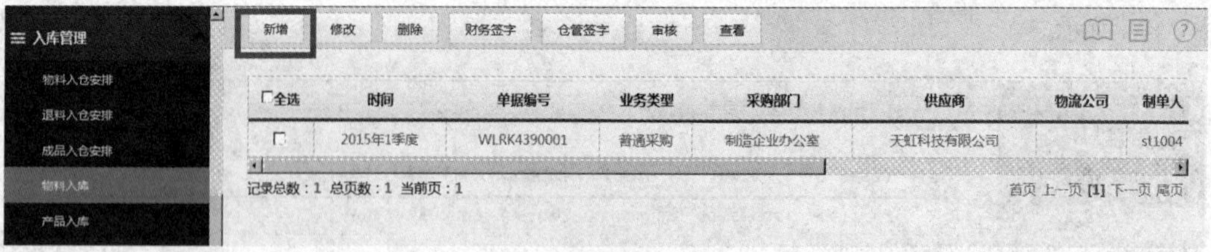

图 7-46 新增物料入库页面

(2) 在出现的物料入库单中，点击【检验单】，然后选择检验单。

(3) 选好检验单后，点击【确定】。

(4) 选择每个产品的【入库时间】，点击【保存】，如图 7-47 所示。

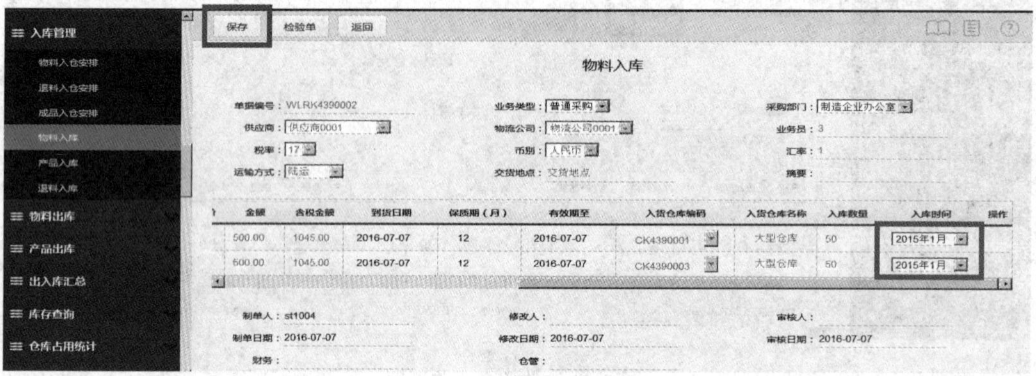

图 7-47 保存物料入库页面

(5) 选择保存后的物料入库单，进行【审核】、【仓管签字】、【财务签字】，如图 7-48 所示。

图 7-48 审核物料入库页面

5. 产品入库

(1) 选择【入库管理】→【产品入库】，在产品入库列表中点击【新增】，如图 7-49 所示。

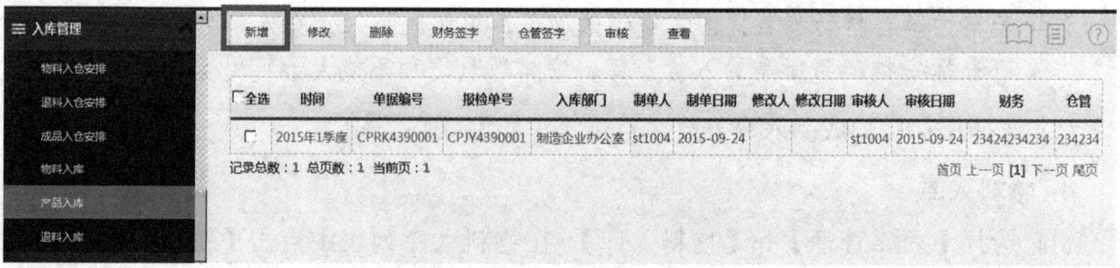

图 7-49 新增产品入库页面

(2) 在产品入库单中点击【检验单】，选择检验单，点击【确定】，如图 7-50 所示。

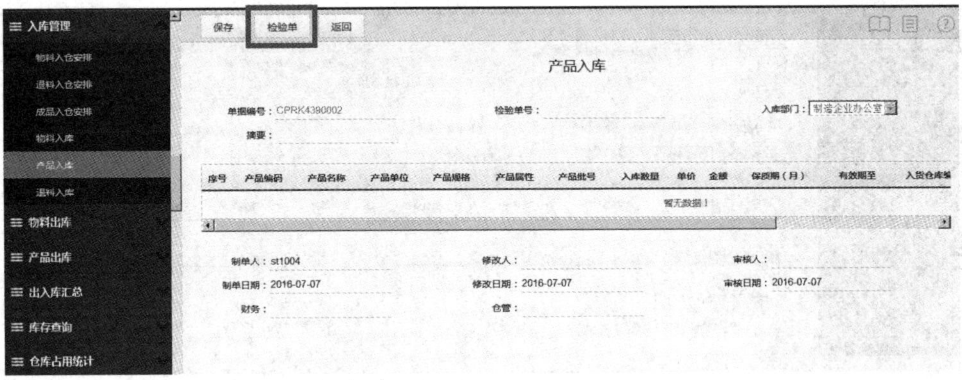

图 7-50　确定产品入库检验单界面

(3) 在产品入库单中，表格内容自动加载，向右拖动滚动条，选择每个产品的【入库时间】，点击【保存】，如图 7-51 所示。

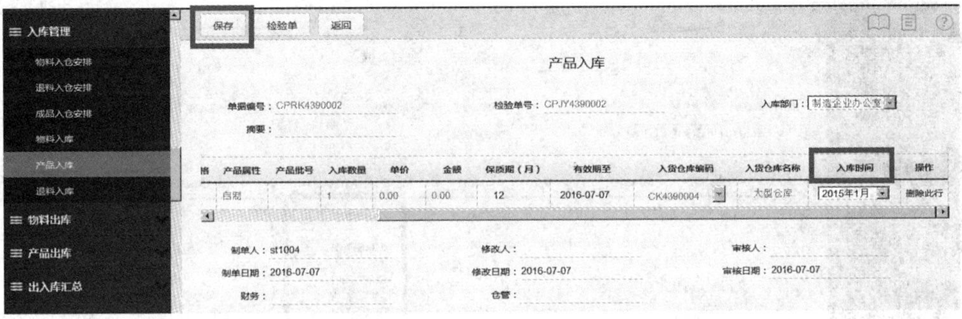

图 7-51　保存产品入库时间界面

(4) 选择保存后的产品入库单，进行【审核】、【仓管签字】、【财务签字】，如图 7-52 所示。

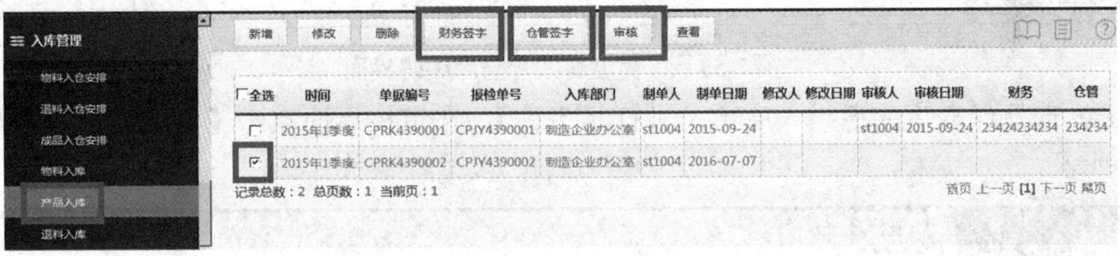

图 7-52　审核产品入库页面

6. 退料入库

(1) 选择【入库管理】→【退料入库】，在退料入库列表中点击【新增】，如图 7-53 所示。

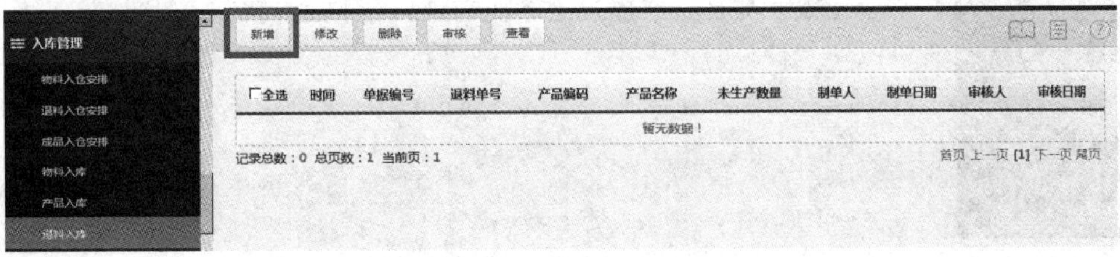

图 7-53　新增退料入库页面

(2) 在退料入库单中点击【退料单】，选择退料单，点击【确定】，如图 7-54 所示。

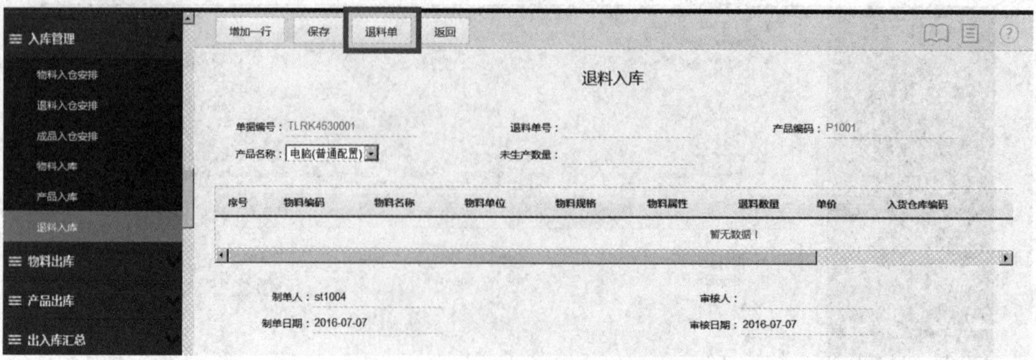

图 7-54　确定退料入库单界面

(3) 表格内容自动加载，向右拖动滚动条，选择每个物料的【入货仓库编码】，点击【保存】如图 7-55 所示。

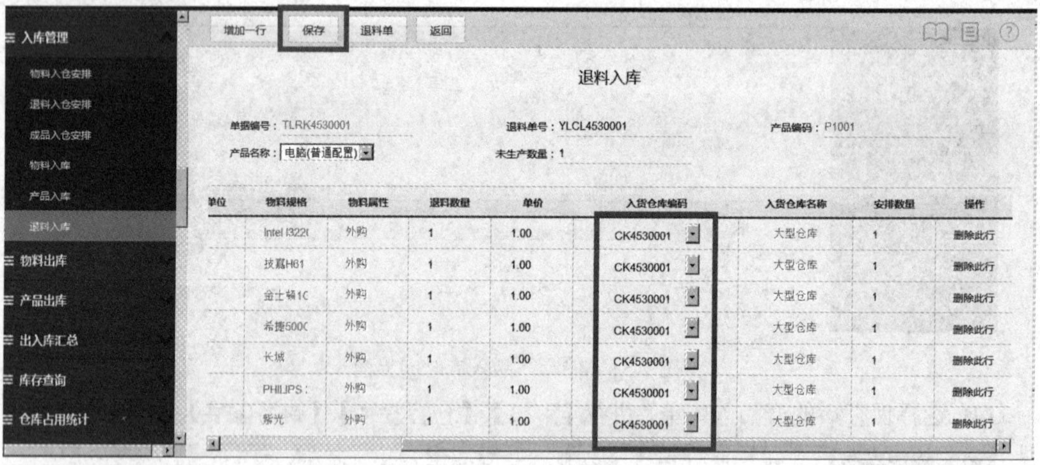

图 7-55　保存退料入货仓库编码界面

(4) 选择保存后的退料入库单，进行【审核】，在审核界面点击【审核】即可，如图 7-56 所示。

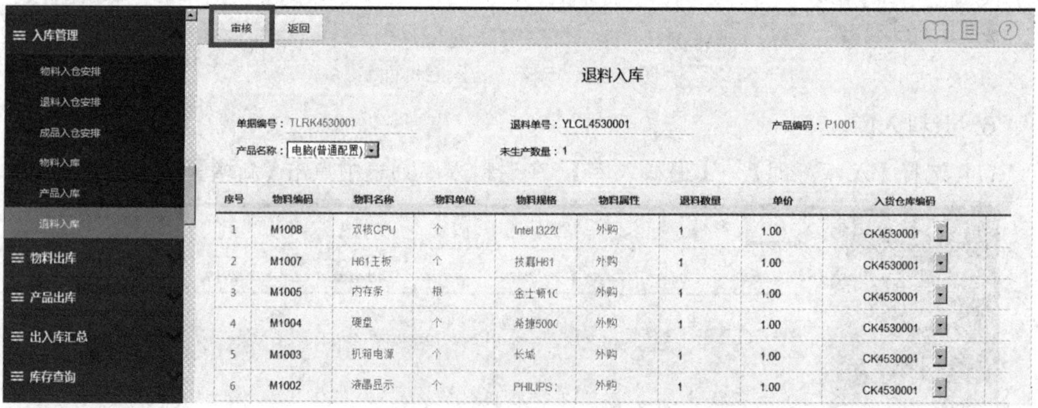

图 7-56　审核退料入库页面

(三) 物料出库

1. 物料拣货

(1) 选择【物料出库】→【物料拣货】，在物料拣货列表中点击【新增】，如图 7-57 所示。

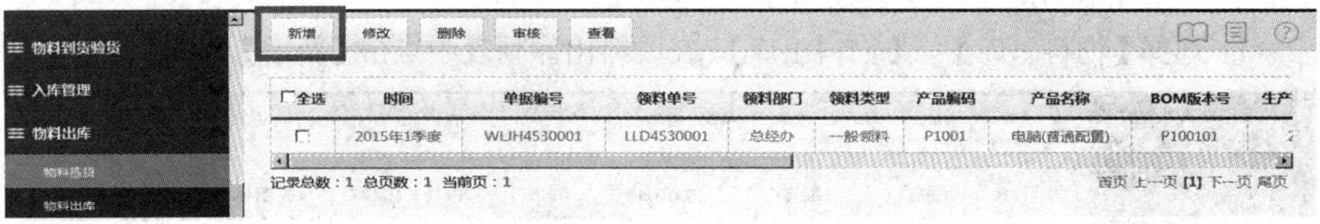

图 7-57　新增物料拣货页面

(2) 在物料拣货单中，点击【领料单】，选择所要的领料单，点击【确定】，如图 7-58 所示。

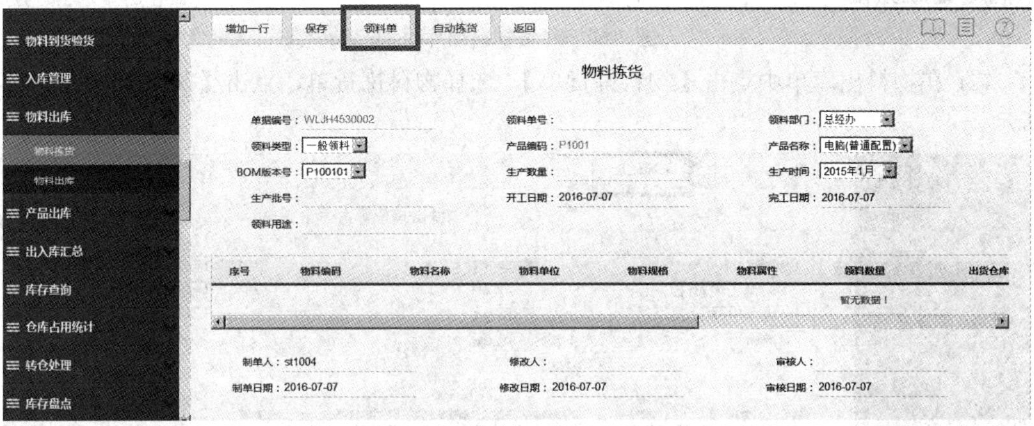

图 7-58　确定领料单界面

(3) 表格内容自动加载，向右拖动滚动条，选择每个物料的【出货仓库编码】，输入每个物料的【拣货数量】，点击【保存】，如图 7-59 所示。

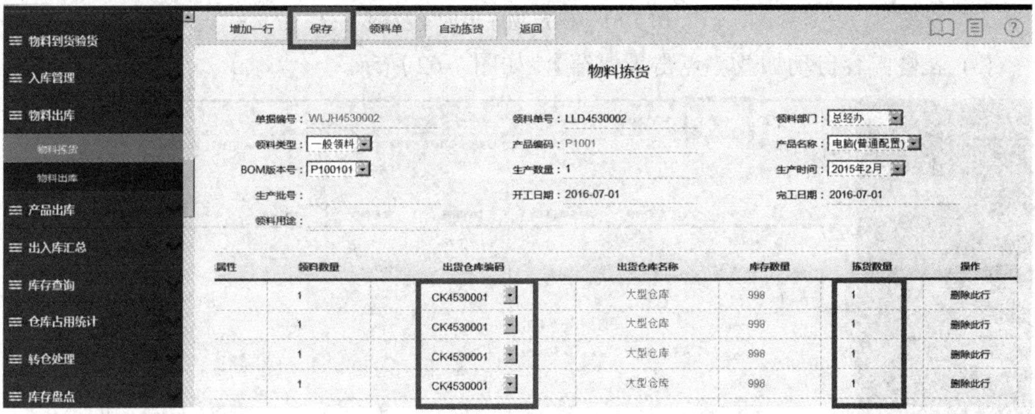

图 7-59　保存物料出货仓库编码界面

注：新增物料拣货单可选择调取领料单的方式进行物料拣货信息的添加，可选择各种物料的出货仓库，但拣货数量不能大于库存数量且不能大于领料数量。

(4) 选择保存后的物料拣货单，点击【审核】。

注：领料单填制完成后需要进行审核，审核通过后生效。拣货审核后的物料必须进行生产，生产的剩余物料可通过填写退料单进行退料处理。

2. 物料出库

(1) 选择【物料出库】→【物料出库】，在物料出库列表中点击【新增】，如图 7-60 所示。

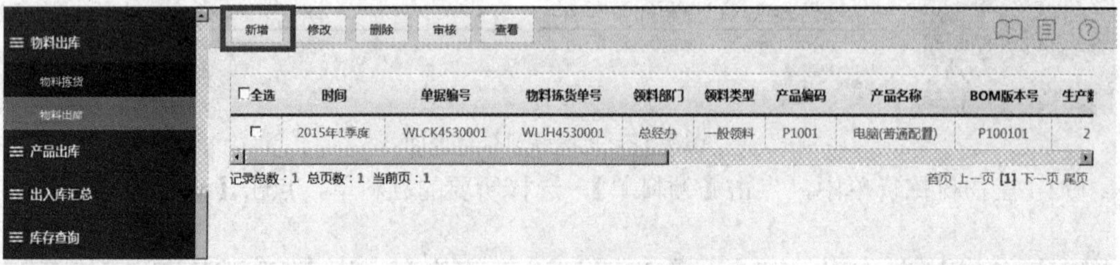

图 7-60　新增物料出库页面

(2) 在物料出库单中点击【物料拣货单】，选择物料拣货单，点击【确定】，如图 7-61 所示。

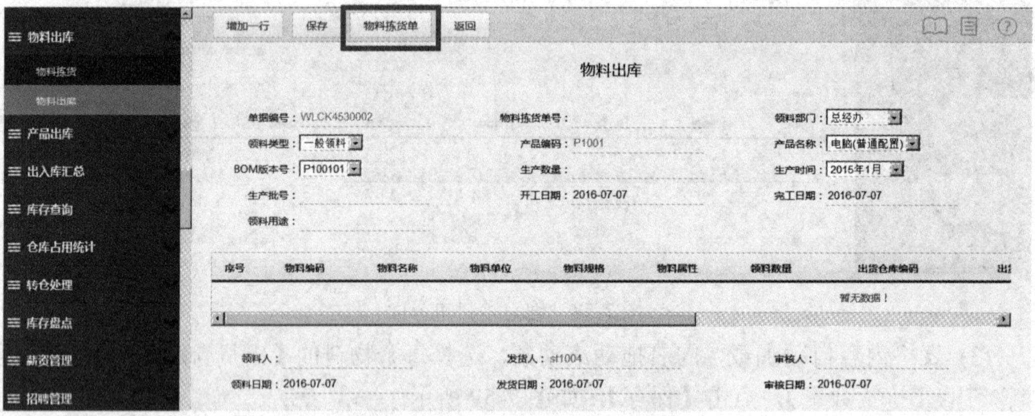

图 7-61　确定物库出库单界面

(3) 表格内容自动加载，点击【保存】，如图 7-62 所示。

图 7-62　保存物料出单界面

(4) 选择保存后的物料出库单，点击【审核】，在审核界面点击【审核】即可，如图 7-63 所示。

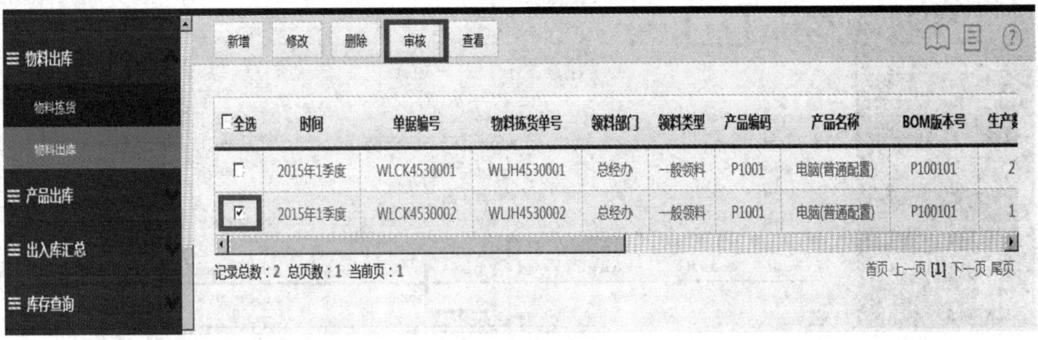

图 7-63　审核物料出库单界面

(四) 产品出库

1. 产品拣货

(1) 选择【产品出库】→【产品拣货】，在产品拣货列表中点击【新增】，如图 7-64 所示。

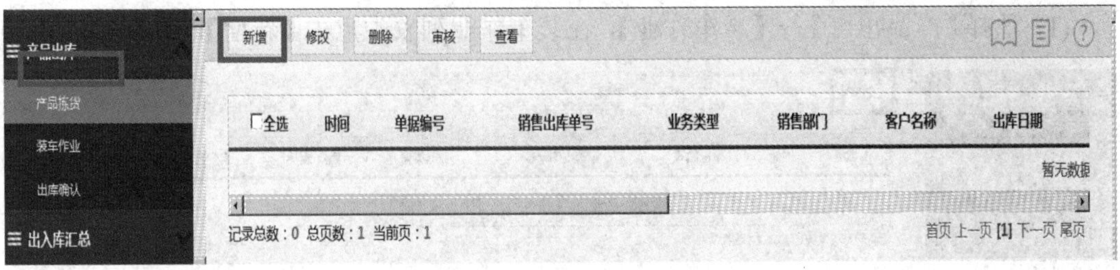

图 7-64　新增产品拣货页面

(2) 在产品拣货单中点击【销售出库单】，选择销售出库单，点击【确定】，如图 7-65 所示。

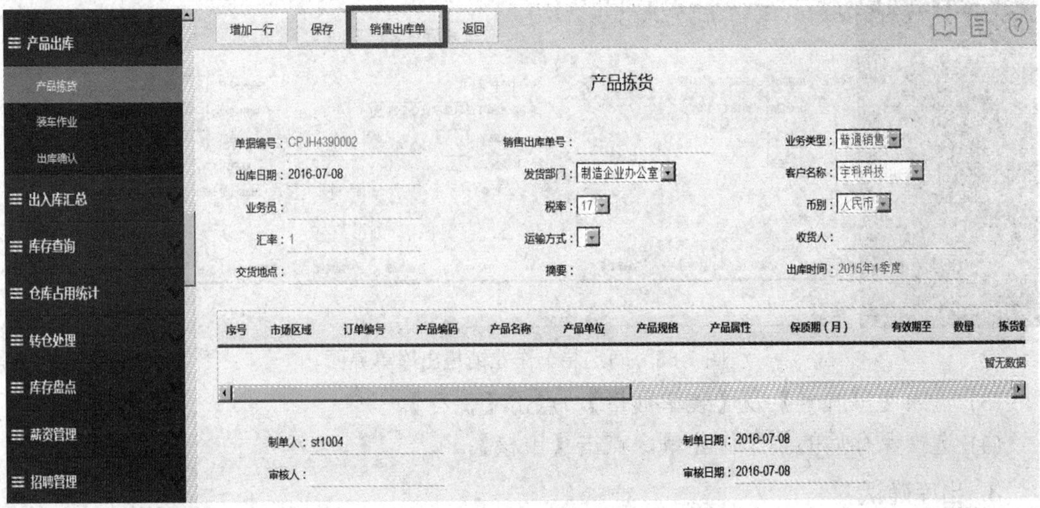

图 7-65　确定产品拣货销售出库单界面

(3) 选择每个产品的【出货仓库编码】，输入每个产品的【拣货数量】，点击【保存】，如图 7-66 所示。

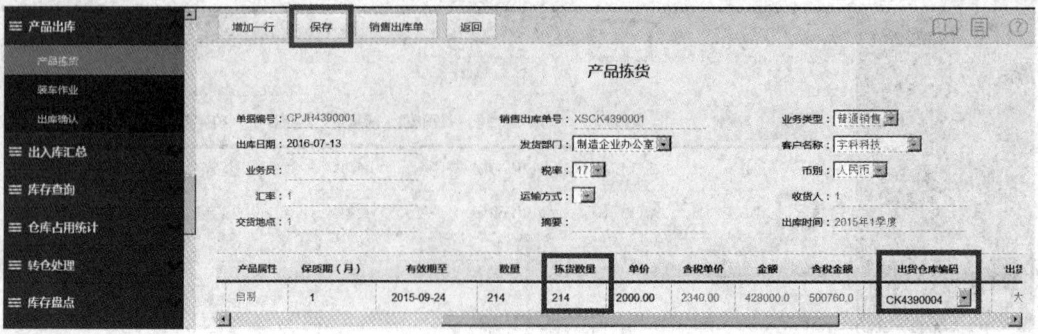

图 7-66　保存产品拣货单界面

注：新增产品拣货单可选择调取销售出库单的方式进行产品拣货信息的添加，可选择各种产品的出货仓库，并且拣货数量不能大于库存数量，也不能大于出库数量。

(4) 选择保存后的产品拣货单，点击【审核】。

2. 装车作业

(1) 选择【产品出库】→【装车作业】，在装车作业列表中点击【新增】，如图 7-67 所示。

图 7-67　新增装车作业页面

(2) 在装车作业单中点击【销售出库单】，选择销售出库单，点击【确定】，如图 7-68 所示。

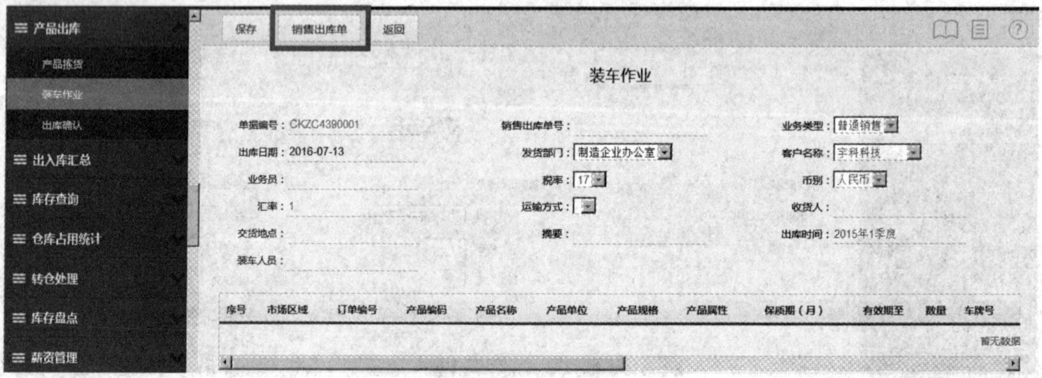

图 7-68　确定装车作业销售出库单界面

(3) 输入【车牌号】及【装车数量】，点击【保存】。

(4) 选择保存后的装车作业单，点击【审核】。

3. 出库确认

选择【产品出库】→【出库确认】，在出库确认列表选择装车后的装车作业单，点击

【出库】，如图 7-69 所示。

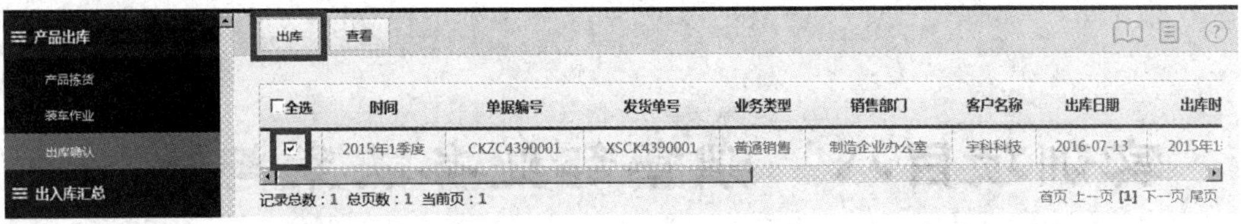

图 7-69　新增出库确认页面

注：选择装车完成的发货单，进行发货出库，已出库的发货单不允许再次出库。

五、实训考核

(1) 指导老师在系统平台上检查学生是否对已采购的物料和产品进行入库安排。

(2) 指导老师在系统平台上检查学生是否对已销售的产品进行出库安排。

项 目 小 结

(1) 熟悉质检人员的职责并对所负责的业务进行总结。

(2) 熟悉物流部操作人员所负责的业务。

(3) 掌握质量管理与质量检验的内容。

(4) 掌握物料到货验货与物料出库的相关操作。

(5) 掌握产品出库与入库的管理。

思 考 与 练 习

(1) 质检部应如何安排商品的质量管理和质量检验？

(2) 物料部对物料到货后的验单与物料出库时的工作有哪些？

(3) 入库管理中的物料入仓、退料入仓、成品入仓与物料入库、退料入库和产品入库有何不同？

(4) 思考产品拣货与装车作业的流程。

实训项目八　销售部业务决策与操作

项目分析

销售管理是指通过销售报价、销售订单、销售发货、退货、销售发票处理、客户管理、价格管理等功能，对销售全过程进行有效的控制和跟踪。销售管理可以帮助企业的销售人员完成客户档案管理、销售报价管理、销售订单管理、客户订金管理、客户信用检查、提货单及销售提货处理、销售发票及客户退货、货款拒付处理等一系列销售管理事务；可以通过内部的信息共享，使企业的领导和相关部门及时掌握销售订单内容，准确做出生产计划及其他计划安排；可以及时了解销售过程中每个环节的准确情况和数据信息；同时，还可以通过减少订单准备时间、降低出错率及迅速解答客户咨询来提高企业的服务水平。销售管理系统与库存管理系统、应收管理系统、生产管理系统、成本管理系统等子系统结合应用，能为企业提供全面的销售业务信息管理。制造企业销售业务流程如图 8-1、图 8-2 所示。

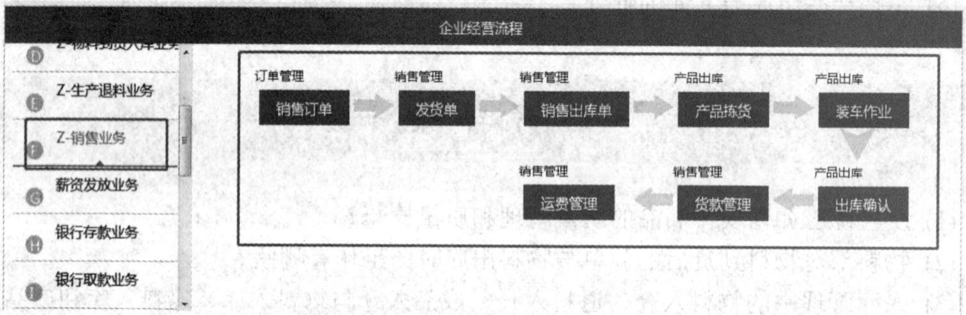

图 8-1　制造企业销售业务流程图

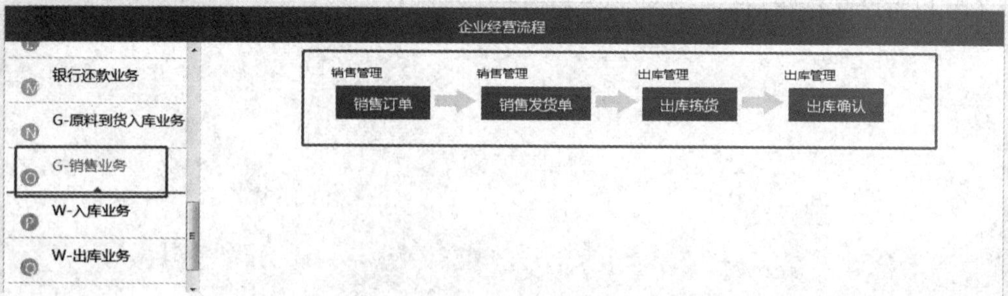

图 8-2　供应商(商贸公司)销售业务流程图

项目任务

(1) 完成营销的前期运营任务。
(2) 完成营销中的定价、促销、渠道策略。
(3) 对制造企业的订单进行有效的管理。
(4) 对收到的订单进行发货、出货，收款、付运费等相关操作。

知识目标

(1) 掌握产品的广告设计。
(2) 掌握产品的广告宣传方法。
(3) 掌握产品的广告合同撰写。
(4) 掌握产品的定价策略技巧。
(5) 掌握产品的促销策略。
(6) 掌握产品的渠道策略。
(7) 掌握产品的销售订单管理。
(8) 掌握产品的客户管理。

能力目标

(1) 能够设计产品的广告。
(2) 知道产品的广告宣传方法。
(3) 能够撰写产品的广告合同。
(4) 可以制定产品的价格。
(5) 可以制定产品的促销策略。
(6) 可以设计产品的渠道策略。
(7) 可以管理产品的销售订单。
(8) 可以完成产品的客户管理。

任务一　产品营销前期运营

任务目标

在跨专业综合实训平台中完成广告宣传、市场开拓、技术研发。

知识链接

一、市场定位

市场定位是为了使本企业产品具有明显区别于竞争者产品的产品形象，能使本企业产品与竞争者产品显示出差异。因此，企业在进行市场定位时，一方面要研究顾客对产品各种属性的重视程度，另一方面要了解掌握竞争对手的产品特色，即把产品和顾客两方面联系起来，选定本企业产品的特色和形象，从而完成企业产品的市场定位。

(一) 市场定位的概念

市场定位，是指企业根据竞争者的产品在细分市场所处的地位和顾客对产品某些属性的重视程度，塑造出本企业产品与众不同的鲜明的特色或个性，并传递给目标顾客，使本企业产品在目标顾客心中占有一个独特的位置。市场定位是塑造一种产品在细分市场中的形象，这种形象塑造得是否成功取决于消费者的认可与接受程度。产品的特色和个性，有的可以从产品属性上表现出来，如形状、成分、构造、性能等；有的可以从消费心理上反映出来，如豪华、朴素、时髦、典型等。从理论上讲，凡是构成产品特色和个性的因素，都可以作为市场定位的因素。但是，企业在实际进行市场定位时，一般是依据目标市场对该产品各种属性的重视程度，综合考虑竞争企业及其产品状况、自身条件等一系列问题选择定位的因素，从而完成产品的市场定位。

(二) 市场定位的方式

在企业的目标市场中，通常竞争对手的产品已经在顾客心目中树立了一定的形象，占有一定的位置，企业要想在目标市场上成功地树起自己产品独特的形象，就需要针对产品进行适当的定位。产品市场定位的基本方式主要有以下几种：

1. 从时间来看

从时间来看，定位方式可以分为最初定位和重新定位

(1) 最初定位，即企业向市场推出一种新产品之前对其进行的第一次定位。

(2) 重新定位也称为二次定位，是指企业改变产品特色或改变目标顾客对其原有的印象，使目标顾客重新认识其新形象的过程。当产品最初定位不合适，消费者或用户的需求与偏好发生了变化，竞争者推出的产品侵占了本企业产品部分市场时，企业往往会调整定位。不过，有时重新定位也并不是因为产品陷入困境，而是因为产品意外地扩大了销售范围。例如，专为青年人设计的某种款式的服装在中老年消费者中也流行起来，此时该服装可能需要重新定位。

2. 从竞争内容来看

从竞争内容来看，即从企业定位时侧重于哪些因素来看，市场定位的方式可以划分为若干种。企业可以选择产品的某一种或几种因素来为企业的产品定位。例如，富豪轿车宣传其安全性和耐用性，绅宝汽车则强调其技术和功能特色。企业应根据市场需求情况与企业自身条件来作市场定位，尽量突出产品的特色。

3. 从竞争关系来看

从竞争关系来看，定位方式可以分为避强定位和迎头定位。

(1) 避强定位是一种避开强有力的竞争对手的定位方式。企业通过分析市场中竞争对手的产品的定位情况，从中找出尚未被占领但又为许多消费者所重视的“空白点”，以此来为本企业产品确定市场位置。采用这种定位方式一般能够比较迅速地进入目标市场，站稳脚跟，并能较快地在消费者或用户心中树立鲜明的品牌形象。

(2) 迎头定位策略是指企业选择靠近于现有竞争者或与现有竞争者重合的市场位置，争夺同样的消费者，彼此在产品、价格、分销及促销等各个方面差别不大。迎头定位策略就是与市场上最强的竞争对手“对着干”的定位方式。采用这种定位方式时，必须对企业和竞争对手的实力做出客观的分析与评价。这种定位方式虽然有较大的风险，然而一旦成功，就会取得较大的市场优势。采用这种策略不一定要打垮对手，只要能够平分秋色就是很大的成功。例如，百事可乐与可口可乐之间的长期争斗，以及日本丰田汽车进入美国、西欧市场，都是采用竞争性市场定位的成功范例。

二、广告管理

(一) 广告的概念与分类

1. 广告的概念

“广告”一词，据考证是一个外来语，它首先源于拉丁文 Advertere，其意为注意、诱导、传播，中古英语时代(约公元 1300—1475 年)演变为 Advertise，其含义衍化为“使某人注意到某件事”或“通知别人某件事，以引起他人的注意”。直到 17 世纪末，英国开始进行大规模的商业活动，这时“广告”一词便广泛地流行并被使用。此时的“广告”，已不单指一则广告，而指一系列的广告活动。汉字的“广告”一词源于日本。1890 年以前，西方社会对广告较普遍认同的一种定义是：广告是有关商品或服务的新闻(News about product or scrvicc)。1894 年，Albert Lasher(美国现代广告之父)认为：广告是印刷形态的推销手段(Salesmanship in print，driven by a reason why)。这个定义含有在推销中劝服的意思。1948 年，美国营销协会的定义委员会(The Committee on Definitions of the American Marketing Association)形成了一个有较大影响力的广告定义：广告是由可确认的广告主，对其观念、商品或服务所作之任何方式付款的非人员式的陈述与推广。美国广告协会对广告的定义是：广告是付费的大众传播，其最终目的为传递情报，改变人们对广告商品之态度，诱发其行动而使广告主得到利益。

本书采用的定义：广告是为了某种特定的需要，通过一定形式的媒体，公开而广泛地向公众传递信息的宣传手段。广告有广义和狭义之分，广义广告包括非经济广告和经济广告。非经济广告指不以盈利为目的的广告，又称效应广告，如政府行政部门、社会事业单位乃至个人的各种公告、启事、声明等，主要目的是推广；狭义广告仅指经济广告，又称商业广告，是指以盈利为目的的广告，通常是商品生产者、经营者和消费者之间沟通信息的重要手段，或企业占领市场、推销产品、提供劳务的重要形式，主要目的是扩大经济效益。

2. 广告的分类

(1) 根据广告的内容和目的不同，广告可划分为产品广告、品牌广告、观念广告、公益广告。

(2) 根据广告传播的区域不同，广告可划分为国际性广告、全国性广告、地方性广告、区域性广告。

(3) 根据广告媒体的形式不同，广告可划分为报纸广告、杂志广告、电视广告、电影广告、网络广告、包装广告、广播广告、招贴广告、POP 广告、交通广告、直邮广告、车体广告、门票广告、餐盒广告。

随着新媒介的不断增加，依媒介划分的广告种类也会越来越多。

(二) 广告媒体的选择

广告作为一种传播行为，面对现阶段纷繁复杂的广告媒介，必须考虑媒介具体特性的差异，以最小的投入换取最大的广告效果。影响广告媒介选择的因素主要有：

1. 广告目标的要求

广告活动是广告主总体经营策略与整个经营活动的一个重要组成部分，任何一位广告主之所以愿意花钱发布广告，都是为了实现其特定的目标。因此，制订广告计划，尤其是媒介选择与时间安排，必须依据广告目标的要求来确定，看其是否能与广告主的经营策略与经营活动紧密配合。

如果是确立企业形象，或是巩固品牌忠诚度等长期目标的广告，在媒介选择上可以选用以户外广告、报纸广告为主，兼顾电视广告等其他形式。如果是新产品上市或是商店开业，目标就是在短期内提高知名度，扩大影响力，这时可充分利用电子媒介快速直观的优势，在很短的时间内造成轰动效应，达到短期广告目标。如某企业产品在上海占领市场，就应立足于上海地方媒介，这样媒介覆盖面与广告目标区域才相吻合。

在时机选择与额度安排上，也应紧密结合广告目标来考虑。如旅游区，广告宣传的目的就是为了能够在旅游旺季吸引更多的游客，海滨城市的旅游旺季是夏天，北国雪域的旅游旺季则是冬天，所以对于海滨城市而言，其旅游宣传广告的时间安排应以春末夏初为主，而北国雪域则以秋末冬初为主。

2. 广告传播的对象

广告传播的对象是由产品消费对象来决定的，透析产品特性是准确定位广告目标对象的关键。广告目标对象是男人还是女人，是十六七岁的青少年还是三四十岁的成年人，是在校大学生还是上班白领？针对不同的对象，就要采取不同的广告战略和广告策略。

如果媒介目标对象正好是广告目标对象，那么广告效果可能就好；如果媒介目标对象与广告目标对象不一致，其效果可能就差。因此，选择怎样的时机，选择怎样的时间段刊播广告，就需要根据诉求对象的职业、兴趣、爱好、文化程度及生活习惯特点来确定。

如生产医疗器械的厂家的广告就适宜刊登在医疗保健类期刊上，而不是刊登在服装杂志上，因为医疗器械的广告目标对象是医务工作者，而这正是医疗保健类期刊的主要读者。如出租汽车司机往往早出晚归，一天十几个小时都在汽车上，他们的职业特点决定了他们不可能有太多的时间和精力去阅读报纸和收看电视，为了给枯燥单调驾车生活增加一点乐趣，也为了舒缓一下紧张的大脑神经，他们往往一边收听广播，一边驾车。如果产品的消费对象正好是这一群体，那么广播媒介就是正确的选择。

(三) 编制广告预算

确定了广告目标后，企业可以着手为每一种产品制订广告预算。一般来说，可以用以下几种方法来确定企业的广告预算。

1. 销售比例法

销售比例法，即企业按照销售额(销售实绩或预计销售额)或单位产品售价的一定比例来计算和决定广告开支。这种方法简单易行，因而得到了广泛应用。但这种方法颠倒了广告费用与销售收入之间的因果关系，忽视了广告对销售的促进作用。

2. 量力而行法

量力而行法，即企业根据所能负担广告费用的能力来确定广告预算，企业量力而行，能担负多少就担负多少。这种方法同样忽视了广告与销售的因果关系，广告费用随企业经营状况的好坏而时多时少，不利于企业的长期营销规划。

3. 竞争对等法

竞争对等法，即企业根据竞争对手的广告费用或行业的平均广告费用来决定本企业广告的开支，以造成与竞争者旗鼓相当、势均力敌的对等局势。采用这种方法，一是因为竞争者或行业的费用支出水平是企业或行业的智慧与经验的结果，二是因为与对手保持同样的广告费用可以防止企业间展开广告战。但是，每个企业都有其不同的背景，广告目标、企业声誉、广告资源等也都不尽相同，竞争对手的预算未必适合本企业，并且也难保对手的预算就一定合理。

需要注意的是，广告的支出要量力而行，不可超出企业的能力范围，以免造成企业其他环节的资金不足，影响企业发展。例如，以前的秦池酒业因为投巨资于广告宣传，但其生产与经营跟不上，最后丧失了竞争力。而且巨额的广告费用也会导致企业的产品成本增加，影响产品的市场竞争力。

(四) 制作广告作品

1. 广告信息的产生

为了实现广告的目标，一个能有效吸引消费者注意并让消费者记住的广告创意是至关重要的。广告创意可以来自顾客、专家、竞争者、经销商等。所有产品都有许多可供描述的地方，关键在于如何使广告描述得恰如其分，既要突出产品特色，又不能过于繁琐。因此，最好的宣传方法是只选择一个中心信息，通过提纲挈领的一句话揭示一个品牌的精髓，这就是在广告界备受推崇的“USP”(独特的销售主张，unique selling proposition)。

2. 广告信息的评估选择

广告创意往往不止一个，这就需要对可供使用的若干广告创意进行分析评价，选出最有说服力的信息。一个好的创意通常应具备三方面的特性：

(1) 期望性，即广告信息必须能够表达产品的令人感兴趣之处；

(2) 独特性，即本企业产品与同类产品相比的独到之处；

(3) 可信性，即广告信息必须是可信的或能加以证实的。

实践证明，精练的广告信息加上必要的重复，能给顾客留下深刻的印象，如飘柔洗发水“让头发飘逸柔顺”，高露洁牙膏“使你的口气更清新”。

3. 广告信息的表述

广告效果不仅取决于广告内容，也取决于广告表述方式。不同的表述方式所产生的广告效果是完全不同的，尤其对于一些同质品来说更是如此。感性诉求和理性诉求是广告信息的两种基本达方式。如广告中生活方式和生活片段的展现属于感性诉求，而产品的技术特色、科学性、证词(包括名人证词)的使用属于理性诉求。例如，同样是纯净水，娃哈哈的“我的眼里只有你”走的是感性路线，乐百氏的“27 层净化”走的是理性路线，以理服人。

技能训练　产品营销前期运营

一、实训目的

(1) 设计产品的电视、户外、杂志、网络广告方案。

(2) 完成广告宣传，制订广告宣传的预算费用。

(3) 起草广告合同。

(4) 完成市场开拓申请，小组讨论市场开拓区域。

(5) 制订产品研发规格，完成技术研发申请。

二、实训器材

电脑、现代企业运营综合仿真实训平台软件与配套教材。

三、注意事项

(1) 广告宣传需提前一季度进行。

(2) 技术研发中最长周期的研发功能预计完成时间到后需进行完成研发，完成研发后研发的产品才可进行生产、销售。

四、实训操作

(一) 广告宣传

(1) 以销售人员的账号、密码登录软件平台，选择【我的实验】→【进入】，制造企业选择【核心企业区】，再选择【制造公司实训】进入企业平台。

(2) 选择【广告管理】→【广告宣传】，在广告宣传列表点击【新增】，如图 8-3 所示。

图 8-3　新增广告宣传界面

(3) 选择【宣传时间】，输入【预算费用】，点击【保存】，如图 8-4 所示。

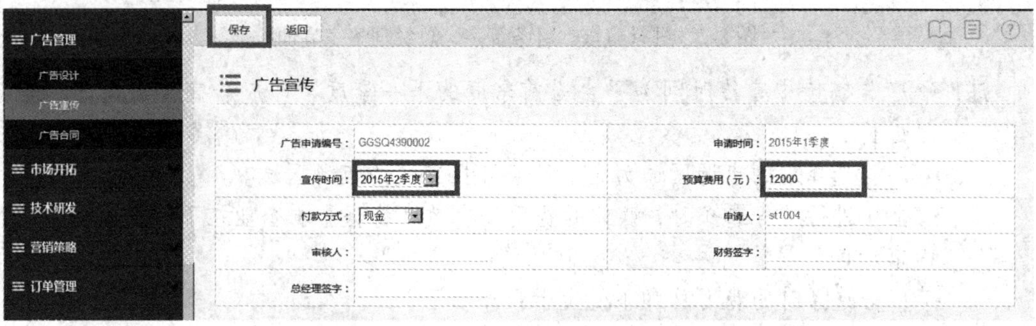

图 8-4　预算费用选择界面

(4) 选择保存的广告信息，点击【广告选择】。如图 8-5 所示

图 8-5　选择要申请的广告界面

(5) 设置广告的区域，选择媒体名称后的【操作】，可多选，选择完成后关闭，如图 8-6。

注：也可取消选择。

图 8-6　设置广告的区域和选择媒体的广告种类界面

(6) 选择保存的广告信息，进行【审核】、【财务签字】、【总经理签字】，如图 8-7 所示。

图 8-7　进行审核、财务签字、总经理签字界面

注：• 广告宣传中宣传时间为平台当前季度的下一季度，即广告宣传需提前一季度进行。
• 广告选择中的市场区域为企业已经开拓完成的市场区域。
• 企业进行广告选择时，媒体的费用和有效度将会影响企业在下一季度获取到的市场订单数量。
• 广告选择时的费用总和不能大于预算费用。
• 广告宣传审核后财务未签字前可进行反审核。
• 非当季度填写的广告宣传不可进行反审核。
• 广告宣传经总经理签字后生效，并在总经理签字后减少企业现金。

(二) 市场开拓

(1) 选择【市场开拓】→【市场开拓】，在市场开拓列表点击【开拓申请】，如图 8-8 所示。

图 8-8　开拓市场申请界面

(2) 选择【市场名称】，点击【保存】，如图 8-9 所示。

图 8-9　设置市场开拓界面

(3) 选择保存的市场开拓信息，进行【审核】、【财务签字】、【总经理签字】，如图 8-10 所示。

全选	市场名称	开拓周期（月）	开拓费用（元）	开拓时间	预计完成时间	状态	申请人	审核人	财务	总经理
☐	东北区域	2	10000.00	2015年1季度1月	2015年1季度3月	未完成	st1004			st1004
☐	西南地区	0	10000.00	2015年1季度1月	2015年1季度1月	已完成	st1004			st1004
☐	华南地区	2	10000.00			未完成	st1004			
☑	华东地区	2	10000.00			未完成	st1004			

图 8-10　进行审核、财务签字、总经理签字界面

注： 当预计完成时间等于当前系统环境时间时，可选择市场开拓信息，点击【完成更新】，状态为已完成，则表示市场开拓成功，如图 8-11 所示。

全选	市场名称	开拓周期（月）	开拓费用（元）	开拓时间	预计完成时间	状态	申请人	审核人	财务	总经理
☐	东北区域	2	10000.00	2015年1季度1月	2015年1季度3月	未完成	st1004			st1004
☐	西南地区	0	10000.00	2015年1季度1月	2015年1季度1月	已完成	st1004			st1004
☐	华南地区	2	10000.00			未完成	st1004			
☑	华东地区	2	10000.00	2015年1季度3月	2015年2季度5月	未完成	st1004	st1004	st1004	st1004

图 8-11　完成更新界面

注：• 市场开拓经总经理签字后生效，并在总经理签字后减少企业现金。
• 市场开拓的预计完成时间到后，需进行完成更新，完成更新后开拓的市场才可用。

(三) 技术研发

(1) 选择【技术研发】→【技术研发】，在技术研发列表点击【研发申请】，如图 8-12 所示。

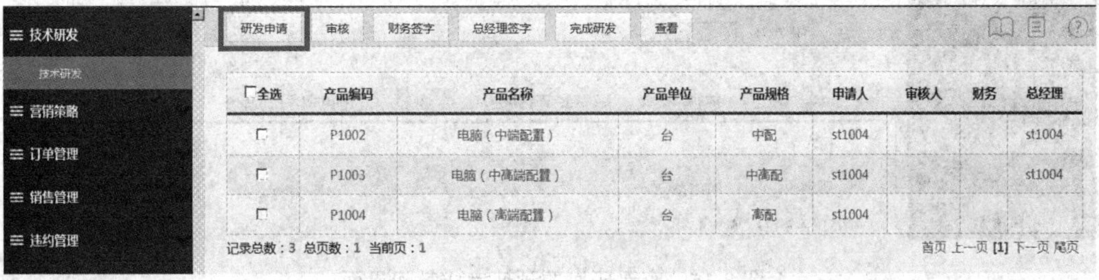

全选	产品编码	产品名称	产品单位	产品规格	申请人	审核人	财务	总经理
☐	P1002	电脑（中端配置）	台	中配	st1004			st1004
☐	P1003	电脑（中高端配置）	台	中高配	st1004			st1004
☐	P1004	电脑（高端配置）	台	高配	st1004			

图 8-12　研发申请界面

(2) 选择需要研发的【产品名称】，点击【保存】，如图 8-13 所示。

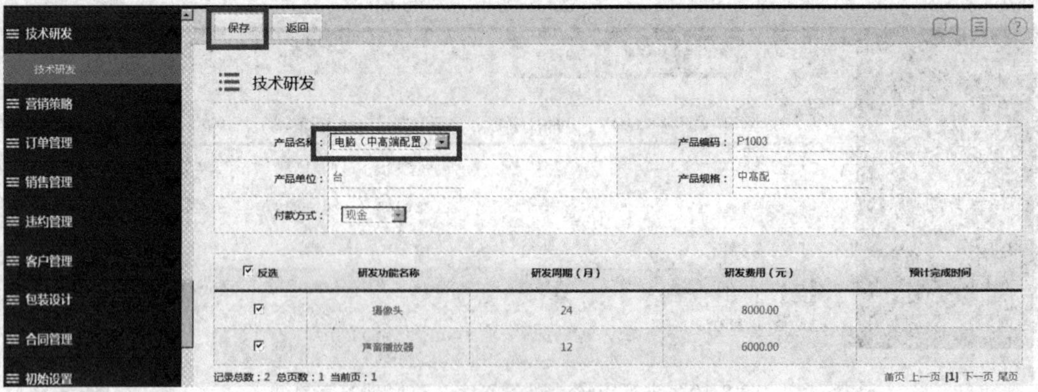

图 8-13　选择要研发的产品界面

(3) 选择保存的技术研发信息，进行【审核】、【财务签字】、【总经理签字】，如图 8-14 所示。

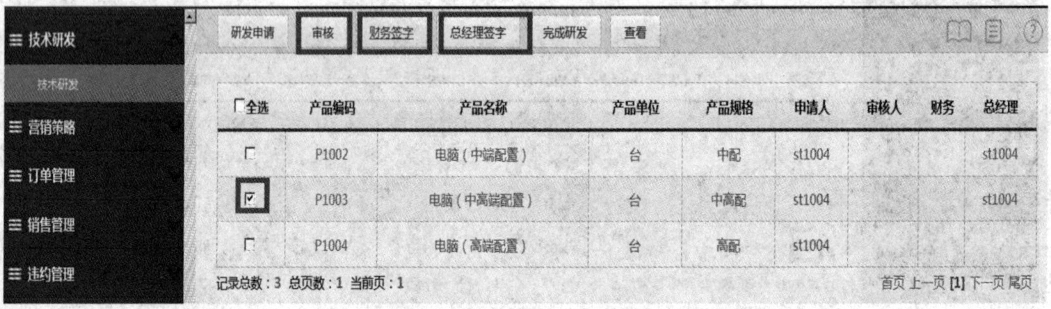

图 8-14　完成审核、财务签字、总经理签字界面

(4) 点击【查看】，可查看所要研发的产品以及所需研发功能的预计完成时间，如图 8-15 所示。

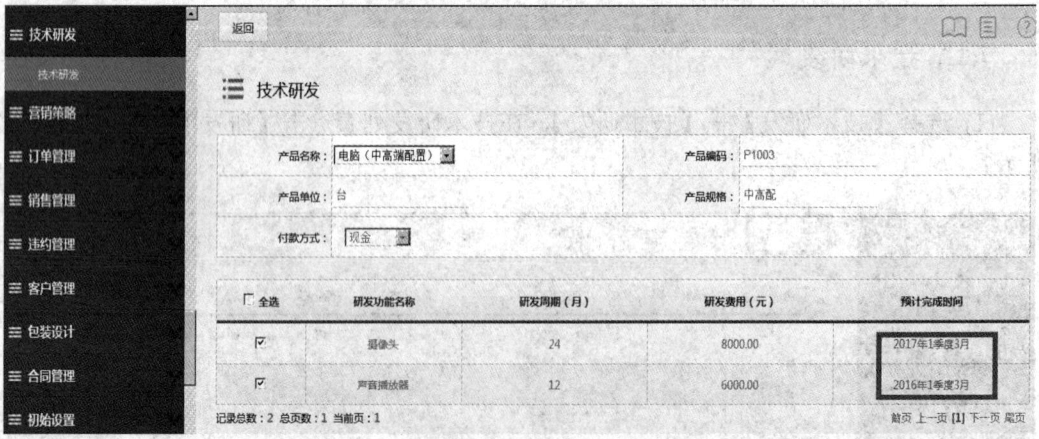

图 8-15　查看研发的预计完成时间界面

(5) 当所有研发功能中最晚预计完成时间等于当前系统环境时间时，可选择技术研发

信息，点击【完成研发】，提示研发成功，则表示产品研发完成，如图 8-16 所示。

图 8-16　完成研发界面

注：• 可在产品信息中查看哪种产品需要研发，并查看需要研发功能的周期；
• 技术研发经总经理签字后生效，并在总经理签字后减少企业现金。

五、实训考核

(1) 指导老师在系统平台上检查学生设计的广告内容，查看学生选择的广告宣传方案。

(2) 指导老师在系统平台上检查学生是否提前一季度完成市场开拓。

(3) 指导老师在系统平台上检查学生是否提前完成产品的研发申请。

(4) 每个季度需进行市场调查一次，填写市场调查报告；未填写报告的，按时间每次扣除相应分数。

任务二　营 销 策 略

任务目标

完成产品的定价策略、促销策略、渠道策略。

知识链接

一、定价方法

影响定价最基本的三个因素是产品成本、市场需求和竞争。相应地定价方法也有三类，即成本导向定价法、需求导向定价法和竞争导向定价法。

(一) 成本导向定价法

成本导向定价法就是以产品的成本为中心来制定价格，是按卖方意图定价的方法。成本导向定价法主要理论依据是：在定价时，先考虑收回企业在营销中投入的全部成本，再考虑获得一定的利润。常用的成本导向定价法包括如下几种：

1. 成本加成定价法

成本加成定价法，是在单位产品成本的基础上，加上一定比例的预期利润作为产品的销售价格。销售价格与成本之间的差额即为利润。由于利润的多少是按一定比例确定的，习惯上称为“几成”，因而这种定价方法被称为成本加成定价法。成本加成定价法的计算公式为：

$$\text{单位产品价格} = \text{单位产品成本} \times (1 + \text{加成率})$$

其中：加成率为预期利润占产品成本的百分比。

一般来说，高档消费品和生产批量较小的产品，加成比例应适当高一些，而生活必需品和生产批量较大的产品，其加成比例应适当低一些。

成本加成定价法的优点在于：简单易行。成本加成定价法的不足在于它是以卖方的利益为出发点，不利于企业降低成本；没有考虑市场需求及竞争因素；加成率是个估计值，缺乏科学性。

例题：某皮具厂生产 1000 个皮箱，固定成本 3000 元，每个皮箱的变动成本 45 元，企业确定的成本利润率为 30%，请用成本加成定价法进行定价。

解：

$$P = \frac{\text{总成本}}{\text{产量}} \times (1 + R) = (\text{单位固定成本} + \text{单位变动成本}) \times (1 + R)$$

$$= \left(\frac{3000}{1000} + 45\right) \times (1 + 30\%) = 62.4 \text{ 元}$$

其中：P 为单位产品价格，R 为加成率。

2. 盈亏平衡定价法

在销量既定的条件下，企业产品的价格必须达到一定的水平才能做到盈亏平衡、收支相抵。既定的销量就称为盈亏平衡点，这种制定价格的方法就称为盈亏平衡定价法。企业产品的销售量达到既定销售量，可实现收支平衡，超过既定销售量则盈利，不足既定销售量则亏损。盈亏平衡定价法的计算公式为：

$$\text{单位产品价格} = \text{单位固定成本} + \text{单位变动成本}$$

以盈亏平衡点确定的价格只能使企业的生产耗费得以补偿，而不能得到收益。因此，这种定价方法是在企业的产品销售遇到了困难，或市场竞争激烈，为避免更大的损失，将保本经营作为目标时才使用的方法。

例题：某产品生产的固定成本是 150 000 元，单位变动成本为 15 元，若销量为 3000 件，则价格应定多少企业才不会亏损？若销售价格为 40 元，则企业必须销售多少，才能保本？

解：

$$P = \frac{\text{固定成本}}{\text{销量}} + \text{单位变动成本} = \frac{150\,000}{3000} + 15 = 65 \text{ 元}$$

$$Q = \frac{\text{固定成本}}{\text{价格} - \text{单位变动成本}} = \frac{150\,000}{40 - 15} = 6000 \text{ 件}$$

其中：P 为单位产品价格，Q 为销售量。

3. 目标收益定价法

目标收益定价法或称为投资收益率定价法，是在企业投资总额的基础上，按照目标收益率的高低计算价格的方法。目标收益定价法的基本步骤如下：

(1) 确定目标收益率：

$$目标收益率=\frac{1}{投资回收期}\times 100\%$$

(2) 确定单位产品的目标利润额：

$$单位产品的目标利润额=\frac{投资总额\times 目标收益率}{预期销售量}$$

(3) 计算单位产品的价格：

单位产品的价格 = 单位产品成本 + 单位产品目标利润

目标收益定价法有一个较大的缺点，即以估计的销售量来计算应制定的价格，颠倒了价格与销售量的因果关系，把销售量看成是价格的决定因素，忽略了市场需求及市场竞争。

例题：某企业预计其产品的销量为 10 万件，总成本 740 万元，决定完成目标利润为 160 万元，求单位产品的价格是多少？

解：

$$P=\frac{总成本+目标利润}{销量}=\frac{740+160}{10}=90 元$$

其中：P 为单位产品价格。

4. 边际贡献定价法

边际贡献定价法指以变动成本为基础，不考虑固定成本，按变动成本加预期的边际贡献来确定产品价格的方法。边际贡献定价法的计算公式如下：

单位产品的价格 = 单位变动成本 + 边际贡献

这种方法一般是在市场竞争激烈，企业必须迅速开拓市场的特殊时期短期采用；或者在企业销售不景气，有闲置生产能力时采用。

(二) 需求导向定价法

需求导向定价法是以需求为中心的定价方法，它依据顾客对产品价值的理解和需求强度来制定价格，而不是依据产品的成本来定价。

1. 理解价值定价法

理解价值定价法又称认知价值法，是根据顾客对产品价值的理解度，即产品在顾客心目中的价值为定价依据，运用各种营销策略和手段，影响顾客对产品价值的认知的定价方法。理解价值定价法的关键点和难点是获得顾客对有关产品价值理解的准确资料。理解价值定价法的步骤是市场调研—制定产品的初始价格—分析目标成本和销售收入—制定最终价格。

2. 逆向定价法

这种定价方法不是单纯考虑产品成本，而是首先考虑需求状况。依据市场调研资料，分析顾客能够接受的最终销售价格，进而确定销售产品的零售价，逆向推算出中间商的批发价和生产企业的出厂价。

逆向定价法的特点是：价格能反映市场需求情况，有利于加强与中间商的友好关系，保证中间商的正常利润，使产品迅速向市场渗透，并可根据市场供求情况及时调整价格，定价比较灵活。逆向定价法的公式：

$$批发价格 = 市场可销价格 \times (1 - 批零差率)$$

$$\begin{aligned}出厂价格 &= 批发价格 \times (1 - 销进差率)\\ &= 市场可销价格 \times (1 - 批零差率) \times (1 - 销进差率)\end{aligned}$$

(三) 竞争导向定价法

在竞争十分激烈的市场中，企业通过研究竞争对手的生产条件、服务状况、价格水平等因素，依据自身的竞争实力，参考成本和供求状况来制定有利于在市场竞争中获胜的产品价格，这种定价方法就是通常所说的竞争导向定价法。竞争导向定价法主要包括：

1. 随行就市定价法

随行就市定价法，是指企业按照行业的平均现行价格水平来定价。在完全竞争的市场中，销售同类产品的各个企业在实际定价时并无多少选择的余地，只能按照行业的现行价格来定价。某企业如果把价格定得高于时价，产品就卖不出去；反之，如果把价格定得低于时价，就会遭到降低价格竞销。

在垄断性较强的市场中，企业间也倾向于制定相近的价格。

在异质产品市场中，企业有较大的自由度决定其产品价格。

2. 密封投标定价法

在国内外，许多大宗产品、成套设备和建筑工程项目的买卖和承包以及征招生产经营协作单位、出租出售小型企业等，往往采用发包人招标、承包人投标的方式来选择承包者，确定最终承包价格。

二、定价策略

(一) 地区定价策略

地区定价策略就是企业要决定对于卖给不同地区(包括当地和外地不同地区)顾客的某种产品，是分别确定不同的价格，还是制定相同的价格，即企业要决定是否制定地区差价。地区定价的形式：FOB 原产地定价、统一交货定价、分区定价、基点定价、运费免收定价。

1. FOB 原产地定价

FOB 原产地定价，就是顾客(买方)按照厂价购买某种产品，企业(卖方)只负责将这种产品运到产地某种运输工具(如卡车、火车、船舶、飞机等)上，交货后，从产地到目的地的一切风险和费用概由顾客承担。

2. 统一交货定价

这种形式和 FOB 正好相反。所谓统一交货定价，就是企业对于卖给不同地区顾客的某种产品，都按照相同的厂价加相同的运费(按平均运费计算)定价，即对全国不同地区的顾客，不论远近，都实行一个价，又叫邮资定价。

3. 分区定价

这种形式介于前两者之间。所谓分区定价，就是企业把全国(或某些地区)分为若干价格区，对于卖给不同价格区顾客的某种产品，分别制定不同的地区价格。

4. 基点定价

基点定价即企业选定某些城市作为基点，然后按一定的厂价加从基点城市到顾客所在地的运费来定价。

5. 运费免收定价

有些企业因为急于在某些地区开拓市场，所以自愿负担全部或部分实际运费。

(二) 心理定价策略

每一件产品都能满足消费者某一方面的需求，其价值与消费者的心理感受有着很大的关系，这就为心理定价策略的运用提供了基础，使得企业在定价时可以利用消费者心理因素，有意识地将产品价格定得高些或低些，以满足消费者生理的和心理的、物质的和精神的等多方面需求，通过消费者对企业产品的偏爱或忠诚，扩大市场销售，获得最大效益。

心理定价的形式有以下几种：

1. 尾数定价策略

尾数定价，也称零头定价或缺额定价，即给产品定一个零头数结尾的非整数价格。大多数消费者在购买产品时，尤其是购买一般日用消费品时，乐于接受尾数价格，如 0.99 元、9.98 元等。消费者会认为这种价格经过精确计算，购买不会吃亏，从而产生信任感。同时，价格虽离整数仅相差几分或几角钱，但给人一种低一位数的感觉，符合消费者求廉的心理。这种策略通常适用于基本生活用品。

2. 整数定价策略

整数定价与尾数定价正好相反，企业有意将产品价格定为整数，以显示产品具有一定质量。整数定价多用于价格较贵的耐用品或礼品，以及消费者不太了解的产品。对于价格较贵的高档产品，顾客对质量较为重视，往往把价格高低作为衡量产品质量的标准之一，容易产生“一分价钱一分货”的感觉，因而整数定价有利于高档产品的销售。

3. 声望定价策略

声望定价即针对消费者“便宜无好货、价高质必优”的心理，对在消费者心目中享有一定声望、具有较高信誉的产品制定高价。不少高级名牌产品和稀缺产品，如豪华轿车、高档手表、名牌时装、名人字画、珠宝古董等，在消费者心目中享有极高的声望价值，购买这些产品的人往往不在意产品价格，而最关心的是产品能否显示其身份和地位，价格越高，心理满足的程度也就越大。

4. 习惯定价策略

有些产品在长期的市场交换过程中已经形成了为消费者所适应的价格，称为习惯价格。企业对这类产品定价时要充分考虑消费者的习惯倾向，采用“习惯成自然”的定价策略。对消费者已经习惯了的价格，不宜轻易变动。降低价格会使消费者怀疑产品质量是否有问题。提高价格会使消费者产生不满情绪，导致购买的转移。在不得不需要提价时，应采取改换包装或品牌等措施，减少抵触心理，并引导消费者逐步形成新的习惯价格。

5. 招徕定价策略

这是适应消费者“求廉”的心理，将产品价格定得低于一般市价，个别的甚至低于成本，以吸引顾客、扩大销售的一种定价策略。采用这种策略，虽然几种低价产品不赚钱，甚至亏本，但从总的经济效益看，由于低价产品带动了其他产品的销售，企业还是有利可图的。

三、销售促进策划

(一) 销售促进概述

销售促进又称营业推广，是企业在某一段时期内采用特殊的手段对顾客实行强烈的刺激，以促进企业销售迅速增长的一种策略。销售促进常用的手段包括赠送样品、发放优惠券、有奖销售、组织竞赛、现场示范和展览等。美国市场营销协会(AMA)对销售促进的定义是：“那些不同于人员推销、广告和公共关系的销售活动，它存在激发消费者购买和促进经销商的效率，诸如陈列、展出与展览、表演和许多非常规的非经营性的销售尝试。”销售促进有以下特点：

(1) 显著刺激需求。销售促进的各种促销手段往往是精心策划的，让顾客产生“机不可失，时不再来”的感觉，它对顾客的吸引力和刺激性十分强烈。

(2) 经济效果显著。销售促进能以较少的推广费用，在较大且集中的市场中取得较大的收益。

(3) 具有较大的局限性。虽然销售促进的特点明确，效果显著，但也有一定的局限性，如果运用不当，也会带来负面效应。例如，促销持续时间过长，会让消费者对促销产品的质量产生怀疑。

对消费者的销售促进是为了鼓励其产生购买欲望，提高重复购买率，促进产品销售，扩大市场占有率；对中间商的销售促进是为了鼓励中间商大量进货代销，加快货款回笼率；对推销员的销售促进则是为了鼓励推销人员努力开拓市场，增加销售量。

1. 针对消费者的销售促进

(1) 赠送样品。在企业推出新产品时，向消费者赠送免费样品或试用样品，可以吸引消费者率先使用产品。这些样品可以上门赠送，可以在商店里散发，也可以随其他商品附送。

(2) 有奖销售。企业在销售产品时，对在一定时间内购买数量达到一定标准的消费者给予一定的奖券或商品加以奖励，从而刺激消费者的购买欲望。

(3) 现场表演。在销售现场把产品的性能、特点及使用方法表演给消费者看，以此来增加消费者对产品的了解，刺激其购买欲望。

(4) 特价包。企业向消费者提供低于正常价格的商品，如精装的商品中增加简装、小包装换成大包装或者在包装中内置奖券等，以此吸引顾客。特价包形式常用于食品和日用品销售，对刺激短期销售十分有效。

(5) 商业展销。企业将一些能显示企业优势和特征的产品集中陈列，边展边销。由于展销可使消费者看到大量优质产品，有充分挑选余地，所以对消费者的吸引力很强。展销可以由一个企业单独举办，也可由众多生产同类产品的企业联合举办。若能对某些展销活动赋予一定的主题，并同广告宣传活动配合起来，促销效果会更佳。

2. 针对中间商的销售促进

(1) 价格折扣。企业可以对合作销售的中间商按购买产品的一定数量给予一定的折扣，购买数量与折扣成正比。

(2) 推广津贴。企业为促使中间商购进本企业产品，并帮助企业推销产品，可支付给中间商一定的推广津贴，以鼓励和酬谢中间商在推销本企业产品方面所做的努力。

(3) 业务会议。每年在销售旺季来临之前，举行由多方参加的购销业务会议，在短期内集中订货、补货，促成大批量交易。

(二) 销售促进决策

企业在实施销售促进活动的过程中，需要进行一系列的决策活动，主要包括以下几点：

1. 确定销售促进目标

销售促进应有明确的目标。一般来说，销售促进的目标是根据目标市场的特点和企业整体营销策略来确定的。就消费者而言，销售促进的目标可以确定为鼓励现有消费者更多地使用产品和促使其大量购买；争取新顾客试用产品；争夺竞争性品牌的使用者等。就中间商而言，销售促进的目标可以确定为吸引中间商经营新的产品项目和维持较高的存货水平；鼓励他们在淡季进货；抵消竞争对手的促销影响；建立并巩固中间商的品牌忠诚度，并力求获得新的中间商的合作与支持等。就销售人员而言，销售促进的目标可以确定为鼓励其支持新产品或新款式、新型号，激励其寻找更多的潜在顾客，刺激其推销非应季产品等。企业促销部门要通过多种因素的分析，确定一定时期内销售促进的特定目标，并尽可能使其量化且切实可行。

2. 选择销售促进工具

为了实现销售促进目标，企业可以在多种销售促进形式或销售促进工具中进行选择。销售促进的工具多种多样，并各有特点与适用范围。一个特定的销售促进目标可以同时采用多种销售促进工具来实现，所以应对多种销售促进工具进行比较选择并优化组合，以实现最优的经济效益。企业应根据市场类型、销售促进目标、竞争情况以及各种销售促进形式的成本及效果等因素，做出合适的选择。

3. 制定销售促进方案

在确定了销售促进目标和销售促进工具后，接下来就要制订具体的销售促进方案。在制订具体方案时一般要做出如下几方面的决策：

(1) 激励规模。销售促进的实质就是对消费者、中间商和推销员予以激励，所以企业制订销售促进方案时应首先决定激励的规模。在确定激励规模时，最重要的是进行成本一效益分析。假定激励规模为 10 万元，如果因销售额扩大而带来的利润超过 10 万元，那么激励规模还可以扩大；如果利润增加额少于 10 万元，则这种激励是得不偿失的。销售促进的这种成本－效益分析，可为企业激励规模决策提供必要的数据。

(2) 激励对象。企业在确定激励对象时，应决定激励那些现实的或可能的长期顾客，尽量限制那些不可能成为企业长期顾客的人。

(3) 激励途径。企业还要决定通过哪些途径激励顾客。比如，优惠券可以放在商品包装里分发，也可以直接邮寄或通过广告媒介分发。在选择激励途径时，既要考虑各种途径的传播范围，又要考虑其成本。

(4) 活动期限。企业在实施销售促进活动时都必须规定其持续时间的长短。如果持续时间太短，许多顾客可能由于恰好在这一期限内没有购买而得不到激励，从而影响销售促进的效果；相反，如果持续时间过长，则可能失去刺激购买的某些作用，并可能会给顾客造成不良的印象，认为是变相减价或对产品质量产生怀疑等，影响企业声誉。

(5) 时机选择。并非任何时候都能采用销售促进策略。时机选择得好，能起到事半功倍的效果；时机选择不当，则效果适得其反。因此，企业应综合考虑产品生命周期、顾客购买心理、收入状况、市场竞争状况等因素，同时也要考虑不同的促销工具、各部门之间的协调配合等因素。

(6) 销售促进总预算。销售促进活动往往需要较大的支出，所以事先必须筹划预算。销售促进预算一般可以通过以下两种方式来确定：

① 自上而下的方式。市场营销人员根据全年销售促进活动的内容、所使用的销售促进工具及相应的成本来确定销售促进预算。销售促进成本通常由管理成本(如印刷费、邮寄费)与激励成本(如赠奖、折扣)之和乘以在这种交易中预期售出的产品数量。

② 按照习惯比例来确定销售促进预算占总预算的比率。例如洗发精的销售促进预算可能占促销总预算的 30%，牙膏则可能占 50%。在不同市场中，不同品牌商品的促销预算比率是不同的，这个比率还会受到产品生命周期和竞争者促销预算的影响。经营多品牌的企业应将其销售促进预算在各品牌之间进行协调，以取得尽可能大的效益。如一次邮寄多种赠券给消费者，可以节约邮寄费及其他相关费用。

四、渠道管理

(一) 渠道的含义

渠道(配销通路或营销渠道)，一般是指产品或服务从生产者流向消费者所经过的整个通道，包括制造商、批发商、零售商及其他辅助机构。

菲利普·科特勒认为：一条分销渠道是指某种货物或劳务从生产者向消费者移动时取得这种货物或劳务的所有权或帮助转移其所有权的所有企业和个人。因此，一条分销渠道主要包括商人中间商(取得所有权)和代理中间商(帮助转移所有权)，还包括作为分销渠道的起点和终点的生产者和消费者，但不包括供应商、辅助商等。

(二) 渠道基本结构

1. 渠道长度

渠道长度指产品分销所经中间环节的多少及渠道层级的多少。如果产品从制造商直接到达客户，我们就称其为较短的渠道，最短的渠道是不经过中间环节的渠道。如果产品要经过代理商、批发商、零售商等多种环节才能到达最终客户，我们就称其为较长的渠道。企业有时通过兼并处于另一渠道层次的公司来缩短其渠道的长度。

2. 渠道宽度

分销渠道的宽度是指在同一个分销的层级上选择中间商数目的多少，数目越多渠道就越宽，反之就越窄。

(1) 密集型分销渠道。密集型分销渠道(Intensive Distribution Channel)也称为广泛型分销渠道，或普通型分销渠道，就是指制造商在同一渠道层级上选用尽可能多的渠道中间商来分销自己的产品的一种渠道类型。这种渠道可以使产品在目标市场上形成铺天盖地之势，以达到使产品品牌充分显露，实现路人皆知且随处可买，最广泛地占领目标市场的目的。密集型分销渠道多见于消费品领域中的便利品，比如牙膏、牙刷、饮料等。

密集型分销渠道的主要好处是市场覆盖面大，扩展市场迅速，顾客接触率高，可较快地提升销售业绩，分销的支持度强，可充分利用中间商等优点。当然它也有缺点，就是厂商较难控制渠道，而且费用也高，分销商的竞争强，分销和促销不专一。凡是符合生产商的最低信用标准的渠道成员都可以参与其产品或服务的分销。密集分销意味着渠道成员之间的激烈竞争和很高的产品市场覆盖率。

密集分销的缺点是容易导致市场混乱，渠道管理成本较高。在密集分销中能够提供服务的经销商数目总是有限的。生产商有时得对经销商的培训、分销支持系统、交易沟通网络等进行评价，以便及时发现其中的障碍。而在某一市场区域内，经销商之间的竞争会造成销售努力的浪费。由于密集分销加剧了经销商之间的竞争，他们对生产商的忠诚度便降低了，价格竞争也较激烈，而且经销商也不再愿意高水平地服务客户了。

(2) 选择型分销渠道。选择型分销是指企业有选择性地精选几家中间商来分销本企业的产品。这种分销方式使用较普遍，它适应于大多数商品，尤其是消费品中的选购品、特殊品以及一些标准化程度较高的工业品。这种分销方式比独家分销面宽，又比密集分销面窄，企业能通过对中间商的精选，去掉那些效率不高的中间商，易于节省成本和费用，对中间商又较容易控制和经常保持联系，能更好地督促中间商完成企业所赋予的营销职能，效果好。生产商往往先采取密集型分销，以促使新产品迅速上市，而后改用选择型分销，淘汰一部分经营管理差或不守信用的中间商。

(3) 独家式分销渠道。独家分销是指制造商在某一地区仅选择一家中间商经营销售其产品，通常双方会协商签订独家经销合同，规定经销商不得经营竞争者的产品，以便控制经销商的业务经营，调动其经营积极性，从而占领市场。这是一种最为极端的常见专营型分销渠道，它始于 20 世纪 90 年代，是一种传统的营销模式。

这类分销方式适应于贵重、高价和需提供特殊服务的商品，以及一些名牌商品。采取独家分销，对企业来说，可以提高对渠道的控制能力，刺激中间商为本企业服务。但这种分销方式也会为生产商带来较大风险，如果中间商选择不当，则有可能“吊死在一棵树上”，从而失去某一地区的市场。所以，这就要求生产商具有较强的考察市场能力，并对中间商定期进行检查以了解他们当前的经营状态及实力。

技能训练　制定营销策略

一、实训目的

(1) 掌握产品的定价策略。

(2) 制订产品的促销预算。

(3) 制订产品的促销方案。

(4) 选择产品的合作渠道，并掌握自建渠道的选择策略。

二、实训器材

电脑、现代企业运营综合仿真实训平台软件与配套教材。

三、注意事项

(1) 产品定价时的价格有效期为平台当前季度的下一季度，即产品定价需提前一季度进行。

(2) 促销时的促销时间为平台当前季度的下一季度，即促销必须提前一季度进行。

(3) 合作渠道添加时的渠道名称为企业已经开拓完成的市场区域的渠道。

四、实训操作

(一) 定价策略

(1) 以销售人员的账号、密码登录软件平台，选择【我的实验】→【进入】，制造企业选择【核心企业区】，再选择【制造公司实训】进入企业平台。

(2) 选择【营销策略】→【定价策略】，在定价策略列表点击【增加】，如图 8-17 所示。

图 8-17　新增定价策略界面

(3) 选择需要定价的【产品编码】、选择【定价生效期】，点击【保存】，如图 8-18 所示。

图 8-18　定价策略设置界面

(4) 选择保存的【定价策略】，点击【市场定价】，如图 8-19 所示。

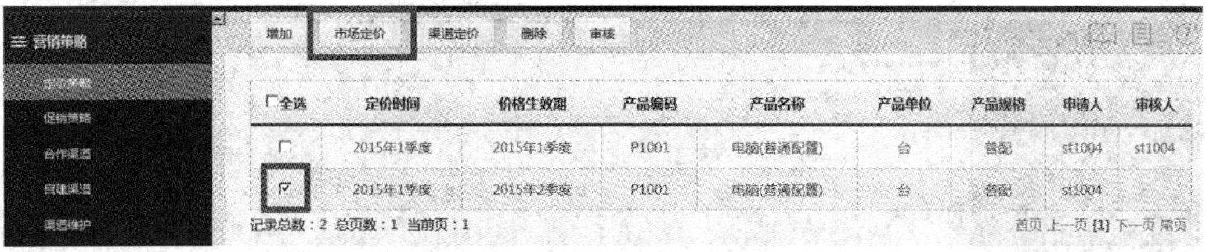

图 8-19　选择市场定价界面

(5) 输入各市场的【销售价格】，点击【确定】，如图 8-20 所示。

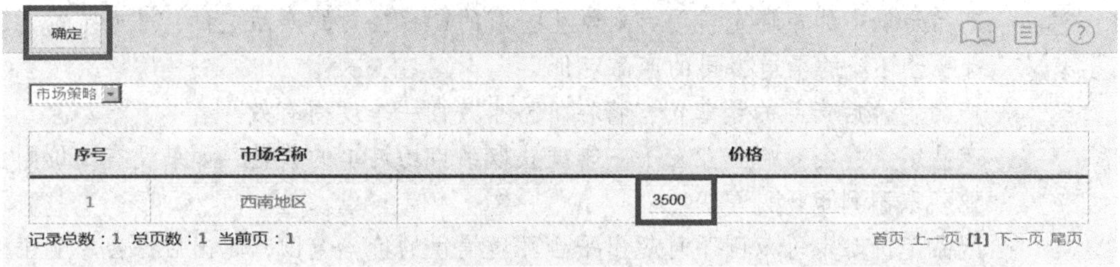

图 8-20　设置销售价格界面

(6) 选择保存的定价策略，点击【渠道定价】，如图 8-21 所示。

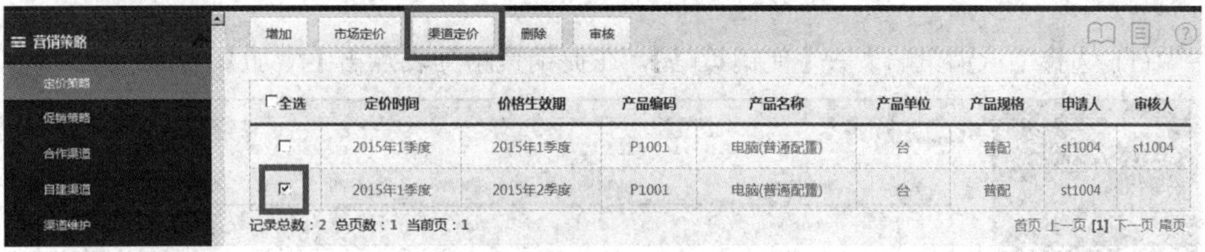

图 8-21　设置渠道定价界面

(7) 输入各市场的【销售价格】，点击【确定】，如图 8-22 所示。

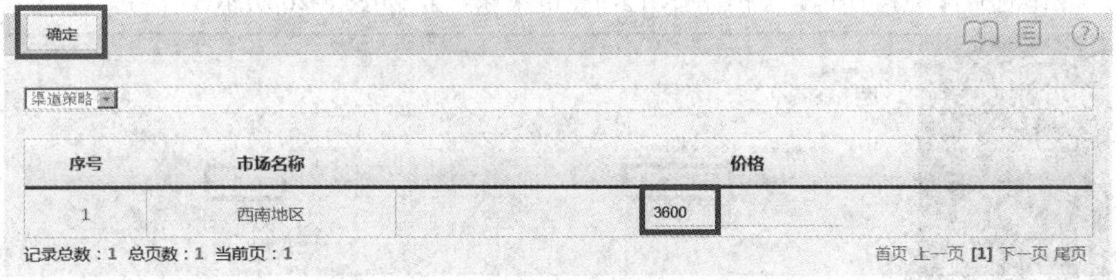

图 8-22　输入销售价格界面

(8) 选择设置完成后的定价策略，点击【审核】，如图 8-23 所示。

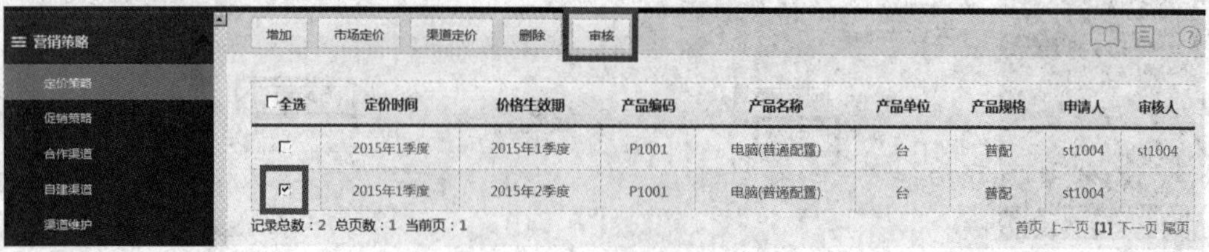

图 8-23　审核定价策略界面

(9) 在审核界面点击【审核】即可，如图 8-24 所示。

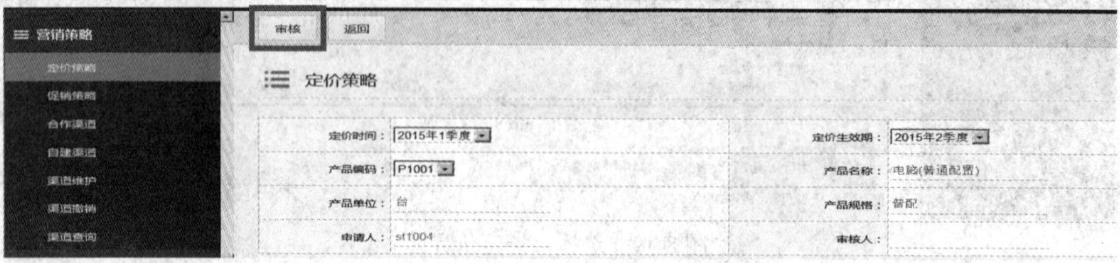

图 8-24　审核界面

注：• 产品定价中的市场定价为针对学生扮演的商贸公司的产品定价，渠道定价为针对平台环境的渠道公司的产品定价。

• 产品定价后产品的销售价格将在价格生效期一季度内有效。

• 产品定价将会影响企业在下一季度获取到市场订单的数量，如果没有定价则企业获取不到市场订单。

• 产品定价时定价范围不可超出平台环境提供的价格范围，超出后将会影响企业在下一季度获取到市场订单的数量；价格生效期到后不可进行反审核。

(二) 促销策略

(1) 选择【营销策略】→【促销策略】，在促销策略列表点击【增加】，如图 8-25 所示。

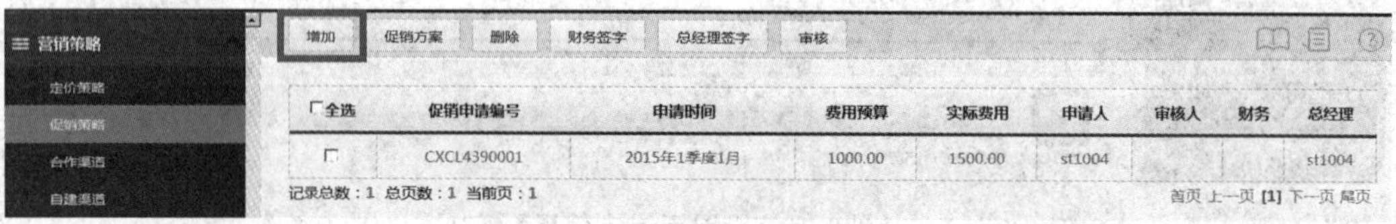

图 8-25　增加促销策略界面

(2) 选择【促销时间】，【预算费用】，点击【保存】，如图 8-26 所示。

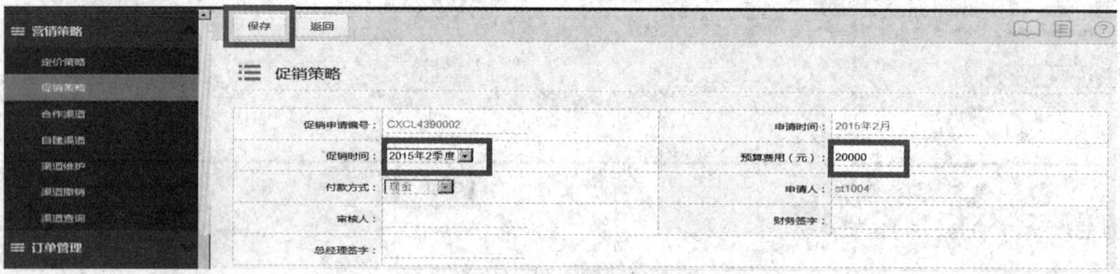

图 8-26　促销策略设置界面

(3) 选择保存的促销策略，点击【促销方案】，如图 8-27 所示。

全选	促销申请编号	申请时间	费用预算	实际费用	申请人	审核人	财务	总经理
□	CXCL4390001	2015年1季度1月	1000.00	1500.00	st1004			st1004
☑	CXCL4390002	2015年1季度2月	20000.00	0	st1004			

记录总数：2 总页数：1 当前页：1　　首页 上一页 [1] 下一页 尾页

图 8-27 促销方案选择界面

(4) 选择【市场区域】，点击促销方案后的选择，可多选，促销方案选择完成后点击【关闭】，如图 8-28 所示。

注：可取消选择。

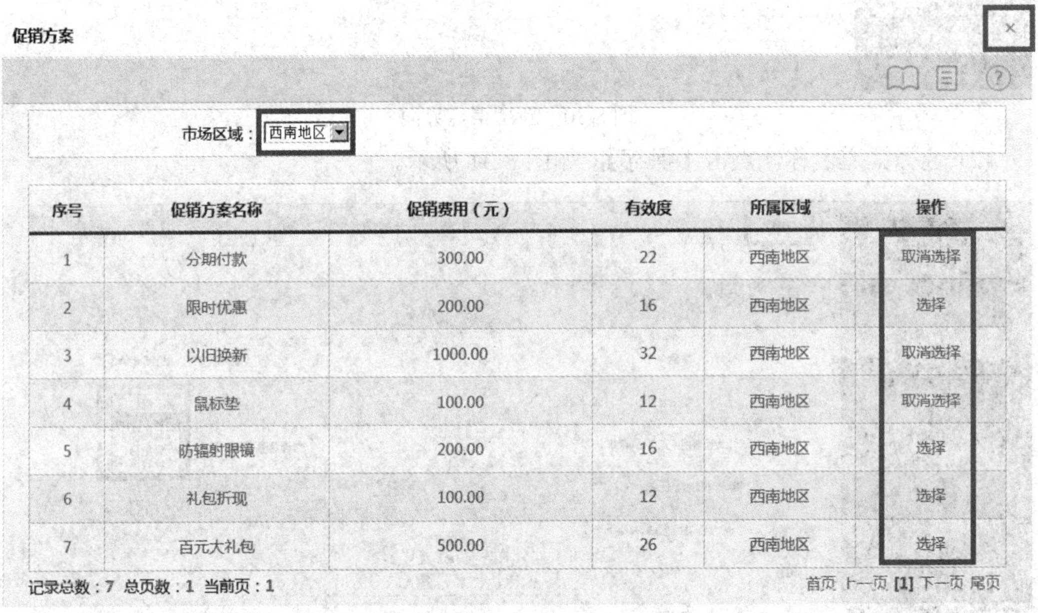

序号	促销方案名称	促销费用（元）	有效度	所属区域	操作
1	分期付款	300.00	22	西南地区	取消选择
2	限时优惠	200.00	16	西南地区	选择
3	以旧换新	1000.00	32	西南地区	取消选择
4	鼠标垫	100.00	12	西南地区	取消选择
5	防辐射眼镜	200.00	16	西南地区	选择
6	礼包折现	100.00	12	西南地区	选择
7	百元大礼包	500.00	26	西南地区	选择

记录总数：7 总页数：1 当前页：1　　首页 上一页 [1] 下一页 尾页

图 8-28 选择市场区域界面

(5) 选择设置完成的促销策略，进行【审核】、【财务签字】、【总经理签字】，如图 8-29 所示。

全选	促销申请编号	申请时间	费用预算	实际费用	申请人	审核人	财务	总经理
□	CXCL4390001	2015年1季度1月	1000.00	1500.00	st1004			st1004
☑	CXCL4390002	2015年1季度2月	20000.00	1400.00	st1004			

记录总数：2 总页数：1 当前页：1　　首页 上一页 [1] 下一页 尾页

图 8-29 审核、财务签字、总经理签字界面

注：
- 促销方案选择中的市场区域为企业已经开拓完成的市场区域。
- 企业进行促销方案选择时的促销方案的费用和有效度将会影响企业在下一季度获取的市场订单数量。
- 促销时选择的促销方案的费用总和不能大于预算费用。

- 促销审核后财务未签字前可进行反审核。
- 非当季度填写的促销不可进行反审核。
- 促销策略经总经理签字后生效，并在总经理签字后减少企业现金。

(三) 合作渠道

(1) 选择【营销策略】→【合作渠道】，在合作渠道列表点击【新增】，如图 8-30 所示。

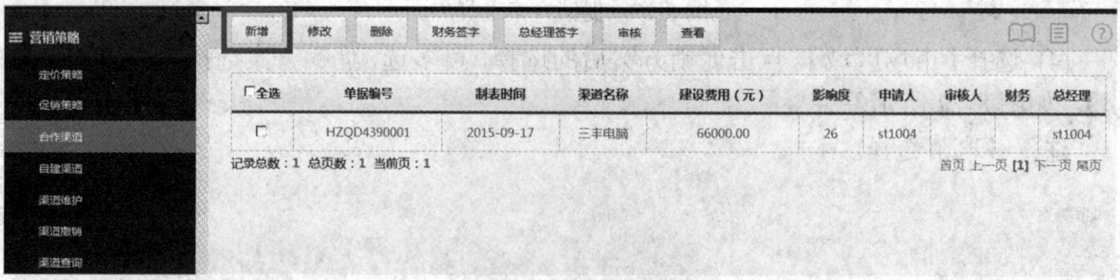

图 8-30　新增渠道界面

(2) 选择渠道名称，点击【保存】，如图 8-31 所示。

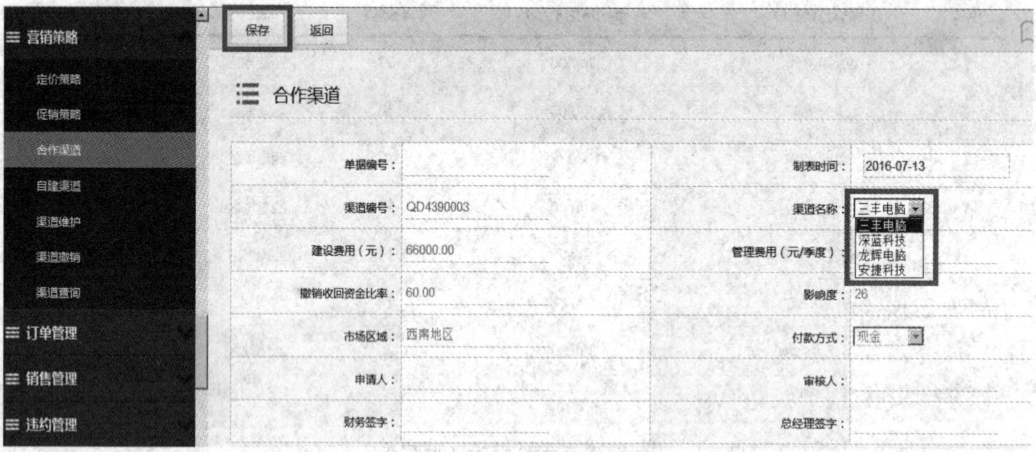

图 8-31　选择渠道界面

(3) 选择保存的渠道信息，进行【审核】、【财务签字】、【总经理签字】，如图 8-32 所示。

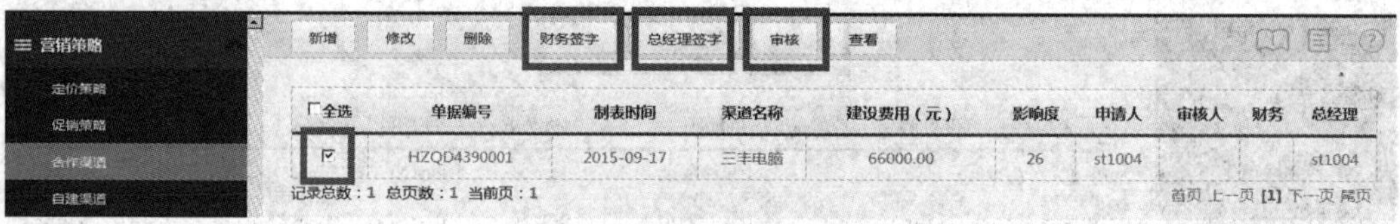

图 8-32　审核、财务签字、总经理签字

注：
- 合作渠道选择时的所选渠道的有效度将会影响企业在下一季度获取的市场订单数量。
- 合作渠道经总经理签字后生效，并在总经理签字后减少企业现金。
- 添加的合作渠道如不进行撤销，则一直有效。
- 合作渠道从总经理签字时间起，每个季度都必须进行渠道维护。

(四) 自建渠道

(1) 选择【营销策略】→【自建渠道】，在自建渠道列表点击【新增】，如图 8-33 所示。

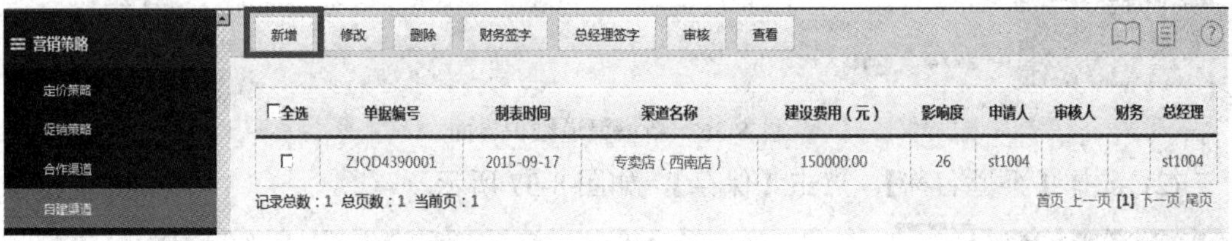

图 8-33　新增自建渠道界面

(2) 选择【渠道名称】，点击【保存】，如图 8-34 所示。

图 8-34　选择渠道界面

(3) 选择保存的渠道信息，进行【审核】、【财务签字】、【总经理签字】，如图 8-35 所示。

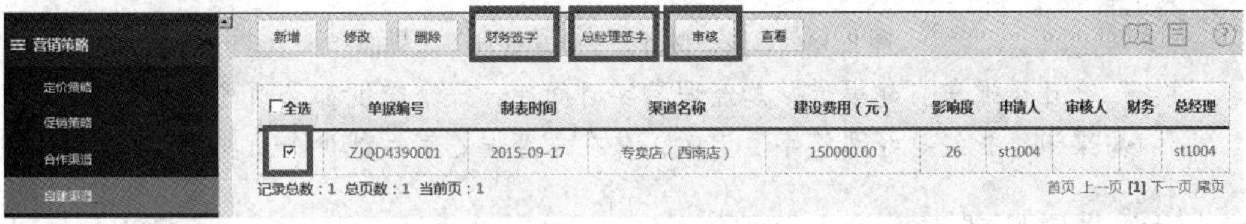

图 8-35　审核、财务签字、总经理签字界面

注：
- 自建渠道添加时的渠道名称为企业已经开拓完成的市场区域的渠道。
- 自建渠道选择时的所选渠道的有效度将会影响企业在下一季度获取的市场订单数量。
- 自建渠道经总经理签字后生效，并在总经理签字后减少企业现金。
- 建设的渠道如不进行撤销，则一直有效。
- 渠道从建设时间起，每个季度都必须进行渠道维护。

(五) 渠道维护

(1) 选择【营销策略】→【渠道维护】，在渠道维护列表点击【新增】，如图 8-36 所示。

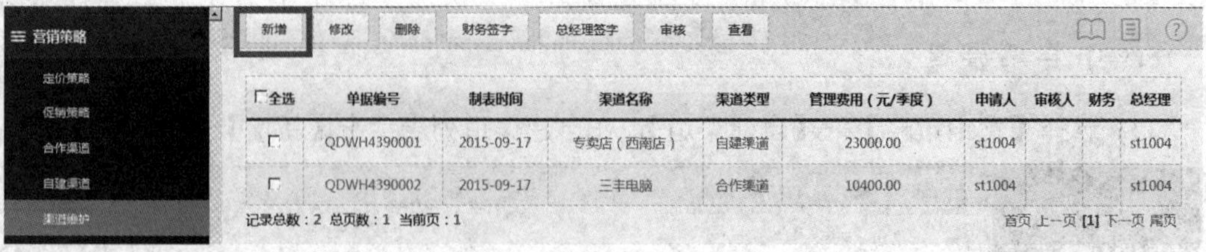

图 8-36　新增渠道维护界面

(2) 选择【渠道名称】，点击【保存】，如图 8-37 所示。

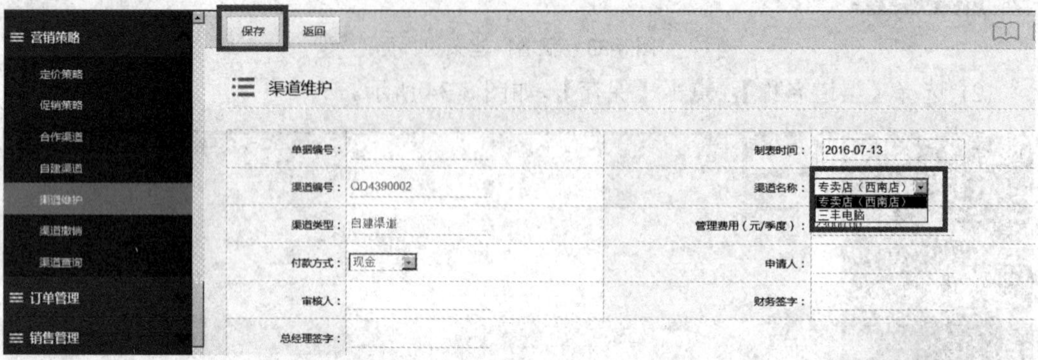

图 8-37　选择渠道维护界面

(3) 选择要维护的渠道信息，进行【审核】、【财务签字】、【总经理签字】，如图 8-38 所示。

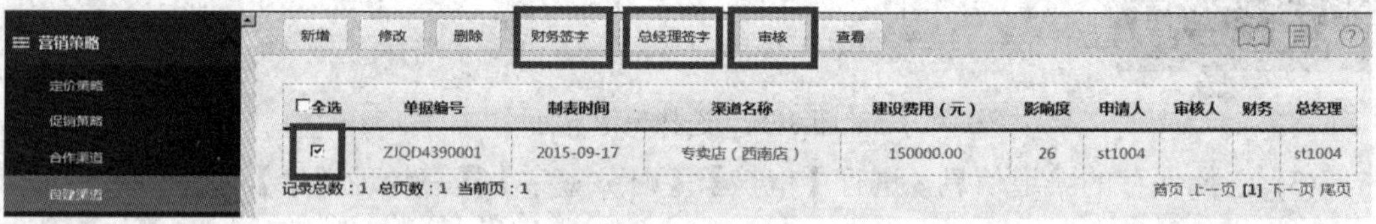

图 8-38　审核、财务签字、总经理签字界面

注：
- 合作渠道与自建渠道从总经理签字时间起，每个季度都必须进行渠道维护。
- 渠道维护经总经理签字后生效，并在总经理签字后减少企业现金。

(六) 渠道撤销

(1) 选择【营销策略】→【渠道撤销】，在渠道撤销列表点击【新增】，如图 8-39 所示。

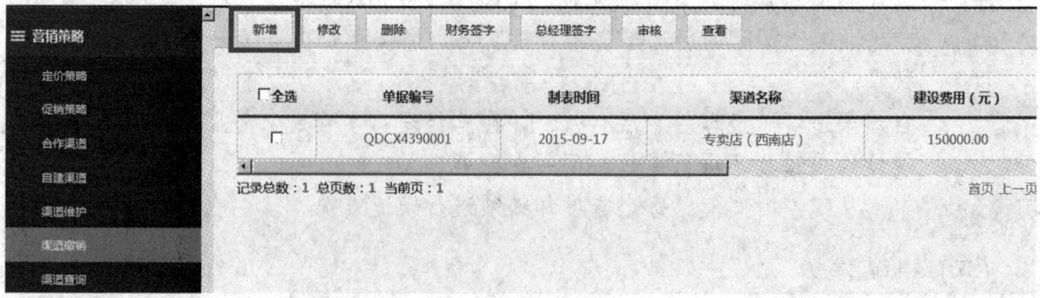

图 8-39　新增渠道撤销界面

(2) 选择【渠道名称】，点击【保存】，如图 8-40 所示。

图 8-40　选择渠道撤销界面

(3) 核实要撤销的渠道信息，进行【审核】、【财务签字】、【总经理签字】，如图 8-41 所示。

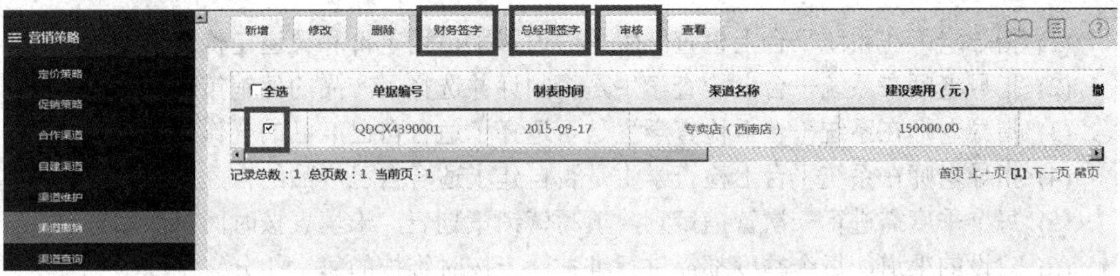

图 8-41　审核、财务签字、总经理签字界面

注：• 合作渠道与自建渠道在进行渠道撤销时，必须先完成当季度的渠道维护。

• 渠道撤销经总经理签字后生效，并在总经理签字后增加企业现金。

温馨提示：商贸企业学生操作注意事项

(1) 客户名称等信息可在系统中公共服务区→信息综合中心→商贸公司中查询，点击所需要添加的零售商名称，可查看零售商信息。

(2) 物流公司类型，如果为物流公司，则物流公司名称为实训环境学生物流公司名称，可找学生物流公司搜集信息；如果为系统运输，则物流公司信息可在系统中公共服务区→信息综合中心→商贸公司，点击所需要添加的系统物流公司名称。

(3) 商贸公司在实训开始第一个季度无市场订单，如商贸公司在第一个季度进行了影响下一季度获取订单的业务(即广告宣传、销售定价)，则在第二季度才有机会获取系统环境提供的订单。

(4) 市场订单在每季度第一个月获取。

(5) 企业在产品定价时，定价范围如超出系统提示价格范围最大值的 1.1 倍，则当季度获取不到系统市场订单。

(6) 企业在产品定价时，定价范围如超出系统提示价格范围，则当季度获取的订单数量不大于 1 个。

(5) 商贸公司根据企业自身的产品库存、订单的账期及交货期等因素选取订单。

(6) 商贸公司选取的渠道订单必须添加为销售订单后才生效。

(7) 调取销售订单后，可选择物流公司，如果物流公司类型为系统运输表示发货后系统自动运输，如果为学生物流公司表示发货后通过学生扮演的物流公司进行运输。

(8) 在进行运输违约收款确认时，商贸公司财务部门确认物流公司已经打款到商贸公司银行账户，即物流公司给商贸公司的运输违约转账记录已完成。

温馨提示：供应商企业学生操作注意事项

(1) 销售定价中的物料销售价格为针对学生扮演的制造企业的物料采购价。

(2) 每个季度的定价都必须包含所有物料。

(3) 供应商接收或退回学生扮演的制造商提交的物料采购订单，接收订单时需了解制造商提交的订单的详细信息，如订单中的物料、数量、价格、交货期等。

(4) 调取销售订单后，可选择物流公司，系统运输表示发货后系统自动运输，学生物流表示发货后通过学生扮演的物流公司进行运输。

五、实训考核

(1) 指导老师在系统平台上检查学生是否设置了市场定价和渠道定价。

(2) 指导老师在系统平台上检查学生是否制订并选择了产品的促销策略。

(3) 指导老师在系统平台上检查学生是否选择了适合自己产品的合作渠道。

(4) 指导老师在系统平台上检查学生是否自建了适合自己产品的自建渠道。

(5) 每个季度需进行一次营销策划，填写营销策划表，未填表按时间每次扣分。

(6) 建设的渠道，每个季度都需进行维护，未按时维护的每次扣分。

任务三　销　售　管　理

任务目标

在跨专业综合实训平台中完成订单管理、合同管理、销售管理、违约管理等工作。

知识链接

一、客户管理

(一) 客户的概念

什么是客户？如何理解客户？这是学习客户管理相关知识前必须首先理清的问题。

客户是企业的利润之源，是企业的发展动力，很多企业将“客户是我们的衣食父母”作为企业客户管理的理念。那么到底什么是客户呢？不少人将顾客与客户混为一谈，尽管顾客与客户都是购买和消费企业产品的人或者组织，但顾客(Customer)和客户(Client)的概念是有区别的。

在现代营销管理的观念中，顾客可以由任何人或机构来提供服务，而客户则主要由专门的人员来提供服务。客户是针对特定的某一类人或者某一个细分市场而言的。客户的需求是具体的、个性化的，例如银行的贷款客户、医生的病人、不同的保险客户，因而需要专门的人员与资源来满足客户的需求，这与一般的“顾客”是不一样的。当然，也可以说客户是顾客的一部分。

因此，可以这样定义：客户是接受企业产品或服务，并由企业掌握其有关信息资料，主要由专门的人员来提供服务的组织和个人。客户的含义可从以下几个方面来理解：

1. 客户不一定是产品或服务的最终接受者或用户

处于供应链下游的企业或个人是上游企业的客户，他们可以是批发商、零售商或中介商，而最终的接受者可能是消费产品和服务的人或机构，只有当他们消费这些产品和服务时，他们才是用户。

2. 客户一般由企业专门提供服务

如前所述，客户不同于一般顾客，他们有具体的个性化的需求，因而由企业专门提供产品与服务。

3. 客户也在企业内部

人们习惯于为企业之外的客户服务，而把企业内上、下流程的工作人员和供应链中的上、下游企业看作是同事或合作伙伴，从而淡化了服务意识，造成服务的内外脱节和不能落实。客户管理中的客户，其内涵已经扩大化，在关系营销中甚至将公司内部上流程与下流程的工作人员都称为客户。

4. 客户一定在企业存有相应的信息资料

企业，尤其是许多服务行业的企业会将客户的信息资料建成数据库，以提供能够满足客户需求和有利于发展业务的服务，而一般意义上的顾客则大多不会在企业内保存相应的资料。

5. 客户是所有接受产品或服务的组织和个人的统称

在现代客户观念指导下，个体的顾客和组织的团体都统称为客户，因为无论是个体或是组织都是接受企业产品或服务的对象，而且从最终的结果来看，“客户”的下游还是客户。因此，客户是相对于产品或服务提供者而言的，他们是所有接受产品或服务的组织和个人的统称。

(二) 顾客与客户的共性和区别

顾客与客户的共性：都是购买或享受产品(服务)的组织和个人。

顾客与客户的区别：

(1) 稳定性。客户比顾客购买的稳定性要大得多。

(2) 主动性。在交易过程中，一般情况下，顾客比客户主动。

(3) 交易的次数。大多数顾客是一次性交易，而客户是多次交易。

(4) 交易量。一般情况下，客户购买的数量多于顾客。

(5) 时间性。客户与企业之间比顾客与企业之间有更长期的业务关系。

(6) 产品或服务的提供。顾客可由任何人或机构提供产品或服务，而客户主要由专门人员提供产品或服务。

(7) 信息资料。企业内一般会保存客户的信息资料，而不会保存顾客的资料。两者最大的区别就在于，顾客只是“没有名字的一张脸”，而客户的资料却被很详尽地保存在企业的信息库之中。从这一意义上来讲，客户与企业之间的关系比一般意义上的顾客更为亲密。

对于不同行业、不同企业的客户可以有不同的理解。例如，制造业与服务业的客户是不同的，前者侧重于中间商或企业组织，而后者则侧重于个人。而同样是服务业，旅游业的客户与保险业的客户也是不同的。客户对于企业的共同属性是：客户是与其利益既冲突又统一的“上帝”；客户是渠道、变现的手段、增值的工具(企业、品牌的传播者和塑造者)；客户是双赢意义下一起成长的伙伴。简单地讲，所谓客户，就是帮助企业销售产品、为企业挣钱的人。客户是企业销售体系的重要组成部分，是企业的重要资产之一。

(三) 客户管理的含义

由于不同研究者和使用者的出发点和观念不同，客户管理的定义也有所不同。有的人认为客户管理就是指如何管好客户，而有的人认为客户管理就是客户关系管理(CRM)。事实上，对于什么是客户管理，目前在学术界和企业界都还没有一个统一的定义。总结国内外学术界和企业界的多种观点，结合目前客户管理的一些新特点，我们可以对客户管理定义如下：客户管理是指经营者在现代信息技术的基础上收集和分析客户信息，把握客户需求特征和行为偏好，有针对性地为客户提供产品或服务，发展和管理与客户之间的关系，从而培养客户的长期忠诚度，以实现客户价值最大化和企业收益最大化之间的平衡的一种企业经营战略。

这个定义包括以下几个含义：

(1) 客户管理不是一个简单的概念或者方案，它是企业的一种管理理念和经营战略，贯穿于企业每个部门和经营环节，其目的在于理解、预测、管理企业现有的和潜在的客户。

越来越多的经理人意识到客户管理不仅仅是营销部门和客户服务部门的责任，而且是贯穿整个组织内的、跨越不同职能部门之间的一个根本性经营战略。它涉及企业战略、过程、组织和技术等方面的变革，以使企业更好地围绕客户行为来有效地展开自己的经营。

(2) 客户管理是现代管理思想与科技的结合。信息技术的引入，使得客户信息的积累和共享更为有效，如一些新技术(知识发现技术、数据仓库技术、数据挖掘技术等)有效地促进了数据获取、客户细分和数据挖掘。

(3) CRM 是客户管理的一部分。CRM 始于对客户行为和特性的深入分析，以取得对客户及其偏好、愿望和需求的完整认可，然后应用这些知识去制订营销战略、编制营销计划和开展营销活动。同样，客户管理也必须以与客户之间的互动接触为基础。

(4) 客户管理的目的是实现客户价值最大化和企业收益最大化之间的平衡。事实上，客户价值最大化和企业收益最大化是一对矛盾统一体。坚持以客户为中心、为客户创造价值是任何客户管理战略都必须具备的理论基石，而企业是以盈利为中心的组织，追求利润最大化是企业存在和发展的宗旨。客户价值最大化意味着有可能穷尽企业的资源和能力去全面满足所有客户的需求，这样做必然会增加公司的成本，降低公司的利润。但是，为客户创造的价值越多，越可能增强客户的满意度，提高客户的忠诚度，从而留住客户，有利于增加客户为企业创造的价值，最终可最大化企业收益。

(四) 客户管理的流程

客户管理首先应当对客户进行识别和选择，以支持企业在合适的时间和合适的场合，通过合适的方式，将合适价格的合适产品和服务提供给合适的客户。客户管理的基本流程如下：

1. 客户信息资料收集

客户信息资料的收集主要是指收集、整理相关资料，分析谁是企业的客户，以及分析客户的基本类型、需求特征和购买愿望，并在此基础上分析客户差异对企业利润的影响等问题。

收集、整理和分析客户信息的目的是分辨一般客户、合适客户和关键客户(这是客户管理的基础)，进而与合适客户和关键客户建立深入关系，并根据客户信息制订客户服务方案，以满足客户的个性化需求，提高客户价值。

2. 客户信息分析

客户信息分析不能仅仅停留在对客户信息数据的分析上，更重要的是对客户的态度、能力、信用、社会关系进行评价，具体包括以下内容：

(1) 分析客户是关键客户还是合适客户。

(2) 分析哪些客户在哪段时间导致了企业成本的增加。

(3) 分析企业本年度最需要与哪些企业客户建立商业关系。

(4) 分析本年度有哪些合适或关键客户，以及他们对企业的产品或服务提出了几次抱怨。

(5) 分析去年最大的客户今年的订货量如何。

(6) 分析哪些客户已把目光转向别的企业。

3. 客户信息交流与反馈管理

客户管理过程也是与客户交流信息的过程，实现有效的信息交流是建立和保持企业与客户良好关系的途径。客户反馈可以衡量企业承诺目标实现的程度，在及时发现为客户服务过程中的问题等方面具有重要作用。

4. 客户服务管理

客户服务管理的主要内容有：服务项目的快速录入；服务项目的安排、调度和重新分配；事件和升级；搜索和跟踪与某一业务相关的事件；生成事件报告；服务协议和合同；订单管理和跟踪；建立客服问题及其解决方法的数据库。

5. 客户时间管理

客户时间管理主要包括两方面的内容。第一，针对客户处于的不同生命周期，设计安排对客户投入的时间资源，控制好与各方面相适应的时间投入要求；第二，进行客户管理的日程安排，如设计约见客户与活动计划，进行客服事件和团队事件安排，把事件的安排通知相关的人，包括任务表、预算表、预告与提示、记事本、电子邮件、传真以及配送安排等。

二、销售管理

(一) 销售管理的概念

美国印第安纳大学的达林普(D. Dalrymple)教授给销售管理作过这样的定义：计划、执行及控制企业的销售活动，以达到企业的销售目标。

销售管理是从市场营销计划的制订开始，管理和控制营销计划中的销售活动，并且负责主导和执行企业的营销计划。销售管理应当负责组建销售队伍去执行企业的销售任务，并且负责控制及管理销售人员的业务活动，为企业寻找、建立和维系满意的客户，以达到企业的销售目标。

(二) 销售管理的性质和作用

随着推销和销售变得更职业化，销售管理的作用和角色也越来越重要。一般意义上的管理主要强调的是那些包括在管理中，也被称为经理在职业活动中承担的关键职责，也就是计划、组织和控制。就销售管理而言，强调的重点表现在，从作为一个优秀的销售经理必须具备的健全品格，到这份工作的主要特征，以及确保销售人员销售有效的指标。尽管这些功能仍然可能是极其重要的，但现代公司销售经理的职责已经在重点上扩大和变化了。

今天销售经理在公司被期望扮演一个更重要的战略角色，并要求作为一个关键因素列入公司的计划编制中。因此，销售经理需要熟悉和计划相关的技术，包括销售预测和预算等。销售经理还必须熟悉营销观念，以确保销售和营销活动相结合。在许多公司中，较少强调销售量，而是强调更多的利润，销售经理需要分析和指导销售人员针对更多能获利业务的活动。在处理和销售人员的关系时，销售经理还必须了解现代人力资源管理的发展。

(三) 销售管理的基本原理

销售管理总体包括四部分：市场管理、人员管理、货品管理和营销活动控制。

1. 市场管理

(1) 成功的营销模式是对外在的环境、企业内部环境和可利用的资源进行优化组合，使企业的整体营销力得到提高，从而达到企业既定的战略。

(2) 直接、整合、组合是销售管理中最适用的战术。

(3) 市场是指能够满足人们需求的场所。市场管理是对本行业的运作和发展趋势进行深入的研究，从而将这种规律加以运用和管理。

(4) 在市场运作的早期主要表现在通路的开拓和营销渠道的建设，每个行业都有行业渠道，每种商品都有固定的消费群体，迅速打通营销渠道，使产品直接或间接满足需求者的要求就是市场的最终诉求。当我们找到产品的营销渠道时，这种渠道是不牢固的，必须经常维护，使之成熟和坚固。

(5) 在市场运作的中期主要表现在情报的收集和根据市场反应情况做出的及时调整，

使商品能被更多的消费者接受。公司的营销渠道在现在的市场中与很多品牌是共用的，渠道越宽，商品流和资金流的流通速度越快，情报的收集在这个阶段就越发重要。

(6) 在市场运作的后期主要表现在品牌知名度的树立和满意度的提升。品牌知名度的树立是贯穿在每一阶段的具体工作，品牌体现在每个细节，如能否给顾客提供满意的商品，能否体现顾客的需求。当大家对品牌有了清楚或模糊的印象时，那么品牌知名度就自然得到了不同程度的提高。品牌知名度的树立需要时间和持续不断的努力。满意度主要体现在使顾客的需求得到满足，以及售后服务和商品的后期维护上。当产品的差异化越来越小，让顾客满意的售后服务更有竞争力。

2. 人员管理

销售队伍在营销组合中的重要性已经无可争辩。特别是在现在的市场竞争中，团体协作和集中统一作战是取得商战胜利的前提条件。人员管理涉及销售队伍的设计、销售队伍的目标、销售队伍的战略、销售队伍的结构、销售队伍的规模和销售队伍的报酬。

销售人员的选拔：企业根据自身发展的阶段和产品的诉求选择各自的销售人员。优秀的销售人员通常具备能承受风险、使命意识强烈、善于解决问题和较强专业知识等品质。

销售人员的使用：经过培训和考核得出销售人员的综合能力，根据工作的范围和难易程度任命不同的销售人员负责不同的市场，并在工作过程中及时调整他们的工作重心和内容，在营销过程中实行第一负责人原则。

3. 货品管理

货品管理是在整体营销过程中最实际、最基本的管理内容。

(1) 让货品自由进入渠道，同时保证货品在渠道中的安全，防止丢失。为此，很多公司出台了不同的管理表格和制度以确保安全，如《销售日报表》《在库表》《月末盘点表》。

(2) 在不同档次和市场定位的商场中，铺设适合消费群体、合适数量的货品，让利润最大化。

(3) 商场中的货品每天都会流通，那么及时补货、及时调整货品的结构就显得异常重要。根据商场的客流层次和喜好，制订各类档次货品的比例。货品丰富、种类繁多，顾客可挑选的余地就很大，成交的机会也会增多。

(4) 新品上市一周后(如果时机准确)，通过销售数据便可以看出产品是否有竞争力，以及是否符合当初设计和生产的目的。如果销量很好，而且有上升的趋势，考虑是否进行追加生产；如果不见起色，排除其他因素，若因产品的竞争力较弱，就应该考虑是否调整价格或否参加促销活动。

(5) 当产品滞销时，为了促进产品的销售，减轻库存的压力，针对产品的促销活动应该分地区做出计划，促销活动的内容可以针对商品，同时考虑是否会对品牌形象有负面影响，必须权衡利弊，在品牌形成的不同时期，使促销活动能始终促进品牌的成熟。

4. 营销活动控制

在营销计划实施过程中会发生许多意外情况，销售部门必须持续不断地监督和控制各项营销活动。营销控制有四种方法：年度计划控制、盈利能力控制、效率控制和战略控制。

(1) 年度计划控制：其目的在于保证公司实现年度计划所制定的销售、利润以及其他目标。第一，公司在年度营销计划中设立月份或者季度目标作为基准点。第二，销售部必须掌控在市场上的执行业绩。第三，对任何严重偏离目标的行为要分析原因。第四，必须改正行动方案弥补目标和执行实绩之间的缺口。

(2) 盈利能力控制：销售部制定全年销售额，并据其决定生产成本，同时根据以前的各项数据制定费用总额，根据每个月的损益表制定下月的调整方案，通过减少可控制费用来保证公司的盈利能力。

(3) 效率控制：第一，销售人员的效率，每次出差的效率、每次沟通的效率、每次培训的效率、每次招待费用的控制。第二，广告效率，每一种媒体类型、每个受众的广告成本，消费者对于广告内容和有效性的意见、对于产品态度的事前和事后衡量。第三，促销效率，促销活动在所有销售中所占的百分比、赠券的回收率，以及促销活动的费用。

(4) 战略控制：公司必须经常对其整体营销效益做出缜密的评价，使总体战略的实用性和科学性在每个月的销售和损益中清楚地体现出来，执行既定的战略。

技能训练　销售产品

一、实训目的

(1) 完成市场订单的管理。

(2) 完成发货单的填写。

(3) 完成销售出库单的填写。

(4) 完成货款的收款。

(5) 完成运输费用的填写。

(6) 如果销售违约，则要填写违约的销售订单号。

(7) 新增客户档案信息。

(8) 新增物流公司信息。

二、实训器材

电脑、现代企业运营综合仿真实训平台软件与配套教材。

三、注意事项

(1) 企业选取的渠道订单必须添加为销售订单后才生效。

(2) 在添加物流公司信息时，物流公司类型如果选择物流公司，则表示此物流公司为实训环境中由学生扮演的物流公司。

(3) 企业进行发货后必须进行运费支付。

(4) 运费支付在总经理签字后生效，运费支付时如果物流公司为系统模拟的物流公司，则在总经理签字后减少企业现金。

四、实训操作

(一) 订单管理

1. 渠道市场订单

选择【订单管理】→【渠道市场订单】，点击【订单获取】，可对获取到的订单进行选择或取消选择，如图 8-42 所示。

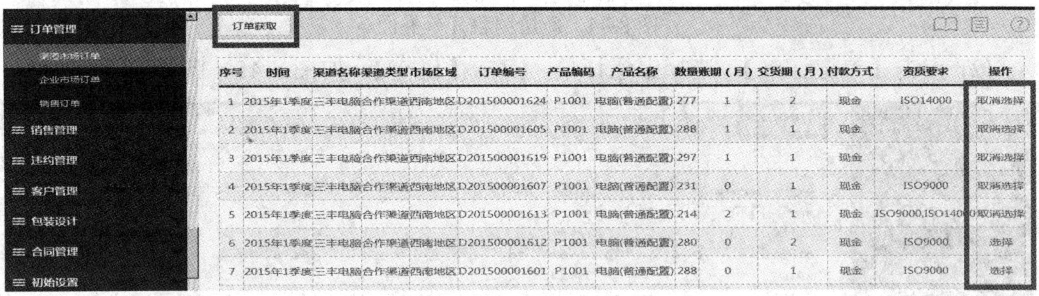

图 8-42　订单获取界面

注：
- 企业在实训开始第一个季度无渠道市场订单，如企业在第一个季度进行了下一季度的影响企业获取订单的业务(如渠道定价、广告宣传、促销、渠道建设)，则在第二季度才有机会获取平台环境提供的渠道订单。
- 渠道订单在每季度第一个月获取。
- 企业根据企业自身的产能、原材料库存、产品库存、渠道订单的账期及交货期等因素选取订单。
- 企业在产品定价时，范围如超出系统提示价格范围最大值的 1.1 倍，则当季度获取不到系统市场订单。
- 企业在产品定价时，范围如超出系统提示价格范围，则当季度获取到订单数量不大于 1 个。

2. 企业市场订单

选择【订单管理】→【企业市场订单】，选择订单，点击【选择】，如图 8-43 所示。

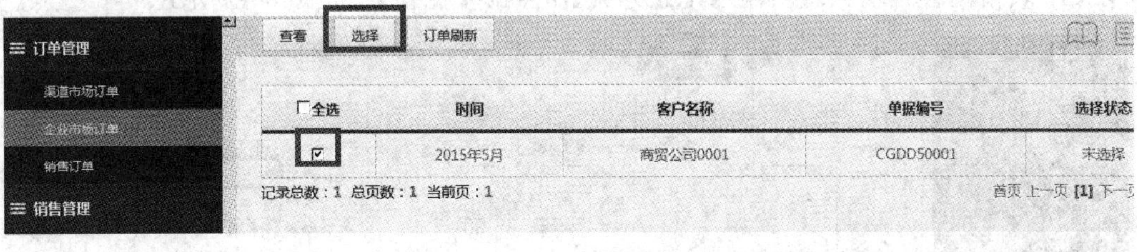

图 8-43　订单选择界面

注：
- 企业接收学生扮演的商贸公司提交的订单时，需了解商贸公司提交的订单的详细信息，如订单中的产品、数量、交货期等。
- 企业选取的企业市场订单必须添加为销售订单后才生效。

3. 销售订单

(1) 选择【订单管理】→【销售订单】，在销售订单列表点击【新增】，如图 8-44 所示。

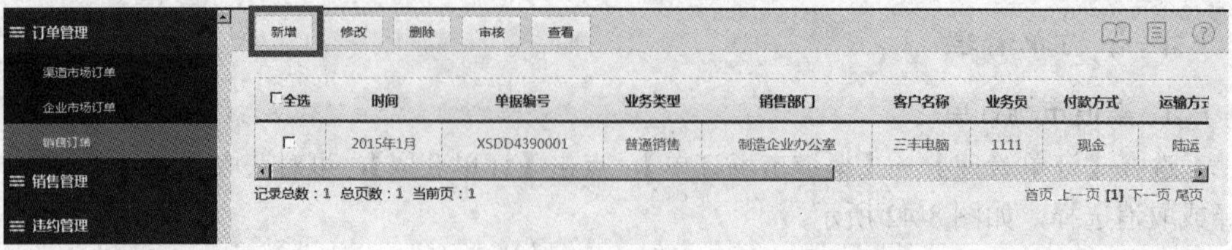

图 8-44　新增销售订单界面

(2) 点击【渠道订单】，选择渠道订单，点击【确定】，如图 8-45、图 8-46 所示。

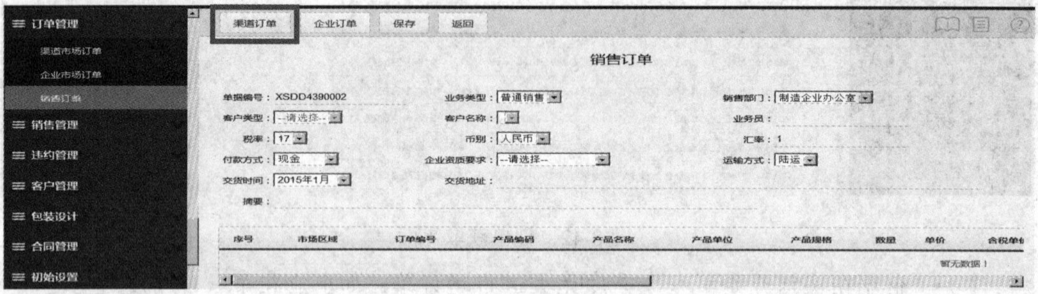

图 8-45　销售订单设置界面

渠道订单

选择	时间	渠道名称	市场区域	订单编号	产品编码	产品名称	数量	单价	金额	账期（月）	交货期（月）	付款方式	资质要求
○	2015年1月	三丰电脑	西南地区	D201500001608	P1001	电脑(普通配置)	289	0	0	2	2	现金	ISO9000,ISO1
○	2015年1月	三丰电脑	西南地区	D201500001613	P1001	电脑(普通配置)	214	2000	428000	2	1	现金	ISO9000,ISO1
○	2015年1月	三丰电脑	西南地区	D201500001607	P1001	电脑(普通配置)	231	2000	462000	0	1	现金	ISO9000
○	2015年1月	三丰电脑	西南地区	D201500001619	P1001	电脑(普通配置)	297	2000	594000	1	1	现金	
○	2015年1月	三丰电脑	西南地区	D201500001605	P1001	电脑(普通配置)	288	2000	576000	1	1	现金	
●	2015年1月	三丰电脑	西南地区	D201500001624	P1001	电脑(普通配置)	277	2000	554000	1	2	现金	ISO1400

确定

图 8-46　选择渠道订单界面

(3) 表格内容自动加载，输入【业务员】，点击【保存】，如图 8-47 所示。

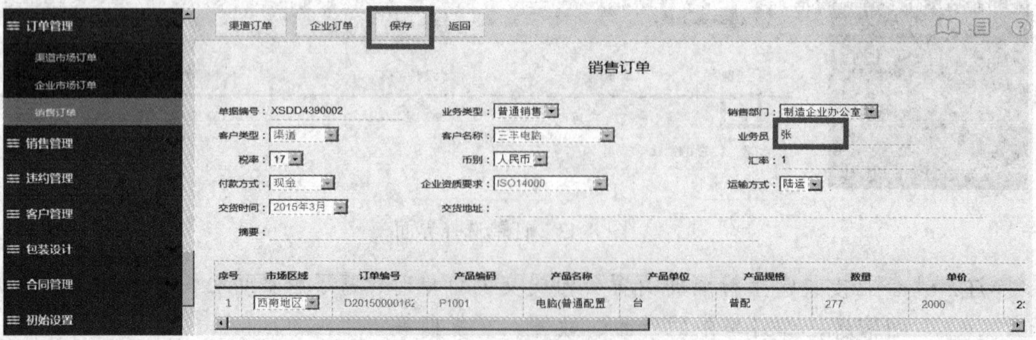

图 8-47　输入业务员界面

(4) 选择保存后的销售订单，点击【审核】，如图 8-48 所示。

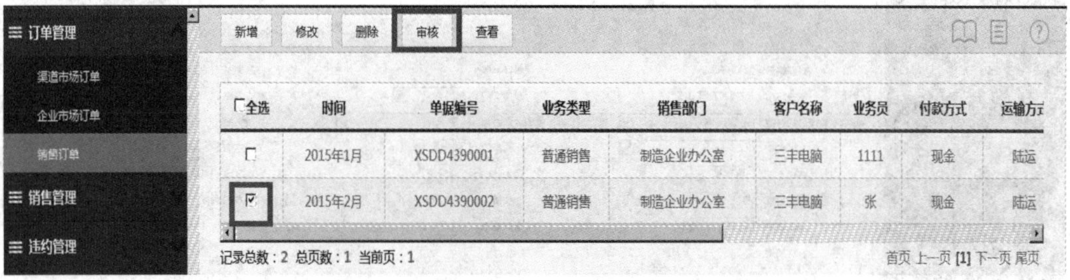

图 8-48　选择销售订单界面

(5) 在审核界面点击【审核】即可，如图 8-49 所示。

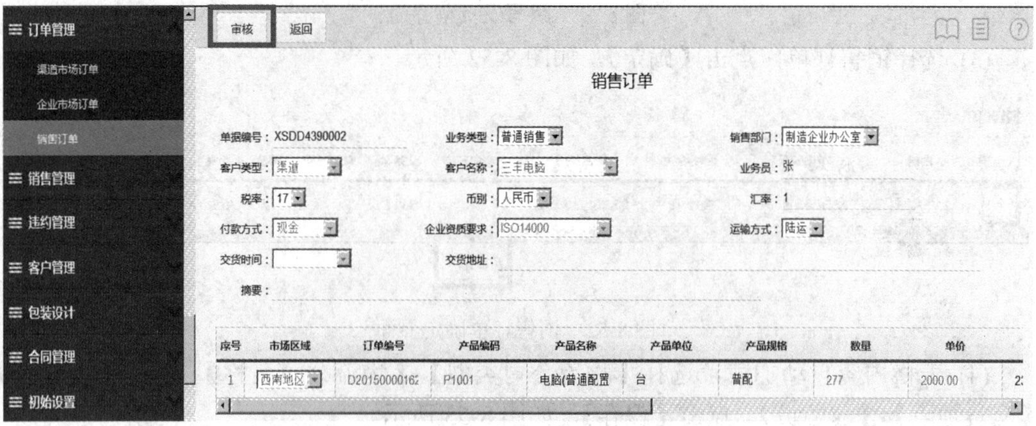

图 8-49　销售订单审核界面

注：• 企业获取的渠道市场订单与企业市场订单必须进行销售订单添加，并审核。

• 企业进行销售订单添加时，必须先将企业市场订单、渠道市场订单中的客户信息添加到客户档案中。

(二) 销售管理

1. 发货单

(1) 选择【销售管理】→【发货单】，在发货单列表点击【新增】，如图 8-50 所示。

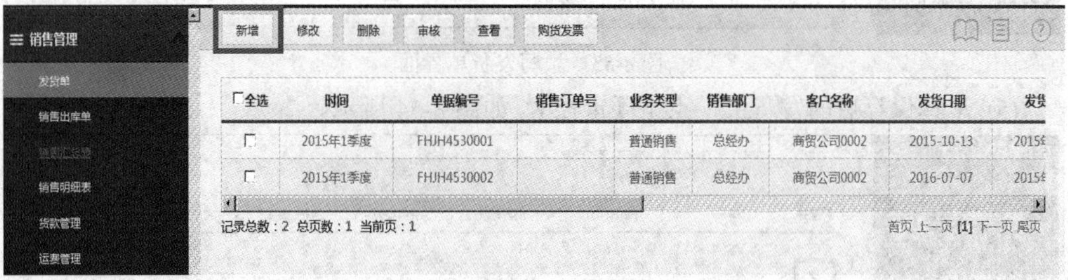

图 8-50　新增发货单界面

(2) 点击【销售订单】，如图 8-51 所示。

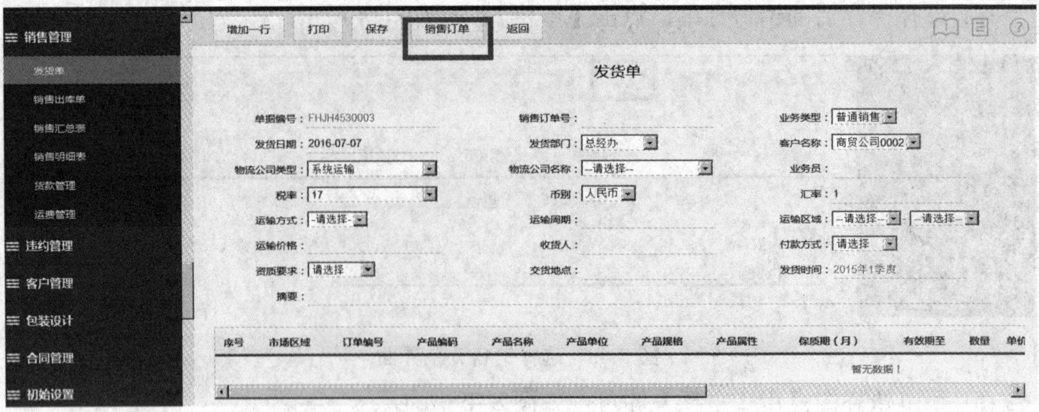

图 8-51　填写发货单界面

(3) 选择销售订单，点击【确定】，如图 8-52 所示。

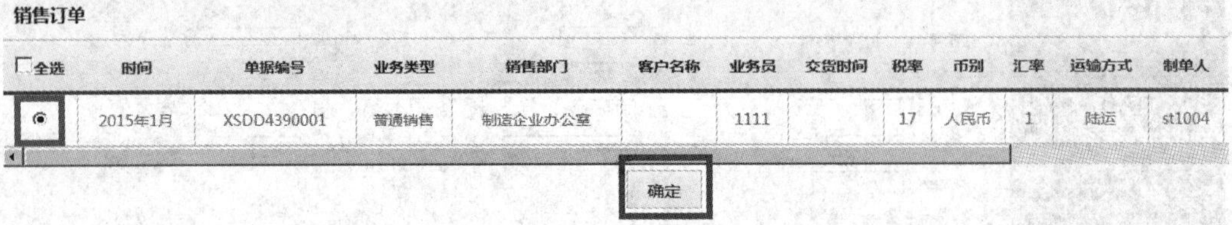

图 8-52　销售订单确定界面

(4) 表格内容自动加载，选择【物流公司类型】、【物流公司名称】，输入【收货人】、【交货地点】、【业务员】，点击【保存】，如图 8-53 所示。

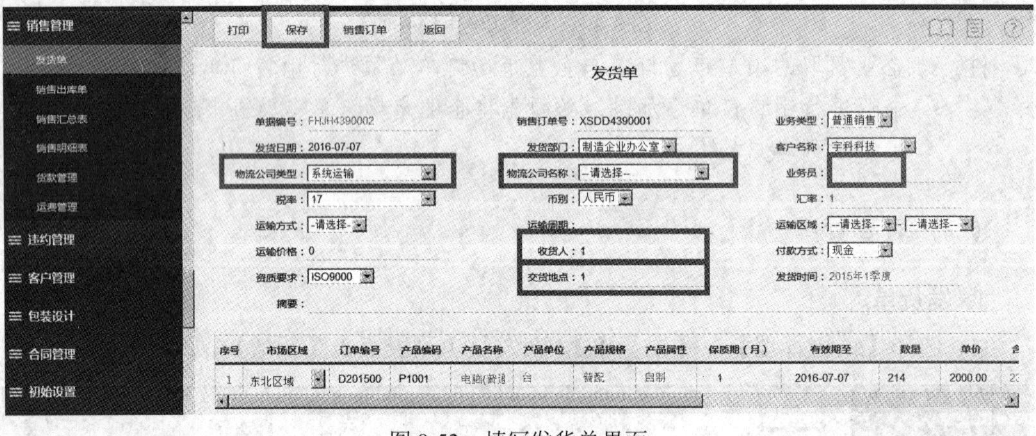

图 8-53　填写发货单界面

(5) 选择保存后的发货单，点击【审核】，如图 8-54 所示。

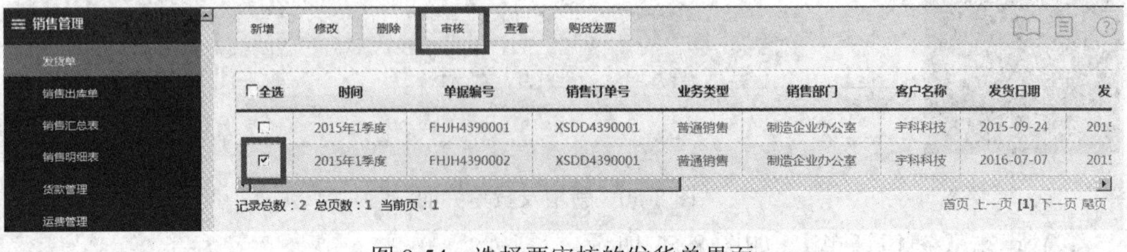

图 8-54　选择要审核的发货单界面

(6) 在审核界面点击【审核】即可，如图 8-55 所示。

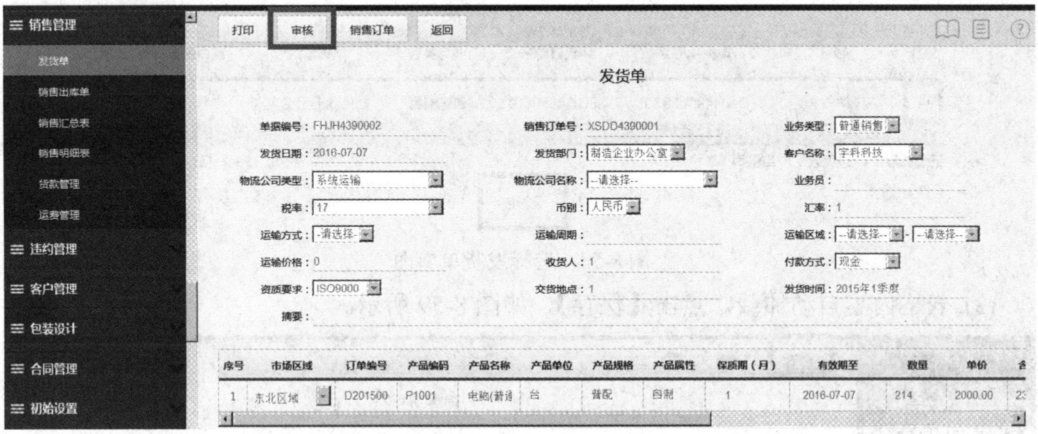

图 8-55　发货单审核界面

注：• 新增发货单可以选择调取销售订单的方式进行发货信息的添加。

• 已调取过的销售订单不可再次进行调取。

• 发货单审核通过后生效。

2. 销售出库单

(1) 选择【销售管理】→【销售出库单】，在销售出库单列表点击【新增】，如图 8-56 所示。

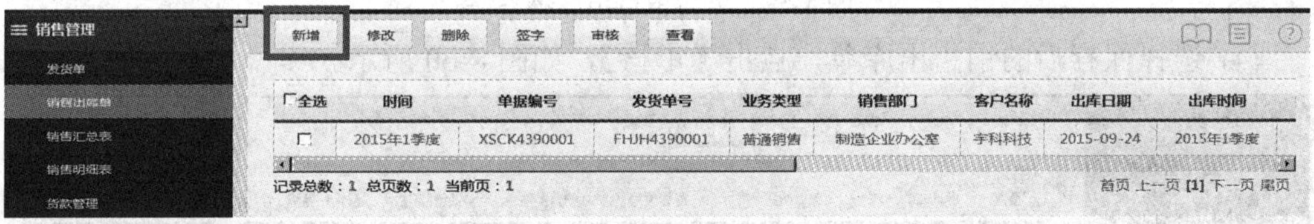

图 8-56　新增销售出库单界面

(2) 点击【发货单】，选择发货单，点击【确定】，如图 8-57、图 8-58 所示。

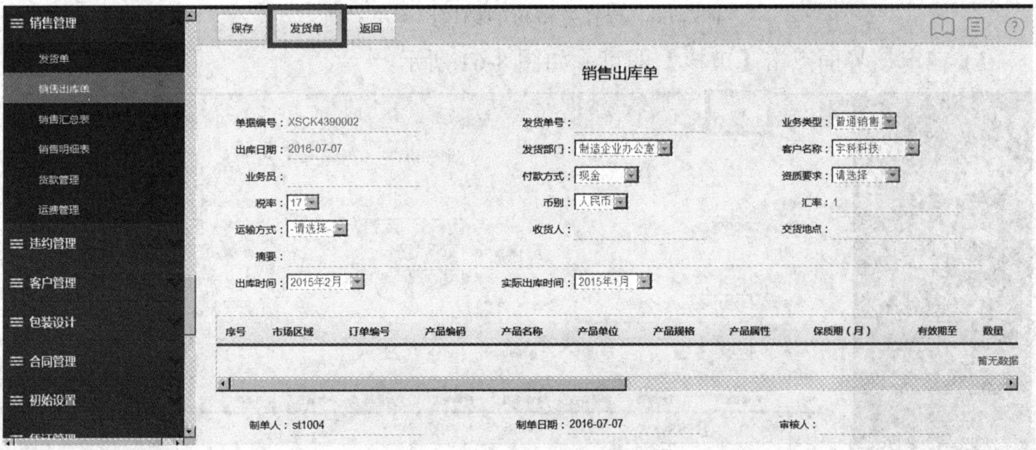

图 8-57　填写销售出库单界面

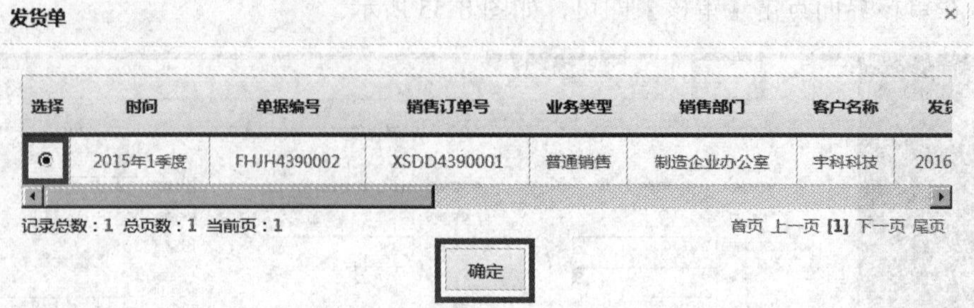

图 8-58　选择发货单界面

(3) 表格内容自动加载，点击【保存】，如图 8-59 所示。

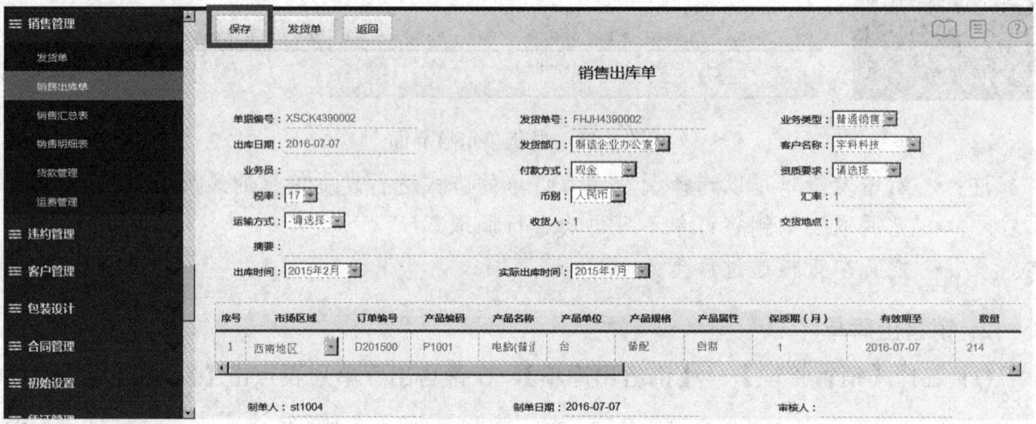

图 8-59　填写销售出库单界面

(4) 选择保存后的销售出库单，点击【审核】，如图 8-60 所示。

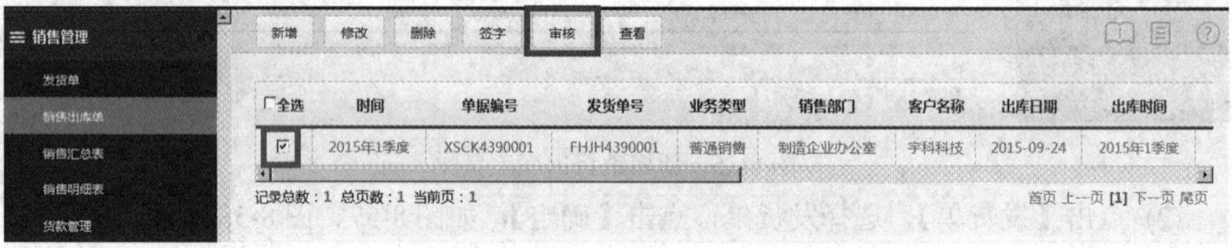

图 8-60　选择要审核的销售出库单界面

(5) 在审核界面点击【审核】即可，如图 8-61 所示。

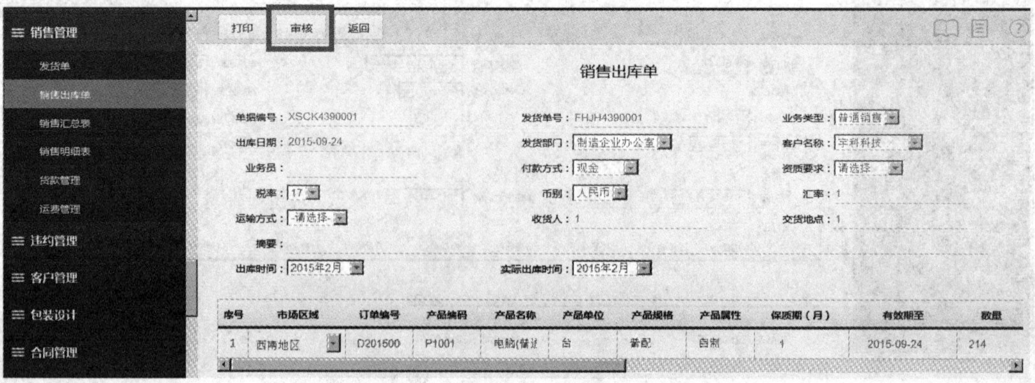

图 8-61　销售出库单审核界面

注：• 新增销售出库单可选择调取发货单的方式进行出库信息的添加。
• 已调取过的发货单不可再次进行调取。
• 填制销售出库单时，产品的出库数量不能大于产品所选仓库的库存数量。
• 销售出库单审核通过后生效。

3. 货款管理

选择【销售管理】→【货款管理】，选择已发货的发货单，点击【收款确认】，如图 8-62 所示。

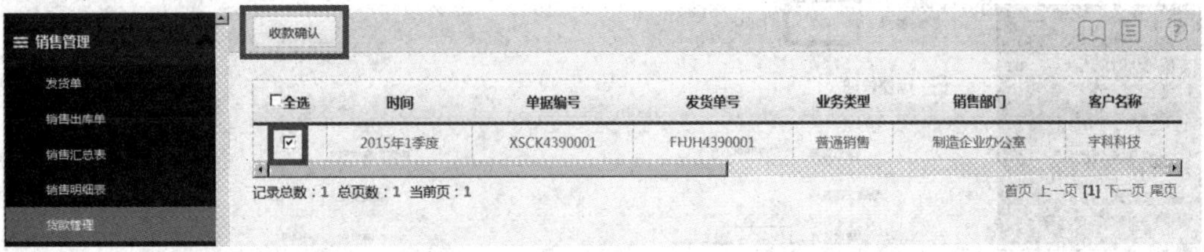

图 8-62　收款确认界面

注：• 企业对于发货后的货款要进行收回。
• 收款确认时，如果客户为平台环境渠道，则收款时间＝(发货实际出库时间＋渠道订单账期＋发货时的物流公司运输周期)，当前平台环境时间运行到收款时间，则可进行收款确认，确认后企业现金增加。
• 收款确认时，如果客户为学生扮演的商贸公司，则在财务部门确认商贸公司已经打款到企业账户后进行收款确认。

4. 运费管理

(1) 选择【销售管理】→【运费管理】，在运费管理列表点击【新增】，如图 8-63 所示。

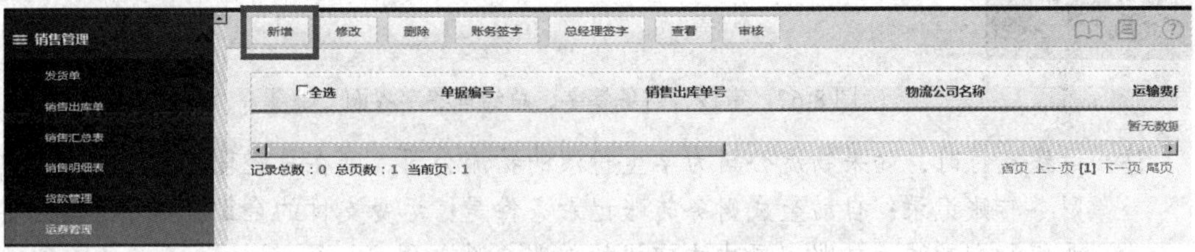

图 8-63　新增运费管理界面

(2) 点击【销售出库单】，选择销售出库单，点击【确定】，如图 8-64、图 8-65 所示。

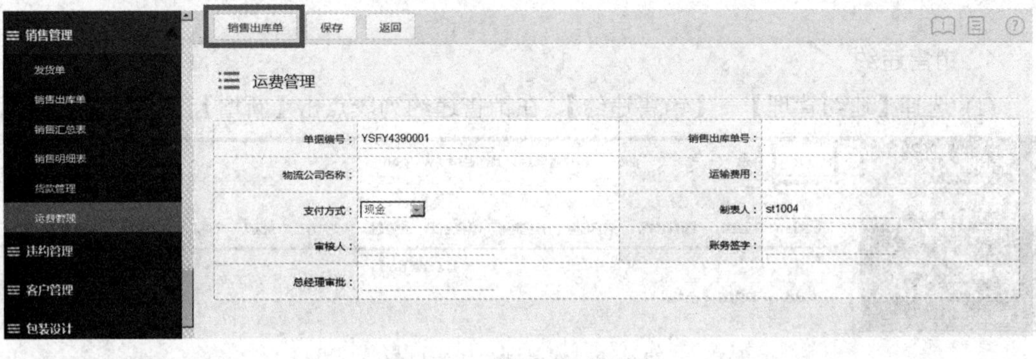

图 8-64　销售出库单界面

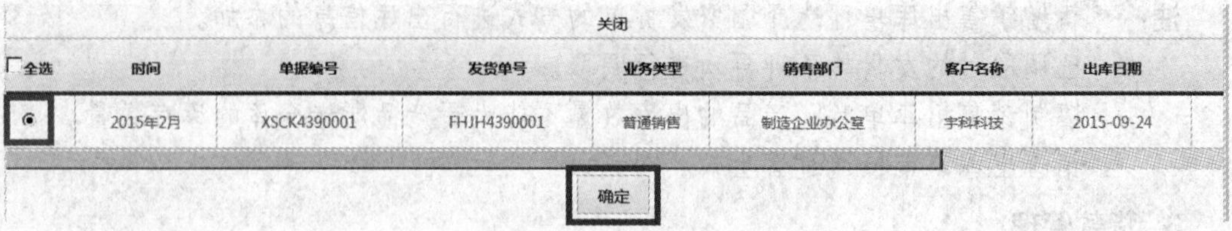

图 8-65　选择销售出库单界面

(3) 表格内容自动加载，点击【保存】，如图 8-66 所示。

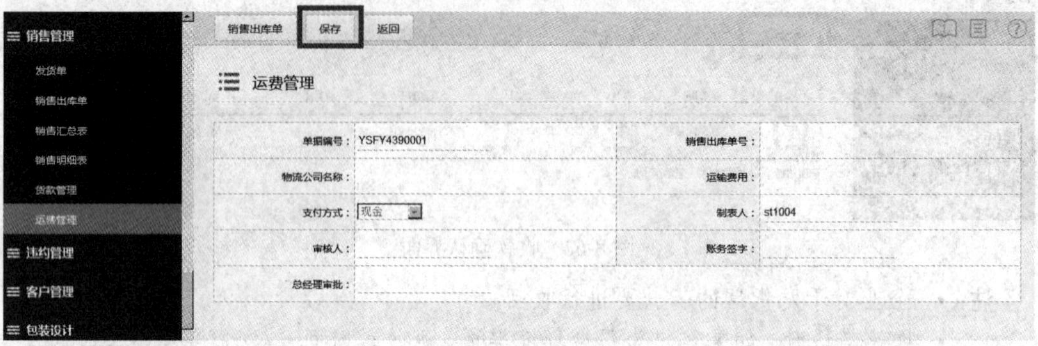

图 8-66　运费管理保存界面

(4) 选择保存后的运费单，进行【审核】、【财务签字】、【总经理签字】，如图 8-67 所示。

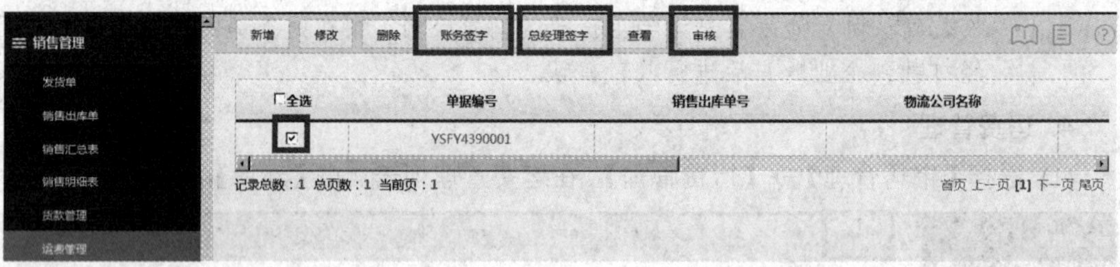

图 8-67　审核、财务签字、总经理签字界面

注： 运费支付时，如果物流公司为学生扮演的物流公司，则在总经理签字后自动生成财务转账记录；自动生成财务转账记录条件是：运费支付的金额必须小于等于企业银行存款减去转账记录中未完成的转账金额之和。

(三) 违约管理

1. 销售违约

(1) 选择【违约管理】→【销售违约】，在销售违约列表点击【新增】，如图 8-68 所示。

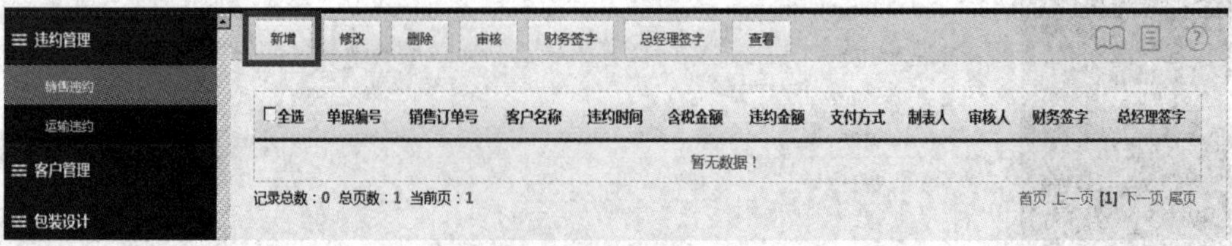

图 8-68　新增销售违约界面

(2) 点击【销售订单】，选择销售订单，点击【确定】，如图 8-69、图 8-70 所示。

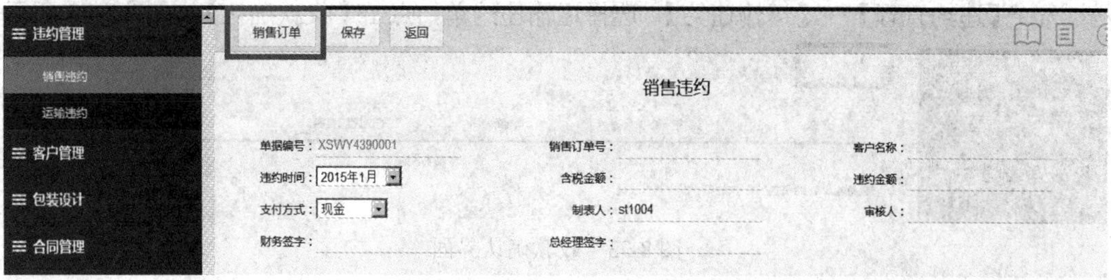

图 8-69　填写销售违约界面

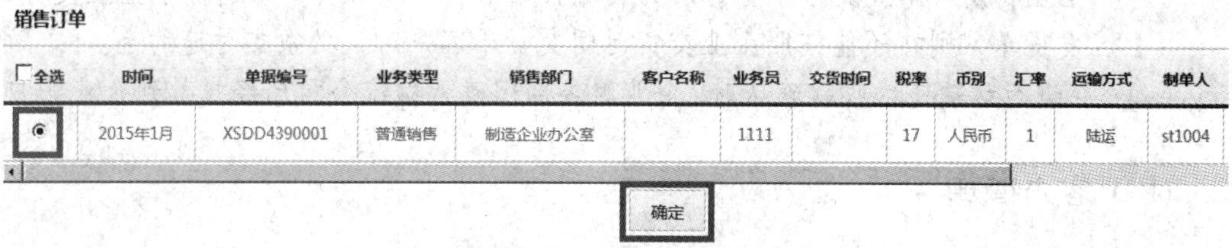

图 8-70　选择销售订单界面

(3) 表格内容自动加载，点击【保存】，如图 8-71 所示。

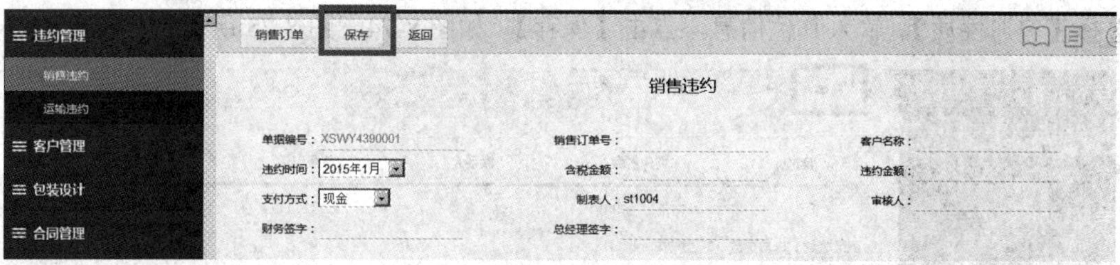

图 8-71　保存销售违约单界面

(4) 选择保存后的违约单，进行【审核】、【财务签字】、【总经理签字】，如图 8-72 所示。

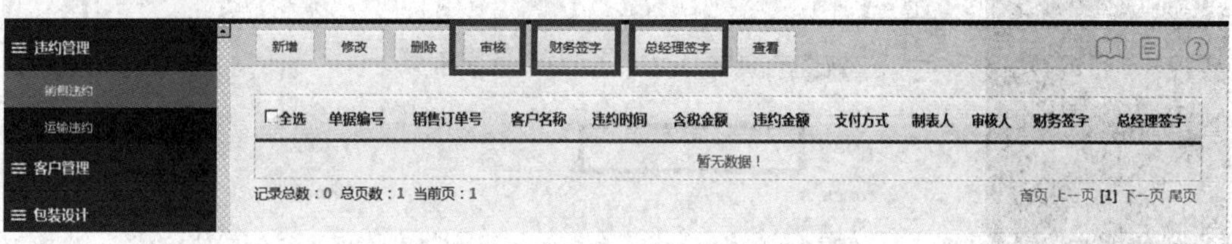

图 8-72　审核、财务签字、总经理签字界面

注：
- 若企业不能按照交货时间向客户交货，则必须支付违约金。
- 销售违约在总经理签字后生效。
- 销售违约在总经理签字时，如果客户为平台环境渠道，则总经理签字后直接减少企业银行账户金额；直接减少企业银行账户金额的条件是违约支付金额必须小于等于企业银行存款。
- 销售违约在总经理签字时，如果客户为学生扮演的商贸公司，则在总经理签字后自动生成财务转账记录，自动生成财务转账记录的条件是违约支付的支付金额必须小于等于企业银行存款减去转账记录中未完成的转账金额之和。

2. 运输违约

选择【违约管理】→【运输违约】，选择运输违约单，点击【收款确认】，如图 8-73 所示。

图 8-73　收款确认界面

注：• 物流公司需先进行运输违约支付。

• 企业将发货单提交给学生扮演的物流公司后，物流公司如果选择了企业提交的发货单，则在不能按照企业交货时间交货于客户时，必须支付违约金。

• 在进行运输违约收款确认时，企业财务部门确认物流公司已经打款到企业账户。

(四) 客户管理

1. 客户档案

选择【客户管理】→【客户档案】，在客户档案列表点击【新增】，输入【客户名称】，选择【客户性质】，输入其他信息，点击【保存】，如图 8-74、图 8-75 所示。

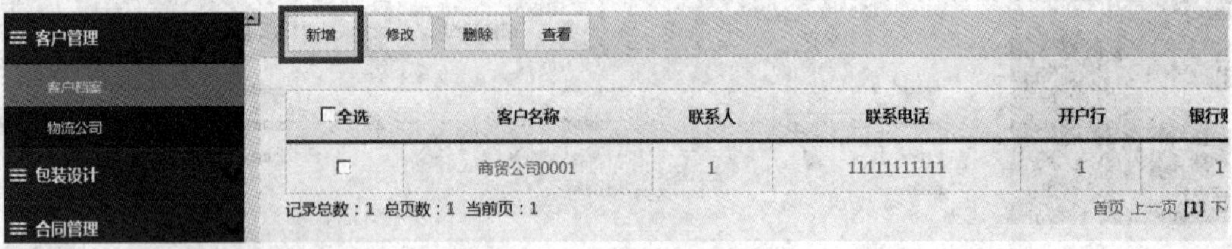

图 8-74　新增客户档案界面

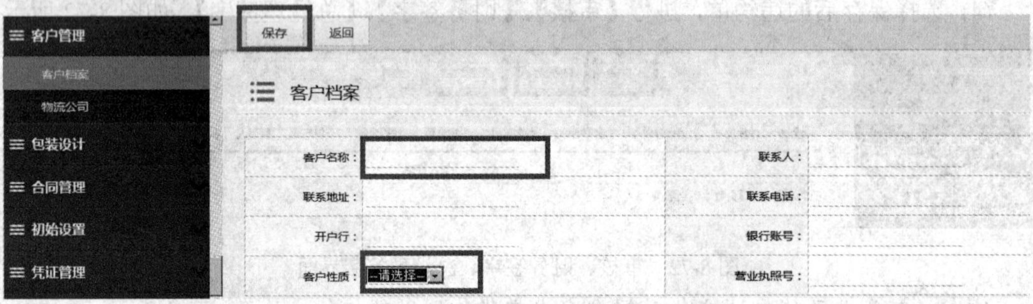

图 8-75　填写客户档案界面

注：• 客户性质如果为学生模拟，则客户名称为实训环境学生商贸公司名称，可找学生商贸公司搜集信息；如果为系统模拟，则客户名称为制造企业增加的合作渠道、自建渠道名称。

• 在添加客户信息时，客户性质如果选择系统模拟，则表示此客户为系统自动扮演的客户，即合作渠道客户与自建渠道客户。

• 在添加客户信息时，客户性质如果选择学生模拟，则表示此客户为实训环境中由学生扮演的商贸公司。

2. 物流公司

选择【客户管理】→【物流公司】，在物流公司列表点击【新增】，输入【物流公司名称】，选择【物流公司类型】，输入其他信息，点击【保存】，如图 8-76、图 8-77 所示。

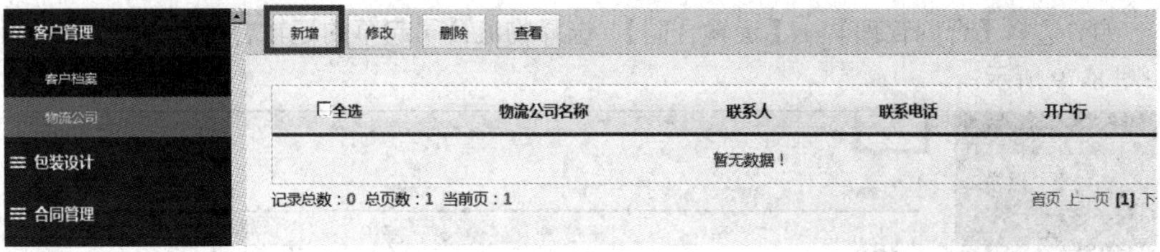

图 8-76　新增物流公司界面

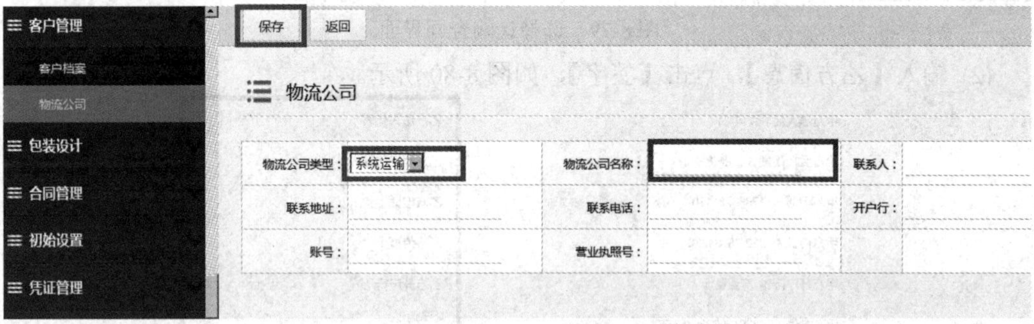

图 8-77　填写物流公司信息界面

注：物流公司类型如果为物流公司，则物流公司名称为实训环境学生物流公司名称，可找学生物流公司搜集信息；如果为系统运输，则物流公司信息可在系统中【公共服务区】→【信息综合中心】→【制造企业】，点击所需要添加的系统物流公司名称查看系统物流公司详细信息，如图 8-78 所示。

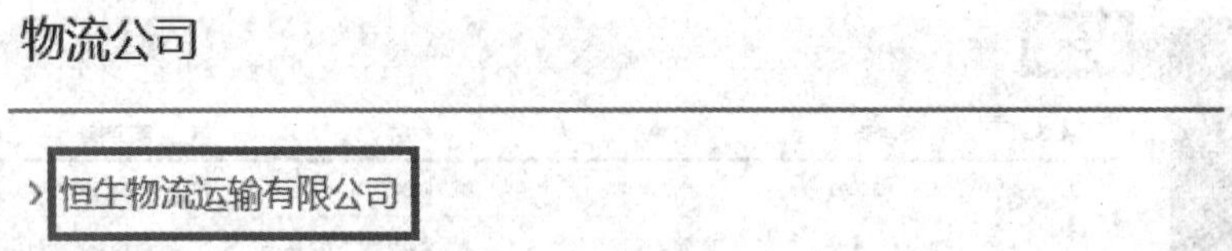

系统物流公司详细信息：

名称：恒生物流运输有限公司
联系人：张恒生
联系电话：13555441251
联系地址：淮海路1号
开户银行：中国银行淮海路支行
银行账号：6217853721145242 52

图 8-78　系统物流公司详细信息

注：在添加物流公司信息时，物流公司类型如果选择系统运输，则表示此物流公司为系统自动扮演的物流公司。

(五) 合同管理

1. 运输合同

(1) 选择【合同管理】→【运输合同】，选择物流公司起草的运输合同，点击【签字】，如图 8-79 所示。

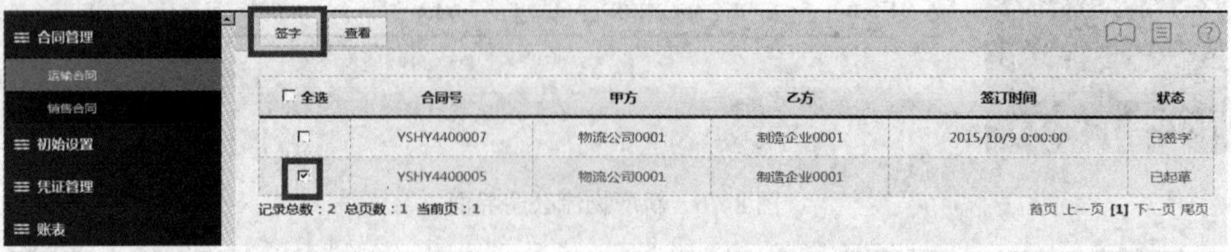

图 8-79　选择运输合同界面

(2) 输入【乙方信息】，点击【签字】，如图 8-80 所示。

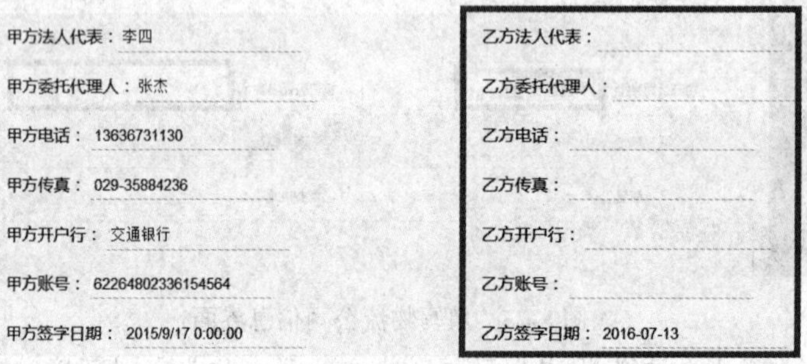

图 8-80　输入乙方信息并签字界面

2. 销售合同

(1) 选择【合同管理】→【销售合同】，选择商贸公司起草的合同，点击【签字】，如图 8-81 所示。

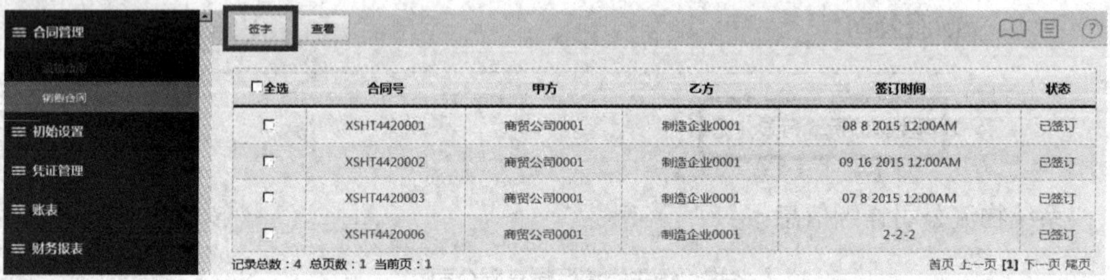

图 8-81　选择销售合同界面

(2) 输入乙方信息，点击【签字】。

五、实训考核

(1) 每笔销售订单都需进行出库发货，未出库发货则每笔扣分。

(2) 制造企业必须销售给学生商贸公司最少三笔订单，每少一笔则扣分(3 个商贸公司 8 个制造企业)。

(3) 每笔发货单都需支付运费，未支付则每笔扣分。

(4) 销售订单未按时交货，则需按时填写销售违约单并支付违约金，未按时填写则每笔扣分。

项 目 小 结

完成产品的广告设计；选择产品的广告宣传方案；撰写产品的广告合同；制订产品的定价策略；选择产品的促销策略；选择产品的渠道；填写产品的销售订单内容；新增产品的客户管理。

思 考 与 练 习

(1) 产品的广告设计方案。
(2) 产品广告宣传方案的选择。
(3) 产品的广告合同撰写。
(4) 产品的定价策略。
(5) 选择适合产品的促销策略。
(6) 选择适合产品的渠道策略。
(7) 掌握产品的销售订单管理。
(8) 掌握产品的客户管理。
(9) 制造企业、商贸企业和供应商企业在采购人员设置中的不同。

实训项目九　财务部业务决策与操作

项目分析

财务部门指组织领导和具体从事财务管理工作的职能部门。企业财务部门是企业管理机构中的一个专业管理单位，其职能主要包括保证企业生产经营所需的各项资金，参与企业经营预测和决策，监督检查企业的各项财务活动和财务计划的执行情况等。

业务部门一般指与公司客户直接打交道，直接为公司创造效益的部门，如销售部，而财务部门则划归后端职能部门，为业务部门提供服务与支持。但是财务部门也可以把自己当作业务部门，一方面可以正确理解自己在公司中的重要性与价值，另一方面也可以形成业务角度的思维，以及全局观的视角。

1. 财务部在企业内部的职能

对于决策层，财务部要提供战略价值评估、战略规划、并购、财务情报、分析和报告等方面的信息与服务。

对于业务经营，财务部要提供计划和分析、管理会计、成本会计、预算、绩效考核、风险管理、价格分析、运营资本管理、财务信息管理等信息与服务。

2. 财务部在企业外部的职能

对于客户和供应商，财务部要处理应付、应收、固定资产管理、信用管理和收付款等；

对于资本市场，财务部要处理银行贷款融资、股票市场融资、财务报告、投资者关系、投资、银行管理、证券分析师简报、保值等；

对于政府和监管者，财务部要处理内部审计、财务报告、证监会报告、税务管理、养老金等。

比如在面对资本市场时，销售的是整个公司的未来期望与信心，这比简单卖一个产品复杂得多。在这个过程中，财务部门发挥着绝对重要的作用，扮演着纯业务的角色。

3. 制造企业中财务部门的职能

作为制造型企业，财务部门的主要职能有以下几个方面：

(1) 会计核算。根据国家的会计制度为公司建立完善的财务核算体系；及时准确地对公司经济业务进行账务处理；准确及时地编制公司财务报告；参与公司的经营分析；为公司生产经营决策提供准确及时的财务信息。

(2) 资金管理。筹措公司生产经营资金；合理高效地调度公司资金；定期对公司的资金营运能力进行分析；对公司的债权债务控制进行分析；为公司的生产经营提供良好的资金支持。

(3) 成本控制，拟定公司的成本控制措施；下达公司各产品或项目目标成本；监督成本的开支范围；审核公司各项费用的真实性、合法性；对成本进行成本分析并提出初步处理意见；为公司的经营投标报价提供准确的成本数据。

(4) 内部控制。检查评价公司的内部会计控制并提出改进措施。

项目任务

(1) 初始设置。
(2) 凭证管理。
(3) 日常业务管理。
(4) 账表管理。

知识目标

(1) 了解会计科目、凭证类别、现金流量项目。
(2) 熟悉总账、明细账、余额表、科目汇总表。
(3) 熟悉资产负债表、利润表、现金流量表。
(4) 掌握记账凭证的填制。
(5) 掌握日常业务处理。

能力目标

(1) 能够填制记账凭证。
(2) 能够进行日常业务处理。
(3) 能够编制资产负债表、利润表。

任务一　初 始 设 置

任务目标

设置会计科目、凭证类别，进行期初余额的初始化、现金流量项目的初始化。

知识链接

一、会计科目编号规则

会计科目编号是有规则的：

一级会计科目的编号一般采用四位纯数字表示。第一位数字(即千位)表示会计科目的类别，1 表示资产类、2 表示负债类、3 表示所有者权益类、4 表示共同类、5 表示成本类、6 为损益类；第二位数字(即百位)可以划分大类下面的小类；剩余两码为流水号。

在第一位数字主要类别之下，业务性质相同的会计科目都以同样的号码排列为第二位数字，在相同业务性质的会计科目下，再以第三位依次排列各个会计科目。其中第二位小类的排列顺序是：资产类下面的小类按照变现能力大小排序；负债类下面的小类按照流动性大小排序；所有者权益类下面的小类按照转化为资本的能力大小排序。同时，为便于会计科目的增减，一般情况下编码要考虑未来的扩展性，在编码间留有一定的间隔。

二级会计科目的编号一般采用六位编码。其中前四位为一级科目的代码，后两位为流水号。例如：银行存款(编码为 1002)下根据银行的不同设置多个二级别科目，诸如中国建设银行、中国工商银行、中国农业银行等，则可分别编码为 100201(中国建设银行)、100202(中国工商银行)、100203(中国农业银行)。

一般情况下，二级科目都是根据企业的需要来设置的，但无论一级科目、二级科目如何设置，其前提都必须要保证编码的唯一性。因此，为了确保会计科目的唯一性，保存数据时的检验操作必不可少。以下介绍常用会计科目，如表 9-1 所示。

表 9-1　常用会计科目表

序号	会计科目名称	序号	会计科目名称	序号	会计科目名称
	一、资产类	20	周转材料	40	固定资产减值准备
1	库存现金	21	存货跌价准备	41	在建工程
2	银行存款	22	合同取得成本	42	工程物资
3	其他货币资金	23	合同取得成本减值准备	43	固定资产清理
4	交易性金融资产	24	合同履约成本	44	无形资产
5	应收票据	25	合同履约成本减值准备	45	累计摊销
6	应收账款	26	合同资产	46	无形资产减值准备
7	预付账款	27	合同资产减值准备	47	递延所得税资产
8	应收股利	28	持有待售资产	48	待处理财产损溢
9	应收利息	29	债权投资		二、负债类
10	其他应收款	30	债权投资减值准备	49	短期借款
11	坏账准备	31	其他债权投资	50	交易性金融负债
12	材料采购	32	长期股权投资	51	应付票据
13	在途物资	33	长期股权投资减值准备	52	应付账款
14	原材料	34	其他权益工具投资	53	预收账款
15	材料成本差异	35	投资性房地产	54	合同负债
16	库存商品	36	长期应收款	55	应付职工薪酬
17	发出商品	37	未实现融资收益	56	应交税费
18	应收退货成本	38	固定资产	57	应付利息
19	委托加工物资	39	累计折旧	58	应付股利

续表

序号	会计科目名称	序号	会计科目名称	序号	会计科目名称
59	其他应付款	74	本年利润	88	其他收益
60	持有待售负债	75	利润分配	89	营业外收入
61	递延收益	76	库存股	90	主营业务成本
62	长期借款		四、成本类	91	其他业务成本
63	应付债券	77	生产成本	92	税金及附加
64	长期应付款	78	制造费用	93	销售费用
65	未确认融资费用	79	劳务成本	94	管理费用
66	专项应付款	80	研发支出	95	财务费用
67	预计负债	81	工程施工	96	资产减值损失
68	递延所得税负债	82	工程结算	97	信用减值损失
	三、所有者权益类		五、损益类	98	营业外支出
69	实收资本/股本	83	主营业务收入	99	所得税费用
70	其他权益工具	84	其他业务收入	100	以前年度损益调整
71	资本公积	85	公允价值变动损益		
72	其他综合收益	86	投资收益		
73	盈余公积	87	资产处置损益		

二、凭证类别

在填制凭证之前，应进行凭证类别的设置；已使用的凭证类别不能删除，也不能修改类别字。通常，有以下四种常用凭证类别可供选择：

(1) 记账凭证。

(2) 收款凭证、付款凭证、转账凭证。

(3) 现金凭证、银行凭证、转账凭证。

(4) 现金收款凭证、现金付款凭证、银行收款凭证、银行付款凭证、转账凭证。

注意： 凭证分类不影响记账的结果，一般而言，可分为收款凭证、付款凭证和转账凭证。业务量较少的单位可不分类，即只设置“记账凭证”一种类别。

技能训练　初始设置

一、实训目的

(1) 掌握如何设置会计科目。

(2) 掌握如何设置凭证类别。

(3) 掌握期初余额的初始化。

(4) 掌握现金流量表项目的初始化。

二、实训器材

电脑、现代企业运营综合仿真实训平台软件与配套教材。

三、注意事项

(1) 必须先进行初始化，初始化之后可进行会计科目的改动、凭证类别的改动、现金流量项目的改动。

(2) 一级科目(4 位编码科目)不允许进行增加同级、修改、删除操作。

(3) 会计科目初始化后才可进行期初余额设置，库存现金与实收资本输入值必须相同；期初余额开账后才可进行财务业务，开账后不可修改。

四、实训操作

(一) 会计科目

(1) 以会计的账号、密码登录软件平台，选择【我的实验】→【进入】，制造企业选择【核心企业区】，再选择【制造公司实训】进入企业平台。

(2) 选择【初始设置】→【会计科目】，点击【初始化】，系统会自动初始化会计科目，如图 9-1 所示。

图 9-1　会计科目初始化界面

注：必须先进行初始化，初始化之后可进行会计科目的改动，一级科目(4 位编码科目)不允许进行增加同级、修改、删除操作。

(3) 如果要增加下级会计科目或者增加同级会计科目(如二级科目的同级科目)，可选择【会计科目】，点击【增加下级】或【增加同级】，如图 9-2 所示。

图 9-2　会计科目增加界面

(4) 输入【科目名称】，选择【科目方向】，点击【保存】，如图 9-3 所示。

图 9-3　会计科目增加界面

(二) 凭证类别

(1) 选择【初始设置】→【凭证类别】，点击【初始化】，系统会自动初始化凭证类别，如图 9-4 所示。

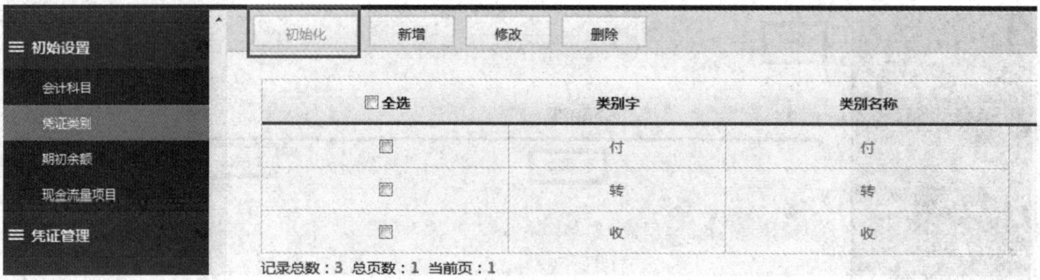

图 9-4　凭证类别初始化界面

注：*必须先进行初始化，初始化之后可进行凭证类别的修改。*

(2) 如果要增加、修改、删除凭证类别，可点击【新增】、【修改】、【删除】，如图 9-5 所示。

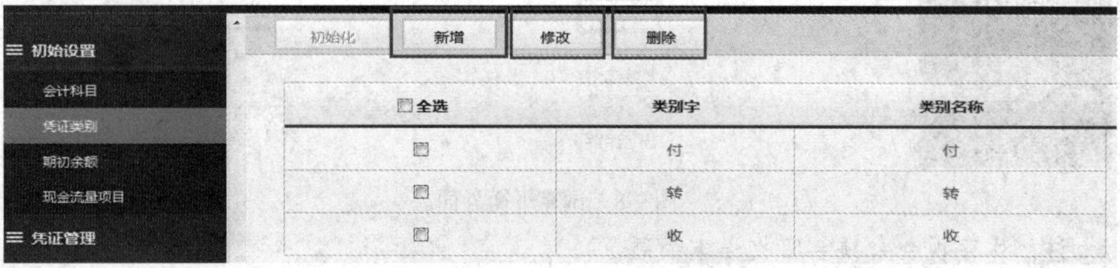

图 9-5　凭证类别增加界面

(3) 输入【类别字】、【类别名称】，选择【限制类型】，输入【限制科目】(如果限制类型为无限制，则不用输入限制科目)，点击【保存】如图 9-6 所示。

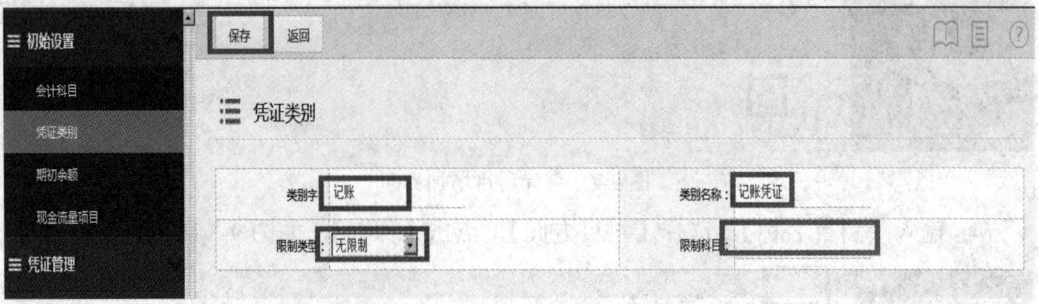

图 9-6　凭证类别保存界面

注：• 某些类别的凭证在制单时对科目有一定限制，本系统提供七种限制类型：借方必有、贷方必有、借方必无、贷方必无、凭证必有、凭证必无、无限制。

• 限制科目可以是任意级次的科目，科目之间用逗号分隔，数量不限，也可以参照输入，但不能重复录入；也可以不设置限制科目。

• 如果限制科目为非末级科目，则在制单时，其所有下级科目都将受到同样的限制。

(三) 期初余额

(1) 选择【初始设置】→【期初余额】，输入库存现金余额、实收资本余额，点击【试算】，如图 9-7、图 9-8 所示。

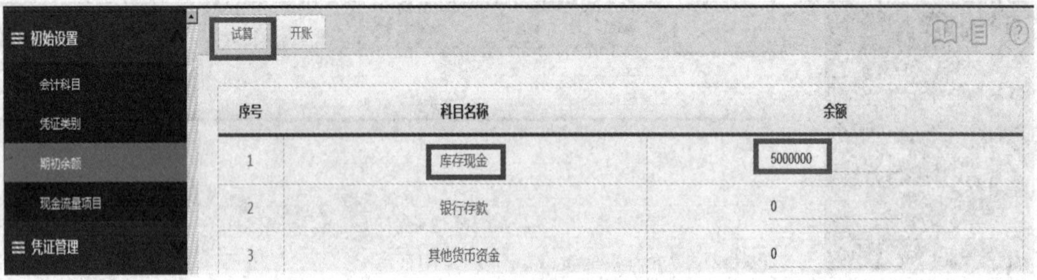

图 9-7　试算平衡界面

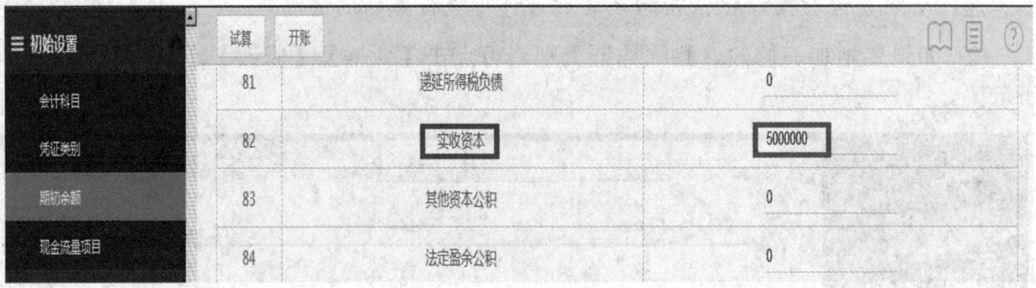

图 9-8　试算平衡界面

注：库存现金余额＝实收资本余额。

(2) 试算平衡后，点击【开账】，如图 9-9 所示。

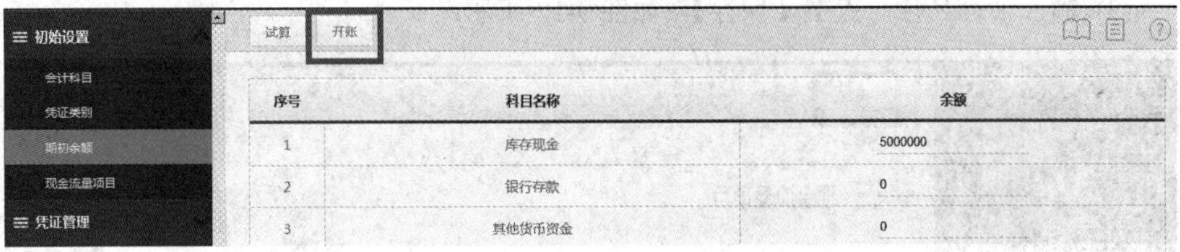

图 9-9　开账界面

注：• 会计科目初始化后才可进行期初余额设置，库存现金与实收资本输入值必须相同。

• 期初余额开账后才可进行财务业务，开账后不可改。

(四) 现金流量项目

(1) 选择【初始设置】→【现金流量项目】，点击【初始化】，系统会自动初始化现金流量项目，如图 9-10 所示。

图 9-10　现金流量项目初始化界面

(2) 如果要增加同级现金流量项目或增加下级现金流量项目，可选择相应现金流量项目，再点击【增加同级】或【增加下级】，如图 9-11 所示。

图 9-11　现金流量项目增加界面

(3) 输入项目名称，点击【保存】，如图 9-12 所示。

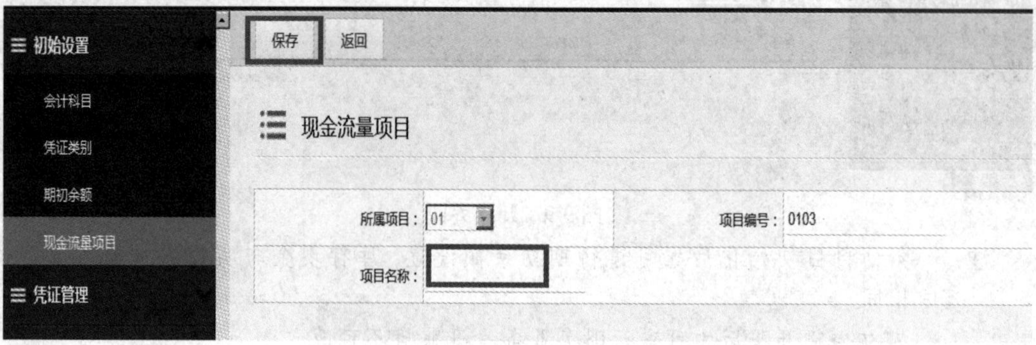

图 9-12　现金流量项目保存界面

注：必须先进行初始化，初始化之后可进行现金流量项目的修改。

五、实训考核

(1) 指导教师在系统平台上检查学生是否按照实际情况设置了对应的一级会计科目、二级会计科目。

(2) 指导教师在系统平台上检查学生是否进行了会计科目、凭证类别、期初余额、现金流量项目的初始化。

(3) 指导教师在系统平台上检查学生期初余额是否试算平衡。

(4) 指导教师在系统平台上检查学生期初余额填写是否与初始资金一致。

任务二　凭 证 管 理

任务目标

填制凭证、出纳签字、主管签字、审核凭证、记账。

知识链接

一、记账凭证的内容

记账凭证是由会计人员根据审核无误后的原始凭证或汇总原始凭证，按照经济业务的内容加以归类，用来确定会计分录而填制的直接作为登记账簿依据的会计凭证。记账凭证的基本内容如下：

(1) 记账凭证的名称，如收款凭证、付款凭证、转账凭证。

(2) 填制记账凭证的日期。

(3) 记账凭证的编号。

(4) 经济业务内容摘要和原始凭证及有关资料的张数。

(5) 经济业务所涉及的会计科目(包括一级科目、二级科目或明细科目)及其记账方法。

(6) 经济业务的金额。

(7) 记账标记。

(8) 填制、审核、记账、出纳和会计主管等人员的签章。

记账凭证除上述基本内容外，根据各企业或各行政事业单位的实际业务情况和管理上的不同要求，可以增加一些内容。

二、记账凭证的填制要求

填制记账凭证是会计核算工作的重要环节，是对原始凭证的整理和分类，并按照复式记账的要求，运用会计科目，确定会计分录，作为登记账簿的依据。填制记账凭证能使记账更为条理化，保证记账工作的质量，也能简化记账工作，提高核算效率，具有十分重要的作用。

如果说，会计人员对原始凭证主要注重审核，那么对记账凭证则主要注重填制。为了使记账凭证能够真实、正确、完整地反映经济业务，记账凭证的填制必须符合以下要求：

(1) 正确、简明地填写摘要。记账凭证的摘要栏要用简练明确的语句概括经济业务内容的要点，这主要是为了便于查阅凭证和登记账簿。

(2) 明确业务记录。不能把不同类型的经济业务合并填制一张记账凭证，在一张记账凭证上只能反映某一项经济业务，或若干项同类经济业务。

(3) 准确使用会计科目。必须按规定的会计科目及其核算内容，正确编制会计分录，确保科目的准确运用。

(4) 注明记账凭证的附件。记账凭证所附的原始凭证必须完整无缺，并在记账凭证上注明原始凭证的张数，以便核对摘要及所编会计分录是否准确无误。

(5) 凭证按顺序编号。如果企业各种经济业务的记账凭证采用统一的格式(通用格式)，那么凭证的编号可采用顺序编号法，即按月编顺序号。业务极少的单位可按年编顺序号。

(6) 填写内容齐全。记账凭证中的各项内容必须填写齐全，并按规定程序办理签章手续，不得简化。

三、记账凭证的审核

记账凭证的审核内容整理如下：

(1) 合规性审核。根据执行的会计制度、会计方针及会计准则的规定，审核记账凭证所确定的会计分录是否合规、合法，这就要求审核人员必须根据记账凭证所附原始凭证的经济内容，按照会计核算方法的要求，审核会计分录的编制(主要是审核会计科目及其金额是否准确无误)，同时审核记账凭证是否附有审核无误的原始凭证，所附原始凭证的张数及其内容是否与记账凭证一致。

(2) 完整性审核。根据记账凭证的要素，逐项审核记账凭证的内容是否按规定填制完整，各项目是否按规定填写齐全并按规定手续办理。

(3) 正确性审核。根据记账凭证的填制要求，审核记账凭证的摘要，应借、应贷会计科目及金额，以及账户对应关系是否清晰、完整，核算内容是否符合会计制度和会计方法的要求。

在审核中若发现差错，应查明原因予以重填或更正，并由更正人员在更正处签章。

技能训练 凭证管理

一、实训目的

(1) 掌握会计凭证的填制、审核、查询。
(2) 掌握出纳签字、主管签字。
(3) 掌握记账、科目汇总表的编制。

二、实训器材

电脑、现代企业运营综合仿真实训平台软件与配套教材。

三、注意事项

(1) 已经审核的凭证不能删除，如果想删除，必须先取消审核和出纳签字等。
(2) 点击汇总之前，凭证状态为已记账，未记账的状态下点击汇总，没有数据。

四、实训操作

(一) 填制凭证

(1) 以会计的账号、密码登录软件平台，选择【我的实验】→【进入】，制造企业选择【核心企业区】，再选择【制造公司实训】进入企业平台。

(2) 选择【凭证管理】→【填制凭证】，依次输入【凭证张数】、【凭证总张数】，选择【凭证类别】，输入【摘要】、【科目名称】，如图 9-13 所示。

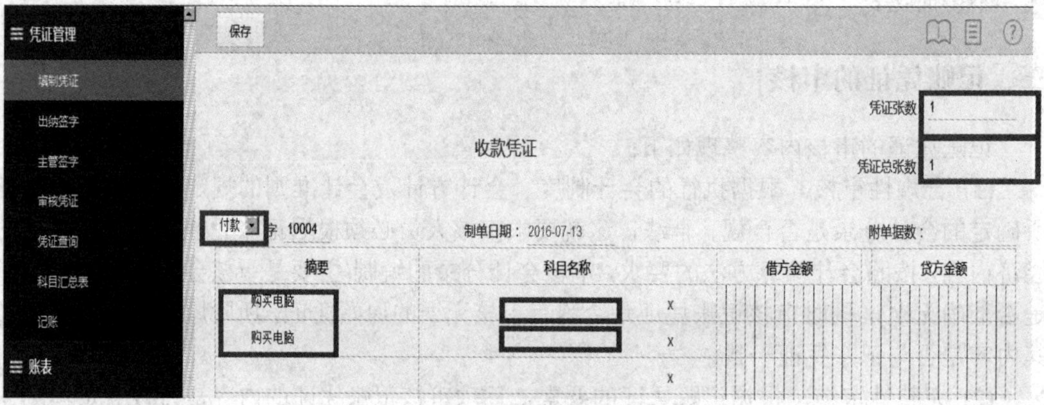

图 9-13 填制凭证界面

(3) 选择会计科目【1001 库存现金】、【1601 固定资产】→【160101 厂区】，点击【关闭】，如图 9-14、图 9-15 所示。

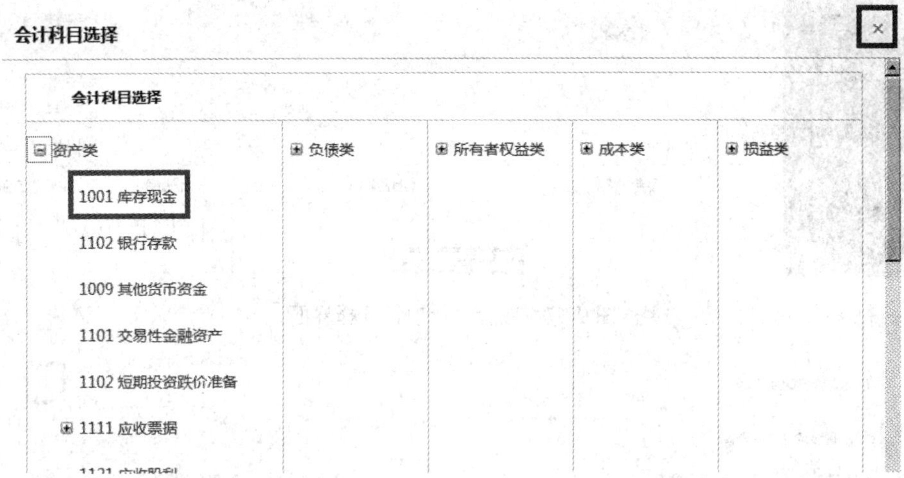

图 9-14　会计科目选择界面

图 9-15　会计科目选择界面

(4) 输入【借方金额】、【贷方金额】，点击【保存】，如图 9-16 所示。

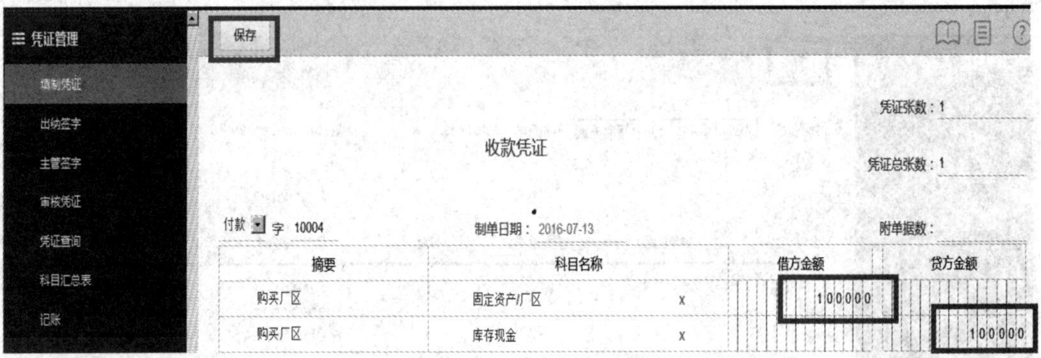

图 9-16　凭证保存界面

(5) 如果科目名称为库存现金，则点击【库存现金】，选择现金流量项目【0102 现金流出】→【020201 购建固定资产、无形资产和其他长期资产所支付的现金】，点击【关闭】，如图 9-17、图 9-18 所示。

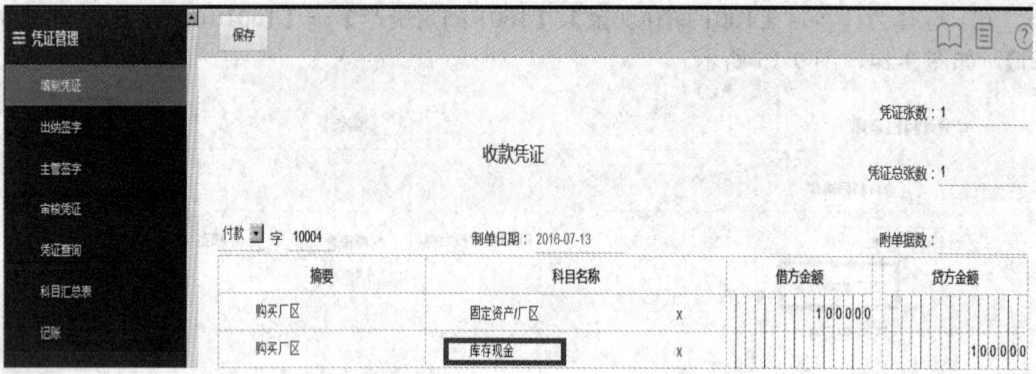

图 9-17 现金流量项目选择界面

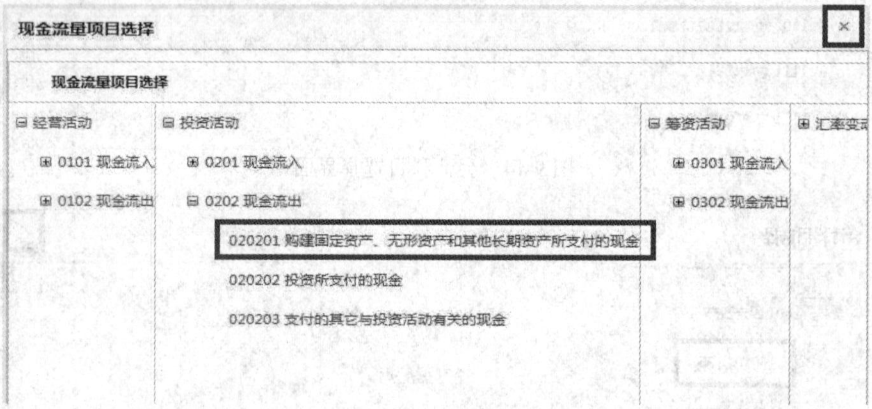

图 9-18 现金流量项目选择界面

(二) 审核凭证

(1) 选择【凭证管理】→【审核凭证】，选择已填制的凭证，点击【审核】，如图 9-19 所示。

图 9-19 审核凭证界面

(2) 确认付款凭证无误后，点击【保存】即可，如图 9-20 所示。

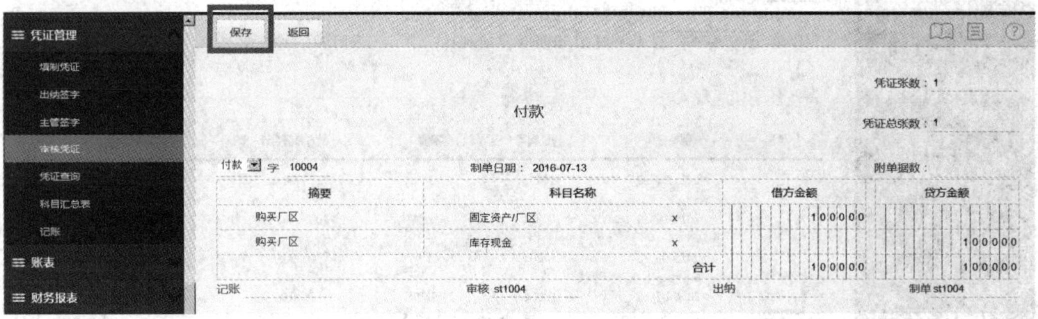

图 9-20　保存凭证界面

(三) 出纳签字

(1) 选择【凭证管理】→【出纳签字】，选择已审核的凭证，点击【签字】，如图 9-21 所示。

图 9-21　出纳签字界面

(2) 确认付款凭证无误后，点击【保存】即可，如图 9-22 所示。

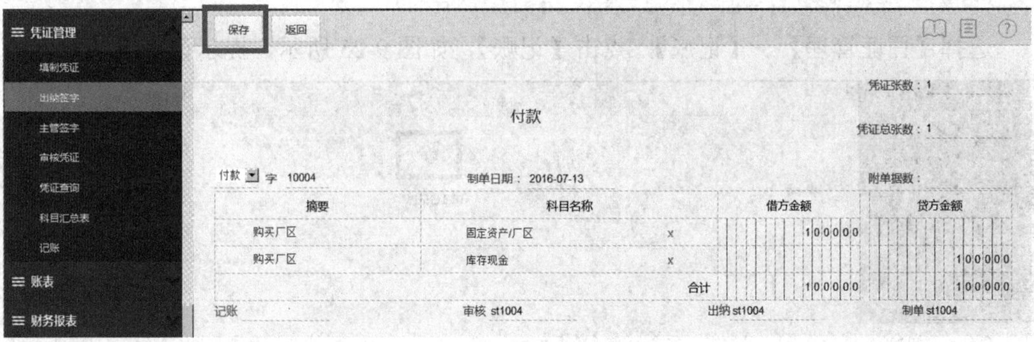

图 9-22　保存凭证界面

(四) 主管签字

(1) 选择【凭证管理】→【主管签字】，选择已审核的凭证，点击【签字】，如图 9-23 所示。

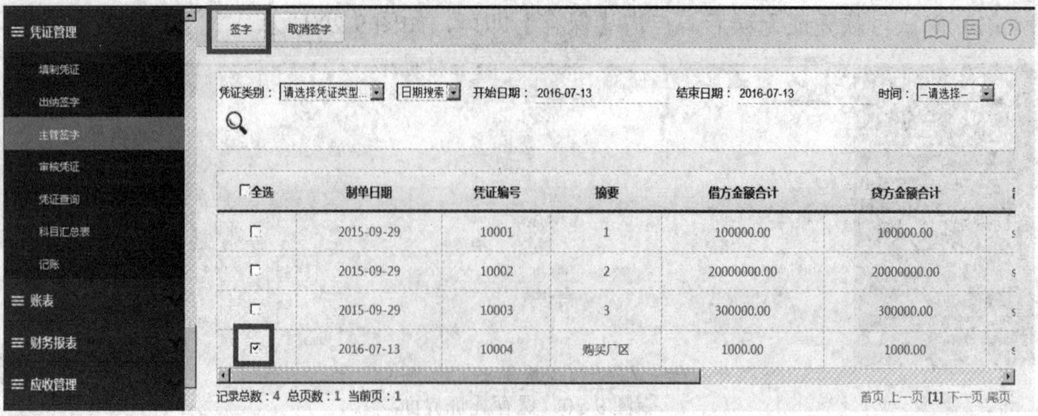

图 9-23　主管签字界面

(2) 确认付款凭证无误后，点击【保存】即可，如图 9-24 所示。

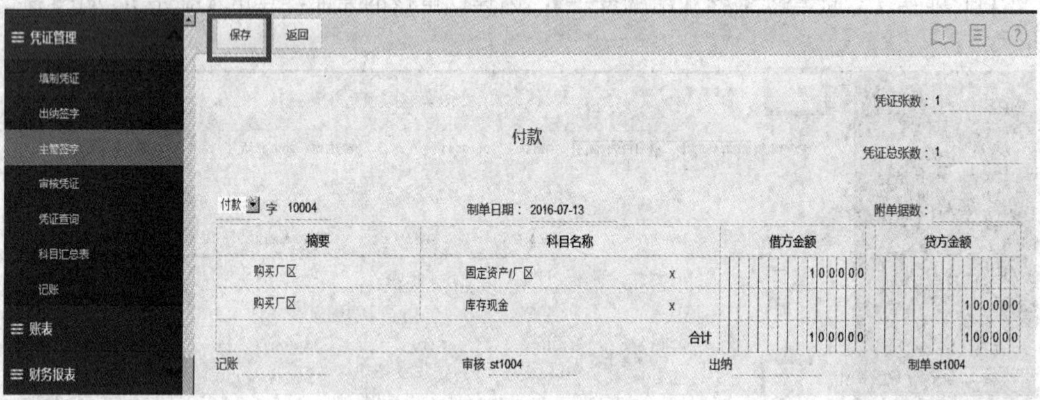

图 9-24　保存凭证界面

(五) 记账

选择【凭证管理】→【记账】，点击【记账】，如图 9-25 所示，提示记账成功即可。

图 9-25　记账界面

(六) 查询凭证

(1) 选择【凭证管理】→【凭证查询】，选择需要查询的时间，点击放大镜图标(查询)，如图 9-26 所示。

图 9-26　凭证查询界面

(2) 选择要查询的凭证，点击【查看】，如图 9-27、图 9-28 所示。

图 9-27　凭证查询界面

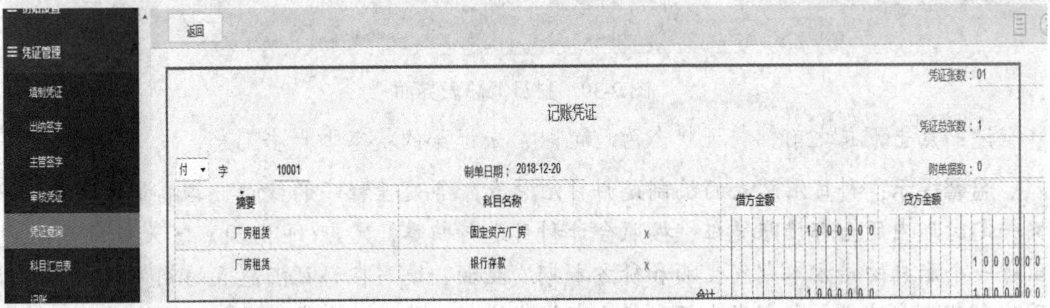

图 9-28　凭证查看界面

(3) 选择要删除的凭证，点击【删除】，如图 9-29 所示。

全选	制单日期	时间	凭证编号	摘要	借方金额合计	贷方金额合计
☐	2018-12-20	2018年1月	10001	厂房租赁	10000.00	10000.00
☑	2018-12-20	2018年1月	10002	厂区购买	100000.00	100000.00
☐	2018-12-20	2018年1月	10003	仓库租赁	8000.00	8000.00
☐	2018-12-20	2018年1月	10004	仓库租赁	8000.00	8000.00
☐	2018-12-20	2018年1月	10005	生产线购买	300000.00	300000.00
☐	2018-12-20	2018年2月	10006	薪资发放	45200.00	45200.00
☐	2018-12-20	2018年1月	10007	技术研发	15000.00	15000.00
☐	2018-12-20	2018年1月	10008	市场开拓	40000.00	40000.00
☐	2018-12-20	2018年2月	10009	市场开拓	50000.00	50000.00
☐	2018-12-20	2018年2月	10010	市场开拓	10000.00	10000.00

图 9-29　凭证删除界面

注：已经审核的凭证不能删除，如果想删除，必须先取消审核和出纳签字等。

(七) 科目汇总表

选择【凭证管理】→【科目汇总表】，选择【汇总时间】，选择【凭证状态】为已记账，点击【汇总】，如图 9-30 所示。

序号	科目编码	科目名称	借方	贷方
1	160102	厂房	10000.00	0.00
2	1002	银行存款	0.00	10000.00
3	160101	厂区	100000.00	0.00
4	1001	库存现金	0.00	1126457.40
5	160104	产成品仓	16000.00	0.00
6	160107	全自动生产线	300000.00	0.00
7	1801	无形资产	15000.00	0.00
8	660102	市场开拓	40000.00	0.00
9	1201	材料采购	655457.40	0.00

图 9-30　科目汇总表界面

注：点击汇总之前，凭证状态为已记账，未记账的状态下点击汇总，没有数据。

温馨提示：科目汇总表的编制是科目汇总表账务处理程序的核心，其编制方法是：根据一定时期内的全部记账凭证，按照会计科目进行归类，定期(每 10 天、15 天或每月)汇总出每一个账户的借方本期发生额和贷方本期发生额，填写在科目汇总表的相关栏内，可以反映全部账户的借方本期发生额和贷方本期发生额。登记总分类账时，只要将科目汇总表中各科目的借方发生额和贷方发生额分次或一次记入相应总分类账户的借方和贷方。

按会计科目汇总后，分别加总所有会计科目的借方发生额和贷方发生额，进行发生额的试算平衡，公式为：所有会计科目的本期借方发生额合计＝所有会计科目的本期贷方发生额合计。

(八) 记账

选择【凭证管理】→【记账】，点击【记账】，如图9-31所示。

图9-31　记账界面

注：记账成功的前提是前面的凭证已审核、签字。

五、实训考核

(1) 指导老师在系统平台检查企业经济业务发生后是否按时填写了凭证。
(2) 指导老师在系统平台检查记账凭证是否审核、出纳是否签字、主管是否签字。
(3) 指导老师在系统平台检查每一个月的科目汇总表借贷发生额合计数是否相等。
(4) 指导老师在系统平台检查是否记账成功。

任务三　日常业务管理

任务目标

掌握应收管理、应付管理、成本管理、销售开票、固定资产管理、薪资管理、财务记录。

知识链接

一、成本管理

成本领先是企业在竞争中取胜的关键战略之一，成本控制是所有企业都必须面对的一个重要管理课题。无论企业采取何种改革、激励措施，都代替不了强化成本管理、降低成本这一工作，它是支持企业成功发展最重要的方面之一。有效的成本控制管理是每个企业都必须重视的问题，抓住它就可以带动全局。

企业的成本控制管理包括成本分配与成本控制两大环节。成本分配解决如何归集、分配产品或服务的成本问题，其核心内容是成本核算；成本控制所面临的问题是如何使企业达到成本最小化，包括企业所做出的一切降低成本的努力。

(一) 成本分配

成本分配是将间接成本、共同成本或联合成本分配到不同的部门、工序或产品中。成本分配包括以下基本步骤：

(1) 确定成本对象。企业必须确定向什么部门、产成品或工序分配成本。成本对象常常是企业中的分部，如果企业中的一个分部被授予一些决策权，并成为成本对象，那么会计系统将对该分部进行业绩评价。

(2) 归集共同成本并分配到成本对象中。归集共同成本包括材料费用的归集和分配、人工费用的归集和分配、外购动力费用的归集和分配、制造费用的归集和分配、辅助生产费用的归集和分配、生产费用在产成品与在制品之间的分配。

(3) 选择成本分配基础。成本分配基础是与将要分配计入成本对象的共同成本有关的作业指标。共同成本通常通过成本分配基础分配计入成本对象。成本分配基础能够大致反映成本对象对共同资源的消耗方式。

(二) 成本控制

成本控制是指运用以成本会计为主的各种方法，预定成本限额，按限额开支成本费用，将实际成本和成本限额比较，衡量经营活动的业绩和效果，以提高工作效率，实现乃至超过预期的成本限额。成本控制的内容非常广泛，但这并不意味着事无巨细地平均使用力量，应该有计划、有重点地区别对待。各行各业不同企业有不同的控制重点。成本控制的内容一般可以从成本形成过程和成本构成两个角度加以考虑。

1. 成本形成过程控制

(1) 产品投产前的成本控制。这部分控制内容主要包括产品设计成本、加工工艺成本、物资采购成本、生产组织方式、材料定额与劳动定额水平等。这些内容对成本的影响最大，可以说产品总成本的60%取决于这个阶段的成本。这项控制工作属于事前控制方式，在控制活动实施时真实的成本还没有发生，但它决定了成本将会怎样发生，基本上决定了产品的成本水平。

(2) 制造过程中的成本控制。制造过程是成本实际形成的主要阶段，绝大部分的成本支出在这里发生，包括原材料、人工、能源动力、各种辅料的消耗、工序间物料运输费用、车间以及其他管理部门的费用支出。投产前控制的种种方案设想、控制措施能否在制造过程中贯彻实施，以及大部分控制目标能否实现都和这一阶段的控制活动紧密相关。制造过程中的成本控制属于事中控制方式。由于成本控制的核算信息很难做到及时，所以会给事中控制带来很多困难。

(3) 流通过程中的成本控制。流通过程中的成本控制包括产品包装、厂外运输、广告促销、销售机构开支和售后服务等费用。由于在目前强调加强企业市场管理职能的趋势下，很容易不顾成本地采取种种促销手段，反而抵消了利润增量，所以也要作定量分析。

2. 成本构成控制

(1) 原材料成本控制。在制造业中原材料费用占了总成本的很大比重，一般在60%以上，高的可达90%，是成本控制的主要对象。影响原材料成本的因素有采购、库存费用、生产消耗、回收利用等，所以控制活动可从采购、库存管理和消耗三个环节着手。

(2) 工资费用控制。工资在成本中占有一定的比重，增加工资又被认为是不可逆转的。控制工资与效益同步增长，减少单位产品中工资的比重，对于降低成本有重要意义。控制工资成本的关键在于提高劳动生产率，它与劳动定额、工时消耗、工时利用率、工作效率、工人出勤率等因素有关。

(3) 制造费用控制。制造费用开支项目很多，主要包括折旧费、修理费、辅助生产费用、车间管理人员工资等，虽然它在成本中所占比重不大，但因不引人注意，浪费现象十分普遍，是一项不可忽视的内容。

(4) 企业管理费控制。企业管理费指为管理和组织生产所发生的各项费用，开支项目非常多，也是成本控制中不可忽视的内容。

上述这些都是绝对量的控制，即在产量固定的假设条件下使各种成本开支得到控制。在现实系统中，还要达到控制单位成品成本的目标。

二、销售开票注意事项

增值税开票共有四点注意事项：

(1) 自2017年7月1日起，购买方为企业的，索取增值税普通发票时，应向销售方提供纳税人识别号或统一社会信用代码；销售方为其开具增值税普通发票时，应在“购买方纳税人识别号”栏填写购买方的纳税人识别号或统一社会信用代码。不符合规定的发票，将不得作为税收凭证。

(2) 购买方为自然人以外的单位或个体工商户，符合规定条件的，索取增值税专用发票时，应向销售方提供购买方名称、纳税人识别号、地址电话、开户行及账号信息四项信息；按照有关税收规定，自然人不得索取增值税专用发票。

(3) 购买方在索取增值税发票时，不需提供相关证件或其他证明材料。

(4) 销售方在开具增值税发票时，发票内容应按照实际销售情况如实开具，不得根据购买方要求填开与实际交易不符的内容。销售方开具发票时，通过销售平台系统与增值税发票税控系统后台对接，导入相关信息开票的，系统导入的开票数据内容应与实际交易相符，如不相符应及时修改完善销售平台系统。

技能训练 处理日常经济业务

一、实训目的

(1) 掌握应付单据、付款单据、应收单据、收款单据的录入。

(2) 掌握成本核算，以及销售发票的开具。

(3) 掌握固定资产卡片的增加、固定资产卡片的减少、计提折旧。

(4) 掌握薪资审核、薪资发放。

二、实训器材

电脑、现代企业运营综合仿真实训平台软件与配套教材。

三、注意事项

(1) 企业进行发货业务后，必须进行销售开票业务，即开发票。发票编号为企业在税务局领取的发票号码，如提示无发票，则必须到税务局办理领取发票业务才可继续开发票。

(2) 企业在购买厂房、仓库、生产线后必须进行固定资产增加；固定资产增加时的使用编码为购买的厂房、仓库、生产线的编号，使用期限为折旧期限，开始使用时间和入账时间为购买时间，原值为购买金额，残值率为购买时的残值率。

(3) 企业在出售厂房、仓库、生产线后必须进行固定资产减少；企业在进行固定资产减少时，必须先对固定资产进行折旧。企业对非当月入账的厂房、仓库、生产线必须每月进行折旧，当月入账的固定资产不用进行折旧。

(4) 转账记录中包含收款记录和付款记录；收款记录只用于查询企业的进账记录；付款记录中，如果收款方为系统扮演，则财务付款时必须使用网银转账业务进行转账。

四、实训操作

(一) 应收管理

1. 应收单据录入

(1) 以会计的账号、密码登录软件平台，选择【我的实验】→【进入】，制造企业选择【核心企业区】，再选择【制造公司实训】进入企业平台。

(2) 选择【应收管理】→【应收单据录入】，在应收单据列表点击【新增】，如图 9-32 所示。

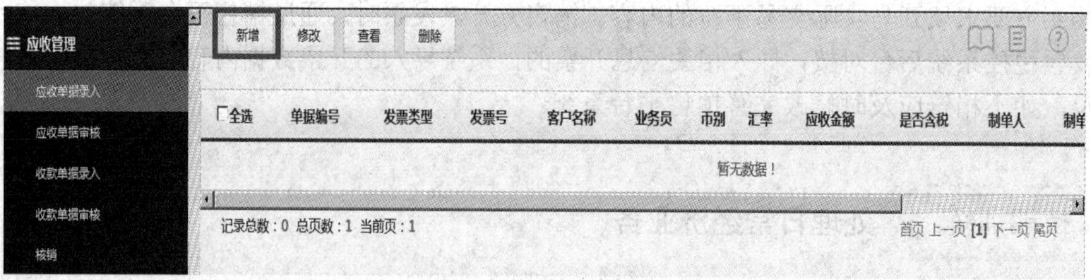

图 9-32　新增应收单据界面

(3) 选择【发票类型】，输入【发票号】、【客户名称】、【业务员】，选择【币别】，输入【应收金额】，选择【是否含税】，输入【摘要】，点击【保存】，如图 9-33 所示。

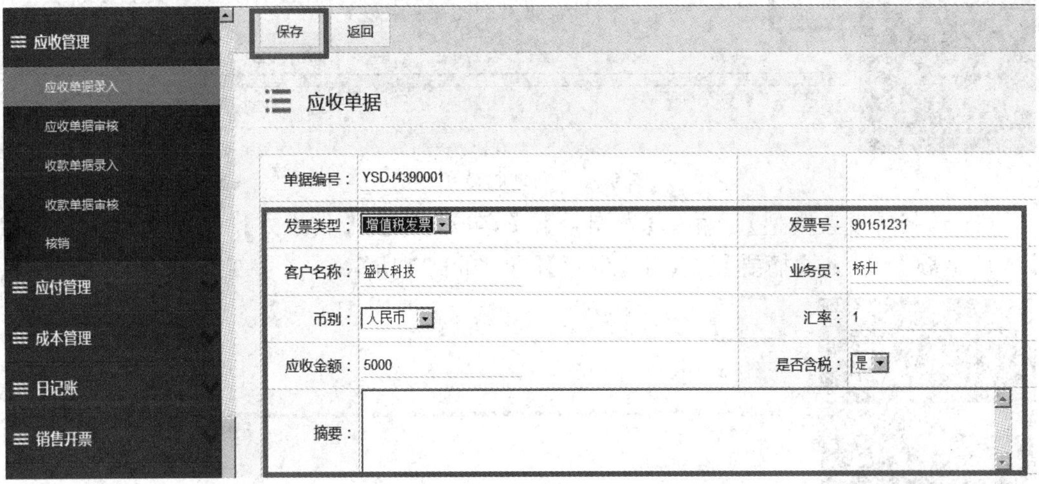

图 9-33　填制应收单据界面

2. 应收单据审核

(1) 选择【应收管理】→【应收单据审核】，勾选要审核的应收单据，点击【审核】，如图 9-34 所示。

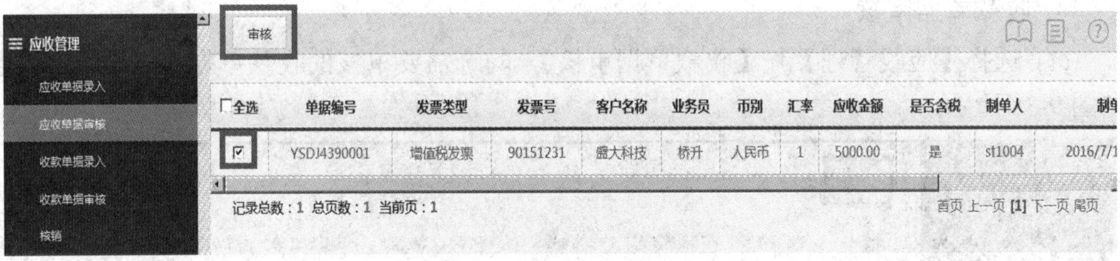

图 9-34　应收单据审核界面

(2) 在审核界面点击【审核】即可，如图 9-35 所示。

图 9-35　应收单据审核界面

3. 收款单据录入

(1) 选择【应收管理】→【收款单据录入】，在收款单据列表点击【新增】，如图 9-36 所示。

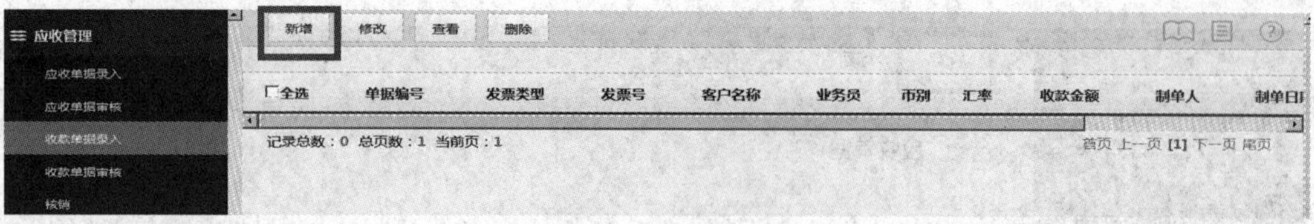

图 9-36　新增收款单界面

(2) 选择【发票类型】，输入【发票号】、【客户名称】、【业务员】，选择【币别】，输入【收款金额】，输入【摘要】，点击【保存】，如图 9-37 所示。

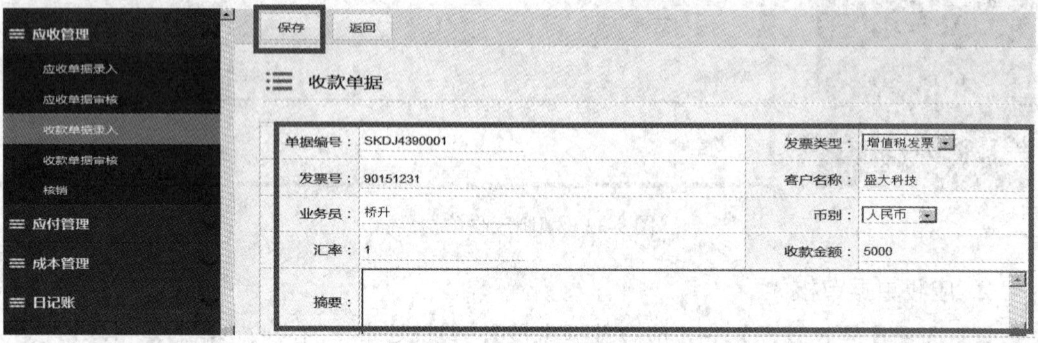

图 9-37　收款单录入界面

4. 收款单据审核

(1) 选择【应收管理】→【收款单据审核】，勾选需要审核的收款单据，点击【审核】，如图 9-38 所示。

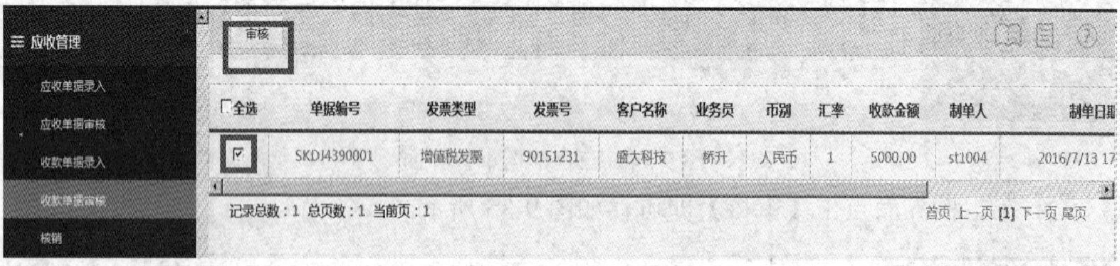

图 9-38　收款单审核界面

(2) 在审核界面点击【审核】即可，如图 9-39 所示。

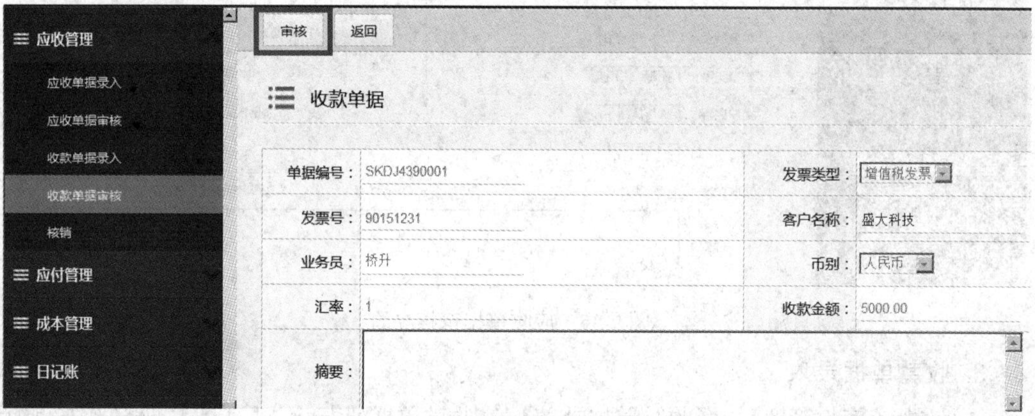

图 9-39　收款单审核界面

5. 核销

选择【应收管理】→【核销】，勾选需要核销的收款单，选择应收单，点击【核销】，如图 9-40 所示。

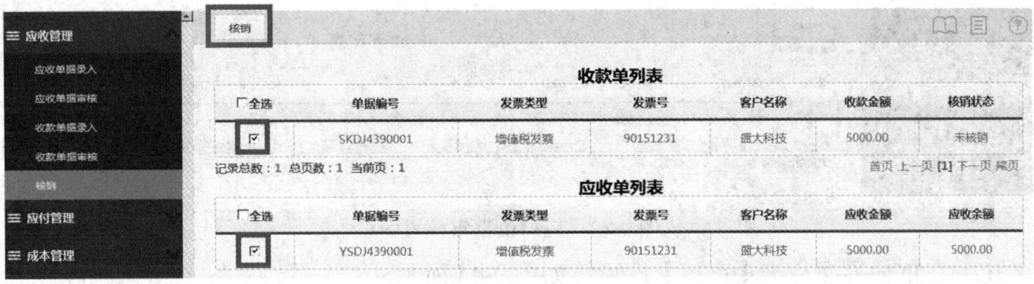

图 9-40　核销界面

温馨提示：单据核销指日常的收款核销应收款的工作。单据核销的作用是解决收回客商款项核销该客商应收款的处理，建立收款与应收款的核销记录，监督应收款及时核销，加强往来款项的管理。

有销售，必定有应收款，有应收款必定有对应的收款，有收款必定有相对应的核销操作。

(二) 应付管理

1. 应付单据录入

(1) 选择【应付管理】→【应付单据录入】，在应付单据列表点击【新增】，如图 9-41 所示。

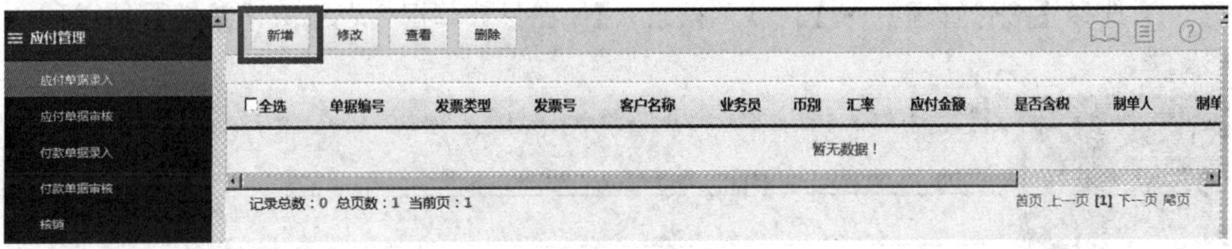

图 9-41　新增应付单据界面

(2) 选择【发票类型】，输入【发票号】、【客户名称】、【业务员】，选择【币别】，输入【应付金额】，选择【是否含税】，输入【摘要】，点击【保存】，如图 9-42 所示。

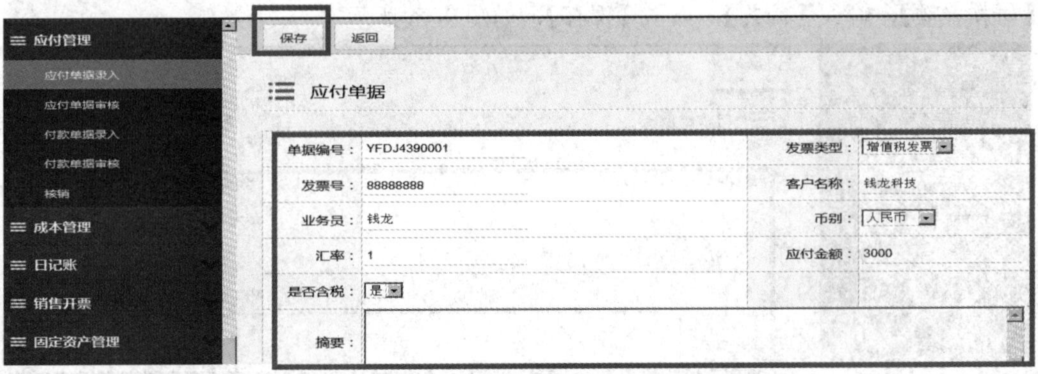

图 9-42　应付单据录入界面

2. 应付单据审核

(1) 选择【应付管理】→【应付单据审核】，勾选要审核的应付单据，点击【审核】，如图 9-43 所示。

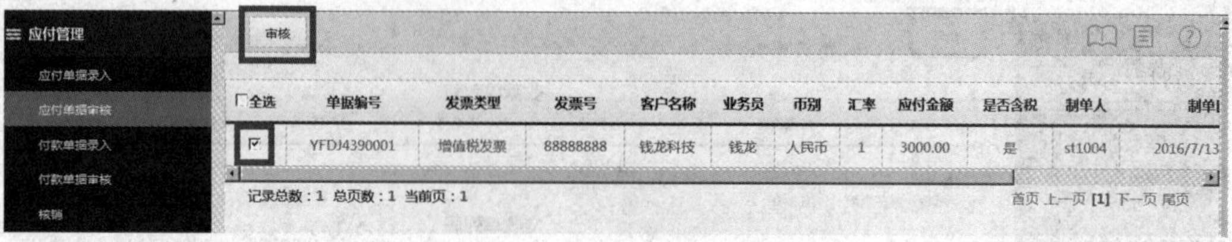

图 9-43　应付单据审核界面

(2) 在审核界面点击【审核】即可，如图 9-44 所示。

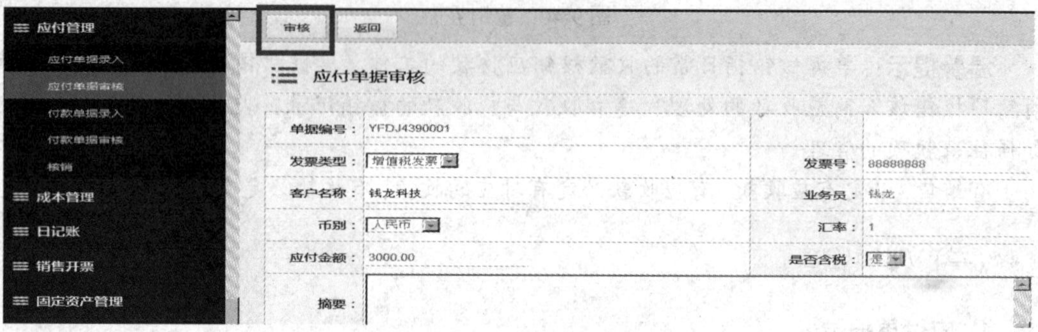

图 9-44　应付单据审核界面

3. 付款单据录入

(1) 选择【应付管理】→【付款单据录入】，在付款单据列表点击【新增】，如图 9-45 所示。

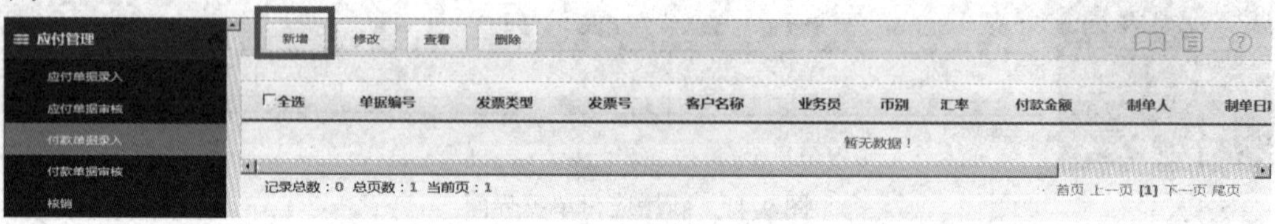

图 9-45　新增付款单据界面

(2) 选择【发票类型】，输入【发票号】、【客户名称】、【业务员】，选择【币别】，输入【付款金额】，输入【摘要】，点击【保存】，如图 9-46 所示。

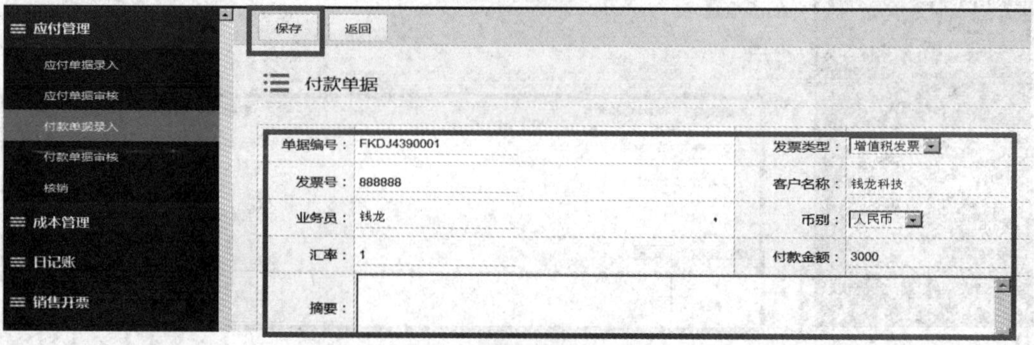

图 9-46　付款单据保存界面

4. 付款单据审核

(1) 选择【应付管理】→【付款单据审核】，勾选要审核的付款单据，点击【审核】，如图 9-47 所示。

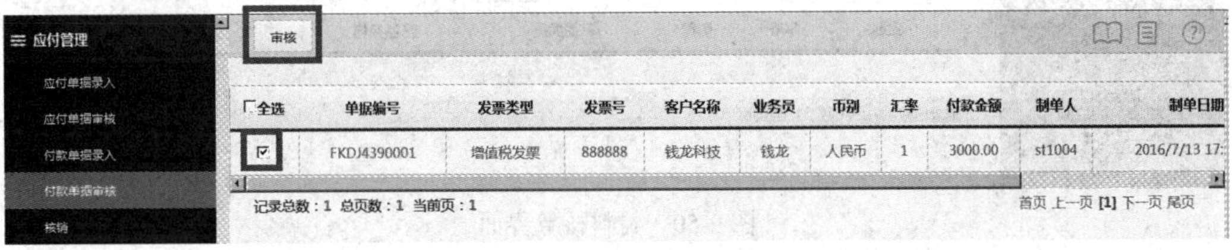

图 9-47　付款单审核界面

(2) 在审核界面点击【审核】即可，如图 9-48 所示。

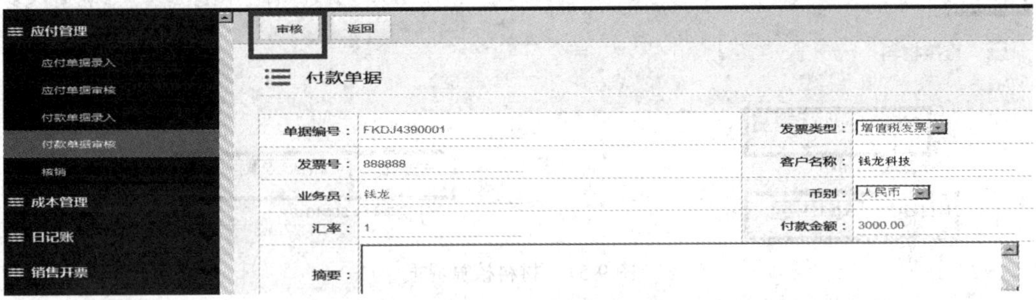

图 9-48　付款单审核界面

5. 核销

选择【应付管理】→【核销】，勾选需要核销的付款单，选择应付单，点击【核销】，如图 9-49 所示。

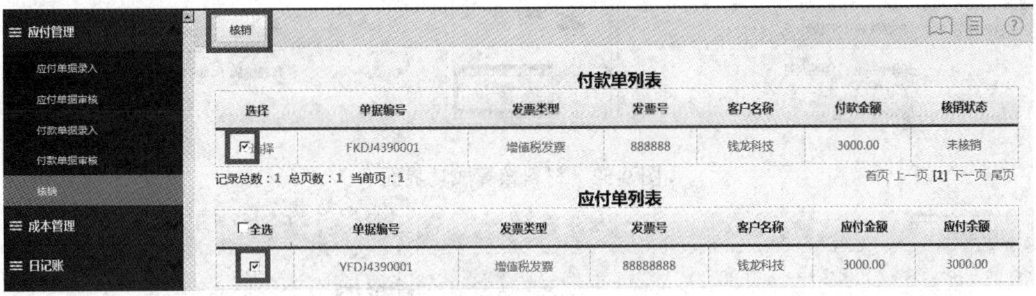

图 9-49　核销界面

温馨提示：单据核销指日常的付款核销应付款的工作。单据核销的作用是解决支付供应商款项核销该供应商应付款的处理，建立付款与应付款的核销记录，监督应付款及时核销，加强往来款项的管理。

有采购，必定有应付款，有应付款必定有对应的付款，有付款必定有相对应的核销操作。

(三) 成本管理

1. 直接材料

(1) 选择【成本管理】→【直接材料】，在直接材料界面点击【材料核算】，如图 9-50

所示。

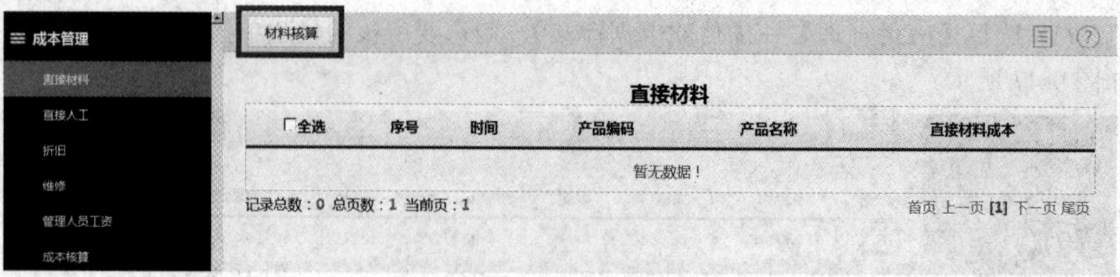

图 9-50　材料核算界面

(2) 选择【时间】、【科目名称】、【产品名称】，点击【核算】，如图 9-51 所示。

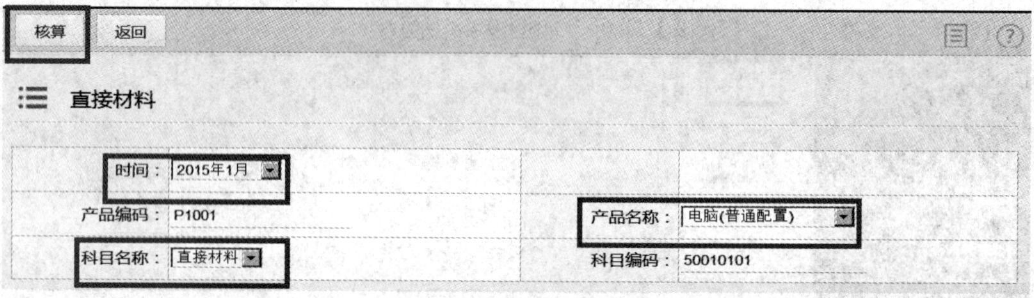

图 9-51　材料核算界面

(3) 提示核算成功后，点击【确定】，如图 9-52、图 9-53 所示。

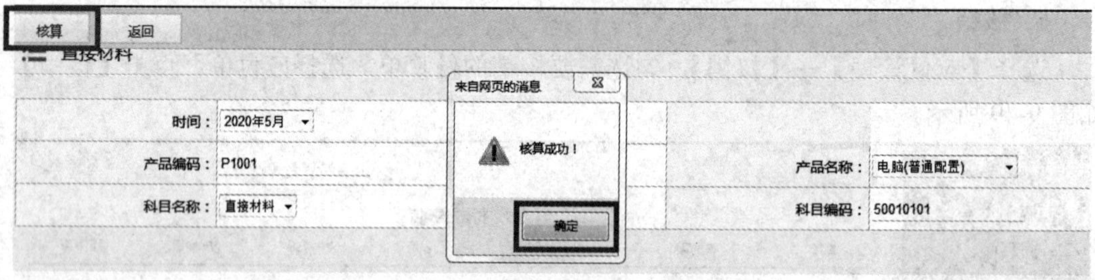

图 9-52　材料核算成功界面

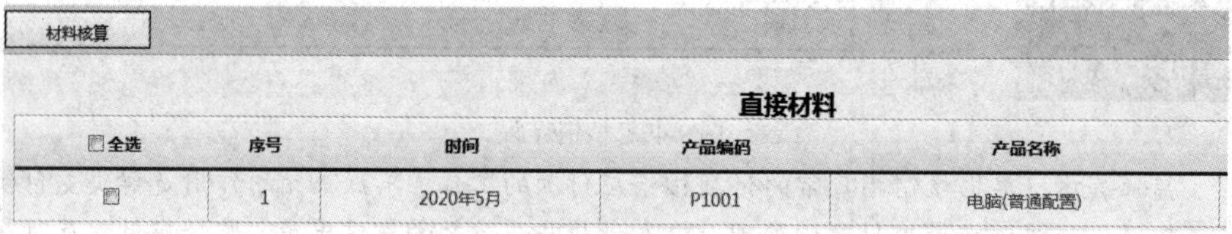

图 9-53　材料核算成功界面

注： 核算成功的前提是所选时间段有填制直接材料、直接人工、折旧等相关业务的记账凭证，并且记账凭证已审核、已签字、已记账。

2. 直接人工

(1) 选择【成本管理】→【直接人工】，在直接人工界面点击【人工核算】，如图 9-54 所示。

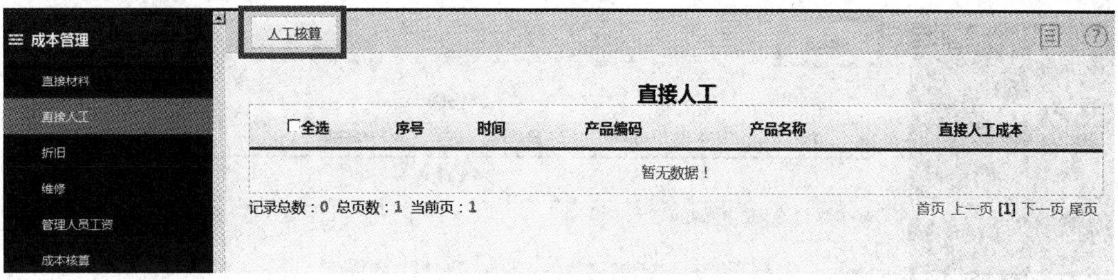

图 9-54　人工核算界面

(2) 选择【时间】、【产品名称】，点击【人工核算】，如图 9-55 所示。

图 9-55　人工核算界面

3. 折旧

(1) 选择【成本管理】→【折旧】，在折旧界面点击【折旧核算】，如图 9-56 所示。

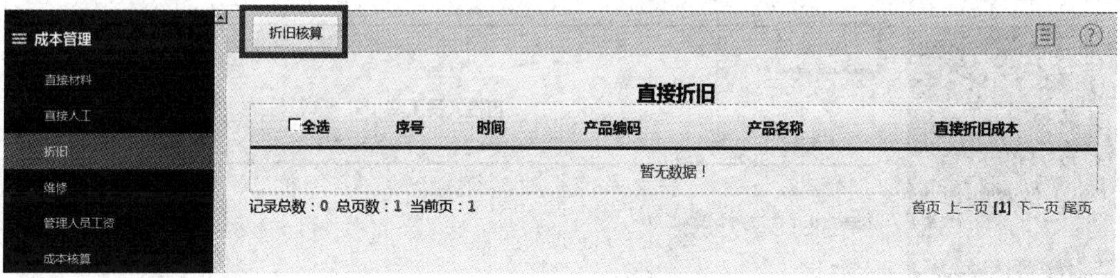

图 9-56　折旧核算界面

(2) 选择【时间】、【产品名称】【科目名称】，点击【核算】，如图 9-57 所示。

图 9-57　折旧核算界面

4. 维修

(1) 选择【成本管理】→【维修】，在维修界面点击【维修核算】，如图 9-58 所示。

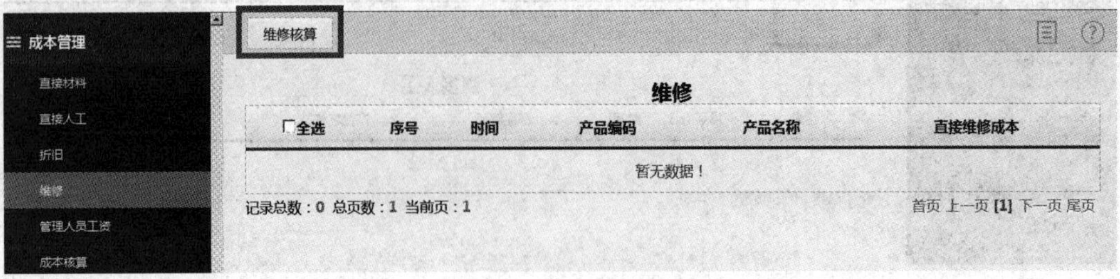

图 9-58　维修核算界面

(2) 选择【时间】、【产品名称】【科目名称】，点击【核算】，如图 9-59 所示。

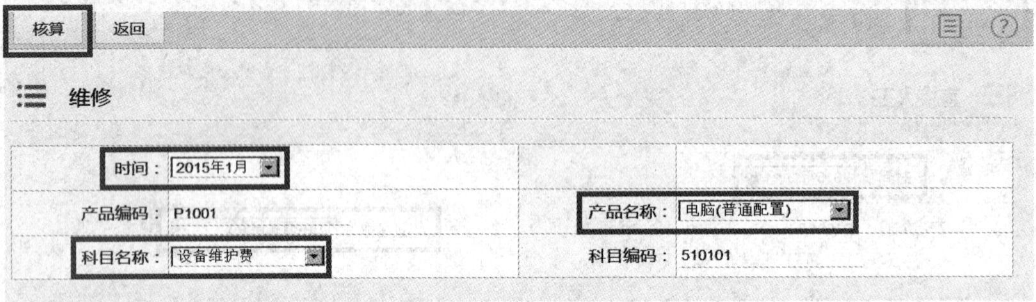

图 9-59　维修核算界面

5. 管理人员工资

(1) 选择【成本管理】→【管理人员工资】，在管理人员工资界面点击【工资核算】，如图 9-60 所示。

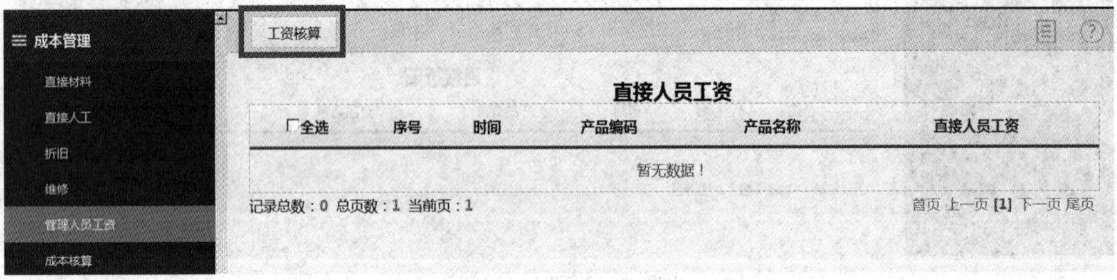

图 9-60　工资核算界面

(2) 选择【时间】、【产品名称】【科目名称】，点击【核算】，如图 9-61 所示。

图 9-61　工资核算界面

6. 成本核算

(1) 选择【成本管理】→【成本核算】，在成本核算界面点击【核算】，如图 9-62 所示。

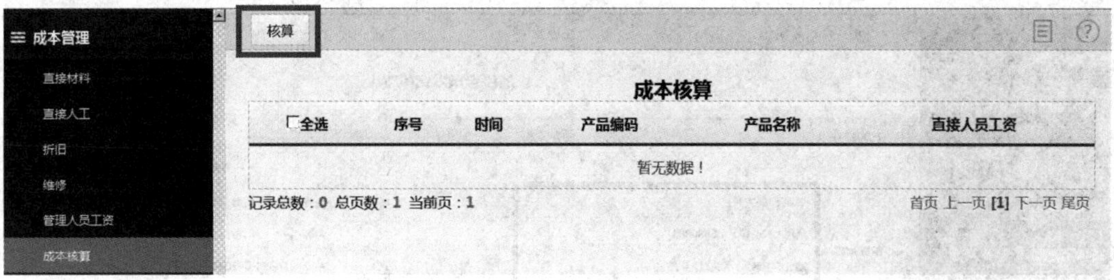

图 9-62　成本核算界面

(2) 选择【时间】、【产品名称】【科目名称】，点击【核算】，如图 9-63 所示。

图 9-63　成本核算界面

温馨提示：成本核算是指将企业在生产经营过程中发生的各种耗费按照一定工作的对象进行分配和归集，以计算总成本和单位成本。成本核算不只是财务部门、财务人员的工作，而是全部门、全员共同的工作。一是成本核算需要生产车间、技术部门、采购部门等多部门的配合；二是计算出的成本是否合理不但需要财务部门的评价和时间的验证，还需要生产、技术等部门的评价，让生产等部门对自己计算出的结果做个论证。这是有必要的，因为有时仅靠财务部门自己检查是难以发现问题的。

(四) 销售开票

(1) 选择【销售开票】→【销售开票】，在销售开票列表点击【增加】，如图 9-64 所示。

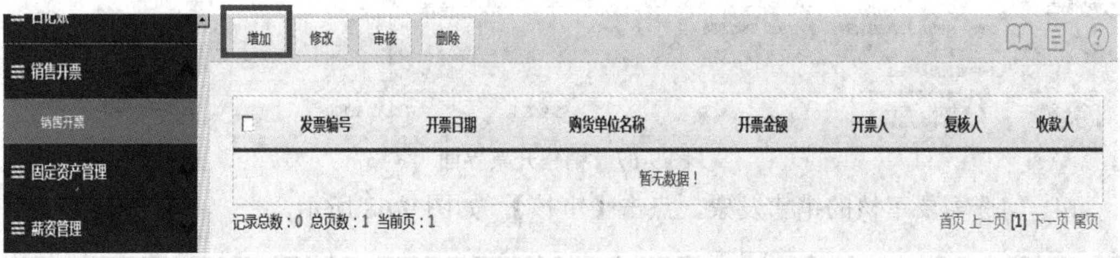

图 9-64　增加销售开票界面

注：
- 企业进行发货业务后，必须进行销售开票业务，即开发票。
- 发票编号为企业在税务局领取的发票号码，如提示无发票，则必须先到税务局办理领取发票业务才可继续开发票。

(2) 在增值税专用发票中，输入【购货单位】、【纳税人识别号】、【地址、电话】、【开户银行及账号】，如图 9-65 所示。

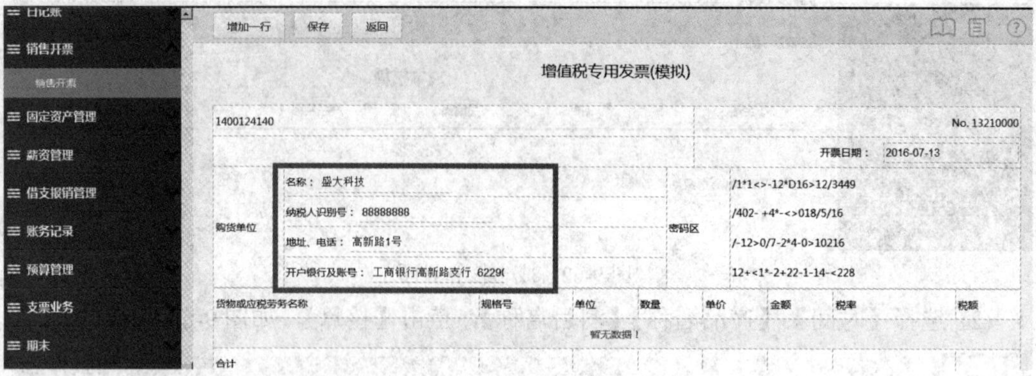

图 9-65　销售开票界面

(3) 点击【增加一行】，输入【货物或应税劳务名称】、【规格号】、【单位】、【数量】、【单价】，输入【收款人】，点击【保存】，如图 9-66、图 9-67 所示。

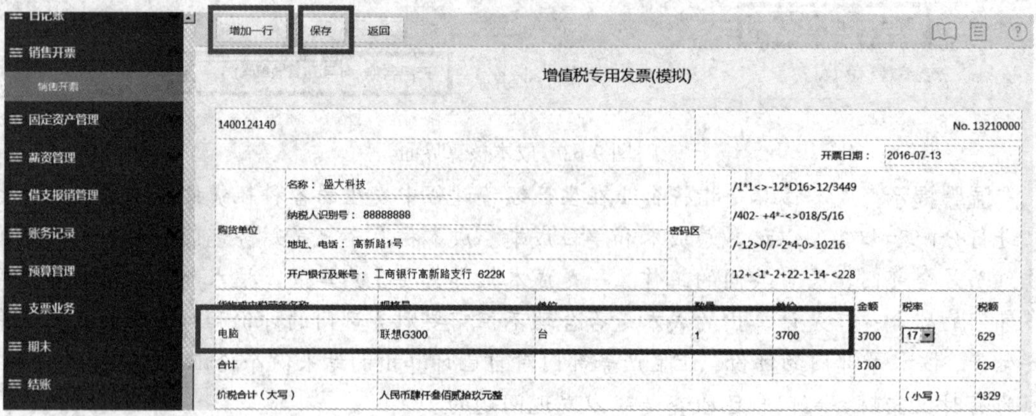

图 9-66　销售开票界面

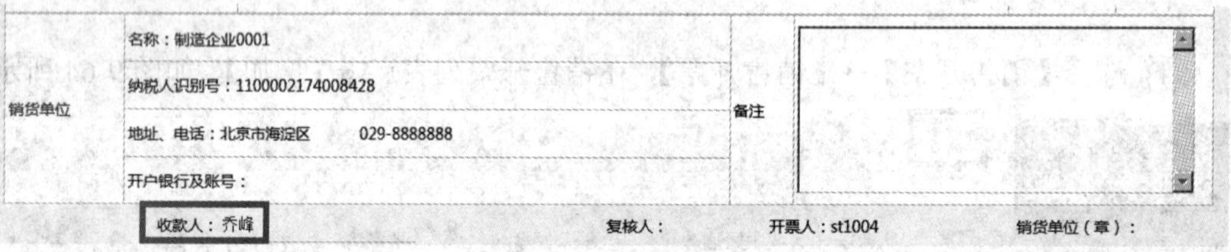

图 9-67　销售开票界面

(4) 勾选需要审核的销售发票，点击【审核】，如图 9-68 所示。

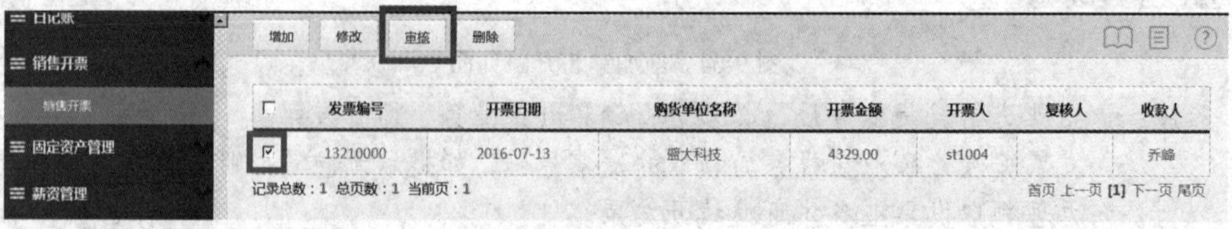

图 9-68　审核发票界面

(5) 在审核界面点击【审核】即可，如图 9-69 所示。

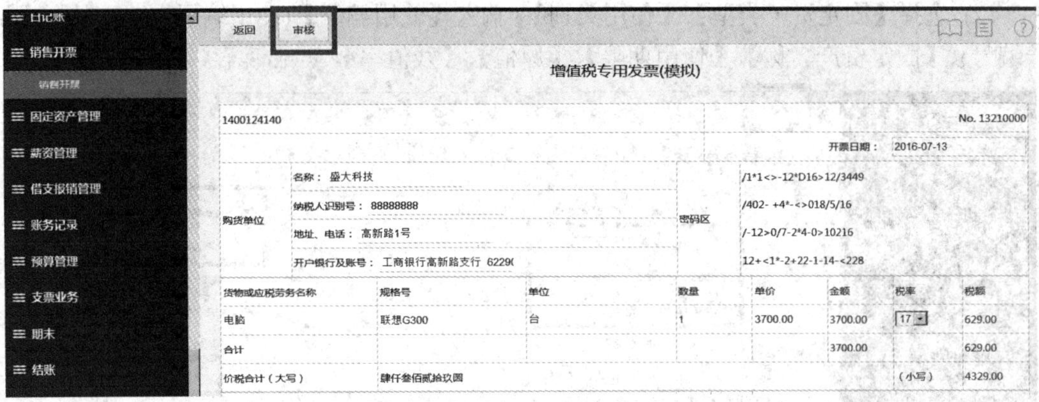

图 9-69　审核发票界面

注： 已审核的发票，不能修改、删除。

(6) 在销售开票界面，可点击【修改】、【审核】、【删除】进行相应操作，如图 9-70 所示。

图 9-70　发票查看界面

温馨提示： 确保开票信息无误(增值税普通发票只需公司名称和税号即可)。
货物名称、规格、数量、金额等符合合同要求。
系统里的发票号要和实际放在打印机里的发票号码一致。
开票后及时交给购货方，如有问题可以在当月作废重开。
如需开具红字发票，要提前去税务局申请(增值税普通发票可以直接开红字)。

(五) 固定资产管理

1. 固定资产增加

(1) 选择【固定资产管理】→【固定资产增加】，在固定资产列表点击【增加】，如图 9-71 所示。

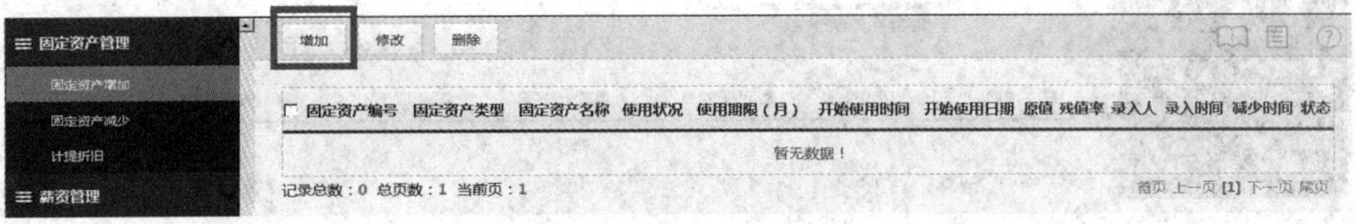

图 9-71　固定资产增加界面

(2) 选择【固定资产类型】、【使用类别】，输入【使用编码】(使用编码为购买的固定资产编号)、【固定资产名称】、【使用期限】、【原值】、【残值率】，点击保存，如图 9-72 所示。

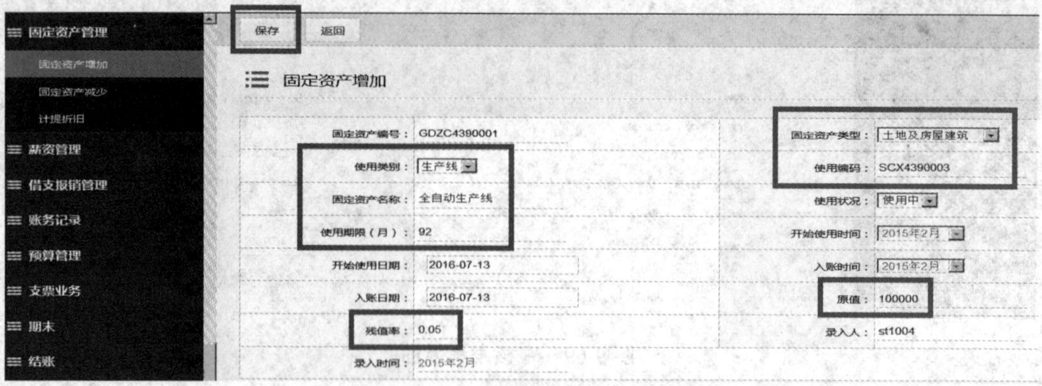

图 9-72　固定资产增加界面

注：• 企业在购买厂房、仓库、生产线后必须进行固定资产增加。

• 固定资产增加时的使用编码为购买的厂房、仓库、生产线的编号，使用期限为折旧期限，开始使用时间和入账时间为购买时间，原值为购买金额，残值率为购买时的残值率。

2. 固定资产减少

选择【固定资产管理】→【固定资产减少】，在固定资产列表点击【减少】，如图 9-73 所示。

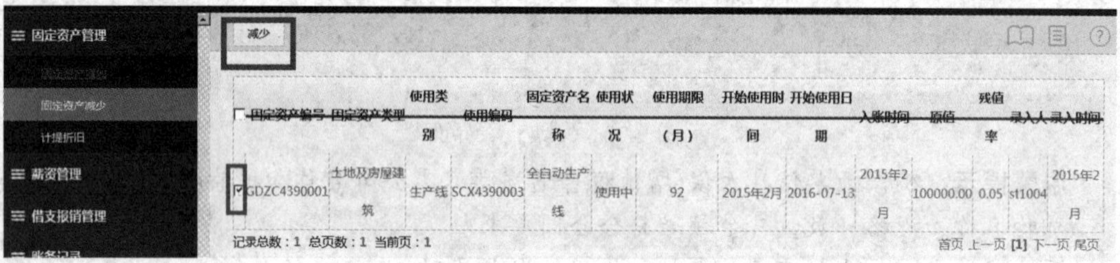

图 9-73　固定资产减少界面

注：• 企业在出售厂房、仓库、生产线后必须进行固定资产减少。

• 企业在进行固定资产减少时，必须先对固定资产进行折旧。

3. 计提折旧

选择【固定资产管理】→【计提折旧】，勾选计提时间，点击【计提】，如图 9-74 所示。

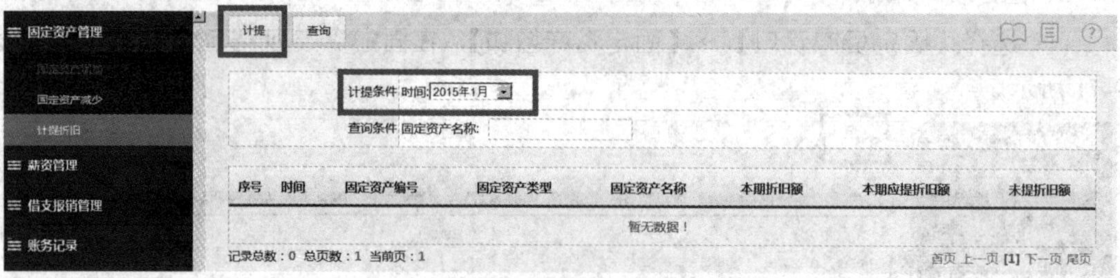

图 9-74　计提折旧界面

注：企业对非当月入账的厂房、仓库、生产线必须每月进行折旧，当月入账的固定资产不用进行折旧。

(六) 薪资管理

1. 薪资审核

(1) 选择【薪资管理】→【薪资审核】，勾选人事部提交的薪资表，点击【财务签字】，如图 9-75 所示。

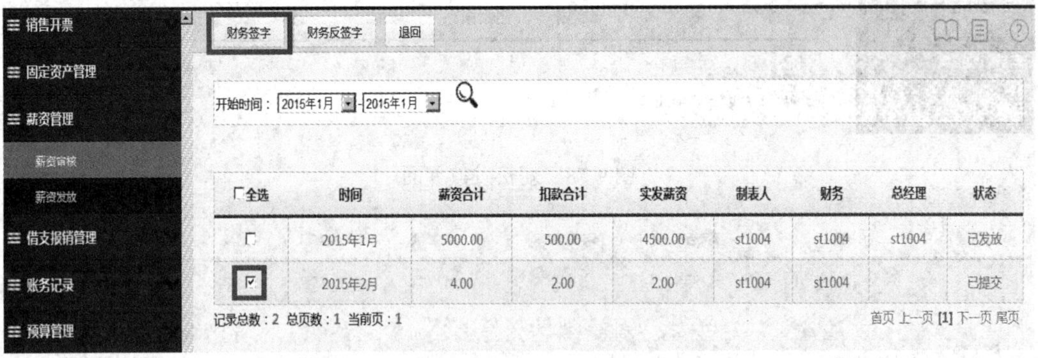

图 9-75　薪资审核界面

(2) 在签字界面点击【签字】即可，如图 9-76 所示。

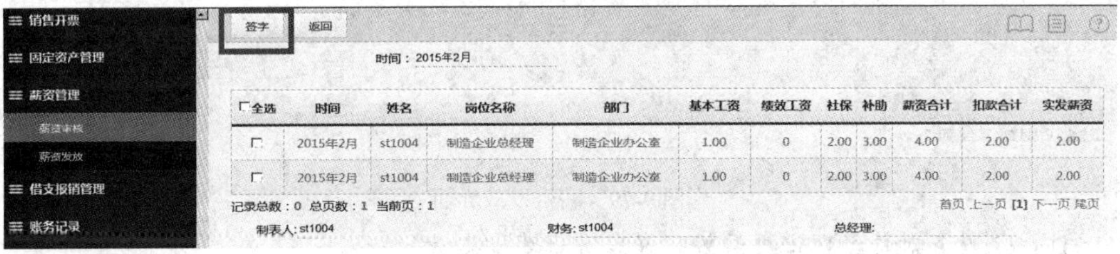

图 9-76　薪资审核签字界面

(3) 如薪资表有误，勾选需要退回的薪资表，点击【退回】，由人事部重新提交，如图 9-77 所示。

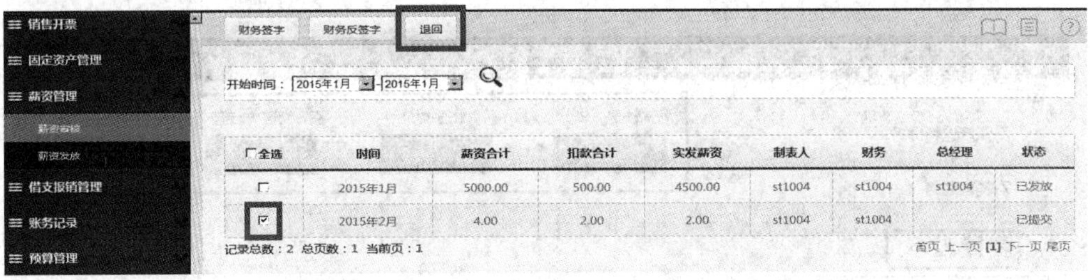

图 9-77　薪资表退回界面

注：
- 财务对提交的薪资表进行审核签字，也可进行退回。
- 财务签字后不可退回，需进行反签字后才可退回。
- 总经理签字后不可进行反签字。

2. 薪资发放

选择【薪资管理】→【薪资发放】，勾选总经理已审批的薪资表，点击【发放】，如图9-78、图9-79所示。

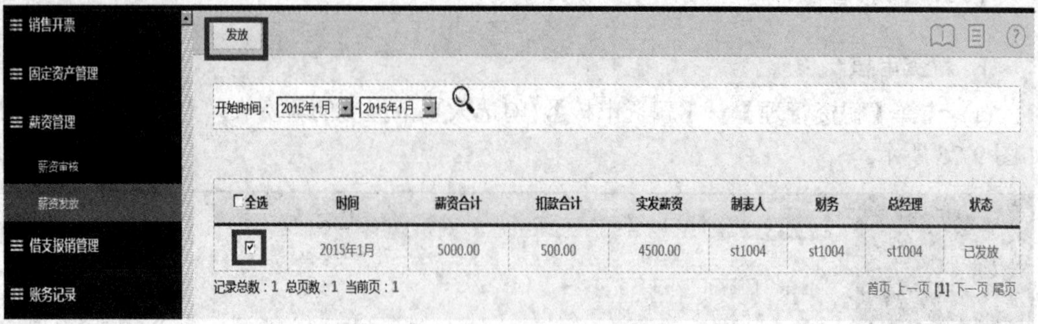

图 9-78　薪资发放界面

全选	时间	薪资合计	扣款合计	实发薪资	制表人	财务	总经理	状态
	2018年1月	35250.00	0.00	35250.00	吴梦科	张清	吴梦科	已发放
	2018年2月	45500.00	0.00	45500.00	何芷倩	张清	吴梦科	已提交
	2018年3月	45500.00	0.00	45500.00	何芷倩	张清	吴梦科	已发放
	2018年4月	57800.00	0.00	57800.00	何芷倩	张清	吴梦科	已发放
	2018年5月	57800.00	0.00	57800.00	何芷倩	张清	吴梦科	已发放
	2018年6月	57800.00	0.00	57800.00	何芷倩	张清	吴梦科	已发放
	2018年7月	57800.00	0.00	57800.00	何芷倩	张清	吴梦科	已发放
	2018年8月	57800.00	0.00	57800.00	张天勤	张清	吴梦科	已发放

记录总数：8 总页数：1 当前页：1　　首页 上一页 [1] 下一页 尾页

图 9-79　薪资发放界面

注：• 财务对总经理审批后的薪资表进行薪资发放。
- 企业每月必须进行薪资发放。
- 薪资发放涉及人事部、财务部、总经办，具体流程如图9-80所示，缺少一步都会导致薪资发放不成功。

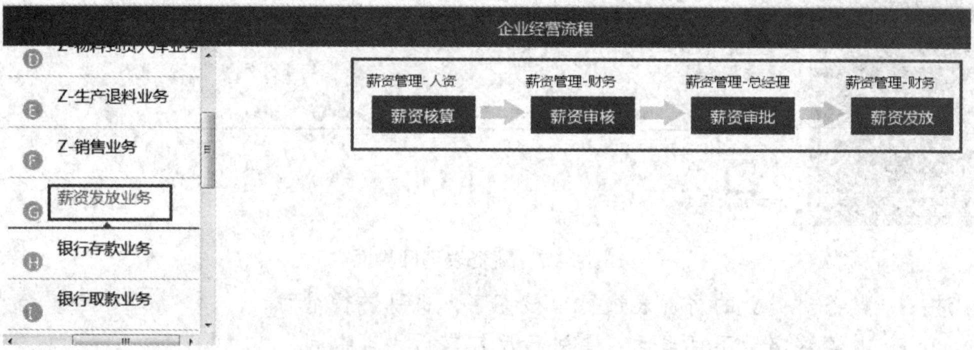

图 9-80　薪资发放业务流程图

(七) 财务记录

选择【财务记录】后分别选择【转账记录】【现金记录】【企业现金】，可查询转账记录、现金记录、企业现金，具体转账操作和付款、收款操作见项目二。

(1) 选择【财务记录】→【转账记录】，选择【类型】为付款或者收款，点击【查询】，如图 9-81 所示。查看状态是已完成还是未完成，如未完成则进入 VSOA 银行检查。

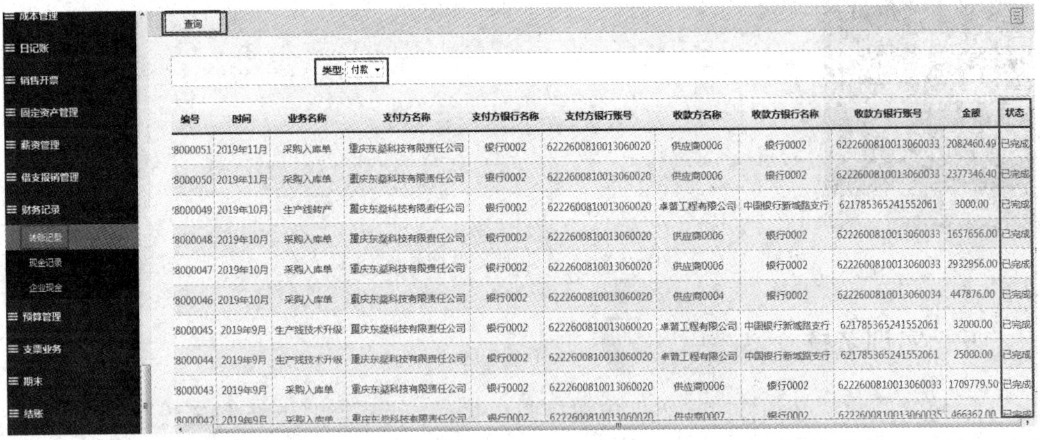

图 9-81　转账记录查询界面

注：• 转账记录中包含收款记录和付款记录。
• 收款记录只用于查询企业的进账记录。
• 付款记录中如果收款方为系统扮演，则财务付款时必须使用网银转账业务进行转账。

(2) 选择【财务记录】→【现金记录】，选择需要查询的时间，点击【查询】，如图 9-82 所示。

图 9-82　现金记录查询界面

注：现金记录中包含支出记录和收入记录。

(3) 选择【财务记录】→【企业现金】，如图 9-83 所示。

图 9-83　企业现金查询界面

五、实训考核

(1) 每笔应收款必须按时录入并审核应收单据；应收款到账后，每笔收款必须按时录入并审核收款单据；每笔应收款到账后必须按时核销。

(2) 每笔应付款必须按时录入并审核应付单据；应付款支付后，每笔付款必须按时录入并审核付款单据；每笔应付款支付后必须按时核销。

(3) 每个月每个产品都应进行成本核算。

(4) 每笔销售发货都应开具发票。

(5) 建设的厂房、仓库、生产线必须进行固定资产增加；出售的厂房、仓库、生产线必须进行固定资产减少；固定资产每个月应进行计提折旧。

(6) 每个月必须进行薪资发放。

(7) 每月应该缴纳税费。

任务四　账 表 管 理

任务目标

会查询总账、明细账、余额表、日记账、资产负债表、利润表、现金流量表。

知识链接

一、企业应设置的法定会计账簿

无论是何种企业都需要进行财务处理，虽说因为行业和企业性质的不同会有不同的账簿，但就法定的账簿而言，一般有以下几种最基本的账簿需要企业设置。

根据《中华人民共和国会计法》的规定，所有实行独立核算的国家机关、社会团体、公司、企业、事业单位和其他组织都必须设置以下法定会计账簿，并保证其真实、完整。

(1) 总账。总账也称总分类账，是根据会计科目(也称总账科目)开设的账簿，用于分类登记单位的全部经济业务事项，提供资产、负债、资本、费用、成本、收入和成果等总括核算的资料。总账一般有订本账和活页账两种。各单位可以根据所采用的记账方法和财务处理程序的需要设置总账。

(2) 明细账。明细账也称明细分类账，是根据总账科目所属的明细科目设置的，用于分类登记某一类经济业务事项，提供有关明细核算资料。明细账是形成有用的会计信息的基本程序和基本环节，借助于明细账既可以对经济业务信息或数据做进一步的加工整理，进而通过总账形成适合于会计报表提供的会计信息，又能为了解信息的形成提供具体情况和有关线索。明细账的格式主要有三栏式、数量金额式和多栏式，企业应根据财产物资管理的需要选择明细账的格式。

(3) 日记账。日记账是一种特殊的明细账，包括现金日记账和银行存款日记账。日记账是各单位加强现金和银行存款管理的重要账簿。

(4) 其他辅助账簿。辅助账簿也称备查账簿，是为备忘备查而设置的。在会计实务中，辅助账簿主要包括各种租借设备、物资的辅助登记或有关应收、应付款项的备查簿等。

二、账务处理程序

在我国，常用的账务处理程序主要有：记账凭证账务处理程序、汇总记账凭证账务处理程序、科目汇总表账务处理程序。

上述三种财务处理程序的主要不同之处在于登记总分类账的依据和程序不同，与此相适应，总分类账的格式也不同；其他程序基本相同，包括编制汇总原始凭证、记账凭证，登日记账、明细账，账账核对，编报表。

企业最常用的是科目汇总表账务处理程序(又称为记账凭证汇总表账务处理程序)，其特点是编制科目汇总表并据此登记总分类账。科目汇总表账务处理的一般程序是：

(1) 根据原始凭证填制汇总原始凭证；

(2) 根据原始凭证或汇总原始凭证填制记账凭证；

(3) 根据收款凭证、付款凭证，逐笔登记库存现金日记账和银行存款日记账；

(4) 根据原始凭证、汇总原始凭证和记账凭证，登记各种明细分类账；

(5) 根据各种记账凭证编制科目汇总表；

(6) 根据科目汇总表登记总分类账；

(7) 期末，将库存现金日记账、银行存款日记账和明细分类账的余额同有关总分类账的余额核对，看是否相符；

(8) 期末，根据总分类账和明细分类账的记录，编制财务报表。

账务处理程序如图9-84所示。

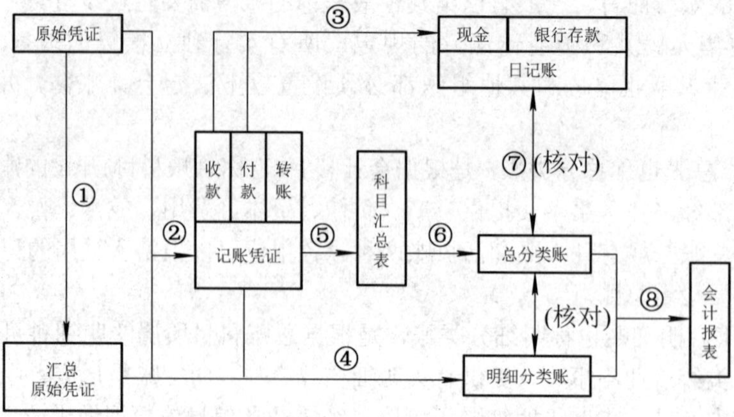

图 9-84　账务处理程序流程图

三、编制现金流量表的意义

1. 弥补了资产负债信息量的不足

资产负债表是利用资产、负债、所有者权益三个会计要素的期末余额编制的；损益表是利用收入、费用、利润三个会计要素的本期累计发生额编制的(收入、费用无期末余额，利润结转下期)。唯独资产、负债、所有者权益三个会计要素的发生额原先没有得到充分的利用，没有填入会计报表。会计资料一般是发生额与本期净增加额(期末、期初余额之差或期内发生额之差)说明变动的原因，期末余额说明变动的结果。本期的发生额与本期净增加额得不到合理的运用，不能不说是一个缺憾。

资产负债表的平衡公式：现金 = 负债 + 所有者权益 – 非现金资产。这个公式表明，现金的增减变动受公式右边因素的影响，负债、所有者权益的增加(减少)导致现金的增加(减少)，非现金资产的减少(增加)导致现金的增加(减少)。现金流量表的内容是采用间接法即利用资产、负债、所有者权益的增减发生额或本期净增加额填报的，这样账簿的资料得到充分的利用，现金变动原因的信息就可以得到充分揭示。

2. 便于从现金流量的角度对企业进行考核

对一个经营者来说，如果没有现金，则缺乏购买与支付的能力，这是致命的。企业的经营者由于管理的要求急需了解现金流量信息。另外，在当前商业信誉存有诸多问题的情况下，与企业有密切关系的部门与个人投资者、银行、财税、工商等不仅需要了解企业的资产、负债、所有者权益的结构情况与经营结果，更需要了解企业的偿还支付能力，了解企业现金流入、流出及净流量信息。

损益表的利润是根据权责发生制原则核算出来的。权责发生制贯彻递延、应计、摊销和分配原则，核算的利润与现金流量是不同步的，损益表上有利润但银行户上没有钱的现象经常发生。近几年来，随着大家对现金流量的重视，深感权责发生制编制的损益表不能反映现金流量是个很大的缺陷。但是企业也不能因此废权责发生制而改为收付实现制。因为收付实现制也有很多不合理的地方，历史证明企业不能采用。在这种情况下，坚持权责发生制原则进行核算的同时，编制收付实现制的现金流量表不失为“熊掌”与“鱼”兼得的两全其美方法。现金流量表划分经营活动、投资活动、筹资活动，按类说明企业一个时期流入多少现金，流出多少现金及现金流量净额，从而可以了解现金从哪里来到哪里去了以及损益表上的利润为什么没有变动，从现金流量的角度对企业做出更加全面合理的评价。

3. 了解企业筹措现金、生成现金的能力

如果把现金比作企业的血液，那么企业想取得新鲜血液的办法有以下两种：

(1) 为企业输血，即通过筹资活动吸收投资者投资或借入现金。吸收投资者投资，企业的受托责任增加；借入现金则负债增加，今后要还本付息。在市场经济的条件下，没有免费使用的现金，企业输血后要付出一定的代价。

(2) 企业自己生成血液，即经营过程中取得利润。企业要想生存发展，就必须获利，利润是企业现金来源的主要渠道。

通过现金流量表可以了解经过一段时间的经营，企业在内外筹措了多少现金，自己生成了多少现金；筹措的现金是否按计划用到企业扩大生产规模、购置固定资产、补充流动资金上，还是被经营方侵蚀掉了。企业筹措现金、生产现金的能力，是企业加强经营管理合理调度资金的重要信息，这是其他两张财务报表所不能提供的。

技能训练 账表管理

一、实训目的

(1) 掌握总账、三栏式明细账、多栏式明细账、余额表、日记账的查询。

(2) 掌握资产负债表、利润表、现金流量表的查询。

(3) 掌握资产负债表、利润表、现金流量表的编制。

二、实训器材

电脑、现代企业运营综合仿真实训平台软件与配套教材。

三、注意事项

在查询账表之前，记得点击记账。

四、实训操作

(一) 账表查询

1. 总账

(1) 以会计的账号、密码登录软件平台，选择【我的实验】→【进入】，制造企业选择【核心企业区】，再选择【制造公司实训】进入企业平台。

(2) 选择【账表】→【总账】，选择【时间】【科目名称】，点击查询按钮(放大镜图标)，如图 9-85 所示。

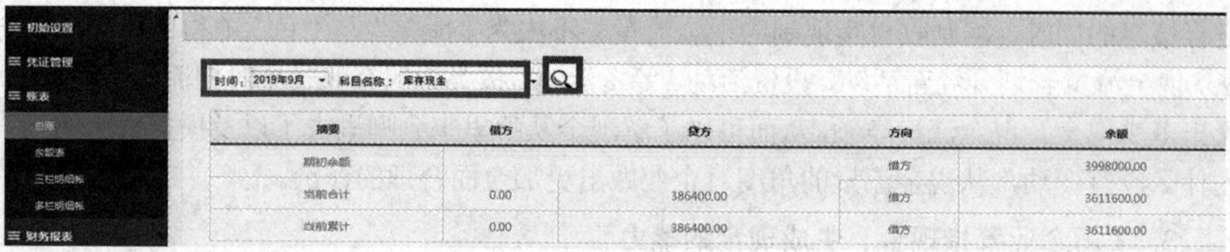

图 9-85　总账查询界面

注：• 总分类账的账页格式一般采用“借方”、“贷方”、“余额”三栏式，根据实际需要，也可以在“借方”、“贷方”两栏内增设“对方科目”栏。

• 总分类账的登记依据和方法主要取决于所采用的会计核算形式，可以直接根据各种记账凭证逐笔登记，也可以先把记账凭证按照一定方式进行汇总，编制成科目汇总表或汇总记账凭证等，然后再据此登记。

2. 余额表

选择【账表】→【余额表】，选择【时间】，点击查询按钮，如图 9-86 所示。

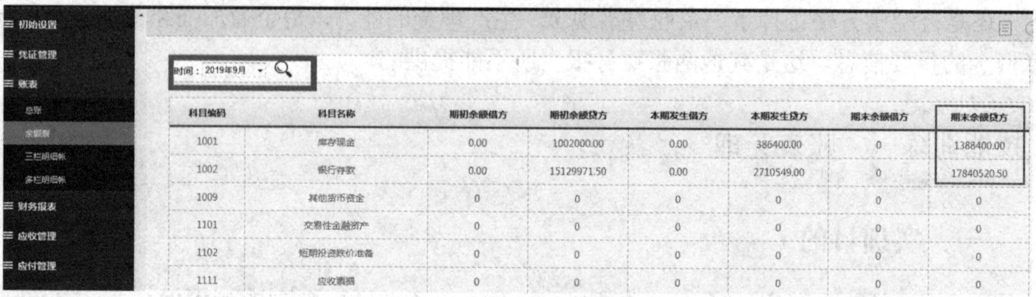

图 9-86　余额表查询

注：• 余额表亦称“总账余额汇总表”，它是基本会计作账表格，是各个科目的余额，一般包括期初余额、本期发生额、期末余额。编制科目余额表主要是为了方便做财务报表，本月所有凭证全部结转处理结束后才可以编制。

• 余额表是按照总账科目余额编制的。总账科目余额就是在总账的一级科目的余额，如库存现金科目，即库存现金科目的余额。每个总账科目，凡使用的都会有科目余额，这个余额要与该科目的明细账的余额之和一致。余额表分类登记，登记方法取决于企业所采用账务处理程序。

3. 三栏明细账

选择【账表】→【三栏明细账】，选择【时间】、【科目名称】，点击查询按钮，如图 9-87 所示。

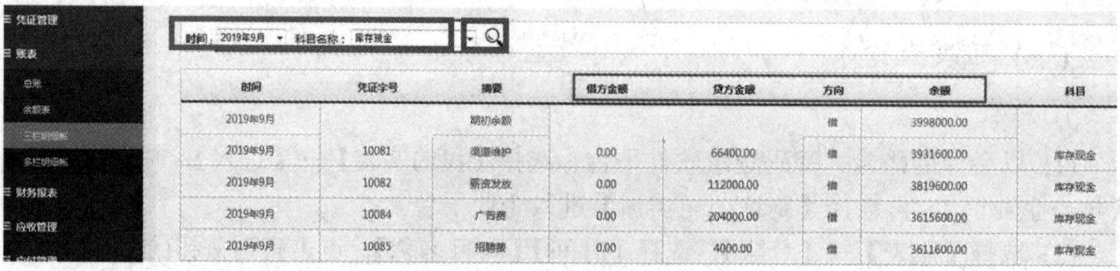

图 9-87　三栏明细账查询界面

注： 三栏式明细分类账的账页格式同总分类账的格式基本相同，只设“借方”“贷方”和“余额”三个金额栏，其适用于“应收账款”“应付账款”等只需进行金额核算的明细账。

4. 多栏明细账

选择【账表】→【多栏明细账】，选择【时间】、【科目名称】，点击查询按钮。

注： 多栏式明细账的格式视管理需要而呈多种多样，它在一张账页上按照明细科目分设若干专栏，集中反映有关明细项目的核算资料。这种格式的明细账适用于成本、费用、收入成果类的明细核算。如“生产成本明细账”，它只设一栏借方，下按成本明细设置专栏，贷方发生额用红字在有关专栏内登记。如“管理费用明细账”借方要分成办公费、交通费、电话费、水电费、工资等项列示，具体的是按企业管理需要即费用的分项目列示，每个企业可以不相同。

温馨提示： 常见的明细账格式还有数量金额式，数量金额式明细分类账的账页基本结构为“收入”、“发出”和“结存”三栏，在这些栏内再分别设有“数量”、“单价”、“金额”等项目，以分别登记实物的数量和金额。这种格式的明细账适用于既要进行金额明细核算又要进行数量明细核算的财产物资项目，如“原材料”“产成品”等账户的明细核算。这种格式的明细账能提供各种财产物资收入、发出、结存等的数量和金额资料，便于开展业务和加强管理。

(二) 日记账

1. 现金日记账

选择【日记账】→【现金日记账】，选择【时间】，点击查询按钮，如图 9-88 所示。

时间	凭证字号	摘要	对方科目	借方金额	贷方金额	方向	余额
2019年1月	10147	收回货款	应收账款	216216.00	0.00	借	5216216.00
2019年1月	10149	收回货款	应收账款	298116.00	0.00	借	5514332.00
2019年1月	10151	收回货款	应收账款	350532.00	0.00	借	5864864.00
2019年1月	10153	收回货款	应收账款	317772.00	0.00	借	6182636.00
2019年1月	10154	招聘费用	招聘费用	0.00	450.00	借	6182186.00
2019年1月	10155	支付运费	运费	0.00	26000.00	借	6156186.00
2019年1月	10156	支付运费	运费	0.00	26000.00	借	6130186.00
2019年1月	10157	支付运费	运费	0.00	10000.00	借	6120186.00
2019年1月	10158	支付运费	运费	0.00	18000.00	借	6102186.00
2019年1月	10159	支付运费	运费	0.00	18000.00	借	6084186.00

图 9-88　现金日记账查询界面

注： 现金日记账是用来核算和监督库存现金每天的收入、支出和结存情况的账簿。由出纳人员根据审核后的现金收付有关的记账凭证，如现金收款、现金付款、银行付款(提现业务)凭证，逐日逐笔进行登记，并随时结记余额。

2. 银行日记账

选择【日记账】→【银行日记账】，选择【时间】，点击查询按钮，如图 9-89 所示。

图 9-89　银行日记账查询界面

注： 银行存款日记账是用来反映银行存款增加、减少和结存情况的账簿。由出纳人员根据审核后的银行收、付款有关的记账凭证，如银行收款、银行付款、现金付款(存现业务)凭证，逐日逐笔顺序登记。

温馨提示： 登记日记账的总体要求是：分工明确，专人负责，内容完整，登记及时，凭证齐全，账款相符，数字真实，表达准确，书写工整，摘要清楚，便于查阅，不重记，不漏记，不错记，按期结账；不拖延积压，按规定方法更正错账，使账目既能明确经济责任，又清晰美观。

(三) 财务报表查询

1. 资产负债表

(1) 选择【财务报表】→【资产负债表】，选择【时间】，点击查询按钮，如图 9-90 所示。

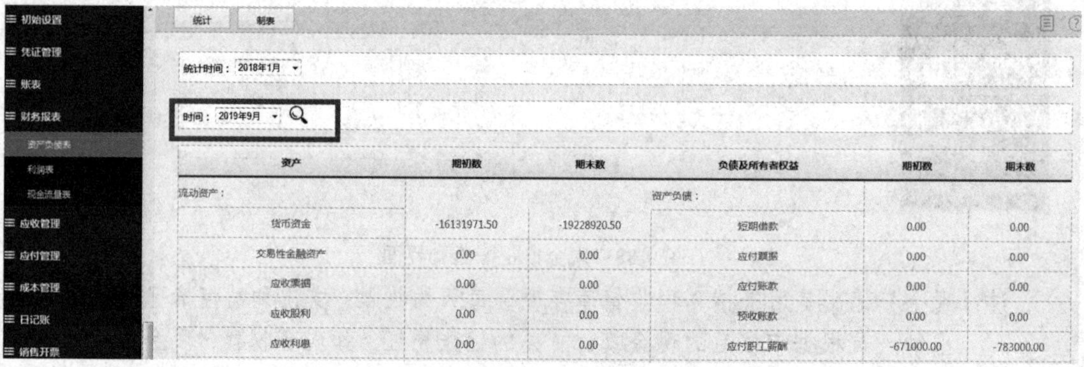

图 9-90　资产负债表查询界面

(2) 点击【制表】，在制表界面输入对应资产负债表项目【期初数】、【期末数】，点击【保存】，如图 9-91、图 9-92、图 9-93 所示。

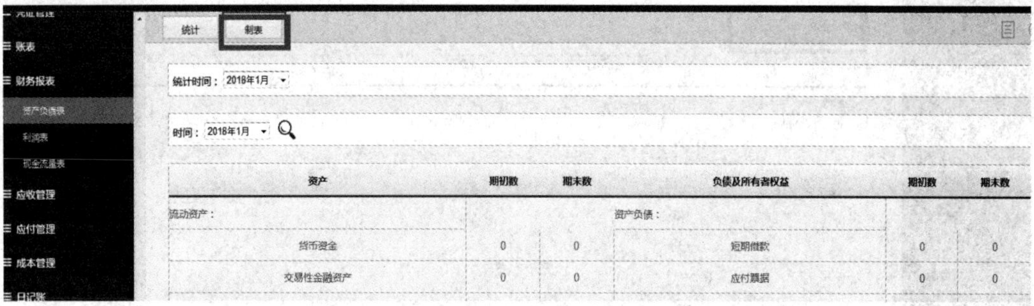

图 9-91　资产负债表生成界面

图 9-92　资产负债表生成界面

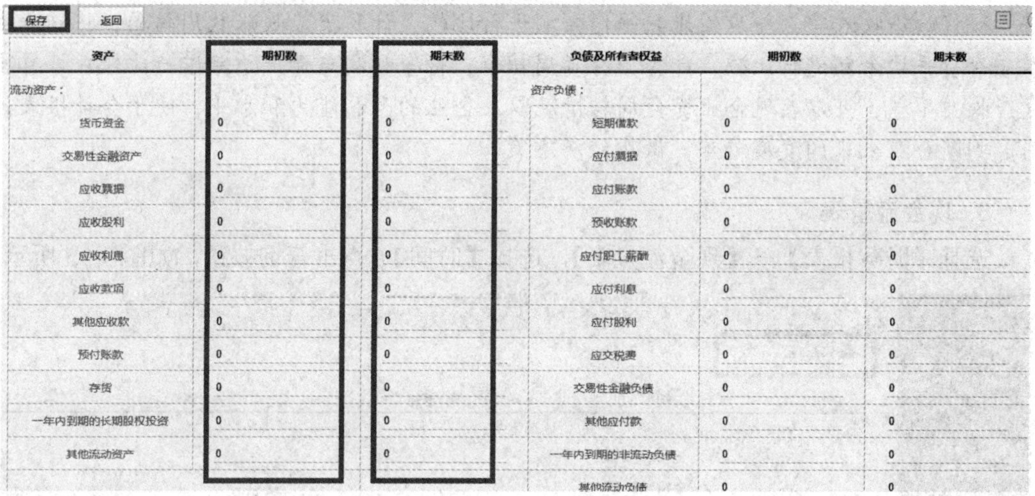

图 9-93　资产负债表生成界面

温馨提示：资产负债表亦称财务状况表，表示企业在一定日期(通常为各会计期末)的财务状况(即资产、负债和股东权益的状况)的主要会计报表，资产负债表利用会计平衡原则，将合乎会计原则的资产、负债、股东权益交易科目分为“资产”和“负债及股东权益”两大区块，在经过分录、转账、分类账、试算、调整等会计程序后，以特定日期的静态情况为基准，浓缩成一张报表。资产负债表的报表功用除了企业内部除错、经营方向、防止弊端外，也可让所有阅读者用最短的时间了解企业经营状况。

2. 利润表

选择【财务报表】→【利润表】，选择【时间】，点击查询按钮，如图 9-94 所示。

图 9-94　利润表查询界面

温馨提示：利润表是反映企业一定会计期间(如月度、季度、半年度或年度)生产经营成果的会计报表。企业在一定会计期间的经营成果既可能表现为盈利，也可能表现为亏损，因而利润表也被称为损益表。它全面揭示了企业在某一特定时期实现的各种收入、发生的各种费用、成本或支出，以及企业实现的利润或发生的亏损情况。

将利润表中的信息与资产负债表中的信息相结合，还可以提供进行财务分析的基本资料，如将赊销收入净额与应收账款平均余额进行比较，计算出应收账款周转率；将销货成本与存货平均余额进行比较，计算出存货周转率；将净利润与资产总额进行比较，计算出资产收益率等，可以表现企业资金周转情况以及企业的盈利能力和水平，便于会计报表使用者判断企业未来的发展趋势，做出经济决策。

3. 现金流量表

选择【财务报表】→【现金流量表】，选择【时间】，点击查询按钮，如图 9-95 所示。

图 9-95　现金流量表查询界面

温馨提示：现金流量表是财务报表的三个基本报告之一，它所表达的是在一个固定期间(通常是每月或每季)内，一家机构的现金(包含银行存款等)的增减情况。

现金流量表的出现主要是为了反映资产负债表中各个项目对现金流量的影响，并根据其用途划分为经营、投资及融资三个活动分类。现金流量表可用于分析一家机构在短期内有没有足够的现金去应付开销。

五、实训考核

(1) 编制资产负债表。
(2) 编制利润表。
(3) 编制现金流量表。

项目小结

财务部门的工作和其他部门的工作都是全面财务管理的一个环节，而不是全部。当某个环节出现问题时，下一个环节就会反映(监督)出来，特别是财务部门是最终反映监督的部门，都是事后才能知道，这个时候有跨部门管理权限的领导就要承担管理的责任，去协调妥善处理这些问题，甚至追究相关人员的责任。所以，作为总经理一定要很清晰的认识到财务管理工作仅仅依托财务部门已经适应不了企业发展管理的需要了，应当明确各部门负责人的工作范围包括本辖范围的财务管理工作，并提倡“各部门负责人都是‘财务经理’”的管理理念，以期提高各部门负责人承担财务管理责任。

财务部门应当承担“大局”的财务管理责任(比如报表的真实性、资金存货往来的安全性等)，而涉及的细节管理(比如费用控制、成本控制、货款催收、账表管理等)则由各部门按照财务部门的要求负责管理，由财务部门进行监控和反馈。

思考与练习

(1) 填制记账凭证时，应注意的要点有哪些？
(2) 编制现金流量表的意义。
(3) 账务处理程序的具体流程。

实训项目十　综合训练

项目分析

在前面分岗位练习的基础和熟悉业务操作规则的前提下，模拟企业运营。

项目任务

(1) 模拟企业第一年第一月的经营。
(2) 模拟企业第一年第二、三月的经营。
(3) 模拟企业第一年第四月的经营。
(4) 随着时间的推进，模拟企业第一年第二、三、四季度的经营。
(5) 随着时间的推进，轮岗，模拟企业第二年、第三年的经营。

模拟企业运营的业务流程如图 10-1 所示。

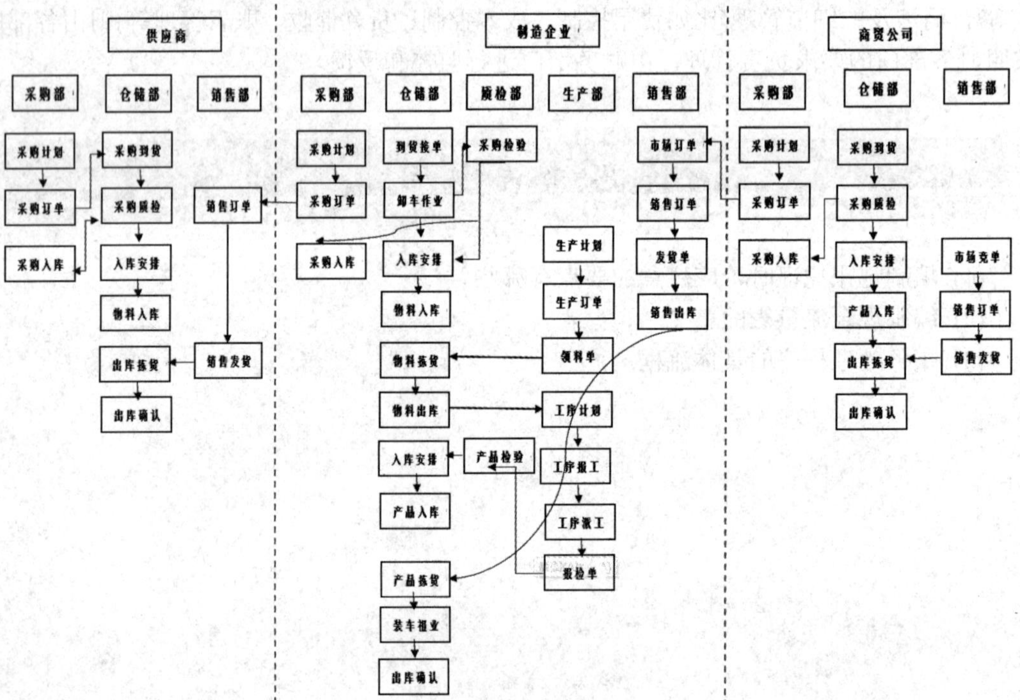

图 10-1　模拟企业运营的业务流程图

知识目标

(1) 熟悉各部门系统操作界面。
(2) 熟悉企业经营流程。
(3) 掌握各月经营要点。

能力目标

(1) 能够模拟企业第一年第一月的经营。
(2) 能够模拟企业第一年第二、三月的经营。
(3) 能够模拟企业第一年第二、三、四季度的经营。
(4) 能够模拟企业第二、三年的经营。

任务一　经营初期

任务目标

模拟企业第一年第一月的经营。

知识链接

企业在开办之初最重要的便是管理设计，而管理设计要解决的问题就是：

(1) 制定企业的长远发展目标，即企业要做什么。

如果没有一个长远的发展目标，企业的经营就没有一个明确的发展方向，销售重点、组织结构、管理方法便无法确立，只能走一步看一步，导致销售分散，组织结构和管理方法无法适应经营要求。

(2) 依据企业的长远发展目标，规划制定符合企业发展目标的管理结构、管理方法，即企业要怎么做。

好的组织结构会促进工作的完成，每个人的责、权、利明确，各部门的衔接恰到好处，以最有限的人力资源满足企业经营发展的需要。

企业的组织结构既要满足企业生产经营的需要，又要尽量以精简的机构进行运作，以减少管理成本。

目前，制造企业的运作主要体现在人、机、料、法、售五个方面。

人：人力资源、人才的培养、劳资等。相对应地，应该建立人力资源部门。

机：设备、厂房等。相对应地，应建立生产部门。

料：原料、资金等。相对应地，应建立采购部门。

法：生产技术、工艺、产品研发等。相对应地，应建立生产部门。

售：市场销售、开发、维护、售后服务等。相对应地，应建立销售部门。

同时，要注重企业决策层的建设，明确决策层的职权范围，避免出现多头管理。

管理方法的制订要遵循：为长远发展服务，围绕市场实施，以人为本，以文化管理为原则，注重全员参与、共同发展的思路，这样才可以激发员工的精神，达到管理的目的。

技能训练　经营初期

一、实训目的

(1) 熟悉各部门系统操作界面。

(2) 熟悉第一个月经营流程。

(3) 掌握第一个月经营要点。

二、实训器材

电脑、现代企业运营综合仿真实训平台软件与配套教材。

三、注意事项

(1) 在系统中有三个薪资管理(总经理、人事部、财务部)，下面的子内容不一样。

(2) 每月开始具体操作之前，总经理召集开会，讨论如何制订采购计划、销售计划等。

(3) 一月份操作结束之前，采购部检查采购计划的需求时间是否是二月份，检查采购原材料是否是生产产品的全部所需；人事部检查招聘需求的时间是否是二月份，检查是否招聘系统模拟生产工人；销售部检查是否有进行市场开拓。

(4) 制造企业、学生供应商、学生商贸公司在销售定价时制定的价格有效期为系统当前季度的下一季度，即销售定价需提前一季度进行。

(5) 制造企业、学生商贸公司在广告宣传中宣传有效时间为系统当前季度的下一季度，即广告宣传需提前一季度进行。

(6) 企业在实训开始第一个季度无渠道市场订单，如企业在第一个季度进行了下一季度的影响企业获取订单的业务(如渠道定价、广告宣传、促销、渠道建设)，则在第二季度才有机会获取平台环境提供的渠道订单。

(7) 学生商贸公司在实训开始第一个季度无市场订单，如商贸公司在第一个季度进行了下一季度的影响商贸公司获取订单的业务(即广告宣传、销售定价)，则在第二季度才有机会获取系统环境提供的订单。

(8) 所有的审核、决策需慎重，一旦决定，操作不可逆。

四、实训操作

(一) 第一个月——制造企业

1. 职能部门——制造企业总经办

(1) 安排企业经营第一个月任务计划，组织经营。

(2) 企业选址。选择【企业设施建设】→【企业选址】。

(3) 厂区调查、分析，进行厂区购买。选择【企业设施建设】→【厂区购买】。

(4) 厂房调查、分析，进行厂房购买或租赁。选择【企业设施建设】→【厂房建设/租赁】。

注：购买的厂房和仓库，每个季度都必须进行一次维护。

(5) 仓库调查、分析，进行仓库购买或租赁。选择【企业设施建设】→【仓库建设/租赁】。

注：原材料仓库、产品仓库。

(6) 企业文化建设。选择【企业文化建设】→【企业文化】。

(7) 企业经营规划。选择【经营规划】→【经营规划】。

2. 职能部门——制造企业行政部

(1) 登记企业的办公用品。

(2) 收发工牌等资料。

(3) 协助总经理。

3. 职能部门——制造企业人事部

(1) 设计企业的薪资结构。选择【薪资管理】→【薪资结构】。

(2) 设计企业的岗位薪资。选择【薪资管理】→【薪资设计】。

(3) 企业人力资源培训(设计人力资源培训 PPT，每个季度对企业所有人员进行一次人力资源培训，培训点每次最少为 2 个，时间为 10 分钟左右)。

(4) 招聘广告费用分析、总结。

(5) 制作第二个月的招聘需求。选择【招聘管理】→【招聘需求】。

(6) 建立员工档案。选择【日常管理】→【员工档案】。

(7) 进行企业社保登记，登记后社保局需要进行审核。选择【VSOA】→【社保局】，点击【社保业务办理】→【企业登记】。

(8) 进行社保增员登记，登记后社保局需要进行审核。选择【VSOA】→【社保局】，点击【社保业务办理】→【企业增员登记】。

(9) 进行社保缴费基数核定，核定后社保局要进行审核。选择【VSOA】→【社保局】，点击【缴费管理】→【缴费基数申报】。

(10) 每个季度在实训平台进行一次绩效考核。选择【辅助业务】，点击【绩效考核】。

(11) 每个月都必须进行社保缴费。选择【VSOA】→【社保局】，点击【缴费管理】→【社保缴费】。

(12) 每个月都必须进行工资核算。选择【薪资管理】→【薪资核算】。

4. 业务部门——制造企业采购部

(1) 搜集实训环境供应商信息，进行供应商信息填写。选择【供应商管理】→【供应商信息】。

注：供应商信息随时添加；新增系统、学生原材料供应商，以及设施设备供应商。

(2) 供应商评价填写。选择【供应商管理】→【供应商评价】。

(3) 采购合同，签订采购合同。选择【合同管理】→【采购合同】。

(4) 制订采购计划单，确定需求时间。选择【采购管理】→【采购计划】。

(5) 制订采购订单，调取采购计划，发送到供应商。选择【采购管理】→【采购订单】。

5. 业务部门——制造企业生产部

(1) 生产线市场调查、分析，制订设备需求计划，进行生产线购买。选择【生产设备管理】→【生产线购买】。

注：安装周期为 0，则表示随买随用；生产线必须进行折旧。

(2) 进行生产线安排。选择【生产设备管理】→【生产线安排】。

(3) 制订 MPS 主生产计划，确定生产时间。选择【生产计划管理】→【MPS 主生产计划】。

注：生产过程中，我们需要注意：

- 以销定产，防止库存过多；
- 充分利用生产设备的产能，合理组合生产设备，确保各条生产线达到最大效用；
- 减少设备维护费和人工费用；
- 做好生产计划，防止违约订单；
- 生产过程中防止原材料的浪费；
- 减少不合格产品数量。

6. 业务部门——制造企业质检部

(1) 质检抽样标准学习及资料搜集。选择【质量管理】→【抽样标准】。

(2) 检验项目学习及资料搜集。选择【质量管理】→【检验项目】。

(3) 质量标准学习及资料搜集。选择【质量管理】→【质量标准】。

(4) 编制产品的质检方案。选择【质量管理】→【质检方案】。

7. 业务部门——制造企业物流仓储部

(1) 分析物流仓储部业务功能。

(2) 分析仓库调查信息。

8. 业务部门——制造企业营销部

(1) 分析企业市场经营环境(包含经营的产品需求量、整个环境的竞争对手等)，填写市场调查报告，每个季度一次。

(2) 查找 STP 报告样式及内容，根据分析的企业市场经营环境填写 STP 报告。

(3) 查找市场调查报告样式及内容，根据分析的企业市场经营环境填写市场调查报告。

(4) 查找 SWOT 报告样式及内容，根据分析的企业市场经营环境填写 SWOT 报告。

(5) 查找营销策划方案案例，填写营销策划方案。

注：1～5 是非必经步骤。

(6) 分析企业经营所需的广告费用。选择【营销分析】→【市场调查】。

(7) 进行企业广告设计。选择【广告管理】→【广告设计】。

(8) 可选择开拓企业市场。选择【市场开拓】，点击【市场开拓】。

注：可选择开拓西北市场，西北市场开拓周期为2个月，即三月份开拓成功。

(9) 可选择进行产品技术研发。选择【技术研发】，点击【技术研发】。

(10) 分析市场客户信息，填写客户信息表。选择【客户管理】→【客户档案】。

(11) 分析市场物流公司信息，填写物流公司信息表。选择【客户管理】→【物流公司】。

(12) 填写销售合同(有销售订单后必须填写)。选择【合同管理】→【销售合同】。

(13) 进行产品包装素材设计。

(14) 对产品进行包装。

注：13和14是非必经步骤。

9. 制造企业财务部

(1) 往本公司(制造企业)的银行账户存入200万，供应商、商贸公司100万。选择【VSOA】→【银行】→【存取款业务】→【存款单】。

(2) 到税务局进行税种认定。选择【VSOA】→【税务局】，点击【税种认定】。

(3) 到税务局进行发票领购资格申请、办理发票领购薄、发票领购。选择【VSOA】→【税务局】，点击【发票管理】。

(4) 初始设置，设置会计科目、凭证类别、期初余额、现金流量项目。选择【初始设置】，设置【会计科目】、【凭证类别】、【期初余额】、【现金流量项目】。

(5) 新增固定资产卡片。选择【固定资产管理】→【固定资产增加】。

(6) 每个月都必须进行薪资发放。选择【薪资管理】，设置【薪资审核】、【薪资发放】。

(7) 每月都必须填制记账凭证、记账、生成账簿、财务报表。选择【凭证管理】→【填制凭证】。

(8) 进行财务培训。

(9) 进行税务培训。

(二) 第一个月——供应商

1. 职能部门——总经办(总经理)

(1) 企业选址。选择【基础建设】→【企业选址】。

(2) 办公室租赁。选择【基础建设】→【办公室租赁】。

(3) 每个季度进行办公室续租。

(4) 企业文化建设。选择【企业文化建设】→【企业文化】。

(5) 企业经营规划。选择【经营规划】→【经营规划】。

(6) 安排企业经营第一个月任务计划，组织经营。

2. 职能部门——人事部

(1) 设计企业的薪资结构。选择【薪资管理】→【薪资结构】。

(2) 设计企业的岗位薪资。选择【薪资管理】→【薪资设计】。

(3) 进行企业社保登记，登记后社保局需要进行审核。选择【VSOA】→【社保局】，点击【社保业务办理】→【企业登记】。

(4) 进行社保增员登记，登记后社保局需要进行审核。选择【VSOA】→【社保局】，点击【社保业务办理】→【企业增员登记】。

(5) 进行社保缴费基数核定，核定后社保局要进行审核。选择【VSOA】→【社保局】，点击【缴费管理】→【缴费基数申报】。

(6) 每个季度在实训平台进行一次绩效考核。选择【辅助业务】，点击【绩效考核】。

(7) 每个月都必须进行社保缴费。选择【VSOA】→【社保局】，点击【缴费管理】→【社保缴费】。

(8) 每个月都必须进行工资核算。选择【薪资管理】→【薪资核算】。

3. 业务部门——采购部

(1) 搜集实训环境供应商信息，进行供应商信息填写。选择【供应商管理】→【供应商信息】。

注：供应商信息随时添加；新增系统原材料供应商、设施设备供应商。

(2) 制订采购计划单，确定需求时间。选择【采购管理】→【采购计划】。

(3) 制订采购订单，调取采购计划，审核。选择【采购管理】→【采购订单】。

4. 业务部门——仓储部

仓库调查、分析，进行仓库建设。选择【仓库管理】→【仓库建设】。

注：对于建设的仓库，每个季度都必须进行一次维护。

5. 业务部门——营销部

(1) 对下一季度的物料进行销售定价。选择【销售管理】→【销售定价】。

依据：综合信息中心—供应商—销售定价趋势。

(2) 销售订单接收，即接收客户的采购订单。选择【销售管理】→【销售订单】。

(3) 分析市场经营环境(包含经营的物料需求量、整个环境的竞争对手等)，填写市场调查报告，每个季度一次。

(4) 分析市场客户信息，填写销售客户信息表。选择【客户管理】→【销售客户】。

(5) 分析市场物流公司信息，填写物流公司信息表。选择【客户管理】→【物流公司】。

6. 财务部

(1) 往本公司(供应商)的银行账户存入 100 万。选择【VSOA】→【银行】→【存取款业务】→【存款单】。

(2) 到税务局进行税种认定。选择【VSOA】→【税务局】，点击【税种认定】。

(3) 到税务局进行发票领购资格申请、办理发票领购薄、发票领购。选择【VSOA】→【税务局】，点击【发票管理】。

(4) 初始设置，设置会计科目、凭证类别、期初余额、现金流量项目。选择【初始设置】，设置【会计科目】、【凭证类别】、【期初余额】、【现金流量项目】。

(三) 第一个月——商贸公司

1. 职能部门——总经办(总经理)

(1) 企业选址。选择【基础建设】→【企业选址】。

(2) 办公室租赁。选择【基础建设】→【办公室租赁】。

(3) 每个季度进行办公室续租。

(4) 企业文化建设。选择【企业文化建设】→【企业文化】。

(5) 企业经营规划。选择【经营规划】→【经营规划】。

(6) 安排企业经营第二个月任务计划，组织经营。

2. 职能部门——人事部

(1) 设计企业的薪资结构。选择【薪资管理】→【薪资结构】。

(2) 设计企业的岗位薪资。选择【薪资管理】→【薪资设计】。

(3) 进行企业社保登记，登记后社保局需要进行审核。选择【VSOA】→【社保局】，点击【社保业务办理】→【企业登记】。

(4) 进行社保增员登记，登记后社保局需要进行审核。选择【VSOA】→【社保局】，点击【社保业务办理】→【企业增员登记】。

(5) 进行社保缴费基数核定，核定后社保局要进行审核。选择【VSOA】→【社保局】，点击【缴费管理】→【缴费基数申报】。

(6) 每个季度在实训平台进行一次绩效考核。选择【辅助业务】，点击【绩效考核】。

(7) 每个月都必须进行社保缴费。选择【VSOA】→【社保局】，点击【缴费管理】→【社保缴费】。

(8) 每个月都必须进行工资核算。选择【薪资管理】→【薪资核算】。

3. 业务部门——采购部

(1) 搜集实训环境供应商信息，进行供应商信息填写。选择【供应商管理】→【供应商信息】。

注：供应商信息随时添加；新增系统原材料供应商、设施设备供应商。

(2) 制订采购计划单，确定需求时间。选择【采购管理】→【采购计划】。

(3) 制订采购订单，调取采购计划，审核。选择【采购管理】→【采购订单】。

(4) 与产品供应商(制造企业)签订采购合同。选择【合同管理】→【采购合同】。

4. 业务部门——仓储部

仓库调查、分析，进行仓库建设。选择【仓库管理】→【仓库建设】。

注：对于建设的仓库，每个季度都必须进行一次维护。

5. 业务部门——营销部

(1) 分析市场客户信息，填写销售客户信息表。选择【客户管理】→【销售客户】。

(2) 分析市场物流公司信息，填写物流公司信息表。选择【客户管理】→【物流公司】。

(3) 分析市场经营环境(包含经营的产品需求量、整个环境的竞争对手等)，填写市场调查报告，每个季度一次。

(4) 进行下一季度的广告宣传。选择【广告管理】→【广告宣传】。

(5) 销售定价，对下一季度的销售产品进行销售定价。选择【销售管理】→【销售定价】。

依据：综合信息中心—商贸公司—销售定价趋势。

6. 财务部

(1) 往本公司(供应商)的银行账户存入 100 万。选择【VSOA】→【银行】→【存取款业务】→【存款单】。

(2) 到税务局进行税种认定。选择【VSOA】→【税务局】，点击【税种认定】。

(3) 到税务局进行发票领购资格申请、办理发票领购薄、发票领购。选择【VSOA】→【税务局】，点击【发票管理】。

(4) 初始设置，设置会计科目、凭证类别、期初余额、现金流量项目。选择【初始设置】，设置【会计科目】、【凭证类别】、【期初余额】、【现金流量项目】。

五、实训考核

(1) 采购计划的需求时间是二月份，采购的原材料为生产产品的全部所需。

(2) 招聘需求的时间是二月份，由招聘系统模拟生产工人。

(3) 进行市场开拓。

(4) 进行企业社保登记、社保增员登记、社保缴费基数核定。

(5) 进行缴纳社保、工资核算。

(6) 到税务局进行税种认定。

任务二　经 营 后 期

任务目标

(1) 模拟企业第一年第二、三、四月的经营。

(2) 随着时间的推进，模拟企业第一年第二、三、四季度的经营。

(3) 随着时间的推进，轮岗，模拟企业第二年、第三年的经营。

知识链接

一、模拟企业经营流程图

模拟企业经营流程如图 10-2～图 10-6 所示。

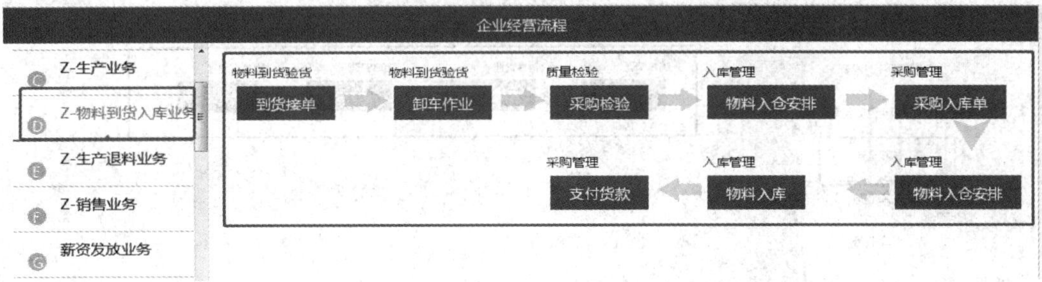

图 10-2　物料到货入库业务

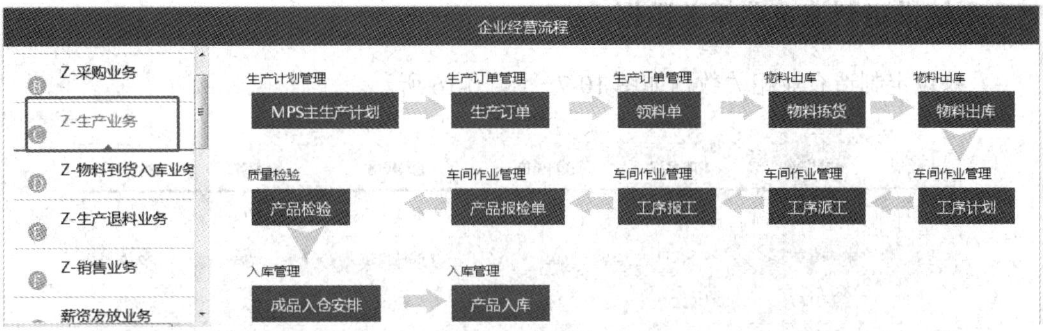

图 10-3　生产业务流程图

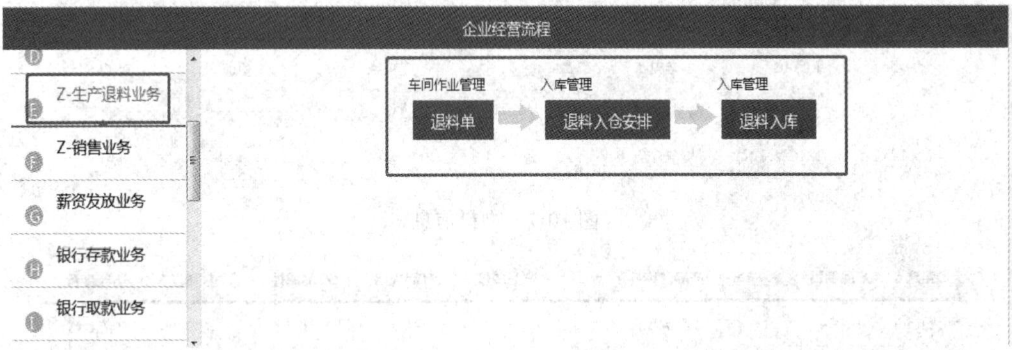

图 10-4　生产退料业务流程图

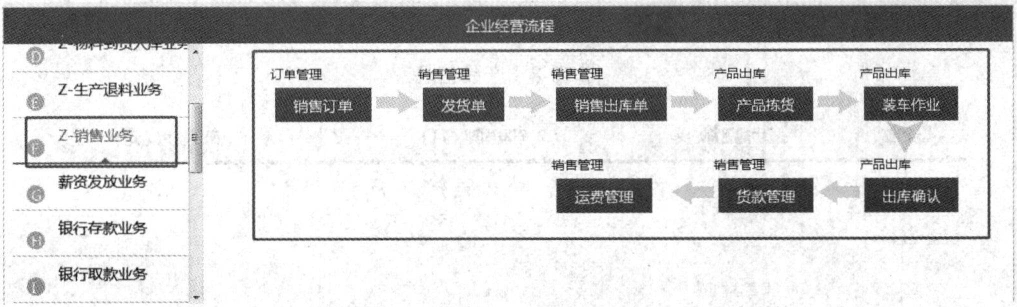

图 10-5　制造企业销售业务流程图

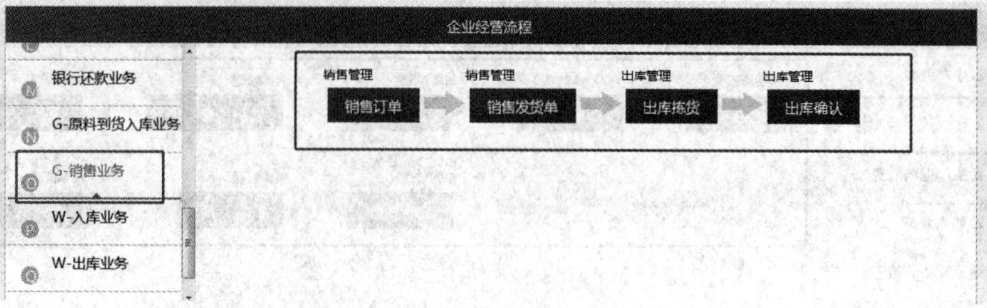

图 10-6　供应商(商贸公司)销售业务流程图

二、系统设定制造企业相关数据

系统设定制造企业相关数据如图 10-7～图 10-16 所示。

□全选	物料编码	物料名称	物料单位	物料规格	质量等级	物料属性
□	M1009	四核CPU	个	AMD X4 955	优质	外购
□	M1008	双核CPU	个	Intel I3220	优质	外购
□	M1007	H61主板	个	技嘉H61	优质	外购
□	M1006	H65主板	个	华硕H65	优质	外购
□	M1005	内存条	根	金士顿1G	优质	外购
□	M1004	硬盘	个	希捷500G	优质	外购
□	M1003	机箱电源	个	长城	优质	外购
□	M1002	液晶显示器	个	PHILIPS 22寸	优质	外购
□	M1001	键鼠套装	套	紫光	优质	外购

图 10-7　物料信息

□全选	产品编码	产品名称	产品单位	产品规格	产品属性	功能研发	功能查看
□	P1004	电脑（高端配置）	台	高配	自制	需要	功能查看
□	P1003	电脑（中高端配置）	台	中高配	自制	需要	功能查看
□	P1002	电脑（中端配置）	台	中配	自制	需要	功能查看
□	P1001	电脑(普通配置)	台	普配	自制	不需要	功能查看

图 10-8　产品信息

□全选	功能名称	研发周期（月）	研发费用（元）
□	触摸屏	36月	25000.00元
□	摄像头	24月	18000.00元
☑	声音播放器	12月	15000.00元

图 10-9　产品 P1002 功能研发

☐全选	功能名称	研发周期（月）	研发费用（元）
☐	触摸屏	36月	25000.00元
☑	摄像头	24月	18000.00元
☑	声音播放器	12月	15000.00元

图 10-10　产品 P1003 功能研发

☐全选	功能名称	研发周期（月）	研发费用（元）
☑	触摸屏	36月	25000.00元
☑	摄像头	24月	18000.00元
☑	声音播放器	12月	15000.00元

图 10-11　产品 P1004 功能研发

☐全选	工艺线路类型	工艺线路版本号	工艺线路版本说明	工艺线路版本日期	工艺线路替代标示	工艺线路替代说明	产品编码	产品名称	标准工序
☐	主工艺线路	P1004V01		2015-03-21			P1004	电脑（高端配置）	标准工序
☐	主工艺线路	P1003V01		2015-03-21			P1003	电脑（中高端配置）	标准工序
☐	主工艺线路	P1002V01		2015-03-21			P1002	电脑（中端配置）	标准工序
☐	主工艺线路	P1001V01		2015-01-01			P1001	电脑(普通配置)	标准工序

图 10-12　产品工艺线路

☐全选	物料编码	物料名称	物料单位	物料规格	质量等级	物料属性	数量
☐	M1009	四核CPU	个	AMD X4 955	优质	外购	0
☑	M1008	双核CPU	个	Intel I3220	优质	外购	1
☑	M1007	H61主板	个	技嘉H61	优质	外购	1
☐	M1006	H65主板	个	华硕H65	优质	外购	0
☑	M1005	内存条	根	金士顿1G	优质	外购	1
☑	M1004	硬盘	个	希捷500G	优质	外购	1
☑	M1003	机箱电源	个	长城	优质	外购	1
☑	M1002	液晶显示器	个	PHILIPS 22寸	优质	外购	1
☑	M1001	键鼠套装	套	紫光	优质	外购	1

图 10-13　产品 P1001 BOM

□全选	物料编码	物料名称	物料单位	物料规格	质量等级	物料属性	数量
□	M1009	四核CPU	个	AMD X4 955	优质	外购	0
☑	M1008	双核CPU	个	Intel I3220	优质	外购	1
☑	M1007	H61主板	个	技嘉H61	优质	外购	1
□	M1006	H65主板	个	华硕H65	优质	外购	0
☑	M1005	内存条	根	金士顿1G	优质	外购	2
☑	M1004	硬盘	个	希捷500G	优质	外购	1
☑	M1003	机箱电源	个	长城	优质	外购	1
☑	M1002	液晶显示器	个	PHILIPS 22寸	优质	外购	1
☑	M1001	键鼠套装	套	紫光	优质	外购	1

图 10-14　产品 P1002 BOM

□全选	物料编码	物料名称	物料单位	物料规格	质量等级	物料属性	数量
□	M1009	四核CPU	个	AMD X4 955	优质	外购	0
☑	M1008	双核CPU	个	Intel I3220	优质	外购	1
□	M1007	H61主板	个	技嘉H61	优质	外购	0
☑	M1006	H65主板	个	华硕H65	优质	外购	1
☑	M1005	内存条	根	金士顿1G	优质	外购	2
☑	M1004	硬盘	个	希捷500G	优质	外购	1
☑	M1003	机箱电源	个	长城	优质	外购	1
☑	M1002	液晶显示器	个	PHILIPS 22寸	优质	外购	1
☑	M1001	键鼠套装	套	紫光	优质	外购	1

图 10-15　产品 P1003 BOM

□全选	物料编码	物料名称	物料单位	物料规格	质量等级	物料属性	数量
☑	M1009	四核CPU	个	AMD X4 955	优质	外购	1
□	M1008	双核CPU	个	Intel I3220	优质	外购	0
□	M1007	H61主板	个	技嘉H61	优质	外购	0
☑	M1006	H65主板	个	华硕H65	优质	外购	1
☑	M1005	内存条	根	金士顿1G	优质	外购	4
☑	M1004	硬盘	个	希捷500G	优质	外购	1
☑	M1003	机箱电源	个	长城	优质	外购	1
☑	M1002	液晶显示器	个	PHILIPS 22寸	优质	外购	1
☑	M1001	键鼠套装	套	紫光	优质	外购	1

图 10-16　产品 P1004 BOM

技能训练　经营后期

一、实训目的

(1) 熟悉各部门系统操作界面。
(2) 熟悉各月经营流程。
(3) 掌握各月经营要点。

二、实训器材

电脑、现代企业运营综合仿真实训平台软件与配套教材。

三、注意事项

(1) 评估学生供应商时，除了需要关注供应商的能力，还需要关注供应商的积极性。
(2) 针对不同产品的 BOM 清单，确定合理的采购物料。
(3) 库存控制不仅仅是改善资金流，同时也在提高企业的管理水平。
(4) 生产计划与销售预测的衔接。
(5) 客户订单频繁变动对企业的影响。

四、实训操作

(一) 第二个月——制造企业

1. 职能部门——制造企业总经办(总经理)

安排企业经营第二个月任务计划，组织经营。

2. 职能部门——制造企业行政部

(1) 登记企业的办公用品。
(2) 收发工牌等资料。
(3) 协助总经理。

3. 职能部门——制造企业人事部

(1) 每个月都必须进行工资核算。选择【薪资管理】→【薪资核算】。
(2) 形成招聘计划，进行招聘费用填写。选择【招聘管理】→【招聘计划】。
(3) 确认招聘费用，财务、总经理对审核后的招聘计划进行签字。选择【招聘管理】→【招聘费用】。
(4) 选择已审核的招聘计划，组织招聘。选择【招聘管理】→【组织招聘】。
(5) 制作第三个月的招聘需求。选择【招聘管理】→【招聘需求】。
(6) 每个月都必须进行社保缴费。选择【VSOA】→【社保局】，点击【缴费管理】→【社保缴费】。

4. 业务部门——制造企业采购部

(1) 制订采购计划单，确定需求时间。选择【采购管理】→【采购计划】。

(2) 制订采购订单，调取采购计划，发送到供应商。选择【采购管理】→【采购订单】。

5. 业务部门——制造企业物流部

(1) 新增到货接单，可选择调取采购订单的方式进行物料到货信息的添加。选择【物料到货验货】→【到货接单】。

(2) 对到货后的物料进行卸车作业。选择【物料到货验货】→【卸车作业】。

6. 业务部门——制造企业质检部

新增采购检验单，可选择调取物料到货单的方式进行采购检验信息的添加。选择【质量检验】→【采购检验】。

7. 业务部门——制造企业采购部

新增采购入库单，选择调取采购检验单的方式进行原材料信息的添加。选择【采购管理】→【采购入库单】。

8. 业务部门——制造企业物流部

(1) 新增物料入仓安排单，可选择调取采购检验单的方式进行物料入仓信息的添加。选择【入库管理】→【物料入仓安排】。

(2) 新增物料入库单，可选择调取检验单的方式进行物料入库信息的添加。选择【入库管理】→【物料入库】。

9. 业务部门——制造企业生产部

(1) 新增生产订单，可选择采用增加一行的方式进行生产产品信息的添加，添加完成后注意确定生产时间，生产时间只可以为当前环境时间之后的环境时间。选择【生产订单管理】→【生产订单】。

(2) 新增物料请购单，可选择调取生产订单的方式进行领料信息的添加，领料数量不能大于库存数量。选择【生产订单管理】→【领料单】。

10. 业务部门——制造企业物流部

(1) 新增物料拣货单，可选择调取领料单的方式进行物料拣货信息的添加，可选择各种物料的出货仓库，且拣货数量不能大于库存数量、不能大于领料数量。选择【物料出库】→【物料拣货】。

(2) 新增物料出库单，可选择调取物料拣货单的方式进行物料出库信息的添加。选择【物料出库】→【物料出库】。

11. 业务部门——制造企业生产部

(1) 新增工序计划单，可选择调取生产订单的方式进行工序计划信息的添加，已调取的生产订单不允许再次调取。选择【车间作业管理】→【工序计划】。

(2) 新增工序派工单，可选择调取工序计划的方式进行添加，已调取的工序计划不允许再次调取。选择【车间作业管理】→【工序派工】。

(3) 新增工序报工单，可选择调取工序派工单的方式进行添加，已调取的派工单不允许再次调取。选择【车间作业管理】→【工序报工】。

(4) 新增产品报检单，可选择调取生产订单的方式进行产品报检信息的添加。选择【车间作业管理】→【产品报检单】。

12. 业务部门——制造企业质检部

新增产品检验单，可选择调取产品报检单的方式进行产品检验信息的添加。选择【质量检验】→【产品检验】。

13. 业务部门——制造企业物流部

(1) 新增成品入仓单，可选择调取产品检验单的方式进行产品入仓信息的添加。选择【入库管理】→【成品入仓安排】。

(2) 新增产品入库单，可选择调取检验单的方式进行产品入库信息的添加。选择【入库管理】→【产品入库】。

14. 业务部门——制造企业销售部

企业接收学生扮演的商贸公司提交的订单，接收订单时需了解商贸公司提交的订单的详细信息。选择【订单管理】→【企业市场订单】。

注：用于学生模拟的商贸公司。

15. 财务部门

(1) 每笔应付款须按时录入并审核应付单据；应付款支付后，每笔付款须按时录入并审核付款单据；每笔应付款支付后须按时核销。选择【应付单据录入】、【应付单据审核】，选择【付款单据录入】、【付款单据审核】、【核销】。

(2) 如有购买生产线，需新增固定资产卡片；如有出售的厂房、仓库、生产线，需减少固定资产卡片；固定资产每个月应进行计提折旧。选择【固定资增加】、【固定资产减少】、【计提折旧】

(3) 每个月都必须进行薪资发放。选择【薪资管理】→【薪资审核】、【薪资发放】。

(4) 每月都必须填制记账凭证、记账、生成账簿、财务报表。选择【凭证管理】→【填制凭证】。

(5) 每月都必须缴纳税费。选择【VSOA】【税务局】，点击【纳税申报】。

(二) 第二个月——供应商

1. 职能部门——总经办(总经理)

安排企业经营第二个月任务计划，组织经营。

2. 职能部门——人事部

(1) 每个月都必须进行社保缴费。选择【VSOA】→【社保局】，点击【缴费管理】→【社保缴费】。

(2) 每个月都必须进行工资核算。选择【薪资管理】→【薪资核算】。

3. 业务部门——仓储部

(1) 新增采购到货接单，可选择调取采购订单的方式进行物料到货信息的添加。选择

【入库管理】→【采购到货】。

(2) 新增采购检验单，可选择调取采购到货接单的方式进行物料检验信息的添加。选择【入库管理】→【采购检验】。

4. 业务部门——采购部

新增采购入库单，选择调取检验单的方式进行原材料信息的添加。选择【供应商管理】→【采购入库单】。

5. 业务部门——仓储部

(1) 新增入仓安排单，可选择调取检验单的方式进行物料入仓信息的添加。选择【入库管理】→【入仓安排】。

(2) 新增物料入库单，可选择调取检验单的方式进行物料入库信息的添加。选择【入库管理】→【物料入库】。

6. 业务部门——营销部

新增销售发货单，选择调取销售订单的方式进行发货单信息的添加。选择【销售管理】→【销售发货单】。

7. 业务部门——仓储部

(1) 新增出库拣货单，可选择调取销售发货单的方式进行物料出库信息的添加。选择【出库管理】→【出库拣货】。

(2) 出库确认。选择【出库管理】→【出库确认】。

8. 业务部门——销售部

收款确认，收回发货后的货款。选择【销售管理】→【货款管理】。

9. 财务部

(1) 每笔应收款须按时录入并审核应收单据；应收款到账后，每笔收款须按时录入并审核收款单据；每笔应收款到账后须按时核销。选择【应收单据录入】、【应收单据审核】，选择【收款单据录入】、【收款单据审核】、【核销】。

(2) 每笔应付款须按时录入并审核应付单据；应付款支付后，每笔付款须按时录入并审核付款单据；每笔应付款支付后须按时核销。选择【应付单据录入】、【应付单据审核】，选择【付款单据录入】、【付款单据审核】、【核销】。

(3) 每笔销售发货都应开具发票。选择【销售开票】→【销售开票】。

(4) 每个月都必须进行薪资发放。选择【薪资管理】→【薪资审核】、【薪资发放】。

(5) 每月都必须填制记账凭证、记账、生成账簿、财务报表。选择【凭证管理】→【填制凭证】。

(6) 每月都必须缴纳税费。选择【VSOA】→【税务局】，点击【纳税申报】。

(三) 第二个月——商贸公司

1. 职能部门——总经办(总经理)

安排企业经营第二个月任务计划，组织经营。

2. 职能部门——人事部

(1) 每个月都必须进行社保缴费。选择【VSOA】→【社保局】，点击【缴费管理】→【社保缴费】。

(2) 每个月都必须进行工资核算。选择【薪资管理】→【薪资核算】。

3. 业务部门——仓储部

(1) 新增采购到货接单，可选择调取采购订单的方式进行物料到货信息的添加。选择【入库管理】→【采购到货】。

(2) 新增到采购检验单，可选择调取采购到货接单的方式进行物料检验信息的添加。选择【入库管理】→【采购检验】。

4. 业务部门——采购部

新增采购入库单，选择调取检验单的方式进行原材料信息的添加。选择【供应商管理】→【采购入库单】。

5. 业务部门——仓储部

(1) 新增入仓安排单，可选择调取检验单的方式进行物料入仓信息的添加。选择【入库管理】→【入仓安排】。

(2) 新增产品入库单，可选择调取检验单的方式进行产品入库信息的添加。选择【入库管理】→【产品入库】。

注：商贸公司在实训开始第一个季度无市场订单。

6. 财务部

(1) 每笔应付款须按时录入并审核应付单据；应付款支付后，每笔付款须按时录入并审核付款单据；每笔应付款支付后须按时核销。选择【应付单据录入】、【应付单据审核】，选择【付款单据录入】、【付款单据审核】、【核销】。

(2) 每个月都必须进行薪资发放。选择【薪资管理】→【薪资审核】、【薪资发放】。

(3) 每月都必须填制记账凭证、记账、生成账簿、财务报表。选择【凭证管理】→【填制凭证】。

(4) 每月都必须缴纳税费。选择【VSOA】→【税务局】，点击【纳税申报】。

(四) 第三个月——制造企业

1. 职能部门——制造企业总经办(总经理)

安排企业经营第三个月任务计划，组织经营。

2. 职能部门——制造企业行政部

(1) 登记企业的办公用品。

(2) 收发工牌等资料。

(3) 协助总经理。

3. 职能部门——制造企业人事部

(1) 每个月都必须进行工资核算。选择【薪资管理】→【薪资核算】。

(2) 形成招聘计划，进行招聘费用填写。选择【招聘管理】→【招聘计划】。

(3) 确认招聘费用，财务、总经理对审核后的招聘计划进行签字。选择【招聘管理】→【招聘费用】。

(4) 组织招聘，选择已审核的招聘计划，组织招聘。选择【招聘管理】→【组织招聘】。

(5) 制作第四个月的招聘需求。选择【招聘管理】→【招聘需求】。

(6) 每个月都必须进行社保缴费。选择【VSOA】→【社保局】，点击【缴费管理】→【社保缴费】。

4. 业务部门——制造企业销售部

(1) 可选择开拓企业市场。选择【市场开拓】，点击【市场开拓】。

注：完成更新。

(2) 对下一季度的广告进行宣传。选择【广告管理】→【广告宣传】。

注：最早时间为第三个月开始，开拓市场成功后才可进行。

(3) 对下一季度的产品进行销售定价。选择【营销策略】→【定价策略】。

(4) 对下一季度的促销制订方案。选择【营销策略】→【促销策略】。

(5) 可选择企业的自建渠道和合作渠道。选择【营销策略】→【合作渠道】、【自建渠道】。

5. 财务部门

(1) 如有购买生产线，需新增固定资产卡片；如有出售的厂房、仓库、生产线，需减少固定卡片；固定资产每个月应进行计提折旧。选择【固定资增加】、【固定资产减少】、【计提折旧】

(2) 每个月都必须进行薪资发放。选择【薪资管理】→【薪资审核】、【薪资发放】。

(3) 每月都必须填制记账凭证、记账、生成账簿、财务报表。选择【凭证管理】→【填制凭证】。

(4) 每月都必须缴纳税费。选择【VSOA】→【税务局】，点击【纳税申报】。

(五) 第三个月——供应商

1. 职能部门——总经办(总经理)

安排企业经营第三个月任务计划，组织经营。

2. 职能部门——人事部

(1) 每个月都必须进行社保缴费。选择【VSOA】→【社保局】，点击【缴费管理】→【社保缴费】。

(2) 每个月都必须进行工资核算。选择【薪资管理】→【薪资核算】。

3. 业务部门——采购部

(1) 制订采购计划单，确定需求时间。选择【采购管理】→【采购计划】。

(2) 制订采购订单，调取采购计划，审核。选择【采购管理】→【采购订单】。

4. 业务部门——仓储部

(1) 新增采购到货接单，可选择调取采购订单的方式进行物料到货信息的添加。选择【入库管理】→【采购到货】。

(2) 新增采购检验单，可选择调取采购到货接单的方式进行物料检验信息的添加。选择【入库管理】→【采购检验】。

5. 业务部门——采购部

新增采购入库单，选择调取检验单的方式进行原材料信息的添加。选择【供应商管理】→【采购入库单】。

6. 业务部门——仓储部

(1) 新增入仓安排单，可选择调取检验单的方式进行物料入仓信息的添加。选择【入库管理】→【入仓安排】。

(2) 新增物料入库单，可选择调取检验单的方式进行物料入库信息的添加。选择【入库管理】→【物料入库】。

7. 业务部门——营销部

(1) 销售订单接收，即接收客户的采购订单。选择【销售管理】→【销售订单】。

(2) 新增销售发货单，可选择调取销售订单的方式进行发货单信息的添加。选择【销售管理】→【销售发货单】。

8. 业务部门——仓储部

(1) 新增出库拣货单，可选择调取销售发货单的方式进行物料出库信息的添加。选择【出库管理】→【出库拣货】。

(2) 出库确认。选择【出库管理】→【出库确认】。

9. 业务部门——销售部

收款确认，收回发货后的货款。选择【销售管理】→【货款管理】。

注：本月供应商的业务部门看情况操作，非必须操作步骤。

10. 财务部

(1) 每笔应收款须按时录入并审核应收单据；应收款到账后，每笔收款须按时录入并审核收款单据；每笔应收款到账后须按时核销。选择【应收单据录入】、【应收单据审核】，选择【收款单据录入】、【收款单据审核】、【核销】。

(2) 每笔应付款须按时录入并审核应付单据；应付款支付后，每笔付款须按时录入并审核付款单据；每笔应付款支付后须按时核销。选择【应付单据录入】、【应付单据审核】，选择【付款单据录入】、【付款单据审核】、【核销】。

(3) 每笔销售发货都应开具发票。选择【销售开票】→【销售开票】。

(4) 每个月都必须进行薪资发放。选择【薪资管理】→【薪资审核】、【薪资发放】。

(5) 每月都必须填制记账凭证、记账、生成账簿、财务报表。选择【凭证管理】→【填制凭证】。

(6) 每月都必须缴纳税费。选择【VSOA】→【税务局】，点击【纳税申报】。

(六) 第三个月——商贸公司

1. 职能部门——总经办(总经理)

安排企业经营第三个月任务计划，组织经营。

2. 职能部门——人事部

(1) 每个月都必须进行社保缴费。选择【VSOA】→【社保局】，点击【缴费管理】→【社保缴费】。

(2) 每个月都必须进行工资核算。选择【薪资管理】→【薪资核算】。

3. 业务部门——采购部

(1) 制订采购计划单，确定需求时间。选择【采购管理】→【采购计划】。

(2) 制订采购订单，调取采购计划，审核。选择【采购管理】→【采购订单】。

4. 业务部门——仓储部

(1) 新增采购到货接单，可选择调取采购订单的方式进行物料到货信息的添加。选择【入库管理】→【采购到货】。

(2) 新增采购检验单，可选择调取采购到货接单的方式进行物料检验信息的添加。选择【入库管理】→【采购检验】。

5. 业务部门——采购部

新增采购入库单，可选择调取检验单的方式进行原材料信息的添加。选择【供应商管理】→【采购入库单】。

6. 业务部门——仓储部

(1) 新增入仓安排单，可选择调取检验单的方式进行物料入仓信息的添加。选择【入库管理】→【入仓安排】。

(2) 新增产品入库单，可选择调取检验单的方式进行产品入库信息的添加。选择【入库管理】→【产品入库】。

温馨提示：商贸公司在实训开始第一个季度无市场订单。

注：本月商贸公司的业务部门看情况操作，非必须操作步骤。

7. 财务部

(1) 每笔应付款须按时录入并审核应付单据；应付款支付后，每笔付款须按时录入并审核付款单据；每笔应付款支付后须按时核销。选择【应付单据录入】、【应付单据审核】，选择【付款单据录入】、【付款单据审核】、【核销】。

(2) 每个月都必须进行薪资发放。选择【薪资管理】→【薪资审核】、【薪资发放】。

(3) 每月都必须填制记账凭证、记账、生成账簿、财务报表。选择【凭证管理】→【填制凭证】。

(4) 每月都必须缴纳税费。选择【VSOA】→【税务局】，点击【纳税申报】。

(七) 第四个月——制造企业

1. 职能部门——制造企业总经办(总经理)

安排企业经营第四个月任务计划，组织经营。

2. 职能部门——制造企业行政部

(1) 登记企业的办公用品。

(2) 收发工牌等资料。

(3) 协助总经理。

3. 职能部门——制造企业人事部

(1) 每个月都必须进行工资核算。选择【薪资管理】→【薪资核算】。

(2) 形成招聘计划，进行招聘费用填写。选择【招聘管理】→【招聘计划】。

(3) 确认招聘费用，财务、总经理对审核后的招聘计划进行签字。选择【招聘管理】→【招聘费用】。

(4) 组织招聘，选择已审核的招聘计划，组织招聘。选择【招聘管理】→【组织招聘】。

(5) 制作下个月的招聘需求。选择【招聘管理】→【招聘需求】。

(6) 每个月都必须进行社保缴费。选择【VSOA】→【社保局】，点击【缴费管理】→【社保缴费】。

4. 业务部门——制造企业销售部

(1) 获取渠道订单，在每季度第一个月获取。选择【订单管理】→【渠道市场订单】。

注： 企业在实训开始第一个季度无渠道市场订单，如企业在第一个季度进行了下一季度的影响企业获取订单的业务(如渠道定价、广告宣传、促销、渠道建设)，则在第二季度才有机会获取平台环境提供的渠道订单。

(2) 新增销售订单，企业获取的渠道市场订单与企业市场订单必须进行销售订单添加，并审核。选择【订单管理】→【销售订单】。

(3) 新增发货单，可选择调取销售订单的方式进行发货信息的添加。选择【销售管理】→【发货单】。

(4) 新增销售出库单，可选择调取发货单的方式进行出库信息的添加。选择【销售管理】→【销售出库单】。

5. 业务部门——制造企业物流部

(1) 新增产品拣货单，可选择调取销售出库单的方式进行产品拣货信息的添加。选择【产品出库】→【产品拣货】。

(2) 新增装车作业单，可选择调取已进行产品拣货的销售出库单的方式进行产品装车信息的添加。选择【产品出库】→【装车作业】。

(3) 选择装车完成的发货单，进行发货出库。选择【产品出库】→【出库确认】。

6. 业务部门——制造企业销售部

收款确认，收回发货后的货款。选择【销售管理】→【货款管理】。

7. 财务部门

(1) 每笔应收款须按时录入并审核应收单据；应收款到账后，每笔收款须按时录入并审核收款单据；每笔应收款到账后须按时核销。选择【应收单据录入】、【应收单据审核】，选择【收款单据录入】、【收款单据审核】、【核销】。

(2) 每笔应付款须按时录入并审核应付单据；应付款支付后，每笔付款须按时录入并审核付款单据；每笔应付款支付后须按时核销。选择【应付单据录入】、【应付单据审核】，选择【付款单据录入】、【付款单据审核】、【核销】。

(3) 每个月每个产品都应进行成本核算。选择【成本管理】→【直接材料】、【直接人工】、【折旧】、【维修】、【管理人员工资】，选择【成本核算】。

(4) 每笔销售发货都应开具发票。选择【销售开票】→【销售开票】。

(5) 如有购买生产线，需新增固定资产卡片；如有出售的厂房、仓库、生产线，需减少固定卡片；固定资产每个月应进行计提折旧。选择【固定资增加】、【固定资产减少】、【计提折旧】

(6) 每个月都必须进行薪资发放。选择【薪资管理】→【薪资审核】、【薪资发放】。

(7) 每月都必须填制记账凭证、记账、生成账簿、财务报表。选择【凭证管理】→【填制凭证】。

(8) 每月都必须缴纳税费。选择【VSOA】→【税务局】，点击【纳税申报】。

(9) 进行财务培训。

(10) 进行税务培训。

(八) 第四个月——供应商

1. 职能部门——总经办(总经理)

安排企业经营第四个月任务计划，组织经营。

2. 职能部门——人事部

(1) 每个月都必须进行社保缴费。选择【VSOA】→【社保局】，点击【缴费管理】→【社保缴费】。

(2) 每个月都必须进行工资核算。选择【薪资管理】→【薪资核算】。

3. 业务部门——采购部

(1) 制订采购计划单，确定需求时间。选择【采购管理】→【采购计划】。

(2) 制订采购订单，调取采购计划，审核。选择【采购管理】→【采购订单】。

4. 业务部门——仓储部

(1) 新增采购到货接单，可选择调取采购订单的方式进行物料到货信息的添加。选择【入库管理】→【采购到货】。

(2) 新增采购检验单，可选择调取采购到货接单的方式进行物料检验信息的添加。选择【入库管理】→【采购检验】。

5. 业务部门——采购部

新增采购入库单，可选择调取检验单的方式进行原材料信息的添加。选择【供应商管理】→【采购入库单】。

6. 业务部门——仓储部

(1) 新增入仓安排单，可选择调取检验单的方式进行物料入仓信息的添加。选择【入库管理】→【入仓安排】。

(2) 新增物料入库单，可选择调取检验单的方式进行物料入库信息的添加。选择【入库管理】→【物料入库】。

7. 业务部门——营销部

(1) 销售订单接收，即接收客户的采购订单。选择【销售管理】→【销售订单】。

(2) 新增销售发货单，可选择调取销售订单的方式进行发货单信息的添加。选择【销售管理】→【销售发货单】。

8. 业务部门——仓储部

(1) 新增出库拣货单，可选择调取销售发货单的方式进行物料出库信息的添加。选择【出库管理】→【出库拣货】。

(2) 出库确认。选择【出库管理】→【出库确认】。

9. 业务部门——销售部

收款确认，收回发货后的货款。选择【销售管理】→【货款管理】。

注：本月供应商的业务部门看情况操作，以上为非必须操作步骤。

10. 业务部门——营销部

(1) 对下一季度的物料进行销售定价。选择【销售管理】→【销售定价】。

依据：综合信息中心—供应商—销售定价趋势。

(2) 分析市场经营环境(包含经营的物料需求量、整个环境的竞争对手等)，填写市场调查报告，每个季度一次。

11. 财务部

(1) 每笔应收款须按时录入并审核应收单据；应收款到账后，每笔收款须按时录入并审核收款单据；每笔应收款到账后须按时核销。选择【应收单据录入】、【应收单据审核】，选择【收款单据录入】、【收款单据审核】、【核销】。

(2) 每笔应付款须按时录入并审核应付单据；应付款支付后，每笔付款须按时录入并审核付款单据；每笔应付款支付后须按时核销。选择【应付单据录入】、【应付单据审核】，选择【付款单据录入】、【付款单据审核】、【核销】。

(3) 每笔销售发货都应开具发票。选择【销售开票】→【销售开票】。

(4) 每个月都必须进行薪资发放。选择【薪资管理】→【薪资审核】、【薪资发放】。

(5) 每月都必须填制记账凭证、记账、生成账簿、财务报表。选择【凭证管理】→【填制凭证】。

(6) 每月都必须缴纳税费。选择【VSOA】→【税务局】，点击【纳税申报】。

(九) 第四个月——商贸公司

1. 职能部门——总经办(总经理)

安排企业经营第四个月任务计划，组织经营。

2. 职能部门——人事部

(1) 每个月都必须进行社保缴费。选择【VSOA】→【社保局】，点击【缴费管理】→【社保缴费】。

(2) 每个月都必须进行工资核算。选择【薪资管理】→【薪资核算】。

3. 业务部门——采购部

(1) 制订采购计划单，确定需求时间。选择【采购管理】→【采购计划】。

(2) 制订采购订单，调取采购计划，审核。选择【采购管理】→【采购订单】。

4. 业务部门——仓储部

(1) 新增采购到货接单，可选择调取采购订单的方式进行物料到货信息的添加。选择【入库管理】→【采购到货】。

(2) 新增采购检验单，可选择调取采购到货接单的方式进行物料检验信息的添加。选择【入库管理】→【采购检验】。

5. 业务部门——采购部

新增采购入库单，可选择调取检验单的方式进行原材料信息的添加。选择【供应商管理】→【采购入库单】。

6. 业务部门——仓储部

(1) 新增入仓安排单，可选择调取检验单的方式进行物料入仓信息的添加。选择【入库管理】→【入仓安排】。

(2) 新增产品入库单，可选择调取检验单的方式进行产品入库信息的添加。选择【入库管理】→【产品入库】。

注：本月商贸公司的业务部门看情况操作，以上为非必须操作步骤。

7. 业务部门——营销部

(1) 分析市场经营环境(包含经营的产品需求量、整个环境的竞争对手等)，填写市场调查报告，每个季度一次。

(2) 进行下一季度的广告宣传。选择【广告管理】→【广告宣传】。

(3) 销售定价，对下一季度的销售产品进行销售定价。选择【销售管理】→【销售定价】。

依据：综合信息中心—商贸公司—销售定价趋势。

8. 业务部门——营销部

(1) 进行市场竞单，获取市场订单。选择【销售管理】→【市场竞单】。

(2) 新增销售订单，可选择调取市场订单的方式进行销售订单信息的添加。选择【销售管理】→【销售订单】。

(3) 新增销售发货单，可选择调取销售订单的方式进行发货单信息的添加。选择【销售管理】→【销售发货单】。

9. 业务部门——仓储部

(1) 新增出库拣货单，可选择调取销售发货单的方式进行物料出库信息的添加。选择【出库管理】→【出库拣货】。

(2) 出库确认。选择【出库管理】→【出库确认】。

10. 业务部门——销售部

(1) 收款确认，收回发货后的货款。选择【销售管理】→【货款管理】。

(2) 每笔应收款须按时录入并审核应收单据；应收款到账后，每笔收款须按时录入并审核收款单据；每笔应收款到账后须按时核销。选择【应收单据录入】、【应收单据审核】，选择【收款单据录入】、【收款单据审核】、【核销】。

(3) 每笔应付款须按时录入并审核应付单据；应付款支付后，每笔付款须按时录入并审核付款单据；每笔应付款支付后须按时核销。选择【应付单据录入】、【应付单据审核】，选择【付款单据录入】、【付款单据审核】、【核销】。

(4) 每笔销售发货都应开具发票。选择【销售开票】→【销售开票】。

(5) 每个月都必须进行薪资发放。选择【薪资管理】→【薪资审核】、【薪资发放】。

(6) 每月都必须填制记账凭证、记账、生成账簿、财务报表。选择【凭证管理】→【填制凭证】。

(7) 每月都必须缴纳税费。选择【VSOA】→【税务局】，点击【纳税申报】。

五、实训考核

(1) 企业注资：企业申请老师进行注资需要扣分，例如注资 50 万及以内扣除 2 分，注资 100 万及以内扣除 3 分，注资 100 万至 120 万，扣除 5 分；最高注资 120 万。

(2) 企业资金：按照高低排序，依次加、减一定分值，若企业资金低于初始资金，则扣分。

(3) 企业待收货款：系统待收货款和学生待收货款。例如企业待收货款最低则为 5 分，升序排序，依次扣除 1 分，直至 0 分。

(4) 企业贷款：企业无贷款则加分，贷款金额升序排序，依次扣分，未按时还贷款每笔再扣分。

(5) 企业固定资产：按照降序排序，依次加、减一定分值。

(6) 企业库存：企业原材料、产品库存总计，按照降序排序，依次加、减一定分值。

(7) 企业工资发放：企业工资发放金额，按照降序排序，依次加、减一定分值。

(8) 企业社保缴费：企业社保缴费金额，按照降序排序，依次加、减一定分值。

(9) 缴税(企业所得税、增值税、其他)：企业缴税金额，按照降序排序，依次加、减一定分值。

项 目 小 结

1. 采购部门和生产部门的关系

为了确保原料供应的稳定性，采购部门和生产部门需要经常交换资讯。生产部门应尽早通知采购部门有关产品的生产计划与物料需求计划，使采购部门有充裕的时间寻求货源，并与供应商议价。而采购部门亦必须通知生产部门其所需要采购的时间及订购后可能发生的变化。若生产计划或采购计划中的数量或时程有任何改变，彼此均应迅速通知对方，以便及时做适当的调整与配合。

2. 采购部门和营销部门的关系

采购部门和营销部门分别处于企业供应链环节的两端，一买一卖，工作性质有很多可以互相借鉴之处。但在实际工作中，这两个部门沟通交流比较少，因而有很大的改善空间。可以采取以下改善方式：

(1) 采购部门可以从营销部门那里获得新产品的销售情况，还可以了解重大项目的实际市场需求和产品配置情况，从而在备货、战略采购等方面做出更合理的决策。

(2) 营销部门应提供正确的营销预测及营销目标等资料给采购部门，以期采购计划有效执行。

(3) 营销部门制订产品的价格，必须事先预估制造成本，尤其是占主要部分的材料成本。在预估材料成本方面，采购部门应提供充分协助。

(4) 营销部门在接受顾客紧急订单时，应充分考虑库存情况和采购周期，通过引导客户，确定合适的交货期，避免交货延误。

3. 生产部门与销售部门的关系

正常的经营状态，就是销售部接订单，然后安排生产，生产部负责执行生产。营销部门和生产部门之间的合作非常重要，主要体现在以下几点：

(1) 生产部门所生产的产品价值需要通过营销部门的销售订单得以实现，从而使资金回笼使生产得以持续。

(2) 生产部门产品的成本和质量对营销部门的市场竞争力具有决定性作用。

(3) 生产部门产品的质量把控，对营销部门树立品牌形象具有良好的推动作用。

(4) 营销部门收集客户需求和客户建议反馈给生产部门，对生产部门做产品改进具有推动作用。

(5) 营销部门及时根据客户的订单需求与生产部门沟通，有利于产品品质把控和市场拓展。

(6) 营销部门和生产部门的良好合作，有利于提升产品品质、降低产品生产和营销成本。

思 考 与 练 习

(1) 柔性线产能高，但购置费和维护费也高，手工线购置费和维护费低，但产能也低。

我们如何做决策呢？生产设备相关信息如表 10-1 所示。

表 10-1　生产设备信息

生产设备	人工费	产　能	购置费	维修费	使用期限	转产费用
手工生产线	9000	300	120000	5000	12	
半自动生产线	12000	450	160000	6000	16	600
全自动生产线	15000	600	300000	8000	20	800
柔性生产线	18000	800	420000	12000	24	

(2) 生产计划与销售预测是如何衔接的？

(3) 订单到底什么时候开始生产？早做会产生库存，晚做又怕影响交货。

(4) 库存过高，储存成本高，库存过低，供不应求，究竟哪个部门应该对库存负责？到底如何控制库存？

(5) 总结本企业第一年第一季度各部门经营情况，制订本企业第一年第二季度各部门计划。

(6) 总结本企业第一年第二季度各部门经营情况，制订本企业第一年第三季度各部门计划。

(7) 总结本企业第一年第三季度各部门经营情况，制订本企业第一年第四季度各部门计划。

参 考 文 献

[1] 邓文博. 企业运营综合实战：经管类跨专业仿真实训教程. 北京：清华大学出版社，2016.
[2] 秦胜容. 现代营销实务与创新. 北京：北京交通大学出版社，2018.
[3] 李祖武，销售管理. 2 版. 北京：清华大学出版社，2018.
[4] 李伟萁，新编客户管理. 北京：清华大学出版社，2018.
[5] 财政部会计资格评价中心. 初级会计实务. 北京：经济科学出版社，2019.